中国科学院教材建设专家委员会规划教材
全国高等医药院校规划教材

大学心理学

主　　编　李儒林
副 主 编　张鹏程
编　　委　李儒林　张鹏程
　　　　　李　澜　代成书

科学出版社
北　京

·版权所有　侵权必究·

举报电话:010-64030229;010-64034315;13501151303(打假办)

内容简介

本书较完整、系统地阐述了心理学的基本原理,广泛介绍了大学心理学理论,紧密联系心理发展的特点和现状,构建了大学心理学较完整的学科体系。全书对生理、心理、社会诸方面的发展、特征和成因做了全面阐述。具体包括:心理生理基础;意识;感觉和知觉;记忆;人的毕生发展、动机、情绪、人格、人际交往和心理冲突等。

本书作为大学心理学,既可供广大青年研究者、大学工作者、教育工作者、管理工作者学习和参考,也可用于大学生心理学教材或参考书。

图书在版编目(CIP)数据

大学心理学 / 李儒林主编 . —北京:科学出版社,2014.10
中国科学院教材建设专家委员会规划教材·全国高等医药院校规划教材
ISBN 978-7-03-042205-7

Ⅰ.大… Ⅱ.李… Ⅲ.心理学-高等学校-教材 Ⅳ.B84

中国版本图书馆 CIP 数据核字(2014)第 239605 号

责任编辑:邹梦娜 / 责任校对:陈玉凤
责任印制:李 彤 / 封面设计:范璧合

版权所有,违者必究。未经本社许可,数字图书馆不得使用

科 学 出 版 社 出版
北京东黄城根北街 16 号
邮政编码:100717
http://www.sciencep.com

北京凌奇印刷有限责任公司 印刷
科学出版社发行　各地新华书店经销

*

2014 年 9 月第 一 版　开本:787×1092 1/16
2022 年 11 月第八次印刷　印张:14 1/2
字数:335 000

定价:55.00元
(如有印装质量问题,我社负责调换)

前　言

　　大学心理学是适合高等院校学生的教材,随着现代社会的发展,人的精神生活将越来越重要。但生活压力的增大,随之带来的心理问题也越来越多,心理学也越来越重要。大学生在学习和生活中,难免会碰到种种心理难题和心理困惑,如恋爱问题、自卑问题、学习问题、人际关系问题,以及失眠、焦虑、忧郁等。学了心理学,就能很好地进行自我分析和自我调节,不至于陷入心理困惑之中而不能自拔。心理学还将有助于大学生了解自己,加强自我修养,科学地理解心理现象,能使人正确地评价自己和他人个性品质的长处和短处,确定个别的特点,正确而自觉去努力发展积极的品质,克服消极的品质。

　　基于心理学的重要地位和年轻人对心理学的需要,大学心理学以此为目的向青年们提供一本学习教材。我们在编写过程中,力求做到完整系统地阐述心理学理论,紧密联系实际,给予同学们更多的启发和思考。本书由主编提出编写大纲,并确定基本内容及体例。各章撰写者为:李儒林(第一、三、四、六章);张鹏程(第七、十一章);李澜(第八、十章);代成书(第二、五、九章)。主编对全部初稿进行了修改、统稿和定稿。

　　在编著过程中,我们参阅了大量国内外已有的资料,在此谨向原作者表示诚挚的感谢,在所列参考书目中恐有个别遗漏,也请谅解。大学心理学具有时代特征,还需要不断地完善,加之作者水平有限,书中难免有疏漏之处,恳请广大读者批评指正。

编　者
2014 年 9 月 30 日

目 录

第一章 绪论 …………………………………………………………………… (1)
  第一节 什么是心理学 …………………………………………………… (1)
  第二节 心理学的历史 …………………………………………………… (4)
  第三节 中国心理学史 …………………………………………………… (9)
  第四节 心理学的研究领域及研究方法 ………………………………… (10)
第二章 心理的生理基础 …………………………………………………… (18)
  第一节 神经元 …………………………………………………………… (18)
  第二节 神经系统 ………………………………………………………… (21)
  第三节 大脑的结构和功能 ……………………………………………… (25)
  第四节 心理实质 ………………………………………………………… (29)
  第五节 探讨脑奥秘的方法 ……………………………………………… (32)
  第六节 内分泌系统 ……………………………………………………… (34)
第三章 意识 ………………………………………………………………… (37)
  第一节 意识的概念 ……………………………………………………… (37)
  第二节 注意 ……………………………………………………………… (40)
  第三节 生物节律、睡眠与梦 …………………………………………… (45)
  第四节 意识的特殊现象 ………………………………………………… (48)
  第五节 超觉静坐 ………………………………………………………… (52)
第四章 感觉和知觉 ………………………………………………………… (54)
  第一节 感觉和知觉的概述 ……………………………………………… (54)
  第二节 感知觉规律及其应用 …………………………………………… (62)
  第三节 观察和观察力的培养 …………………………………………… (69)
第五章 记忆 ………………………………………………………………… (72)
  第一节 记忆概述 ………………………………………………………… (72)
  第二节 记忆的模型 ……………………………………………………… (75)
  第三节 遗忘 ……………………………………………………………… (85)
  第四节 提高记忆力 ……………………………………………………… (88)
第六章 人的毕生发展 ……………………………………………………… (91)
  第一节 心理的毕生发展 ………………………………………………… (91)
  第二节 儿童的心理发展 ………………………………………………… (92)
  第三节 儿童的道德发展 ………………………………………………… (100)
  第四节 青年期的身心发展 ……………………………………………… (110)
  第五节 成年后的身心发展与生活适应 ………………………………… (119)
第七章 需要与动机 ………………………………………………………… (122)
  第一节 需要 ……………………………………………………………… (122)

第二节　动机 …………………………………………………………（127）
　　第三节　需要与动机的关系 …………………………………………（135）
第八章　情绪、压力和健康 ………………………………………………（140）
　　第一节　情绪概述 ……………………………………………………（140）
　　第二节　情绪理论 ……………………………………………………（152）
　　第三节　情绪的性质和功能 …………………………………………（157）
　　第四节　情绪调节 ……………………………………………………（160）
　　第五节　压力与心理健康 ……………………………………………（163）
第九章　人格概述 …………………………………………………………（169）
　　第一节　人格概念 ……………………………………………………（169）
　　第二节　人格理论 ……………………………………………………（172）
　　第三节　认知风格 ……………………………………………………（178）
　　第四节　人格测评 ……………………………………………………（181）
　　第五节　人格的形成 …………………………………………………（184）
第十章　人际交往 …………………………………………………………（191）
　　第一节　人际交往需要与人际吸引 …………………………………（191）
　　第二节　人际沟通 ……………………………………………………（197）
　　第三节　人际关系的改善及技术 ……………………………………（205）
第十一章　心理冲突与挫折 ………………………………………………（214）
　　第一节　心理冲突及其类型 …………………………………………（214）
　　第二节　挫折与心理防御 ……………………………………………（215）
参考文献 ……………………………………………………………………（226）

第一章 绪 论

　　1954年,美国最高法院对布朗与托皮卡教育委员会的案件宣布了一项判决,判定将黑人和白人儿童分隔在不同的学校就读是非法的。最高法院的这项判决在很大程度上受到了心理学家和其他社会科学家所提出证据的影响,他们就种族隔离对黑人儿童的心理伤害进行了大量的研究。下面是心理学家肯尼斯·克拉克给出的对布朗案件产生极大影响的证词——克拉克报道了他对一群黑人幼儿的研究。

　　我在你们的要求下,于上个星期四和星期五制定了这些测验,并对scott's branch小学中的儿童,特别是那些低年级的群体进行了测试,我使用了我告诉你们的方法——黑人和白人玩具娃娃,它们除了肤色以外,在其他方面都是一模一样的。

　　我把画有这些娃娃图像的纸呈现给他们,并按顺序询问他们以下问题:"指给我看你最喜欢的或者你最想玩的那个娃娃";"指给我看哪个看上去是漂亮的娃娃";"指给我看哪个看上去是不好的娃娃"。

　　我发现,在我测试的6~9岁的总共16个儿童中,有10个选择了白人娃娃作为他们偏爱的或最喜欢的。他们中的10个也认为白人娃娃是漂亮的,16个儿童中的11个选择了棕色娃娃作为看上去"不好"的娃娃。这与以前我们测试300多个儿童得到的结果是一致的,我们将此解释为,黑人儿童早在6岁、7岁或8岁时就已经接受了关于自己种族的负面刻板印象。

　　我们不得不做出的结论是,这些儿童在其人格发展过程中的确受到了伤害,他们个性中的不稳定性是明显的,我认为每个心理学家都会接受这样的解释,并且对这些现象做出同样的解释。

　　你能看出为什么这份证词——一份来自心理学研究的直接叙述——对最高法院和国家对于种族隔离所付出的心理代价的理解产生了多么巨大的影响。

　　本章作为开宗明义第一章,首先需要明确什么是心理学、心理学的历史发展过程,心理学的特点和当代心理学的主要研究内容。

第一节　什么是心理学

　　心理学(psychology)是研究人和动物心理现象发生、发展和活动规律的一门科学,它既是理论学科,又是应用学科,主要研究个体心理,包括认知、情绪和动机、能力和人格等,也研究团体和社会心理。它包括理论心理学和应用心理学。心理学既研究动物的心理(研究动物心理主要是为了深层次地了解、预测人的心理的发生、发展的规律),也研究人的心理,而以人的心理现象为主要研究对象。因此,总而言之,心理学是研究心理现象和心理规律的一门科学。

一、心理学是一门科学

　　在我们生活的周围环境中,有各种各样的现象,如日月星辰、山川河流、风土人情、社会规范等,它们有的属于自然现象,有的属于社会现象。这些现象分别由不同的学科进行研究,构成了人类不同的知识领域。人的心理现象是自然界最复杂、最奇妙的一种现象。艾宾浩斯(1850~1909)曾说:心理学是一个悠久的过去,但却只有一个短暂的历史。心理学一词源于希腊语,由"psyche"(灵魂)和"logos"(学问)所组成。心理学是研究灵魂的学问。古希腊哲学家亚里士多德(公元前384~公元前322)的《论灵魂》一书,是人类文明史上最早关于心理学的专著。而后,心理学一直在哲学领域内发展,是哲学的组成部分。

1879年,德国哲学家、生理学家冯特(1832~1920)把实验法引进心理学,并在德国莱比锡大学创建了世界上第一个专门的心理学实验室,对感觉、知觉、注意、联想和情感展开系统的实验研究。这标志着心理学从哲学的母体中分离出来,成为一门独立的实验科学,冯特因此也被视为心理学的创始人。随后,他还创办了第一个心理学杂志《哲学研究》,出版了第一部科学心理学专著《生理心理学原理》。冯特的工作对心理学的发展起到了划时代的意义。

二、心理学是研究人的心理现象及其规律的科学

人是作为个体而存在的,个人所具有的心理现象称个人心理。个体心理异常复杂,概括起来有认知、情绪、动机和意志、人格三大方面。

(一) 认知过程

认知(cognition)是最基本的心理过程,指人们获得知识和应用知识的过程,或信息加工(information processing)的过程,这是人的最基本的心理过程。它是人对客观事物的属性及其规律的认识,包括感觉、知觉、记忆、思维、语言、想象等。人脑接受外界输入的信息,经过头脑的加工处理,转换成内在的心理活动,再进而支配人的行为,这个过程就是信息加工的过程,也就是认知的过程。

人们获得知识或应用知识的过程开始于感觉与知觉,感觉是人最简单的认知活动,但却是我们认识事物的起点和基础。我们看见颜色、听到声音、闻到气味时,就产生了各种不同的感觉。在感觉基础上,辨认出风的凉爽、空气中花草的清香、鸟的鸣唱、汽车的轰鸣等,这时你对事物个别属性的感觉就转化为对事物的整体知觉,知觉是事物的整体及其联系与关系的认识。知觉是在感觉的基础上产生的,但不是感觉简单的相加。在知觉中人的知识经验起着相当重要的作用。当你回到家中,户外感受到的一切还会"历历在目",这种积累和保存个体经验的心理过程就是记忆。记忆是人在头脑中保留以前感知过的对象或现象的映像再现。当我们利用感知材料和已有知识经验分析和思考,认识到事物内在的、本质的特征和规律,形成对事物的概念,进行推理判断,解决面临的各种各样的问题,这就是思维,它是认知的高级形式。人们还利用语言把自己思维活动的结果、认知活动的结果与别人进行交流,接受别人的经验,这就是语言活动。人们不仅能直接感知事物,记住和回忆经历过的事物,同时还可以在感知、记忆、思维的基础上对头脑中的形象加以改造,形成新的形象,这就是想象。例如,作家创造一个人物形象、科学家构建自己的理论模型、设计人员设计一种机器模型或者方案,都包含着复杂的想象活动。

(二) 情绪过程

情绪(emotion)或情感(feeling)是人对客观事物的态度体验。人们在认识客观事物的

时候,不仅能够认识事物的属性、特性及其关系,其表现也并不是无动于衷、冷漠无情的,总是要对之采取一定的态度,产生某种主观体验,如获得成功的喜悦、失去亲人的悲伤、对不道德行为的憎恨、对祖国名山大川的赞美等。凡能满足人的需要或符合人的愿望、观点的客观事物,能使人产生愉快、喜爱等积极体验;相反,凡是不符合人的需要或违背人的愿望、观点的客观事物,就使人产生烦闷、厌恶等消极体验。情感是在认知的基础上产生,又对认知产生巨大影响,成为调节和控制人的认识活动的一种内在因素。积极的情感能够激发人们认识的积极性,使人锐意进取、积极向上;相反,消极的情感会使人消极、沮丧,窒息人们认识与创造的热情。

人类的认知和行为不仅受情绪和情感的影响,而且是在动机的支配下进行的。动机(motive)是指推动人的活动,并使活动朝向某一目标的内在动力。例如,一个人希望成为某一领域的专家,并以自己的努力为这一领域的发展做出贡献,这种内部的动力会成为推动他学习和工作的动机。一个人希望在一个集体中得到认可和享有一定的地位,这种内在动力会成为他处理各种人际关系的动机。动机的基础是人类的各种需要,即个体在生理和心理上的某种不平衡状态。人有生理需要,如饥饿择食、口渴等,也有社会需要,如劳动的需要、人际交往的需要、成就的需要、自尊的需要等。人有物质的需要,如衣物、食物、住房、交通工具等,也有精神需要,如认知的需要、美的享受的需要等。正是在不同需要的基础上形成了人的不同动机。动机具有性质和强度的区别,动机不同,人们对现实的态度及相应的行为方式也不一样。

（三）意志过程

人对客观事物不仅要感受它、认识它,同时还要改造它,使它适合人的需求。人们在认识世界和改造世界的过程中,必须要有明确的目标,还要制订计划、选择方法、克服种种困难,最终才能实现预定目标。意志是人自觉地确定目的,并根据目的去调节和支配自身的行动,克服困难去实现预定目标的心理过程。

认知、情绪情感与意志这三个过程不是彼此孤立的,而是相互联系、相互制约。认知是情绪情感和意志的基础,只有正确与深刻的认知,才能产生强烈的情绪情感和坚强的意志,正所谓"知之深,则爱之切";情绪情感和意志又会影响认知活动的发展,因为情绪情感和意志既在人的认知过程中起过滤和动力作用,同时又是衡量人的认知水平的一个重要标志。同样,情绪情感也会对意志产生推动作用,而意志又有利于情绪情感的丰富和升华,各种心理过程及其相互关系是心理学研究的一个重要内容。

（四）人格

人格是个体在遗传的基础上,在社会化过程中所形成稳定的、具有一定倾向的心理品质或特征的总和。它包括人格倾向性和人格心理特征两方面。

1. 人格倾向性　是心理活动动力方面的心理特征,包括需要、动机、兴趣、理想、信念、世界观、自我意识等。人格倾向决定着人对现实的态度,决定着人对心理活动对象的趋向和选择,是人格结构中最活跃的因素。它制约着所有心理活动,表现出人格的积极性和社会实质。各种人格倾向性在个体成熟与发展的不同阶段所占的地位也是不同的。儿童时期,兴趣在心理和行为活动的支配和调节中占主导地位;青少年时期,理想开始占主导地位;青年后期和成年期,人生观和世界观逐渐成为主导的人格倾向,支配着人的整个心理与行为活动。

2. 人格特征 是一个人经常表现出来的稳定的心理特征。它集中反映了人的心理活动的独特性,包括能力、气质和性格。例如,有的人音乐才华出众,有的人擅长语言表达,这是能力上的差异;有的人活泼好动,有的人沉默寡言,这是气质上的差异;有的人认真能干,有的人马虎懒散,这是性格上的差异。性格是人格心理特征中的核心,它反映了一个人的基本精神面貌。

心理现象虽然分为认知、情绪和人格三大方面,是心理学的主要研究对象。三个方面是密切联系、不可割裂的。认知的需要推动人们去探索世界,交往的需要推动人们去建立各种人际关系,并获得各种各样的情绪体验。人格是通过心理过程形成的,对客观现实的认知、对外界事物的情绪情感体验及对客观事物积极改造的意志活动中,人的能力、性格、信念、世界观等逐渐形成;已形成的人格又影响着心理过程,并在心理过程中得以表现,使人的各种心理过程总带有个人的色彩。

心理学的基本任务是揭示人的心理现象的实质,探讨心理活动发生发展的规律,并应用这些规律为人类生活服务。具体来说,就是要对人的心理现象描述、解释、预测的控制。

第二节 心理学的历史

心理学和其他科学一样,也有自己的历史发展过程。在它的早期历史上,也曾记载着人们对心理活动的种种猜测和解释。各种各样关于灵魂的描述,在历史上表现了人类对自身的精神现象曾有过浓厚的兴趣和好奇心,恰似炼金术对于现代化学一样,这样一些猜测为后来心理学的发生奠定了基础。

心理学虽然是一门较年轻的科学,但就其基本概念的形成而言,却可以追溯到远古时期。"心理"这一概念早在公元前的古希腊哲学中就已经出现了。集其大成者是亚里士多德(公元前384～公元前322年)的心理学专著《灵魂论》。在《灵魂论》中,亚里士多德把"心理"这种东西理解为有机过程,并把它分为"植物的"、"动物的"和"理性的"三种,并把心理功能分为认知功能和动机功能,在他看来,认知功能有感觉、意象、记忆、思维等。在中国提出与"心理"有关的思想比古希腊还早,孔子(公元前551～公元前479)在《论语》中已经广泛地论述到教育心理学的某些问题。然而,数千年的人类认识史证明,认识心理活动及其本质绝非容易之事。

科学心理学诞生产生重要影响的哲学思潮是17世纪法国的理性主义及17～18世纪英国的经验主义。理性主义的著名代表人物是法国的笛卡儿(1596—1650)。他贬低感觉经验,抬高理性能力,相信人有"天赋观念"。他认为,认识就是靠理性的直观的去发现"清楚明白"的天赋观念。笛卡儿是个二元论者,认为身和心是两种截然不同的本原:人的身体像一部机器,其结构和行动均可用机械原理来说明,于是他提出了反射的概念;而心是自由的,是感知、思维和意志的主体。他认为,身和心可以互相影响,即所谓身心交感作用,身心交感地点在脑内的松果体。经验主义的奠基人是英国的洛克(1637—1704),洛克是唯物经验论者,认为人的心灵犹如蜡板,上面没有任何痕迹,一切观念都是从后天经验获得的。他把观念分为由感觉得来的观念和由反省得来的观念两种,并认为由感觉和反省得来的观念最初都是简单观念,许多简单观念通过心灵的结合而成为复杂性观念。理性主义和经验主义对人性的解释不同。

19世纪英国生物学家达尔文(1809—1882)的划时代著作《物种起源》发表于1859年。他提出了生物进化论,认为世界上现存的一切生物的状貌特征是经历数百万年长期进化演变而来的,种类间的差异是由不同的遗传所致,同一种类内的个体差异则主要是因适应环境所致。1877年他发表了《一个婴儿的生活简史》,是他对自己的一个孩子的观察记录,是一项系统的自然观察典范,对促进儿童心理学的发展有重要作用。

影响到心理学的生理学研究,主要始自19世纪德国三位生理学家的研究。一是柏林大学的教授缪勒(1801—1858)。他首倡神经特殊能量说,认为人类对外界刺激之所以产生感觉,之所以能够辨别,完全是依赖于各种不同神经传导所发生的特殊能量所致。二是赫尔姆霍兹(1821—1894)。缪勒的理论引起当时生理学家的重视,并由其弟子赫尔姆霍兹用实验加以证实。赫尔姆霍兹后来也成为柏林大学著名的生理学教授,他所倡导的色觉理论与听觉理论及"无意识推动",迄今仍是心理学上解释色觉、听觉现象及知觉经验的重要理论根据。三是费希纳(1801—1887)。他是对科学心理学的诞生有重大影响的生理学家。费希纳是德国莱比锡大学的教授,首创用实验法将物理刺激的变化转化为心理经验过程。他对生理感官功能的一系列实验研究,使他成为心理物理学和实验心理学的奠基人。心理学的历史分两个时期:哲学心理学时期,约从公元前6世纪至公元19世纪中叶,包括古代、中世纪、近代(文艺复兴时期及17～19世纪上半期)对心理问题的探讨;科学心理学的创建和发展时期,从19世纪后半叶到20世纪七八十年代,包括科学心理学孕育的时代背景、诞生及其后来的学派纷争,直至逐渐走向学派融合的当代心理学。

人类为了认识自身的精神活动,曾经历过多次反复并走过许多弯路,这样的经历至今被记载在哲学史中,因为心理学的思想一直是寄生在哲学之中。哲学的思辨虽然不断加深人们对心理活动的理解,但心理学作为一门实证科学,如果不摆脱纯哲学的思辨便无法充分发展。当然,这种摆脱不是无条件的,它必须借助于临近自然科学的力量。20世纪后期的物理学、数学、生物学和生理学的发展成就,事实上就是近代心理学诞生的助产士。

1861年法国神经科学家布洛卡(Broca)的研究与发现,把人类的精神活动直接地和实证地与大脑联系起来。这一发现使以往若干天才的猜测黯然失色。为此,也加强了人们为研究心理现象而采取的观察和实验的方法。19世纪自然科学发展的伟大里程碑——达尔文的《进化论》,为理解人类心理的起源和进化提供了依据,而生物学和生理学的其他成果为建立心理学的实验方法提供了可能性。于是,一部真正的实验心理学著作在1834年问世了,这就是韦伯的《触觉论》。稍后,费希纳进一步充实了韦伯的研究并确立了心理(感觉)过程数量化的基础,这就为心理学最后摆脱思辨的哲学创造了条件。把生理学和心理物理学资料加以汇集并且以实验的方法对人的心理活动加以考察和分析,这就是早期的心理学。把关于心理活动的哲学思考放到实验室里进行验证,这是德国生理学家冯特的贡献,他于1879年在德国建立了世界上第一个心理学实验室。为此,至今人们仍把冯特在莱比锡建立实验室的时间定为心理学的诞生日。

科学史证实,绝对化和片面化的思维方式是人类认识自然事物时经历的不可避免的阶段,特别是在各门科学发展的早期。心理学也不例外。心理学早期出现的所谓各种派别,就是不同心理学家由于认识上的原因而"各执真理的一面"不顾及其他的例证。下面,我们简要回顾一下心理科学诞生100多年以来的发展历史。

一、构造主义心理学

德国心理、生理学家冯特1879年在莱比锡大学建立世界上第一个心理实验室,用自然科学的方法研究心理现象,使心理学开始从哲学中分离出来,成为一门独立的科学。这一行动标志着科学心理学的诞生,冯特为此被称为心理学的始祖。冯特用实验的方法来分析人的心理结构,冯特的心理学为此被称为构造主义心理学。构造心理学著名的代表人物为铁钦纳,他认为心理学的研究对象是意识经验,主张心理学应该采用实验内省法分析意识的内容或构造,并找出意识的组成部分,以及它们如何联结成各种复杂心理过程的规律。铁钦纳把人的经验分为感觉、意象和激情状态三种元素。感觉是知觉的元素,意象是观念的元素,而激情是情绪的元素。所有复杂的心理现象都是由这些元素构成的。构造心理学是心理学史上第一个从哲学中独立出来的心理学派,它为新兴的心理学提供了一些符合实际的实验资料。但是由于构造心理学为心理学所确定的研究对象过于狭窄和脱离生活实际,同时又把内省法看作心理学的主要方法,遭到欧美许多心理学家的反对。在铁钦纳在世的最后岁月,构造心理学便已逐渐削弱,最后趋于瓦解,但是它同时也从反面推动了其他心理学派的兴起和发展。

二、机能心理学

美国机能心理学的先驱是詹姆斯。一位深受达尔文生物进化论影响的心理学家。他认为意识是连续不断流动的,人的心理是作为不可分割的整体发挥作用的。他还持有实用主义观点,强调有效用的思想就是真理。因此,心理学应该把有效用的心理过程而不是静态的心理内容作为研究对象。1890年,詹姆斯在《心理学原理》一书中指出:"心理学是研究心理生活的科学,研究心理生活的现象及其条件。"他还主张意识的功用是指引用机体适应环境,强调意识是流动的东西,称为意识流。意识流这个词含有意识是不可分析的整体之意。他的这些主张成为后来美国机能心理学的基本信条。机能心理学对心理的研究已从单纯主观方面扩大到心理的客观方面(外部行为),因此,这个学派为行为主义心理学开拓了道路。在机能心理学的影响下,个别差异心理学、各种心理测验、学习心理学、知觉心理学等在美国有了明显的发展。

三、行为主义心理学

1913~1930年是早期行为主义时期,行为主义心理学是由美国心理学家华生在巴甫洛夫条件反射学说的基础上创立的,他主张心理学应该摒弃意识、意象等太多主观的东西,只研究所观察到的并能客观地加以测量的刺激和反应。无须理会其中的中间环节,华生称之为"黑箱作业"。他认为人类的行为都是后天习得的,环境决定了一个人的行为模式,无论是正常的行为还是病态的行为都是经过学习而获得的,也可以通过学习而更改、增加或消除,认为查明了环境刺激与行为反应之间的规律性关系,就能根据刺激预知反应,或根据反应推断刺激,达到预测并控制动物和人的行为的目的。他认为,行为就是有机体用以适应环境刺激的各种躯体反应的组合,有的表现在外表,有的隐藏在内部,在他眼里人和动物没什么差异,都遵循同样的规律。

1930年起出现了新行为主义理论,以托尔曼为代表的新行为主义者修正了华生的极端观点。他们指出在个体所受刺激与行为反应之间存在着中间变量,这个中间变量是指个体当时的生理和心理状态,它们是行为的实际决定因子,它们包括需求变量和认知变量。需求变量本质上就是动机,它们包括性、饥饿,以及面临危险时对安全的要求。认知变量就是能力,它们包括对象知觉、运动技能等。行为主义者在研究方法上摒弃内省,主张采用客观观察法、条件反射法、言语报告法和测验法。这是他们在研究对象上否认意识的必然结论。

四、精神分析心理学

精神分析心理学产生于19世纪末20世纪初的精神病的临床实践,主要讨论病态人的无意识,所述内容主要有人的梦、过失、焦虑、动机冲突、情绪紧张,以及人格的病理表现,强调潜意识和性本能的研究,创始人是奥地利心理学家弗洛伊德。精神分析心理学的主要研究主题有两个方面:一个方面是潜意识,在弗洛伊德的精神分析心理学中翻译为"无意识"。无意识主要在精神分析看来,不只是察觉不到、不在意识之中的意思,是心理的基础部分或底层,包括个人的原始冲动和各种本能,以及出生后和本能有关的欲望。这些冲动和欲望,不容于社会的风俗、习惯、道德、法律而被压抑或排斥在意识之外,而进入无意识领域。另一个方面是力比多,力比多在弗洛伊德的著作中常用以指心理能,尤其是性本能。弗洛伊德认为,人的行为都有它的动机,动机决定人的行为,而动机是心理的,主要是由力比多心理能的性本能所驱动、所支配的。

19世纪末20世纪初,西方资本主义开始进入帝国主义阶段。社会阶级矛盾日益尖锐,垄断资产阶级残酷掠夺;中小资产阶级面临着破产;整个社会尔虞我诈,互相倾轧;道德沦丧,惶惶不可终日。这种病态的社会现象,便自然地导致人们精神病和神经病发病率日益增高。精神分析就在这种特定的社会历史条件下产生的。其实,在我看来,这主要是因为社会化大生产造成的工作生活节奏加快,人们精神过于紧张造成的,人们的物质生活也得到了一定的改善,精神抚慰成为一种需要。因此,精神分析的发展有两条线索,一条线索是正统精神分析的发展,经历了精神分析的自我(ego)心理学、精神分析的对象关系理论和精神分析的新自我(self)心理学;另一条是精神分析的社会文化学派,也称新精神分析。

五、格式塔心理学

格式塔心理学诞生于1912年。它强调经验和行为的整体性,反对当时流行的构造主义元素学说和行为主义"刺激-反应"公式,认为整体不等于部分之和,意识不等于感觉元素的集合,行为不等于反射弧的循环。在格式塔心理学家看来,知觉到的东西要大于眼睛见到的东西;任何一种经验的现象,其中的每一成分都牵连到其他成分,每一成分之所以有其特性,是因为它与其他部分具有关系。由此构成的整体,并不决定于其个别的元素,而局部却取决于整体的内在特性。完整的现象具有它本身的完整特性,它既不能分解为简单的元素,它的特性又不包含于元素之内。格式塔心理学把构造主义称为"砖块和灰泥心理学",说它用联想过程的灰泥把元素的砖块粘合起来,借以垒成构造主义的大厦。问题在于:一个人往窗外观望,他看到的是树木、天空、建筑,还是组成这些物体的各种感觉素质,如亮度、色调等。如果是前者,则构造主义的大厦就会倒塌。G. A 米勒(G. A. Miller)曾举过一个有趣的例子,用以说明当时格式塔心理学的声势和构造主义的困境:当你走进心理学实验室,一个构造主义心理学家问你,你在桌子上看见了什么。

"一本书"

"不错,当然是一本书。""可是,你'真正'看见了什么?"

"你说的是什么意思?我'真正'看见什么?我不是已经告诉你了,我看见一本书,一本包着红色封套的书。"

"对了,你要对我尽可能明确地描述它。"

"按你的意思,它不是一本书?那是什么?"

"是的,它是一本书,我只要你把能看到的东西严格地向我描述出来。"

"这本书的封面看来好像是一个暗红色的平行四边形。"

"对了,对了,你在平行四边形上看到了暗红色。还有别的吗?"

"在它下面有一条灰白色的边,再下面是一条暗红色的细线,细线下面是桌子,周围是一些闪烁着淡褐色的杂色条纹。"

"谢谢你,你帮助我再一次证明了我的知觉原理。你看见的是颜色而不是物体,你之所以认为它是一本书,是因为它不是别的什么东西,而仅仅是感觉元素的复合物。"

那么,你究竟真正看到了什么?格式塔心理学家出来说话了:"任何一个蠢人都知道,'书'是最初立即直接得到的不容置疑的知觉事实!至于那种把知觉还原为感觉,不是别的什么东西,只是一种智力游戏。任何人在应该看见书的地方,却看到一些暗红色的斑点,那么这个人就是一个病人。"

六、人本主义心理学

人本主义心理学兴起于20世纪五六十年代的美国,由马斯洛创立,以罗杰斯为代表,被称为除行为学派和精神分析以外,心理学上的第三势力。人本主义和其他学派最大的不同是特别强调人的正面本质和价值,而并非集中研究人的问题行为,并强调人的成长和发展,称为自我实现。马斯洛、罗杰斯都认为精神分析学派过于强调病态的行为和过于以决定论作为人的价值基础,缺乏了对行为的意义、正面的成长和发展的探索,因此决意创立一个全新的心理学取向,藉以强调正向的心理发展和个人成长的价值。人本主义心理学提出了基于自然的人性论,认为有机体均有一定的内在倾向,以有助于维持和增强机体的方式来发展自我潜能;强调人的基本需要均由人的潜能决定,人性是善的或中性的,每个人生来就是"佛",带有"佛性",恶是由人的基本需要受挫引起的,是不良的文化环境造成的。马斯洛根据动机与需要之间的关系,提出了经典的需要层次理论,即自下而上的生理、安全、归属感和爱、尊重、认知、审美和自我实现的一般模式。由于人有自我实现的需要,才使有机体的潜能得以实现、保持和增强。但每个人的需要和动机不一,自我实现的标准和结果各异,不能将一个人自我实现的标准和模式强加到他人身上。正如马斯洛所说,"一个人能够成为什么,他就必须成为什么,他必须忠于自己的本性。"自我实现的两个基本条件是无条件尊重与自尊。自我实现者以开放的态度对待经验,其自我概念与整个经验结构是和谐一致的,体验到一种无条件的自尊,并能与他人和谐相处。人本主义思想的局限性主要体现为理论体系不够严谨,缺乏对基本观点的明确目标和充分论证,一些概念也描述得很模糊。过分强调自我实现和自我选择,认为这是一种与生俱来的自然倾向,忽视社会环境和后天教育对人成长的影响和制约。人格问题研究方法有其积极意义,但作为一种方法论体系存在一些不可忽视的缺陷。排除整体分析和经验描述,单纯以自然科学的实验和分析方法不足以说明人的精神生活相互联系和因果关系。尽管人本主义心理学有其不足之处,但它探讨了人的本性和价值,试图提供心理学的证明,不仅扩大了心理学的领域,丰富了人的精神生活的研究,并且加强了实证科学和规范科学的联系,也促进了心理学向高级发展。

七、认知心理学

认知心理学是20世纪50年代中期在西方兴起的一种心理学思潮,20世纪70年代开始其成为西方心理学的一个主要研究方向。它研究人的高级心理过程,主要是认知过程,如注意、知觉、表象、记忆、思维和语言等。与行为主义学家相反,认知心理学家研究那些不能观察的内部机制和过程,如记忆的加工、存储、提取和记忆力的改变。以信息加工的观点研究认知过程是现代认知心理学的主流,可以说认知心理学相当于信息加工心理学。它将人看作是一个信息加工的系统,认为认知就是信息加工,包括感觉输入的编码、储存和提取的全过程。按照这一观点,认知可以分解为一系列阶段,每个阶段是一个对输入的信息进行某些特定操作的单元,而反应则是这一系列阶段和操作的产物。信息加工系统的各个组成部分之间都以某种方式相互联系着。而随着认知心理学的发展,这种序列加工的观点越来越受到平行加工理论和认知神经心理学的相关理论的挑战,认知心理学是心理学发展的结果,它与西方传统哲学也有一定联系。其主要特点是强调知识的作用,认为知识是决定人类行为的主要因素,认知心理学也继承了早期实验心理学的传统。19世纪赫尔姆霍茨和东德斯提出的反应时研究法。格式塔对认知心理学的影响很明显。它以知觉和高级心理过程的研究著称,强调格式塔的组织、结构等,反对行为主义心理学把人看成是被动的刺激反应器。这些观点对认知心理学有重大影响,如认知心理学把知觉定义为对感觉信息的组织和解释,强调信息加工的主动性。认知心理学是反对行为主义的,但也受到它的一定影响。认知心理学从行为主义那里接受了严格的实验方法和操作主义等。近年来,认知心理学已不再专注于内部心理过程的研究,也开始注意行为的研究。一般认为,人们使用从环境得来的信息,结合记忆内存储的东西,指导未来的行为,并塑造生活环境。

第三节 中国心理学史

中国心理学史主要分为两个历史时期:中国古代心理学思想史和中国近现代心理学史。中国传统文化中蕴含着丰富的心理学思想,古人对心理现象的思考就提出了六大对立的基本问题,即人贵论、身心论、习性论、知行论、性情论、理欲论,它们构成了中国古代心理学思想的范畴论。在具体的心理学思想中,中国古代心理学又涉及人的心理的方方面面,如教育心理学思想、释梦心理学思想、心理卫生思想、情欲心理学思想、性情心理学思想、军事心理学思想等。

至于中国近现代心理学史,是研究中国近代及现代心理学形成和发展的历史。中国史学研究中,一般将1840年的鸦片战争视为是中国近代史的开端,而将1919年的五四运动作为中国现代史的开端。但鉴于中国心理学历史发展的"特殊性",16、17世纪明朝时西方近代心理学的思想就已传入中国,这些思想对中国近代心理学的发展起到了一定影响。为此,我们在界定中国近代心理学史的年限时,就不完全以中国通史的历史分期来划定,而将中国近代心理学史的启蒙时期追溯至16、17世纪。中国近代心理学思想中,一方面有诸如龚自珍、梁启超等学者以经验描述和思辨方法为主体的心理学论述,但更主要的还是通过早期教会学校,以及通过翻译西方心理学论著,使西方心理学思想在近代的中国得以初步传播。

中国现代心理学史的历史时期与中国现代史的划分基本上是一致的,它分为两个时期:19世纪末至20世纪40年代,是中国现代心理学的建立时期。这一时期的心理学是以中国古代和近代心理学思想为历史渊源,通过传入西方心理学的途径而建立和发展起来的,其主要代表人物有郭任远、张耀翔等心理学家。从1949年10月中华人民共和国成立之后至今,是中国现代心理学的发展时期。这一时期经历了学习改造阶段、初步繁荣阶段、遭遇挫折阶段、重新恢复阶段和飞速发展阶段。目前,中国心理学已经取得了长足进步,表现之一是心理学研究机构和教学机构不断发展壮大;二是人才培养上了一个新台阶;三是与国外心理学同行开展的学术交流活动日益增多。

第四节 心理学的研究领域及研究方法

21世纪以来,心理学获得了迅速的发展,主要有两个方面的原因:一方面由于实际生活的需要。在现代化生产、商业、交通、企事业管理工作中,人的心理因素的重要作用越来越为人们所重视;智力开发、人才培养引起了社会各界的普遍关注;由于心理异常带来的个人健康问题和社会问题,也要求人们采取相应对策,这一切都推动了心理学的研究。另一方面,由于交叉学科(如生物学、生理学、逻辑学、社会学、教育学和技术科学等)的发展及其与心理学的相互影响,心理学与这些学科形成了许多新兴的分支学科。因此,一般来说,心理学属于边缘科学,特别是大多数学科分支的基础研究部分应属于边缘科学。至于每一具体学科分支的性质,则应依具体研究对象来规定。

一、心理学的研究领域

现代心理学的发展,在理论上已形成了基本的、作为一门科学的独立体系。在应用上与社会各实践领域建立了广泛的联系,从而形成许多分支学科,体现了独立的、在科学体系上的分类。

(一)普通心理学

普通心理学是研究正常成人的心理过程和个性心理特征的一般规律的学科,是心理学最基本、最重要的基础研究。普通心理学研究心理过程的发生、发展和个性心理特征形成的最一般的理论和规律,建立心理学研究最一般的方法论原则和具体的方法。普通心理学既包括过去研究中已经定论的、为科学实践所证实并为科学家所公认的理论和规律,也包括虽不一定为大家所公认,但却有重大影响的学派的理论和学说,还包括处于科学发展前沿的新成果和新发现。因此,普通心理学的内容不是一成不变的。在它已形成的理论体系上,不断地充实新的内容。特别由于心理学尚属一门年轻的科学,这一点尤为重要。

在普通心理学的范围内,按照心理活动的基本过程和个性心理特征,还可分为感觉(视觉、听觉、触摸觉、运动觉、嗅味觉等)心理学、知觉心理学、记忆心理学、注意心理学、思维心理学、言语心理学、情绪心理学、动机心理学、智能心理学、气质心理学、人格心理学等分支基础学科。

(二) 生理心理学

生理心理学是从人体生理和神经生理、神经解剖、神经生物化学等方面进行关于心理的生理基础和机制研究的学科,是心理学基础研究的重要组成部分。生理心理学在现代脑科学研究成果和现代技术方法的基础上,揭示各种心理现象在脑的解剖部位及脑功能上发生的规律。生理心理学还包括神经心理学、心理生物学、动物心理学等分支学科。

(三) 社会心理学

社会心理学是研究个体在特定社会、群体条件下,心理、动机、人际关系发生发展及其规律的学科。社会心理学着重探讨个体社会化的条件和规律,个体的社会动机与态度的形成,人际关系和群体心理的形成与影响等方面的一般规律。社会心理学包括民族心理学、家庭心理学等分支学科。

(四) 发展心理学

发展心理学是研究个体心理发展规律的学科。发展中的个体,无论处于发展的哪一阶段之中,他们的心理发展既包括心理的各个过程及各个特征,又分别有着主要的发展方面和主要矛盾。在全面发展的基础上,每一阶段主要矛盾得到解决,即将向下一阶段过渡。发展心理学就要研究个体心理发展各个阶段各方面的矛盾与变化。发展心理学可分为婴儿心理学、幼儿心理学、学龄儿童心理学、少年心理学、老年心理学等分支学科。发展心理学既是心理学理论体系的重要组成部分,又是对发展中的人进行教育、教养的理论根据。

(五) 教育心理学

教育心理学是研究学校教育和教学过程中学生的心理活动规律的学科。它主要涉及掌握各科知识和各种技能的心理活动特点及规律,研究智能的发展与智力测查方法,影响教学过程的心理因素、道德品质与行为习惯的形成规律,以及家庭、学校、团体、社会意识形态等对学生的影响。教育心理学涉及的范围很广,它可包括德育心理、学习心理、学科心理、智力缺陷与补偿、智力测量与教师心理等分支。

(六) 劳动心理学

劳动心理学研究人在劳动过程中所需的心理能力和心理品质,研究操作程序、操作条件与操作者的心理特点适应等问题。劳动心理学包括工程心理学与工业心理学,工程心理学主要研究在生产高度机械化和自动化条件下人与机器的相互作用问题,工业心理学研究生产者选拔和操作合理化等问题。

(七) 文艺心理学

文艺心理学在各种艺术领域有不同的研究对象。对于绘画艺术,着重研究光感觉、视色学、视知觉的规律,如光觉与色觉的感受性,视知觉的参照、透视规律。对于音乐艺术,着重研究发音和听觉特性,如发声机制及发声规律,听觉的音高、音强、音色、节奏感和旋律感。对于舞台艺术体现的是完整的人物角色,需研究个性的全面特征、情绪体验和表现、人格结构和行为;探讨各类角色的典型特征并在舞台上再现的规律。艺术心理学还要研究艺术家独特的心理素质,如形象思维能力、情绪情感体验特征等。人的艺术特长属于特殊才能,不是人人所具备的。因此,对艺术工作者的心理特长、个性差异的鉴别及测量方法的制订,是重要的研究方面。

(八)体育运动心理学

体育运动心理学研究体育活动和竞赛活动所涉及的心理特点。在一般的体育运动中,研究各种体育运动所涉及的骨骼肌肉系统的解剖特点和器官活动的灵敏度与感受性,以及受意识支配的能力,研究运动技能和技巧形成的一般规律。在运动竞赛中,研究竞赛条件下应具备的情绪特征、意志品质和人格特点,竞赛中的动机水平、情绪状态对运动技能发生的影响。在运动员选拔方面,心理选拔和测量方法的制订也是重要的研究领域。

(九)航空航天心理学

航空航天心理学研究在空中和宇宙飞行条件下人的心理活动特点。在非陆地的异常条件下从事紧张的驾驶操作,要求飞行员和宇航员具有较全面的优秀心理素质和较完善的个性特征。飞行中缺乏视觉参照物,完全依靠仪器仪表的指示进行操作,从而要求飞行员具备精确的视-动协调反应能力,对错觉的意识灵敏度,还要求坚强沉着的意志、稳定的情绪等特征。宇宙飞行在失重条件下,要求具备心理反应变化的高度适应性和自我协调能力。为了培养和选拔飞行员和宇航员,心理素质的测定和训练过程的检测方法,均是重要的研究方面。

(十)组织管理心理学

组织管理心理学研究某一群体——一个企业或一个学校的组织管理工作中人的因素方面。它涉及领导者与被领导者的心理素质,以及二者之间关系的协调问题。一方面,包括领导者对被领导者的心理活动的掌握,如对生产者的专业能力和技能的了解,用以对人才的估量和选拔;对生产者的动机、情绪和需要的了解,以预测他们的表现和对工作的影响;协调与生产者之间的关系,发挥他们的生产和工作积极性。另一方面,还包括对领导者的心理活动特点的研究。例如,领导能力、领导作风、领导心理素质的了解,用以对领导行为的评价和对领导者的选拔。组织管理心理学既可用于工业生产、企业经营,又可用于如学校、医院、文体机构等事业单位。

(十一)临床或医学心理学

心理异常可由遗传和社会适应不良而产生,临床心理学是研究心理异常的发生原因、发病机制、症状与诊断、预防与治疗的学科,并从中分出心理治疗与心理咨询的面对社会和医疗服务的专门事业。临床心理学既包括严重的心理变态疾病(如精神分裂症),也包括轻度的单纯由心理因素所引起的神经症(如神经性焦虑)或忧郁症,还包括由心理因素引起的躯体疾病(如高血压),后者称为心身医学,并从治疗的角度,研究病因,诊断与预防,形成一门新兴的健康心理学。对心理异常的研究,不仅对医疗实践有重要作用,而且从异常与正常的比较中,有助于揭示心理的机制。因此,从学科的观点和学术研究的角度,对心理异常的病因、机制、诊断与治疗方面的研究,称为变态心理学。

(十二) 司法与犯罪心理学

司法心理学是研究违法行为及处理违法行为中的心理学问题的学科。它涉及犯罪、侦察、审讯及改造罪犯等过程中,对犯罪原因、侦讯技术、改造手段的研究。侦察和审讯人员应具备的心理素质和心理技能也是研究的组成部分。犯罪心理学与司法心理学有重叠的方面,前者着重研究罪犯行为的心理原因,尤其是青少年犯的心理特点、心理动机、个体人格和情绪特征,是研究的重要方面。对罪犯的个人成长背景、家庭、学校、社会的致犯罪因素等方面也要进行调查研究。

二、心理学的研究方法

心理学是以心理现象和心理活动规律为研究对象的科学。它的任务是揭示人的各类心理现象的本质,阐明其特点和规律,从而使人类对自己的精神世界具有充分的科学认识。为完善、改造和发展人的精神世界提供科学依据,就这层意义上来说,这门科学又是人类自我认识的组成部分。阐述和解释人类精神现象的途径是各种各样的,有文学和艺术的描写和塑造,也有科学的观察与分析。心理学作为一门科学,它在观察和判断人的心理活动时所采用的方法只能是后者。一般来说,心理学的研究方法是由研究目的决定的,目的不同,方法各异。但是,无论哪种方法,其本身必须能够揭示出心理活动的质与量两方面的特点,也就是说,通过某种方法进行研究的结果既能做一般性概括又能做定量分析。只有这样,才能称得上科学的方法。心理学在自身的发展中,至今已经产生了五类方法,即自然观察法、调查法、个案法、实验法、问卷法等。

(一) 自然观察法

自然观察法(naturalistic observation method)是指在自然情境中对被观察者的行为做系统的描述记录。自然观察法听起来简单、很有吸引力,但做起来会遇到不少困难。首先,如果试图在自然状态下观察人(或任何其他有机体)的行为,就必须确保被观察者没有觉察到研究者在观察他。如果被观察者知道自己正在被观察,其行为就会有显著的不同。试想,当你意识到有人正在观察你时,你是绝对不会做那些你曾在私密空间里做过的行为。其次,可能会产生观察者偏差(observer bias)。观察者偏差是指观察者自己的动机、期望和先前经验等因素妨碍了观察的客观性。例如,有人假设男孩比女孩更具语言攻击性,如果一位研究者预先就知道要研究这个假设,那就很难保持观察的客观性。性别偏见、文化偏见都可能导致观察者偏差。例如,在什么构成"性骚扰"这个问题上,男性和女性所持的观点往往不同,因而观察到的结果也往往不同。消除观察者偏差的有效方法是:要求观察者在不知晓研究假设的情况下对行为进行观察,或者让几位观察者同时进行工作,然后采用经几个观察者共同证实的结果。最后,在观察时想要观察到的心理与行为未必会发生。例如,想要观察真实生活中人们自然的服从行为,到哪里去观察?在什么时候才能看到那种自然发生的服从行为?服从行为在一些情境中是比较容易发生的,但是如果特意设计某种情境以产生服从行为,那就不是自然观察了。因此,使用自然观察法研究心理与行为,需要有耐心和机遇。

虽然自然观察法存在上述问题,但对于一些心理学课题,采用这种方法仍然是最合适的。例如，心理学家想要揭示黑猩猩在自然居住地的社会性行为，想要了解婴儿的语言发展情况，采用自然观察法就最为合适；如果能借助录音机、录像机加以记录，那就可以更有效地在自然状态下进行观察。

(二) 调查法

调查法(survey method)是以提问题的方式，要求被调查者就某个或某些问题回答自己的想法。例如，如果我们想了解受教育水平不同的人对孝道的态度，可以就此问题去调查许多人。我们也可以针对特定的人群(如大学生)对学校心理健康服务体系的现状进行调查。调查法可以用来探讨被调查者的机体变量(如性别、年龄、受教育程度、职业、经济状况等)、反应变量(即他对问题的理解、态度、期望、信念、行为等)及它们之间的关系。根据研究的需要，可以向被研究者本人做调查，也可以向熟悉被研究者的人做调查。

调查法可分为问卷调查(questionnaire survey)和访问调查(interview survey)两种方式。问卷调查也称问卷法(questionnaire method)，是研究者根据研究课题的要求，设计出问题表格让被调查者自行填写以收集资料的一种方法。这种方法具有向许多人同时收集同类型资料的优点。其缺点是发出去的调查表难以全部收回，只能得到被调查者对问题的相对完整的答案。要得到一份良好的问卷，在设计时应注意以下几点：①要针对调查的目的来设计问卷；②提出的问题要适合调查的目的和被调查的对象；③使用方便，处理结果省时、经济。

访问调查也称晤谈法(interview method)，是一种以面对面的方式向被调查者提出问题进行调查的方法。要使晤谈法富有成效，首先应创造坦率和信任的良好气氛，使被调查者做到知无不言；同时，研究者应当有良好的准备和训练，以应对晤谈时可能遇到的问题。

与问卷法相比，晤谈法有如下优点：①灵活性强。可以直接向被调查者解释晤谈的目的，可以探究较具体的回答，而且当对一个问题的回答表明回答者有误解时，可以重提该问题，还可以针对不同的调查对象提出不同的问题，甚至根据晤谈情境临时决定提出问题。②回答率高，遗漏率少。不能读和写的人也可能愿意在晤谈中回答问题，还有一些不愿意花精力写出其回答的人也可能乐于谈话。研究者可以控制晤谈进程，可以使调查中的遗漏大为减少。③参照非言语行为。研究者可以在现场观察到非言语行为，并评估被调查者回答问题的真实程度。

它的主要缺点是：①由于在一定时间内只能晤谈数量有限的对象，要收集较多对象的资料时间长，费用高；②研究者必须训练有素，才能掌握晤谈法；③容易导致晤谈者偏差。如果研究者言语不当，被调查者有可能拒答或是谎答问题；研究者的行为，有时甚至是无意的行为也可能对被调查者的回答有暗示作用。

(三) 个案法

个案法(case study)是收集单个被试各方面的资料以分析其心理特征的方法。通常收集的资料包括个人的生活史、家庭关系、生活环境和人际关系等特点的资料。根据需要，也常对被试做智力和人格测验，从熟悉被试的亲近者那里了解情况，或从被试者的书信、日记、自传或他人为被试者写的资料(如传记、病历)进行采集和分析。用此种方法的研究，不同于用同一种方法或对许多被试的调查所收集到的资料经由统计分析得出一般性倾向的研究。深入的个案研究可以使我们获得有益的启示。皮亚杰(J. Piaget, 1896~1980)基于对他的几个孩子的个案研究提出了认知发展理论，为发展心理学提供了很多有待进一步研究的亮点。但个案研究可能会产生误导,因为个案可能是非典型的,个案法所收集到的资料往往缺乏可靠性,其研究结果也可能只适合于个别情况。因此,个案法通常用于提出理论假说,要进一步检验这个理论假设,则有赖于其他方法。

(四) 实验法

实验法(experimental method)是在控制的条件下系统操纵自变量的变化,以揭示自变量和因变量之间的内在关系的一种研究方法。在一个实验中,研究者选定并在实验中加以操纵变化,以影响被试行为的因素称为自变量(independent variable),而被试者的反应,实验中研究者想要预测的行为称为因变量(dependent variable)。每个实验至少有一个自变量和一个因变量。在实验中,除了自变量会对因变量影响之外,所有其他因素都应保持恒定或加以控制。首先,要对环境加以控制,使可能影响实验结果的任何环境因素保持不变或加以消除。其次,要对机体变量加以控制,用随机分配法或配对法将被试分到一个实验组(experimental group)和一个控制组(control group)里。实验法的主要优点是它不仅可以帮助我们确定因果关系,而且通过使用安慰剂还能确定实验变量的真正效应,因而长期以来实验法一直都是心理学研究的一种主要方法。但是,实验法也有缺点。首先,期望效应(expectancy effect)的干扰,如果被试者知道自己是在实验组或在控制组,他们对实验的期望会影响实验结果。这可以用单盲研究(single-blind study)加以消除,即不让被试者知道自己是在实验组还是控制组。研究者对实验的期望也会有意无意地影响被试的反应,这可以用双盲研究(double-blind study)即研究者和被试者都不知道被试接受哪一种实验处理,来加以消除。其次,实验中的被试者并不总能代表所要研究的总体。在大学里做的心理学实验,被试者绝大多数是大学生,并且主要是大学一、二年级的学生。他们在许多方面都与其他人有所不同。最后,实验情境的人为的缘故,远离了人们的现实生活。为了克服这一缺点,许多心理学家采用现场实验(field experiment),即在实际生活情境中对实验条件作适当控制所进行的实验。例如,要研究小学一年级儿童普遍存在着的感知算式错误(把加法做成减法,或把减法做成加法)的原因,实验者在一个班里按一定的计划加强实验性训练,对另一平行班则不进行这种实验性训练,进行正常教学,对获得的材料加以整理和分析,就可以找出影响小学一年级儿童感知算式错误的原因。现场实验的优点是研究的问题来自生活实际,具有直接的实践意义;其缺点是容易受无关因素的影响,不容易严密控制实验条件。可见,实验室实验和现场实验的优缺点有互补性。

总之,心理学中各种具体研究方法都有优缺点,我们应当根据研究问题的需要选择合适的方法,扬长避短。如果能合理地使用几种方法,取长补短,那就会取得较佳的研究成果。随着研究的进展,研究方法也是在发展的。

无论研究哪种心理现象或采用哪种具体方法,心理学研究的基本程序都大致相同。一般包括下列步骤:①提出问题;②查阅文献;③形成假设;④制订研究方案;⑤搜集数据和资料;⑥数据和资料的统计处理;⑦结果分析;⑧做出结论。科学研究是从问题开始的,前3个步骤是选题过程,其主要任务是提出假设和考虑选择验证假设的途径和手段,考察选题的合理性和科学性。中间两个步骤是围绕着验证假设制订研究方案,确定自变量、因变量及其操纵和记录的方法,并对无关变量加以控制,然后搜集论证假设的证据。后3个步骤主要是运用逻辑方法、统计方法和其他方法对搜集到的数据资料进行加工整理,对研究中的现象和变化规律做出解释,说明获得的结果与假设的符合程度,形成结论。最后,以论文的形式反映该项研究的成果。因此,心理学的科学研究实际上就是提出假设和验证假设的过程。心理学家总是根据所研究问题的性质、目的及研究过程各阶段的要求来选择具体的研究方法。

以上各种方法对于采集种种资料是绝对需要的。但是,在心理学研究工作中,还有基于上述方法而又高于它们的东西,那就是研究者的正确思维方法。所谓正确的思维方法,其含义甚广。它要求研究者在分析、批判、吸收以往的经验资料时,在设计实验和分析实验结果时,都不能有丝毫的主观随意性。要力争避免片面性,要使自己的思维活动,自觉地沿着清晰的逻辑轨道发展。如果说正确的思维方法对任何科学都是必要的,那么对心理学来说,它更具有特殊的重要性,这是由心理学的研究对象所决定的。

参考资料1-1 心理学真的是科学吗?

在课堂上,经常有学生提出:心理学真的是一门科学吗?即使是现在,还是有一些人认为心理学不是化学、物理学或生物学那种通常意义上的科学。这些看法主要是源于对科学这个词的误解。

一些人认为科学指的是特定领域的研究,比如,化学或物理学,也只有这些才是真正意义上的科学。实际上,科学指的是获取知识的一种普遍的途径,运用某种方法、连同几个关键的标准。这些方法主要包括系统观察和直接实验。关键的标准包括客观性、准确性和经得起检验(任何结论的接受都是在一次次的检验之后,并排除了所有的不一致)。

由此可见,这些方法和标准很大程度上独立于任何特定的领域。实际上,它们可以用于很大范围的课题。在确定一个领域是否是科学时,关键在于:这个领域是否运用科学的方法并满足科学的标准?只要它在一定程度上满足了,就可以认为是科学,否则,它就不可以被看作是科学。总之,是方法和标准,而不是研究的课题决定了某一学科是否是科学。

参照上面的标准,心理学是科学吗?我的答案是"是"!在研究行为和认知过程中,心理学家主要依赖科学方法的严密是否遵循上述标准,因此,最合适的是把心理学定义为"行为和认知的过程的科学"。心理学家研究的课题当然和那些传统及现代科学不同,但是他们所采用的方法是相似的。这才是问题的关键所在。

资料来源:ROBERT A. BAR ON. Essentials of Psychology

参考资料1-2

心理学家花费数年的时间研究和设法寻找答案的只不过是些明显地用一般常识就能解答的问题。作为心理学家,我们认为这种评论是不公正的。

问题1:

做梦用多长时间?在《仲夏夜之梦》里,里桑德尔说真正的爱情是"简单"又"短暂"的,像做梦一样,梦真的是来去一瞬间,就像莎士比亚说的那样?你认为做一个梦所用的时间是:

1秒钟的几分之一;几秒钟;一两分钟;若干分钟;几个小时。

你隔多长时间做一回梦?

(a)难得或者从不做梦;

(b)大约每隔几夜一次;

(c) 大约每夜一次；
(d) 每夜好几次。

问题2：

约翰那孩子气的好奇心驱使他走进厨房，母亲正在那里为他的9岁生日烤制蛋糕，在厨房桌子上放着完全相同的两瓶牛奶。他看着母亲打开其中一瓶，把里面的牛奶倒进一个大玻璃钵子，他的两眼溜溜地转，目光从钵子到那只仍然装满牛奶的瓶子，再回到钵子。这时母亲突然记起她在一本心理学书上曾经读到的情况。她说：告诉我，聪明的孩子，是瓶子里的牛奶多呢，还是钵子里的多？

约翰的可能回答：(a)瓶子里的多；(b)钵子里多；(c)一样多。

问题3：

《圣经》的约翰福音第九章讲述的是耶稣给一个"天生"盲人恢复视力的故事。近代运用外科手术方法给那些天生的盲人在晚年时恢复视力，已不是什么奇迹。在拆除绷带后的头几天里，你认为这样的人：

(a)什么都看不见；(b)看到的只是一片模糊；(c)只看到一些模糊不清的影子在晃动；(d)不用触摸就能认出熟悉的东西；(e)只有在触摸并看一看后才能认清东西；(f)看到一切东西全都上下颠倒。

问题4：

一群朋友决定把一些钱作为共同资金在德比赛马会上花掉。在每项比赛前他们都分别写出下赌注的意见。然后集中商讨，做出全组决定。在每项比赛上，最慎重的决定是一点赌金不押，较为冒险的决定是在最有可能获胜的马上押少量的赌金，而非常冒险的决定是在不大可能获胜的马上押大量的赌金。与个人意见的平均情况相比，全组的决定可能：

(a)更慎重；(b)更冒险；(c)既不更慎重也不更冒险。

问题5：

有影响的哲学家弗雷德里·尼采在他生命的最后20年中精神错乱，周身多病。而伟大的物理学家艾尔伯特·爱因斯坦却神智清楚，在76年的大部分时间里身体很健康。

异常聪明的人一般是否：
(a)身体和心理上没有别人那么健康；
(b)身体和心理上比别人更健康；
(c)身体和心理健康状况与别人相似；
(d)心理不如别人健康而身体健康状况相似；
(e)身体不如别人健康而心理健康状况相似。

思 考 题

1. 什么是心理学？
2. 简述心理学的主要派别。
3. 你希望通过学习心理学解决什么问题？

第二章 心理的生理基础

人的心理活动是观念形态的东西,是极其复杂的精神现象。近代科学研究表明:人的心理活动无论多么复杂都不过是人脑的功能,是人脑对客观现实的能动反映。人的心理活动一刻也不能离开其物质载体——人脑。人的心理就是在人脑里活动的,当人脑的某一区域发生病变时,与此区域有关的心理功能也随之发生异常。例如,某人得了脑卒中在大脑皮层说话中枢发生血栓时,他说话的心理功能就会受到影响,严重时可失去说话能力。

第一节 神 经 元

19世纪晚期,著名的西班牙解剖学家卡哈尔提出神经元说。神经元就是神经细胞,它是构成神经系统的最小的结构和功能单位,在神经冲动的传导和整合中起重要作用。神经系统即是由亿兆神经细胞组成的。由于人脑是人的神经系统的最高部位,人的心理活动就是在以人脑为核心的神经系统中实现的。因此,要了解人的心理的生理基础必先了解神经系统的最小的结构和功能单位——神经元。

一、神经元的基本结构

神经元是由细胞体和突起组成的,其中突起又分为树突和轴突(图2-1)。

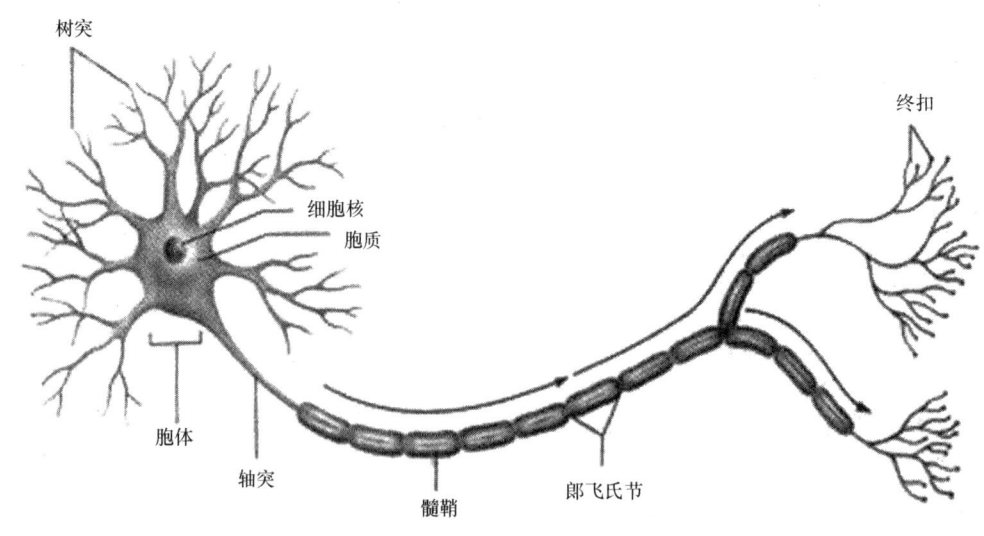

图2-1 神经元的主要结构

(资料来源:Richard J. Gerrig & Philip G. Zimbardo,2003)

(一)细胞体

不同细胞体的大小和形态相差很大,常见的有球形、星形和锥体形。细胞体包括细胞核、细胞质和细胞膜。细胞体内除了含有带有遗传信息的染色体外,还有维持细胞生存的生物化学物质和遗传物质。

(二) 树突

树突是由细胞体发生的许多较短的树状分支,也称树状突起,是接受信息的重要部位。

(三) 轴突

轴突是由细胞体发生的一个细长的分支,也称神经纤维。它的长短不一,有短至几个微米的,也有长达一米以上的。轴突常常要分出许多旁枝,所以可与许多神经细胞发生联系。轴突末端有许多神经末梢,和其他神经元、腺体、肌肉发生联系。在脊髓和脑中的轴突有由分段脂肪包裹起来的髓鞘。髓鞘是由紧靠轴突上的非神经性细胞构成的,它与周围轴突隔开,可以防止神经冲动向周围横向扩散,也可加快神经纤维的传导速度。许多平行的神经纤维聚集成束,称为神经。

二、神经元的功能和分类

(一) 神经元的基本功能

神经元有接受信息、整合信息和传递信息的功能。树突(包括细胞体)接受刺激(信息)之后,立即产生兴奋,表现为神经冲动。一个神经元往往接受不同性质的刺激,面对这些刺激所做出的判断(辨别)就是整合。如果接受的刺激兴奋占优势,神经元就由较弱的活动状态转入较强的活动状态;如果接受的刺激抑制占优势,神经元就由较强的活动状态转入较弱的活动状态,整合之后通过轴突把兴奋或抑制传递下去。

(二) 神经元的分类

神经元根据其功能的不同可分为三类:①感觉神经元,也称传入神经元,接受刺激产生神经冲动,传至中枢;②运动神经元,也称传出神经元,将中枢神经冲动传至效应器;③中间神经元,也称联络神经元,接受来自感觉神经传来的神经冲动,传导给运动神经元,在二者间起联络作用。

神经元的一般过程是由感觉神经元传到中间神经元(脑、脊髓),再传到运动神经元。具体地讲:①感觉器官上的感觉神经元,接受外界的客观刺激(信息)而产生神经冲动,经轴突传入大脑部位的中间神经元;②大脑皮质对传入信息进行分析综合,产生心理活动;③大脑在明确了信息的意义之后,指令运动神经元传出信息到有关效应器官,做出适应性的行为反应。

三、动作电位

当任何一种刺激作用于神经元时,神经元就会由比较静息的状态转化为比较活动的状态,即神经冲动。神经冲动在神经元内的传导是电传导的过程。一个神经元就像是一节电池。细胞膜内外存在一定的电位差,膜外电位较高,带正电,膜内电位较低,带负电,电压相差 $70mV$。这种膜外为正电位,膜内为负电位,两者电位差稳定的状态,称为极化

(polarization)状态,此时神经元处于静息状态,膜内外的电位差称为静息电位(resting potential)。

静息电位的产生与神经元细胞膜的特性有关,也与细胞内外的一些化学物质有关。神经元细胞膜内外离子分布不同,膜外主要是带正电荷的钠离子(Na^+)和带负电荷的氯离子(Cl^-),膜内主要是带正电荷的钾离子(K^+)和带负电荷的大分子有机物。离子在细胞膜内外的出入通过离子通道实现。离子通道是细胞膜上可兴奋的部分,可以选择性地允许一定的离子流入或流出。在静息条件下,细胞膜内的钾离子浓度高于细胞外十多倍,而在细胞膜外,钠离子浓度更高。当兴奋性传入引起离子通道变化时,钠离子流入膜内,改变了细胞膜内外的正负电荷的平衡,造成了膜内电位反而比膜外电位为正,产生了去极化(depolarization),此时动作电位(action potential)(或谓神经冲动)就开始了。引起神经冲动的最低刺激强度就是神经冲动的阈限(threshold)。正常活动时,细胞膜内相对于细胞膜外的电位差的负值降低到一定程度就会达到阈限而产生神经冲动。

动作电位的持续时间大约是1ms,遵从"全或无"规律(all or non principle),即神经冲动或者完全出现或者完全不出现。这一特性使得动作电位大小沿轴突传导时并不减弱,神经冲动在传导过程中不减幅,在刺激强度超过阈限时,它的幅度也不增加。动作电位一开始,就自我传导,不需要外界刺激保持其继续,就像鞭炮的引线似的一段一段燃烧下去。当动作电位传过一个轴突节段后,神经元的这部分就进入了不应期(refractory period)。处于绝对不应期时,不管下一个刺激有多强,都不能引发另一个动作电位。处于相对不应期时,神经元只对强的刺激发放冲动。不应期的部分作用在于保证动作电位只沿轴突向下传递,而不能反向传递,因为早先兴奋过的轴突部位处于不应期。

四、突触传递

神经冲动在神经纤维内部传导的单向性是有突触来实现的。

(一) 突触

突触是神经元之间的联系。每一个神经元的轴突末梢都与其他神经元的细胞体和突起相接触,相接触的部位称为突触。突触由三个部分组成(图2-2):突触前部分、突触间隙及突触后部分。突触前部分是指神经元轴突末梢分支膨大形成的突触小体。其中含有许多突触小泡,突触小泡内储存有神经递质。突触小体的前端膜称为突触前膜。突触后部分是指与突触小体邻近的神经元的某一部位,突触前膜与另一部分膜相对,这部分膜称为突触后膜,在突触后膜上面有许多突触受体。在突触前膜与突触后膜之间有一空隙,成为突触间隙,其中充满液体。

(二) 突触联系的方式

神经元之间的突触联系方式是多种多样的。它既可以是轴突与树突、轴突与细胞体之间的突触联系;也可以是轴突与轴突、树突与树突、细胞体与细胞体之间的突触联系。这样,一个神经元可以以突触的形式和许多神经元相联系,它既可以接受其他许多神经元的影响,也可以影响其他许多神经元。整个神经系统,就构成了非常庞大的突触网络系统。这个非常庞大的突触网络系统,就是神经冲动得以广泛传递的物质基础(图2-3)。

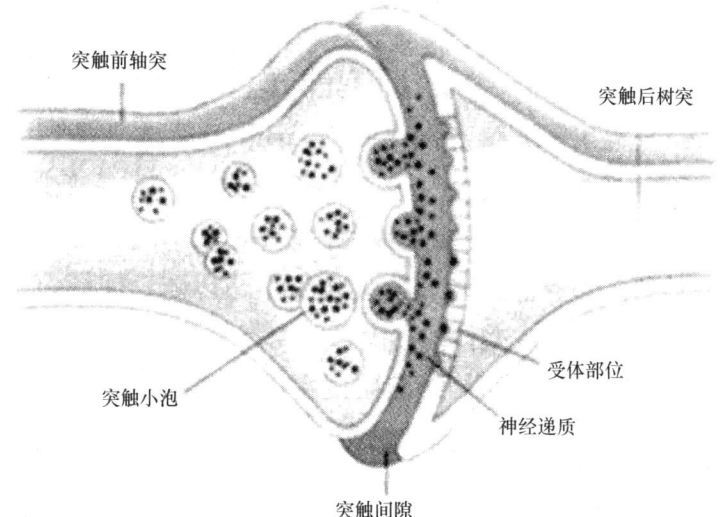

图 2-2 突触的结构

(资料来源:Coon,D.,2004)

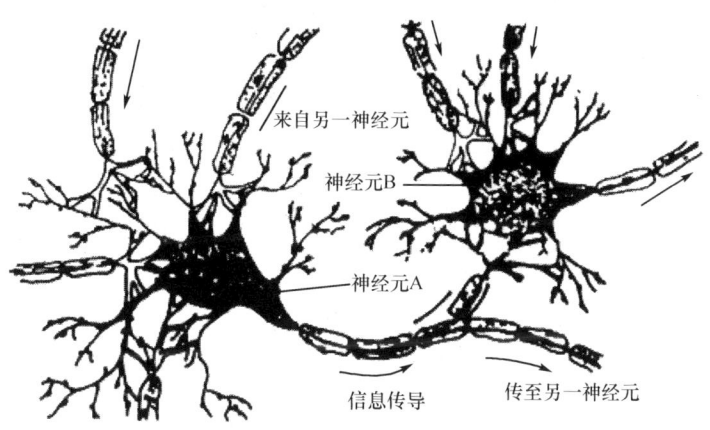

图 2-3 突触传递的方向

(三) 突触传递

突触传递是在两个以上神经元之间通过突触来进行的化学传递。信息即是有由触传导的。那么突触是如何传递信息的呢？当突触前神经元传来的冲动到达突触小体时,突触小泡内一部分化学递质就从突触前膜释放出来,进入突触间隙,并作用于突触后膜。如果这种作用是足够强的,就可引起突触后神经元发生兴奋或抑制作用。突触就是这样将信息从一个神经元传至另一个神经元,成为神经系统内进行通讯、联络、调解活动的解剖学基础,也是神经系统内各部分与各感觉器官相互作用的必要条件。人的心理、意识活动就是神经系统中神经元多种水平的信息加工处理过程。

第二节 神 经 系 统

神经系统是人体结构和功能最复杂的系统,由数以亿万计的高度分化和相互联系的神经细胞组成。人体各系统和器官的各种功能都是在神经系统的直接或间接调控下完成的。通过神经调节,各系统和器官可以对体内外的变化做出迅速的适应性反应,调整功能和状态。

神经系统由脑和脊髓,以及遍布全身各部分的周围神经组成。人的神经系统可以分为中枢神经系统和周围神经系统两部分:中枢神经系统包括脑和脊髓,其主要功能是传递、储存和加工信息,产生各种心理活动,控制人的全部行为,从眨眼到解决复杂的符号逻辑问题;周围神经系统由脑神经、脊神经和自主神经三部分组成(图2-4),它从中枢神经系统发出,导向人体各部分,担负着与身体各部分的联络工作,起传入和传出信息的作用。

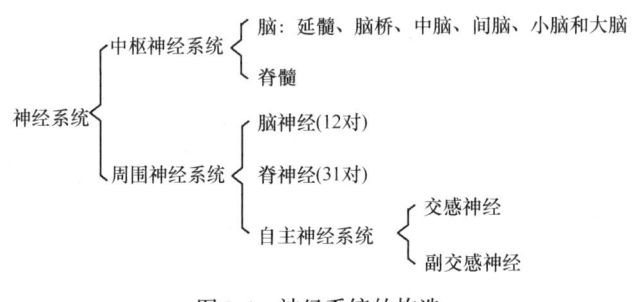

图 2-4　神经系统的构造

一、周围神经系统的种类和功能

周围神经系统连接中枢神经系统和身体的感觉器官、肌肉和腺体。周围神经系统包括脊神经、脑神经和自主神经三部分。脊神经与脊髓相连,分布于躯干和四肢。脑神经与脑相连,主要分布于头面部。自主神经系统可分为交感神经和副交感神经。

(一) 脊神经

脊神经与脊髓相连,分布于躯干和四肢。脊神经共有31对,包括颈神经8对,胸神经12对,腰神经5对,骶神经5对,尾神经1对。每一对脊神经都出前根和后根在椎间孔处汇合而成。前根属于运动性,后根属于感觉性,因此混合后的脊神经是运动兼感觉的。脊神经有四种纤维成分:

(1) 躯体传入(感觉)纤维,分布于皮肤、骨骼肌、腱和关节。
(2) 内脏传入(感觉)纤维,分布于内脏、心、血管和腺体。
(3) 躯体传出(运动)纤维,支配骨骼肌。
(4) 内脏传出(运动)纤维,支配平滑肌、心肌和腺体。

(二) 脑神经

脑神经共有12对,按照其排列顺序为:嗅神经、视神经、动眼神经、滑车神经、三叉神经、展神经、面神经、听神经、舌咽神经、迷走神经、副神经和舌下神经。从脑神经的功能来看,可以分为感觉神经、运动神经与混合神经。

(三) 自主神经系统

自主神经系统又称为植物性神经系统,分布于内脏器官、心血管、腺体及其他平滑肌。

它也包含感觉(传入)神经纤维和运动(传出)神经纤维。植物性传入纤维传导体内脏器的运动变化信息,这种刺激的感受对机体内环境的调节起着重要作用。而分布于各脏器的传出神经纤维,在正常情况的时候它们保持相对平衡和有节律性的内脏活动,如呼吸、心跳、消化、排泄、分泌等,以调节机体的新陈代谢;当环境发生紧急变化时,促使机体发生应付紧急情况的一系列内脏活动。内脏活动一般不由意识直接控制,并且也不在意识上发生清晰的感觉。

自主神经系统分为交感神经和副交感神经两个部分,这两类神经都几乎向所有的腺体和内脏发放神经冲动。交感神经支配应付紧急情况的反应,负责唤醒我们的防御行为;副交感神经负责监侧身体内部功能的常规活动(图2-5)。

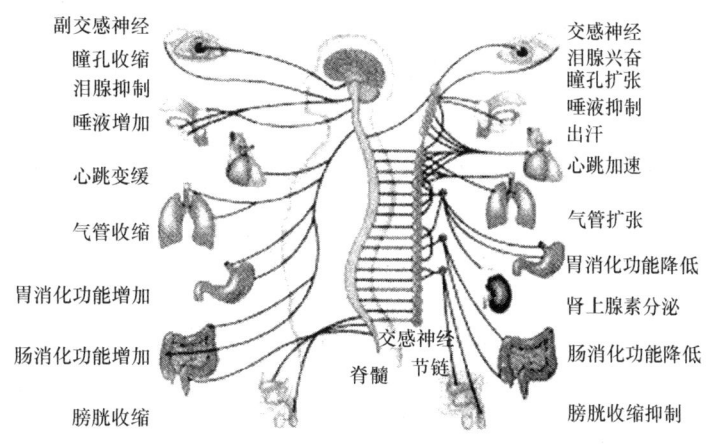

图2-5 交感神经与副交感神经

(资料来源:Richard J. Gerrig & Philip G. Zimbardo,2003)

当人们挣扎、搏斗、恐惧或者愤怒时,交感神经会唤起我们去战斗或逃避危险,使得我们瞳孔扩张、气管扩张、心跳加快、消化减慢、血糖升高、血管收缩、血液从内脏向肌肉流动,氧气传递量增加并通过排汗而冷静下来,以便使人处于警觉状态并做好行动准备。与交感神经的作用相反,副交感神经的作用具有保持身体安静时的生理平衡。危险过去之后,副交感神经使得个体开始安静下来,恢复消化活动、心跳变缓、血管扩张、呼吸放松。同时,副交感神经也负责机体非紧急的常规维护,如排除体内的废物,保护视觉系统(通过眼泪和瞳孔收缩),持久性保持身体的能量。

这两种系统在许多活动中,具有拮抗作用,又是相辅相成的。例如,交感神经使心跳加快,而副交感神经则使之减慢;性兴奋是副交感神经的作用,而性欲高潮则是交感神经的一种反应。

二、中枢神经系统主要结构和功能

中枢神经系统包括脑和脊髓,脑在颅腔内,脊髓在脊柱中。中枢神经系统的作用在于整合和协调全身的功能,加工全部的传入信息,并向身体的不同部分发出命令。中枢神经系统的进化发展与心理的进化发展是同步的,大脑两半球皮质的功能活动是高级思维的物质载体。中枢神经系统让人们能够思维,具有情感,使我们拥有人性。

（一）脊髓

脊髓位于椎管内，呈扁圆柱状，上端通过枕骨大孔与脑相连，下端呈圆锥状，尖端终止于第1腰椎下缘，再向下变为细丝称终丝，止于尾骨。脊髓表面有几条平行的纵沟：前面正中较深的沟称前正中裂，后面正中较浅的沟称后正中沟，脊髓两侧还各有一对侧沟。脊髓的长度约占成人椎管的2/3，男性43~45cm，女性稍短。人类的脊髓与椎骨相对应，借脊神经分5部分31节，即颈髓8节、胸髓12节、腰髓5节、骶髓5节、尾髓1节。由于脊髓和椎管在胚胎期生长速度的不同步性，导致脊髓上端节段大致与相应椎管呈水平状态，而下端节段相对上移（图2-6）。

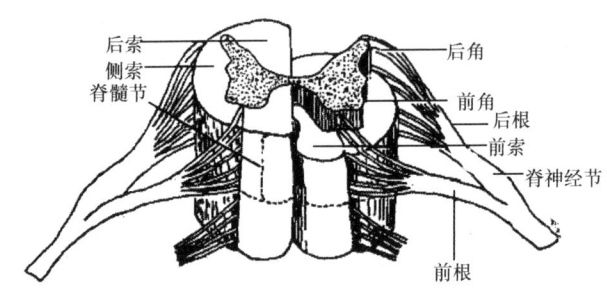

图2-6 脊髓内部结构与脊神经模式图

1. 脊髓的内部结构分为灰质和白质

（1）灰质：脊髓横切面上，灰质呈蝴蝶形，新鲜材料色泽灰暗，故名。其中部有中央管，上通第四脑室。两侧灰质向前后延伸形成前角和后角，在第8颈节段到第3腰节段还有侧角。

前角内分布着多极运动神经元。它们又可分为若干群；一般分布在内侧的司躯干骨骼肌的运动，在外侧的司四肢骨骼肌的运动。

后角细胞分群较多，主要是接受脊神经后根传入的感觉神经冲动。侧角或称中间外侧核，分布有较多的极小型细胞，是交感神经节前纤维的胞体，其轴突出前根经交通支汇入交感干。

（2）白质：位于灰质的周围，主要由有髓鞘的神经纤维组成，因含磷脂较多，呈现白色，故名。白质以前正中裂和后正中沟为界分为对称的左右两半，每半又以前外侧沟和后外侧沟为界分为三个神经索，即前索、侧索和后索。各索内都有许多上行和下行的纤维束，是联系脑和脊髓的传导通路：上行的主要有薄束、楔束、脊髓丘脑束、脊髓小脑束等；下行的主要有皮层脊髓束、前庭脊髓束、网状脊髓束等；紧靠灰质周围的有固有束，是脊髓各节间的联系纤维。

2. 脊髓的两种主要功能

（1）传导功能：使周围神经系统与脑的各部分联系起来，对各种信息"上传下达"。躯体的各种浅、深感觉和内脏感觉冲动，经过脊髓传到脑；由脑发出的指令，也必须通过脊髓，才能支配效应器官的活动。

（2）反射功能：脊髓可以完成一些简单的反射活动，如膝跳反射。

（二）脑

脑是中枢神经系统最重要的结构。它是身体中受到最严密保护的器官，悬浮在颅腔内的脑脊液中，并接受大量的血液供应。脑重量约占人全身体重的2%，却接受心脏流出血液总量的20%。脑不能储存能量,所以需要被不停地供给大量血液。如果停止供血1s,脑的氧即被用尽;中断血流6s即丧失意识;几分钟的缺血会造成不可逆转的损伤。中国人脑的重量男性平均为1375g,女性平均为1305g。

脑又分为延髓、脑桥(背部为小脑)、中脑、间脑和大脑两半球五大部分。除大脑半球和小脑外,其他部分统称脑干。它们在结构和功能上是不可分割的整体,但各个部分又有特定的功能。

延髓下接脊髓上接脑桥。来自头部皮肤与肌肉的感觉信息、来自味觉、听觉、平衡觉和躯干的感觉信息要传送到脑必先经过延髓。延髓还有许多对机体生命十分重要的中枢,如控制肠胃蠕动、呼吸、心跳,以及血管舒缩、唾液分泌、汗腺分泌等的神经中枢。所以,延髓也有生命中枢之称。

脑桥介于中脑和延髓之间,有许多传递信息的上行和下行传导神经束。它是维持机体平衡的初级中枢。

中脑连接脑桥与小脑并连于间脑。它也是上行和下行神经信息的主要通路。这里有视、听的反射中枢,凡是瞳孔、眼球肌肉、虹膜、睫状肌的调节均受中脑的控制。

小脑的主要功能是调节和校正肌肉的紧张度,以便维持姿势和平衡,顺利完成随意动作。小脑受损会导致运动失调。

间脑位于大脑两半球之间,连接大脑半球和中脑,主要包括丘脑和丘脑下部(下丘脑)。丘脑是皮质下较高的感觉中枢。除嗅觉外,所有的感觉信息都先传送到丘脑,进行初步的分析综合,再由丘脑传送至大脑皮质的各感觉中枢。下丘脑是植物性神经系统的主要控制中枢。它直接与大脑各中枢相联系,又与脑垂体和延髓相联系。它的主要功能是控制内分泌系统,维持正常的代谢,以及调节饥饿、渴、性等生理活动。它也是情绪反应的重要中枢。

大脑由对称的左右两个半球所组成。分隔左右两半球的深沟称为纵裂。纵裂底部由胼胝体相连。大脑半球外侧面,由顶端起与纵裂垂直的沟称为中央沟。在半球外侧面由前下方向后上方斜行的沟称为外侧裂。半球内侧面的后部有顶枕裂。中央沟之前为额叶。中央沟后方,顶枕裂前方,外侧裂上方为顶叶。外侧裂下方为颞叶。顶枕裂后方为枕叶。胼胝体周围为边缘叶。每叶都包含很多回。在中央沟的前方有中央前回,后方有中央后回。大脑半球深部是基底神经节,主要包括尾状核和豆状核,合称为纹状体。其功能主要是调节肌肉的张力来协调运动。

第三节 大脑的结构和功能

大脑在中枢神经系统的最高部位,是心理活动的主要器官。人的心理活动即是大脑的功能。

一、大脑的结构

大脑是由左右两个半球构成的,质量约1400g,每个半球有三个面,即膨隆的背外侧面、垂直的内侧面和凹凸不平的底面。大脑有与人的心理活动密切相关的三个重要部分。

(一)大脑皮质

覆盖在大脑两半球表面的一层灰质称为大脑皮质,是神经元集中的地方,有一千亿个

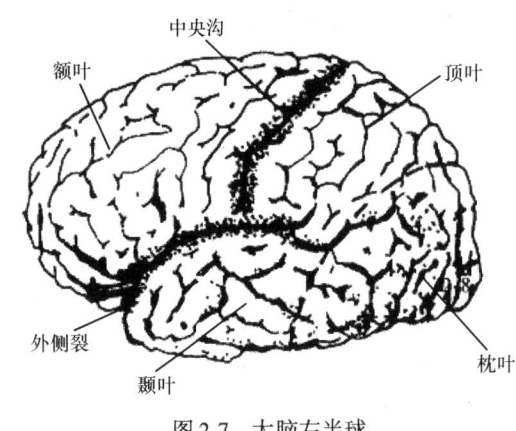

图 2-7 大脑左半球

神经细胞。大脑半球外侧面的分化程度较高,由分子层、外颗粒层、锥体细胞层、内颗粒层、节细胞层和多型细胞层六层。大脑皮质上有很多凹进和突起的部分,称为沟和回,皮质以这种形式使得表面积大大增加,如果把它展开,面积约为 $2200cm^2$,相当于一张报纸的大小,其中 1/3 在表面,有 2/3 在皮质沟裂的侧壁和底壁上。

大脑皮质有四个脑叶:额叶、顶叶、颞叶和枕叶(图 2-7)。这四个脑叶上分布着许多心理活动的高级中枢。

额叶(frontal lobe)位于脑的前部。额叶,尤其是额叶前部是系统发生中最后出现、个体发育中最后成熟的大脑皮质。额叶面积占大脑半球皮质总面积的 1/3,具有运动控制和进行认知活动的功能,如筹划、决策和目标设定。在功能上额叶分为两个区:掌管对侧半身肢体随意运动的中央前回和额上、中和下回的后部,称为中央前区;其余部分称为额叶联合区或前额叶。现在一般认为前额叶是执行控制的中枢,协助我们专注、控制冲动、制订计划和做出决策。前额叶受损的患者似乎不能根据预见做出有计划的动作,他们的日常生活杂乱无章,缺乏一个有序的行动计划。灵长类和其他哺乳动物的最大差别就在于额叶,尤其是前额叶相对发达。

顶叶(parietal lobe)位于脑的顶部,负责触觉、痛觉和温度觉等感觉,以及空间思维、形象思维和数学推理。顶叶包含机体感觉区,接受来自全身的疼痛、触觉和温觉的信息。

枕叶(occipital lobe)位于脑后靠下的位置,包含处理视觉信息的视觉皮层(visual cortex)。

颞叶(temporal lobe)位于大脑两侧,耳朵之上,太阳穴以下的区域。颞叶与记忆、知觉和情绪有关,包含处理听觉信息的听觉皮层(auditory cortex)。

(二)边缘系统

大脑两半球内侧面与间脑相连接的边缘叶与附近的有关结构形成边缘系统(其中包括杏仁核和海马等)。边缘叶是指大脑半球内侧面与脑干连接部和胼胝体旁的环周结构,由扣带回、海马回、海马和齿状回组成。边缘系统(图 2-8)的功能:①调节内脏、内分泌活动;②杏仁核与情绪活动有关;③海马与短时记忆有关;④调节寻食、生殖和防御等本能活动。

(三)基底神经节

在大脑皮质的内部是髓质,其中埋藏着一些灰质核团,这些核团就是基底神经节。它们是大脑皮质下的运动中枢。

二、大脑皮质的功能

大脑皮质包括感觉中枢、运动中枢、言语中枢和联合区(图 2-9)。皮质各中枢,也称投射区。

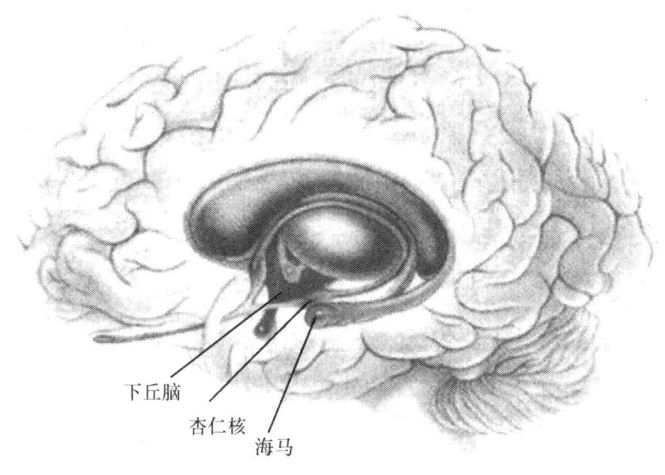

图 2-8 边缘系统

(资料来源:Richard J. Gerrig & Philip G. Zimbardo,2003)

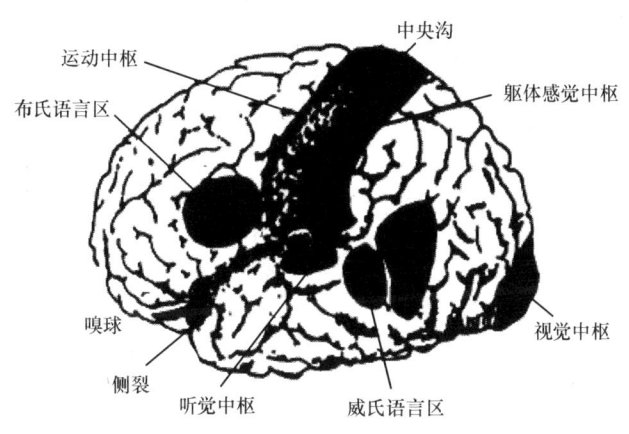

图 2-9 大脑左半球的分区功能

(一)感觉中枢

1. 视觉中枢 视觉中枢在枕叶后端,距状裂上、下缘,是视觉传入在大脑皮质的投射区。电刺激人脑距状裂上、下缘时,可以使被试产生主观的光感觉。

2. 听觉中枢 听觉中枢在颞叶上部,是听觉传入在大脑皮质的投射区。电刺激颞叶皮层时,会引起被试者产生铃声样和吹风样的感觉。

3. 躯体感觉中枢 躯体感觉中枢在顶叶中央后回,它是从躯体、皮肤传入信息的大脑中枢。它是冷觉、温觉、触觉、压觉、痛觉等的大脑中枢,也是运动感觉和平衡觉的大脑中枢。

躯干、四肢皮肤的传入神经在脊髓内交叉至对侧,他们在感觉中枢所产生的感觉是对侧性的;头面部皮肤的传入神经在脑干内非完全交叉,在皮层产生的感觉是双侧性的。整个躯体感觉呈倒置分布,按下肢、上肢、头面部的顺序排列;头面部在感觉区的投射是正立分布。躯体各部位的重要程度决定了它在感觉区上的投射面积,如手、舌、唇的投射面积最大。

(二)运动中枢

运动中枢,在大脑皮质的中央前回,是躯干和四肢中各肌肉运动在皮层的投射区。身体每一部分的活动,都在皮质上有相应的代表区域(图2-10)。运动中枢的投射特点与感觉区相似:①经常性,代表区域面积的大小,与运动的经常性有关。经常运动的手、指、口、舌,所占的面积比整个下肢都大。②交叉性,每一半球的运动中枢,只控制其对侧的躯体运动,即左半球运动中枢,只控制右半身的运动;右半球运动中枢,只控制左半身的运动。但头面部的肌肉支配是双侧的。③倒立分布,皮层代表区与某一部分身体运动,呈倒立分布,但头面部呈正立分布。

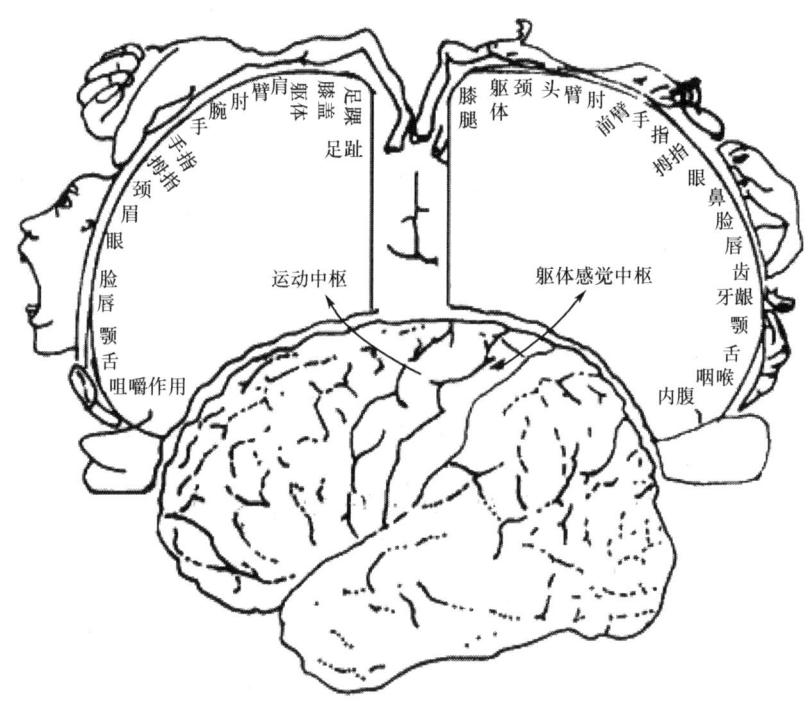

图2-10 运动中枢与躯体感觉中枢

(三)言语中枢

言语中枢是接受、处理和储存言语信息的中枢,对一般人来讲,主要位于大脑左半球较为广泛的区域。言语中枢是人类独有的高级心理活动中枢。有了言语中枢,才能进行抽象思维活动,才能产生人的心理意识。

1. 说话中枢   也称运动性言语中枢。在额叶,它控制说话时舌和腭的运动。说话中枢受到损伤,尽管患者的发音器官完好,但丧失说话能力,或者说不出完整的话,严重的可导致失语症,称为运动性失语症。

2. 书写中枢   在额中回的后部,是管理手肌运动的部位。这一中枢受损,其他运动功能虽然正常,但写字、绘画等精细运动会发生障碍,称为失写症。

3. 听话中枢   也称听觉性言语中枢。在颞叶,主要功能是发展自己的言语听力,理解别人语言。这一区域受损,听觉虽正常,但听不懂别人谈话的意思,称为感觉失语症。

4. 阅读中枢   也称视觉性言语中枢。在枕叶,这一区域受损伤,视觉虽正常,但看不懂文字的意思,使原来识字的人变为不能阅读,称为失读症。

（四）联合区

大脑皮质除了上述几个有明显不同功能的特异性的感觉中枢和运动中枢外,还有 4/5 的面积是几个功能联合区,在各中枢之间起联合整合作用,是调节比较复杂的高级心理活动的区域,被称为皮层的联合区。

1. 顶、颞、枕叶联合区（后联合区）　位于感觉区附近的广大区域,从感觉区接受信息,进行高水平的知觉组织,与记忆有关。

2. 前额联合区（前联合区）　它是规划、调节、控制复杂心理和行为的联合区。这个区域与注意、记忆和问题解决有关,可以参与制订规划,控制人的行为,影响人格发展。这个区域发生损伤就要导致丧失逻辑思维能力,不能规划控制行为,人格变得异常。

（五）大脑左右两半球功能的不对称性

1. 大脑左右两半球功能的不对称性　在解剖结构上,大脑两半球似乎是完全一样的,但在功能上二者是不尽相同的,主要表现在言语、空间想象能力和思维类型等方面（图 2-11）。一般人的大脑左半球是主管言语和抽象思维的功能系统,称言语优势半球;右半球是管形象知觉、形象思维和调节感情的功能系统,是非言语占优势的半球。音乐、美术和创造活动主要是在右半球进行的。

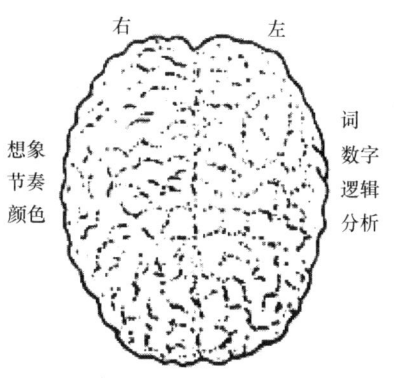

图 2-11　大脑两半球的不同功能示意图

2. 大脑左右两半球的功能要和谐发展　在日常生活实践和学习活动中,大脑左右两半球的活动既有分工,也有合作。有时侧重于左半球的活动,有时侧重于右半球的活动,有时则是有节律地、频繁地左右互相转换,使人能有一个统一的思维和意识,完整的精神生活。除非大脑受到损伤,否则是很难发现大脑功能的不对称性的。

教师肩负发展学生智力的责任,对学生智力的发展一定要有一个全面的观点。一般人左脑较右脑发达,所以必须重视学生右脑的开发。这对于扩大信息容量形象思维和发展学生的创造力都有重要意义。教师在教育活动中应有计划地使学生的左、右两半球获得和谐的均衡发展。既要注意开发学生言语和抽象思维占优势的左半球,也要注意开发形象知觉、形象思维、创造思维占优势的右半球,进而使学生智力得到全面发展。

第四节　心理实质

对于人的心理实质这个问题历来存在着两种根本对立的观点。唯心主义认为,心理是人体之外或暂存于人体,不依赖脑而独立存在的虚无飘渺的灵魂。而唯物主义认为,心理是脑的功能,脑是心理活动的器官;人的心理活动是客观现实在人脑中的反映。

一、心理是脑的功能

（一）从物种进化史来看心理与脑的功能

人的心理是物质发展到一定阶段的产物。动物发展到一定阶段产生了神经系统以后,才有了心理活动。随着神经系统和脑的逐渐发展,心理活动也越来越丰富,越来越复杂。

无脊椎动物神经系统很简单,心理活动发展水平很低,属于初级感觉阶段。例如,具有网状神经系统的腔肠动物,遇到刺激时整个身体蜷缩起来,产生了未分化的感觉——这正是心理的萌芽。具有链状神经系统的环节动物和节肢动物,有了神经节和神经索,每一段相对独立的神经节被神经索联系起来,其中头部的神经节最为宽大,因而有了特定的、专门化的感觉。例如,蚯蚓和昆虫有灵敏的触觉和视、嗅、味觉,能对物体的光滑或粗糙程度,对花的气味、颜色、形状做出反应。

由无脊椎动物进化到脊椎动物,开始出现管状神经,并有了中枢神经系统和周围神经系统。中枢神经系统的前部是脑,后部是脊髓。脑又分化为皮质、间脑、中脑、延髓和小脑等。于是就相应产生了更为复杂、高级的反应形式——知觉阶段。即能在事物之间建立联系,产生对事物整体的反映,但大多数脊椎动物还处在较低水平的知觉阶段。

哺乳动物,由于生活条件的多样性,接受刺激多,大脑皮质得到高度发展,知觉达到较高的水平,能对各种刺激进行分析综合的整体反应,而且有了一定的记忆能力,如"老马识途"。

哺乳动物进化到灵长类,其神经系统已发展到相当完善的程度,脑更为发达,尤其是类人猿。它们的心理发展水平达到较高级的思维萌芽阶段,不仅能认识事物之间的因果、先后关系,而且还能完成一连串复杂的动作,并具有喜、怒、哀、乐的丰富表情。例如,黑猩猩能在人的训练下学会简单手势语,会使用木棒拨取笼外拿不到的水果或把箱子摞起来登高取物。

人类的心理是生物进化过程中长期演化的结果。人脑的形成大约经历了10亿年。由于人类的社会生活、生产劳动和语言的发展,使大脑皮质功能有了质的飞跃,心理更加复杂,具有抽象思维能力,达到意识水平的阶段。人的意识是心理发展的最高阶段。

从上述进化史来看,心理的发展是以脑的进化为物质基础的。心理活动随着神经系统和脑的逐渐发展完善而从简单到复杂。人脑是生物进化最杰出的产物。

(二) 从脑重指数和新皮质层的发展来看心理与脑的功能

1. 从脑重指数来看　随着动物的进化,脑的重量呈现出极大差异。一般来说,脑的大小与神经元的数量有关。因此也可能和脑的复杂性及其对信息的加工能力有关,与智慧有关。有些科学家按照脑重与体重的比例推算出脑重指数。结果是人脑的脑重指数最大,明显超过其他动物,也就是说动物越高级,脑重占整个体重的比例就越大(表2-1)。但人与人之间能否依据脑的重量来表示智慧的高低?目前对此还有争议。

表2-1　在进化各阶段上脑重增加的指数

根据 Haug 的指数		根据 Porhck 指数	
豚鼠	0.06	低等猿猴	0.13~1.37
兔	0.10	较低等猿猴	0.56~2.22
猕猴	0.43	类人猿	2.03~7.35
黑猩猩	0.52	海豚	6.72
人	1.00	象	9.62
		人	32.0

2. 从新皮质层的发展来看 人类新皮质层发展最快,已成为大脑皮质的主要部分。新皮质层是信息加工整合的所在部位。新皮质层的高度发展,使人类能够凌驾于一切生命之上,并在本质上区别于其他动物(表2-2)。

表2-2 新皮质表面积与整个皮质面积比例关系

种别	新皮质(%)
人	94.9
黑猩猩	93.0
猿猴	85.0
兔	56.0

(三) 从个体发育史来看心理与脑的功能

从个体发育史来看,心理的发生、发展是以脑的发育为物质基础的。解剖学实验表明,发育正常的成人脑的重量约为1400g,刚出生的婴儿脑重平均为390g,约为成人脑重的1/3,因而心理活动简单,出生9个月时脑的重量约达到660g,相当于成人脑重的1/2,此时的幼儿与父母之间开始建立起语言、情绪、行为等较复杂的心理联系,2.5～3岁的幼儿脑重约为1280g,相当成人脑重的2/3,此时心理活动发展迅速,行动有了随意性,动作思维进一步发展,开始产生较为复杂的情感体验。12岁时脑重接近于成人,此时,儿童已能做出假设,进行逻辑推理,具有抽象思维能力。由此可见,儿童的心理水平随着脑的发育逐步提高。

(四) 从解剖学和生理学实验及临床实践观察来看心理与脑的功能

动物实验证明,切除或破坏脑的一定部位会引起动物的某些正常行为丧失。人脑由于外伤或疾病而遭受破坏时,他的心理活动会部分或完全丧失。例如,语言运动中枢损伤时,患者产生失语症;听觉语言中枢受损时,患者听不懂别人说话的意义。总之,人类高度发展的心理活动是以高度发达的大脑为物质基础的,心理是脑的功能,脑是心理活动的器官。

二、心理活动是客观现实在人脑中的反映

心理是脑的功能,并不意味着脑本身可以产生心理活动,只是为人产生心理活动提供了物质基础。心理活动来源于外界环境的刺激,是客观现实在人脑中的反映。

(一) 客观现实是心理活动的源泉

客观现实是指人们赖以生存的自然环境和进行人际交往并从事实践活动的社会环境。人的心理活动不论是简单到复杂,其内容都可从客观事物中找到它的源泉。七色彩虹是光波作用于我们的视觉而引起的美丽的色彩感觉;优美动听的音乐是声波作用于听觉的结果。有什么样的客观事物作用于脑,就会产生什么样的心理活动。即使是神话中虚构的形象其原始材料还是来自客观现实,如孙悟空、猪八戒的形象就是把猴和猪的形象拟人而已。由此可见,心理活动的多样性是由客观事物的多样性决定的。客观现实是心理活动的内存和源泉。

(二) 社会生活实践是人心理产生的基础

对于人来说社会生活实践是人心理产生的基础。没有人的社会实践就没有人的心理。例如,1920年在印度加尔各答东北的深山老林里,发现了两位与狼群生活在一起的人类的女孩,人们称她们为"狼孩"。大的约8岁,取名为卡玛拉;小的两三岁,取名为阿玛拉。小女孩1年后因病而死。她们均有人的大脑,但由于长期脱离人的社会生活实践,而生活在狼的世界里,因此没有形成人的心理。卡玛拉长到8岁被发现回到人间时,只有相当于6个月

婴儿的心理水平。她用四肢行走,用双手和膝盖着地歇息,舔食流质食物,只吃扔在地上的肉,不吃人手里的食物。她害怕强光,深夜嚎叫,怕火也怕水,从不洗澡,不穿衣服,即使天气寒冷也如此。经过辛格悉心照料和教育,她2年才学会站立,4年学会6个单词,6年才学会走,7年学会45个词,到17岁去世前只相当三岁半儿童的心理水平。由此可见,从小脱离人的社会实践便不能形成人的心理。

成年后若长期脱离人的社会生活也将使其原有的正常心理失常或丧失,如抗战期间,东北劳工刘连仁因不堪忍受日本帝国主义者的奴役而逃往深山过了13年茹毛饮血的野人生活。1954年回国时,语言十分困难,既听不懂别人说话也不会说,没有正常人的心理状态。

上述事实说明:社会生活实践是人心理产生的基础,脱离了人的社会生活实践,则不能形成人的心理。

(三) 心理是客观现实在人脑中主观的能动的反映

心理活动是人对客观现实的反映。但由于不同的个体因性别、年龄、阅历、经验、文化水平、社会地位等差异,对同一客观事物的反映是不同的。因此,人对客观现实的反映具有主观性。

人对客观现实的反映不像镜子反映物像那样机械被动,而是积极的能动的反映。人通过社会实践活动主动的把客观事物反映到主观上来,又能通过主观改造客观使之符合人的需要和意愿。因此,人对客观现实的反映又具有能动性。

第五节　探讨脑奥秘的方法

现在请思考一个问题:大脑两半球是否是彼此的镜像? 在功能上是否相同?

近一个多世纪以来,很多研究已经发现,两半球在结构和功能上都有明显的差异。在结构上,大脑右半球略大于和重于左半球,但左半球灰质多于右半球;左右半球的颞叶具有明显的不对称性;各种神经递质的分布,左右半球也是不平衡的。在功能上,两半球的不对称性称为偏侧化。如果左半球受损,一般会损害阅读、写作、说话、算术推理和理解能力,而右半球受损几乎没有如此严重的后果。

虽然大脑两半球是不对称的,但是在日常工作中它们是相互协作的,因此掩盖了它们各自的工作特点和独特贡献。因为正常个体的脑功能是一个整体,信息很快就会通过胼胝体从一个半球传到另一个半球。对癫痫患者的治疗使我们可以分别观察大脑两半球。

为了防止癫痫病从一个半球传到另一个半球,研究者将癫痫患者的胼胝体切断。两半球的功能被人为分离,每个半球只对来自身体对侧的刺激做出反应,并调节对侧身体的活动,学者将互不联系的两半球称为割裂脑(split-brain)。心理学家斯佩里是割裂脑研究的先驱。对割裂脑患者的研究发现,他们的视力、听力和运动能力都是正常的。但是,割裂脑患者的命名、知觉物体的空间关系及理解语言的能力出现了障碍。研究者利用半视野速示技术对割裂脑患者进行研究,该技术是检查人脑两半球视知觉加工功能偏侧化现象的重要方法。20世纪60年代初,斯佩里等人将这一技术用于割裂脑的研究。20世纪60年代中期开始,这技术被广泛用于实验室中对正常人被试进行大脑功能一侧化研究。该技术根据人类视觉神经传导通路的半交叉特性,即来自左右眼视网膜鼻侧的神经纤维在视交叉处交叉后投射至对侧大脑半球枕叶视觉中枢,而两眼球颞侧的纤维不交叉即传至同侧大脑半球视觉中枢。在要求被试两眼凝视视野中心点的同时,用速示仪器短暂地向被试的半边视野呈现刺激物,结果任何来自一侧视野的刺激均可以直接到达被试的对侧半球,满足半边视野与大脑半球间的"交叉投射"关系。

在实验中,研究者将一个橙子投射到割裂脑患者的左半球,然后问被试看到了什么,他可以清楚地说自己看到了橙子。当将一些水果投射到割裂脑患者的右半球时,问他看到了什么,他说自己什么都没有看到(图2-12)。但是如果将包括这些水果的一些物体摆在患者面前,请他选出刚刚看到的物体时,患者可以正确地选出看到的水果。这就是因为右半球虽然"看到"了水果,但是由于语言功能的优势半球是左半球,所以他无法说出看到的物体。

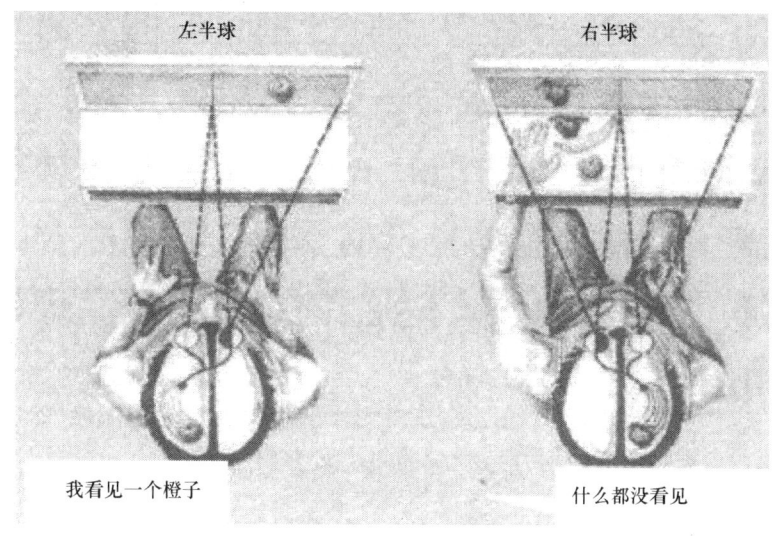

图 2-12 割裂脑研究
(资料来源:Jackson Beatty,1995)

对割裂脑的研究发现,多数人与语言相关的功能一侧位于左半球。但是并不能说左半球优于右半球。两半球有着不同的信息加工风格:左半球倾向于分析式的风格,一点一点地处理信息;右半球倾向于全息式风格,从整体模式上处理信息。脑成像研究显示,男女在判断音节 sub 和 wub 时,脑激活的方式不同。男人大脑最大的激活区位于左半球,而女性大脑激活区大都位于左、右半球。

关于脑的解剖的许多知识多数是从对脑的解剖并在显微镜下观察脑组织的切片而获得的。这些方法使我们知道脑的主要结构、神经核的位置及脑的主要神经通路。至于行为的脑机制,过去仅仅是通过观察因事故或疾病导致脑损伤对行为的不同影响来获得有限的信息。这种方法就是通过对患者死后的尸检来确定脑的特定部位与特定行为的关系。随着科学技术的发展,我们能够研究活着的正常人或伤病员的脑的功能如何影响其行为,如何工作的情况。研究脑机制的方法主要有以下几种。

一、损毁法和切除法

该方法是通过切除或损毁动物脑的某个特定结构,或是切断通向该结构的神经通路,然后通过观察其行为的变化,推论被切除或损毁的脑结构的功能。不少心理活动的生理机制的知识是用损毁法而获得的。例如,损毁了枕叶距状裂两侧皮质,虽然动物的视觉器官和视觉神经通路完好,但是视觉缺完全丧失。因此,距状裂两侧被认为是视觉投射区。

二、刺 激 法

该方法通过在动物脑内某种结构中埋植电极,用弱电流刺激特定部位的神经元活动,从而观察动物行为的改变。对于人类,该方法通常在手术当中应用,在征得患者的同意后,手术中刺激患者的特定脑结构以观察其行为反应。例如,潘菲尔德(Penfield, W.)在手术过程中,刺激患者颞叶有关部位,患者报告说:他看到了熟悉的人、房屋、狗等或听到了单词、句子、歌曲等。不仅可以用电作为刺激源,也可以用化学物质作为刺激源。例如,在脑的特定部位注入很小量的化学物质。因为注入化学物质可以引起特定部位神经元的兴奋或抑制,从而可以观察到其行为的变化。

三、脑 电 图

大脑工作时,神经细胞中离子的运动产生电流,在头皮表面形成微弱的电位,脑电装置通过高灵敏度的电极和放大器来探测这些电位。脑电图(electroencephalogram, EEG)技术经过最近几十年的发展,已经成为一种比较成熟的认知神经科学的研究手段。

由于脑电信号通常伴随着巨大的噪声,在当今认知神经科学的研究中最常用的方法是使用事件相关电位(evcnt-related potential, ERP)的方法,即多次重复刺激,然后对相同刺激下记录到的电位数据做叠加平均,得到与刺激相关的电信号。

四、磁共振成像

磁共振成像是运用磁场原理来产生体内活动的图像。在 MRI 扫描中,由一个探测器负责记录身体内氢原子对强磁场的反应,之后通过计算机程序产生一个三维的大脑或躯体的图像。功能性磁共振成像技术的功能更强,甚至可以使大脑中的活动都可视化。这种图像使科学家有可能对思维和行为的脑中枢进行准确定位。

五、正电子发射层析照相术

正电子发射层析照相术(positron emission tomography, PET)的基本原理是把含有微弱放射元素的葡萄糖注入人体,PET 可以检测出这种葡萄糖发射的正电子,大脑工作时必须消耗能量,这样 PET 扫描就能显示大脑中哪个区域在消耗更多的葡萄糖。能量消耗最多的地方,也是大脑活动最多的地方。研究者把正电子探测器放置在头部周围,探测到的数据被输入计算机,这样就能够生成一个正在变化的、彩色的大脑活动图像。

第六节 内分泌系统

内分泌系统除了是维持正常生理活动的基础以外,还与心理活动密切相关。它在维持人体内环境稳定方面起着重要的作用,而人的心理活动和体内环境有密切关系。体内环境包括整个生理结构、体液和影响个体行为的生物物理及生物化学等因素。内分泌系统对这些因素的活动、体内平衡和心理活动的进行与维持具有极重要的作用。

一、内分泌系统

内分泌系统是由若干个内分泌腺构成的系统,它包括脑垂体、甲状腺、甲状旁腺、肾上腺、胰岛、胸腺、松果体和性腺等(图2-13)。内分泌腺是无管腺,它分泌的化学物质称激素。激素直接渗入血液和淋巴,进而传布到整个机体,调节机体的新陈代谢、生长发育,以及和其他器官的协调作用。

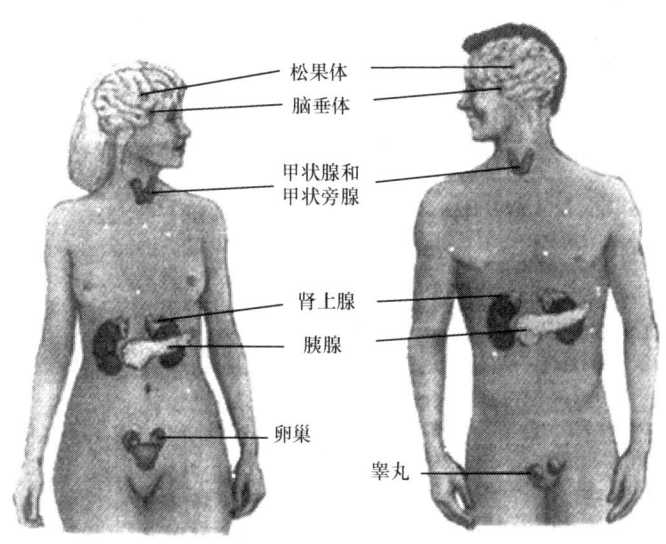

图2-13 内分泌系统

(资料来源:Dennis Coon,2004)

(一) 脑垂体

脑垂体(pituitary gland)位于大脑底部,有一个漏斗形短柄与脑相连,重0.6g,只有一粒豌豆大小。

脑垂体由前叶、斗叶、后叶三部分组成。前叶分泌生长激素、促性腺激素、促甲状腺激素、促肾上腺皮质激素、生乳激素等;中叶分泌黑素细胞扩张素,作用于皮肤的色素细胞;后叶分泌血管加压素(又称抗利尿激素)和催产素。脑垂体又可分为腺垂体和神经垂体两部分,前叶和中叶为腺垂体,后叶是神经垂体,它不含腺体细胞,不能合成激素。它分泌的是神经元产生的神经垂体激素。摘除脑垂体将使幼小动物的生长停顿,甲状腺及肾上腺萎缩,性腺萎缩,性功能衰退,机体极度消瘦,排尿量明显增加等。由于脑垂体分泌的激素较多,并能控制多种内分泌腺,因而具有"主腺"的称谓。

(二) 甲状腺

甲状腺(thyroid gland)是人体内最大的内分泌腺,位于气管下端两侧,左右各一。甲状腺分泌的激素称甲状腺素,它能促进机体代谢功能,增进机体发育过程。甲状腺功能亢进时,中枢神经系统兴奋性增高,主要表现注意力不集中,敏感多疑,烦躁不安,情绪不稳,失眠多梦,肌肉震颤等;甲状腺功能低下时,中枢神经系统兴奋性降低,记忆力减退,反应迟钝,容易疲劳等。如果儿童患甲状腺功能减退,会使发育停滞,骨骼和神经系统发育不全,称为呆小症(cretinism)。患者身体矮小,智力落后,记忆和思维的发展不及正常的儿童。严重者成为白痴。

(三) 副甲状腺

副甲状腺(parathyroid gland)又称甲状旁腺,为甲状腺包囊内四个卵圆形的小体。它分泌的激素为副甲状腺激素和降钙素,主要作用是调节钙磷代谢。副甲状腺分泌不足,会使人反应迟钝,肢体运动不协调。

(四) 肾上腺

肾上腺(adrenal gland)位于肾脏上端,左右各一。每个肾上腺又分皮质和髓质两部分。肾上腺皮质分泌肾上腺皮质激素,其主要作用是调节物质代谢,维持体内钠离子及水分的正常含量。人体缺少肾上腺皮质激素,会出现精神萎靡、肌肉无力等症状。肾上腺体质分泌肾上腺素和去甲肾上腺素,主要作用是兴奋交感神经,促使血压升高、心率加快、瞳孔放大、胃肠肌肉松弛等。因而在机体应激时有重要作用。

(五) 性腺

性腺(sex gland)男性为睾丸,女性为卵巢。睾丸分泌雄激素睾酮,功能是促进男性成熟,促进第二性征的发育。卵巢分泌雌激素和孕激素,可促进女性成熟和月经的周期变化。性激素的波动可引起周期性的情绪恶劣。内分泌对情绪的影响较大,它对身体的调节与神经系统的调节相比有以下几个特点:①作用范围广,内分泌激素,通过血液、淋巴被运到全身各个器官,对全身都起调节作用;②影响的速度要比神经系统慢些;③影响效果较持久。

二、内分泌受神经调节

所有内分泌腺的活动都受神经系统的调节与控制。神经系统通过内分泌腺分泌的激素影响各种效应器官的活动,称神经-体液调节。有的内分泌腺可由不同的神经来支配,如甲状腺既接受交感神经(颈上交感神经节)的支配,也接受副交感神经(迷走神经)的支配;脑垂体同时接受交感及下丘脑神经核的支配等。

由于内分泌中脑垂体的特殊作用,中枢神经系统调节内分泌腺的活动有两种不同的方式:一种是通过植物性神经系统直接支配内分泌腺;另一种是通过下丘脑神经核,先影响脑垂体的活动,然后由脑垂体分泌各种激素,进一步调节其他内分泌腺的活动。后者是通过神经-体液调节的方式来调节内分泌腺的活动。

思 考 题

1. 简答人的神经系统的主要结构及功能。
2. 简述大脑皮质结构及其功能。
3. 研究脑机制的方法有哪些?
4. 心理的实质是什么?
5. 大脑皮质在人类心理和行为中有哪些重要的意义?

第三章 意 识

NN是加拿大的一个年轻人,由于交通事故致使头部受伤。根据心理学家图尔文(Endel Tulving,1985)的描述,这次受伤使他丧失了许多体验的能力,即本章要讲到的意识。图尔文写到:

NN知道一些过去的事情:他们家什么时候搬到现在住的地方,他上学时学校的名字,还有他十几岁的时候在哪里过的暑假,但他不能回忆任何一个完整事件。NN在理解事件概念上没有困难。他知道事件的单位及其关系,并能正确地用图来表示。他具有关于时间的抽象知识,但对主观时间的意识却严重受损。如果问他昨天干什么了,他会说他不知道。如果问他离开"这里"将要做什么,或者"明天"他将要做什么,他也说他不知道。

在不同的场合,请他描述在他试图考虑"明天"时出现的心理状态的"空白"时,他会说这"就像睡着了"或"大片的空白。"如果让他做个类比,即描述一下它像什么,他说"就像在一个什么都没有的空屋子里,一个家伙告诉他去找把椅子,可那儿什么都没有"。还有一次他说"就像在湖的中心游泳。那里没有任何东西供你歇脚或让你能做点什么"。当要求他将这种状态与他在考虑昨天做了什么时的心理状态做个比较时,他说是"同样的空白"。NN平静而沉着地做了所有这些观察报告,没有表现出任何情绪。只有在他被问到对于上述情形中所出现的"空白状态"是否感到奇怪时,他确实表现出片刻轻微的不安,并发出一声温和的感叹:"哦!"

第一节 意识的概念

对于意识这个人们常用的概念,往往是人们都知道它指的是什么,但确切地描述,又会众说纷纭。一门学科引入它作为概念后,上来先为它下定义,就会引起理解不同的人之间无谓的争论。在心理学发展的早期,意识曾经是心理学研究的中心问题之一,心理学家认为心理学的目的是研究心理的结构,构成心理和意识内容的元素,以及把各元素组合为意识内容的基本规则。20世纪初,行为主义强调心理学研究的客观性,以人们外部的可以观察到的行为作为研究对象,意识被排除在心理学的研究范围之外。直到20世纪中叶,认知心理学兴起后,人的内部心理过程重新作为心理学的研究对象,从而恢复了对意识的研究。

一、意识的概念

迄今为止,意识还没有一个确切的概念,本身很复杂,可以从以下几个不同的方面进行理解:意识、意识活动和意识功能。意识是大脑的一种属性,它是大脑里进行的一种活动,是大脑的能够进行这种活动的属性。意识是大脑中进行的一种以信息流动、信息处理为主要形式的活动,在活动中有时也有肢体运动参与。我们使用"意识活动"这个概念描述意识的活动特征。从含义看"意识活动"强调的是意识的活动性,"意识"强调的是意识活动所引起的一系列现象,意识比意识活动含义更广泛。

意识不是大脑所有的活动，它只是大脑活动中的一类。我们把这类活动用"意识功能"这个概念表示。"意识功能"是意识活动的产物。意识有这样一些功能：意识能监视、控制全身的活动（严格说，意识不能监视、控制人体的所有活动）；意识能使人类认识和改造世界，包括人类自身；意识能发泄、表现、抑制自己的感情；意识能使人有独立的思想、人格、个性、个人意志等。

意识、意识活动、意识功能三个概念是指的同一事物的不同侧面。这三个概念不是包含关系，意识不包含意识活动，它就是意识活动，意识也不包含意识功能，它的作用就是意识功能。三个概念的区别是强调的侧面不同，在需要强调不同侧面时，分别使用不同的提法。

（一）讨论意识的途径

由于除哲学以外没有其他科学认真地讨论过意识，人们对意识一直没有一个确切的认识。在迷信说法中，意识是灵魂，是生命特有的可以脱离肉体存在的东西。它强调了意识与生命的特殊关系，但是否定了意识的客观物质性；它强调了意识对肉体的独立性，但是否定了意识与肉体的不可分离性。意识的确是生命的特有现象，但不是所有生命都有意识，只有人才有意识；意识产生个人思想、个人意志、个性等的功能，在这些功能中表现出意识对肉体有相对的独立性，但意识并不能脱离肉体而单独存在，意识会随肉体的死亡而消失。因此意识不是迷信说法中的灵魂。迷信说法之所以有人相信，就是因为它也有正确的东西（意识的生命性和意识对肉体的相对独立性），只是它把正确的东西荒谬地夸大，对不利于自己的东西加以歪曲，迷惑了糊涂的人，因此，我们要从科学的角度研究、讨论意识。

作为大脑的一类活动，意识显然是心理活动，应该是心理学研究的对象。可是由于它与心理学的其他对象纠缠在一起，很难单独作为心理课题研究。例如，思维、情感都是心理学专门的课题，意识就和它们纠缠在一起，使思维、情感具有意识的特征。以至于很多人把具有意识特征的思维和具有意识特征的情感当作意识。

人们认识、改造世界的能力和一个人独立的思想是意识的重要组成，但它们都是思维活动的结果。实验表明没有意识的动物也有简单的思维能力，最著名的是柯勒的大猩猩实验。在他的实验观察中，大猩猩可以在拿不到食物时，想出把短棍接长的办法拿到食物。这里的大猩猩显然表现出简单的思维能力。计算机也可以模拟一些思维，目前模拟思维的计算机是绝对没有意识的。这些都证明思维是可以独立于意识以外的活动，思维并不是意识的特有活动。但讨论意识离开个人思想，离开人的认识改造世界的能力，就不是完整的讨论。在这里，意识显然与思维纠缠在一起。再例如，人类特有的感情也是意识的重要表现，感情显然是情感活动的结果。如果情感活动是意识特有的活动，可以把意识作为一个大课题，把感情作为它之下的一个小课题来研究。但是，动物也能表达感情，它们也有情感活动。动物的这些情感活动也是没有意识的感情活动，这表明情感活动并不是意识特有的活动。但讨论意识离开对个人感情的讨论，离开对感情的表现、发泄、压抑的讨论，就不是完整的讨论。在这里，意识显然与情感纠缠在一起。于是问题出现了：如何把意识最本质的东西突现出来，使意识能够既作为一个独立的心理课题，又不至于与其他课题纠缠不清。我们从意识的许多功能中找到一条核心的功能，把它称为意核。在继续的研究中又发现，意核对其他活动的控制和相互促进，使其他活动发展进步，可以解释出意识所有的功能的产生：意核能控制和促进思维发展，从而产生了对世界的认识和改造功能；意核能控制和促进情感活动的发展，从而产生了个人感情和人对感情的表现、发泄、抑制；意核能控制和促进意志活动的发展,从而产生了个人意志、个性、性格。

(二) 意识是人类进化过程中产生的大脑功能

有些人主张动物也有意识,这就使意识更加令人难以研究和讨论。人类曾经与猴子、猩猩有共同的祖先。与曾经雄居地球的恐龙相比,人类这个物种在体形、力量上并没有什么优势。人类祖先是在体形和力量上比较弱小的一个物种。为什么人类能够在强手如林的动物世界中一支独起,独霸世界,并逼迫得很多比它在体形和力量上强大得多的物种灭绝呢?人类凭的是有认识并改造世界的能力。那么,是什么使人类有高于其他动物的认识能力和无比强大的改造世界能力呢?不是别的,就是人类大脑具有的意识。

我们知道,大脑完成认识与改造世界工作的不是意识,而是思维。人类的思维产生了各种认识,想出了改造世界的方法,产生了发明创造。另一方面,有很多实验都证明一些动物也能够进行简单的思维。但是为什么这些动物的思维没有发展到人类的水平呢?为什么这些动物没有认识并改造世界的举动呢?就是因为它们没有意识。人类的意识促进人类的思维高度发展,这才能认识世界和改造世界。

有人曾经说,是制造工具促使人类从动物中分离出来。从考古的意义上讲,这种说法是正确的,但是从进化的意义上讲,这种说法并不准确。在动物实验中(最具有权威的是柯勒的大猩猩实验),猩猩可以折断树枝去取食物,猩猩也可以连接小棍去取食物,这可以算做是制造工具的行为。在另外一些实验中甚至可以教会大猩猩使用由词汇、语法构成的手势语言。表明大猩猩也有使用交流工具的能力。但大猩猩并没有因此进化成类似人类的物种,是因为猩猩的遗传基因决定了它们的大脑不够发达(这一点与大猩猩不能使用声音语言一样),大脑的不发达使它们不能生成意识,没有意识又使它们不能从简单地使用和制造工具行为进化到进一步认识并改造世界的行为。也就是说,它们的大脑不具备产生意识的条件,它们因此不能进化为类似人的物种。值得庆幸的是,在遗传基因的变化中人类的祖先幸运地获得了使大脑发育得很发达的遗传信息,使得人类的大脑发达到能够生成意识的程度,人类的祖先才发展为今天的人类。这段讨论说明了意识生成一定要有必要的先天条件。

在白鼠的大脑发育实验中人们看到:大量运动的白鼠大脑皱折要多于不运动的。这表明:动物的大脑在出生后还要继续发育,在大脑的后天发育期内,后天的活动会使同种动物的大脑发育有很大差异。对这个结果,本文称之为大脑的多用则发育原理。意识是在大脑发育后生成的。狼孩具有人类大脑,却由于生活在狼群中而没有发展出人类的思维和意识。这个事例表明了人的大脑只提供了意识生成的条件,意识的生成还与后天环境有关。只是绝大多数人都生活在能够生成意识的人类社会条件下,后天环境对产生意识的影响被掩盖起来。狼孩的事例向我们表明:后天环境是意识生成必不可少的条件。

意识是先天条件与后天环境的共同产物,先天条件不足的动物和后天环境不足的人都不能生成意识。为了突出意识产生于后天,我们用动态心理学的词汇"生成"描述意识的产生。

综上所述,可以明确四个观点:第一,意识是人类大脑具有的功能;第二,意识使人类具有了认识和改造世界能力;第三,意识的生成要以大脑的相当发达为先天条件;第四,意识是大脑在后天环境中生成的。

二、无意识的概念

无意识(unconsciousness)是相对于意识而言,是个体不曾觉察到的心理活动过程,按照弗洛伊德精神分析学派的观点,无意识包括大量的观念、愿望和想法等,这些观念和愿望由于和社会道德存在冲突而受到压抑,不能出现在意识中。如果把人的心理活动比作一座冰山的话,那么意识只是浮出水面的冰山一角,只占人心理活动过程的很小一部分,大部分的心理活动和过程是无意识的。常见的无意识心理活动现象有以下几种。

1. 无意识行为 人的有些行为,特别是那些已经自动化了的行为,不受意识控制。例如,骑自行车时,一个人可以思考问题或者与别人交谈,没有意识到自己是如何维持自行车的平衡的。日常的生活中,人们的许多小动作,如挠头皮、捋胡须等很多是无意识的动作。

2. 对刺激的无意识 人在活动时,有些事件对个体的影响没有产生可以观察到的行为变化,而实际上这些事件对他们的行为产生了或大或小的影响。

3. 盲视 有一类对刺激的无意识是由于脑损伤所引起的。

三、意识的能动性和局限性

意识的能动性是人类自觉能动性的一个方面,指人的意识能动地反映物质又反作用于物质,是人的感觉、思维(理性)、情绪、意志等能动性的统称。通常主要指人的认识能动性,人的认识是人脑对客观事物的反映,但这种反映不是静观的、照相式的、消极被动的,而是一种积极的、主动的、自觉的活动。同时,意识经验不是外部世界的镜像,是有一定的局限性的,有许多作用与人的感觉器官的事物或刺激,人们并没有意识到。例如,人眼看不到波长超过一定范围内的光,人耳听不到一定频率以外范围的声音,这些局限性是由于人体感觉器官的特性决定的。另外,当人们专注与某一件事情时,通常会对其他的事情视而不见,就是因为在同一时间内可以进入意识的信息量是有限的,意识很难在同一时间容纳过多的东西。总之,意识不是被动的反映世界,人们可以有限度地超越外部的信息内容,在其范围之外构建他们的意识内容。然而意识的这一特性不能过分的强调,尽管有时人们能出现幻觉,但大多数条件下,外部世界仍然限制着意识经验的内容范围。

第二节 注 意

一、注意的概念

注意(attention)是和意识紧密相关的一个概念,但不同于意识,就是心理活动对一定事物的指向和集中。

注意是人人都熟悉的一种心理现象。学生注意听课,他的心理活动就指向、集中于教师的讲述;学生注意看电视,他的心理活动便指向、集中于荧光屏上情节的变化。某件事物对我们有着特殊的意义,我们的认识活动就指向它,并集中心思去考察它、思考它,以提高我们对这件事物的感性上、理性上或行动上的积极性水平,这就是注意。指向性和集中性正是注意的两个特点。注意的指向性显示出人们在认识事物的过程中,并不是把当时所有起作用的刺激物都作为自己认识的对象的,而是有选择地从这些刺激物中选出那种有现实意义的事物作为自己认识过程指向的对象。注意的集中性显示出人们的认识过程不仅仅选择地指向一定的对象,而且相当长久地坚持指向这个对象,离开一切局外的、与这一对象无关的东西,抑制那些与这个对象相对抗的东西。如学生专心听课,他的心理活动不是指向当时对他起作用的一切刺激物,而是只指向教师讲述的内容,并且长时间地坚持指向这些内容,排除一切局外刺激物的干扰。

注意不是一个独立的心理过程,注意本身并没有自己特殊的内容,它表现在感觉、知觉、记忆、思维、想象等心理过程当中,成为这些过程的一种共同的特性而与这些过程分不开。无论在什么情况下,注意都不能离开心理过程而单独起作用。平时我们常说"请注意黑板""请注意人家的发言",这并不是说注意是一个独立的心理过程,可以离开认识过程,这实际上只是说"请注意看黑板""请注意听人家发言",只是在口语中把"看"字和"听"字省略掉了。我们平时还常说"学生没有注意听",这不是说学生听课时的注意没有指向性,也不是说学生听课的心理过程对什么对象也没有指向,这只是说学生听课时的心理活动没有指向当时应该指向的对象,没有集中在当时应该集中的对象上,而是指向并集中于当时不应该注意的对象上去了。

可见,注意对人类具有十分重要的意义。注意具有选择的功能,即选择有意义的、符合需要的和与当前活动一致的各种影响,避开或抑制其他非本质的、附加的、与当前活动相对抗的影响。注意能坚持把心理活动对象的内容保留在意识的中心,一直到活动的目的完全实现为止。注意还具有对活动进行调节与监督的功能,它保证人们能及时地反映事物及其变化,使人们能更好地适应环境和改造环境。

二、注意和意识

一般来说,注意是一种心理活动或"心理动作",意识主要是一种心理内容或体验,二者不是等同的。注意提供了这样一种机制,决定什么东西可以成为意识的内容,而什么东西不可以。和意识相比,注意更为主动和易于控制。在人们将注意集中于特定的事物或者活动时,或注意将一定事物"推"入到意识的中心时,通常包含了无意识的过程。人们可以有意识地选择注意的活动或对象,但在很多情况下,这种选择并不是有意识的,而是由刺激和事件本身引起的,是一个无意识的过程。

另一方面,注意和意识密不可分。当人们处于注意状态时,意识内容比较清晰。人从睡眠到觉醒,再到注意,其意识状态分别处在不同的水平。睡眠是一种无意识的状态,人在睡眠时,他意识不到自己的活动和外部的刺激,或不能清晰地意识到。从睡眠进入觉醒以后,人开始意识到外部的刺激和自己的活动,并且能有意识的调节自己的行为。但是,即使人在觉醒状态下,也不能意识到所有的外部刺激、事件和自己的行为,而只能意识到其中的一部分。人的注意所指向的内容,一般处于意识活动的中心。因此,对于注意指向的内容,人的意识比较清晰和紧张。

总之,在注意条件下,意识与心理活动指向并集中于特定的对象,从而使意识内容和对象清晰明确,意识过程紧张有序,并使个体的行为活动受到意识的控制,而进入注意的具体过程则可能是无意识的,即有时包含了无意识活动。

三、注意的外部表现

注意是一种内部心理状态,可以通过人的外部行为表现出来。人在集中注意于某个对象时,常常伴随有特定的生理变化和表情动作。注意时最显著的外部表现,有下列几种。

适应性运动。人在注意听一个声音时,耳朵转向声音的方向,所谓"侧耳倾听";人在注意看一个物体时,把视线集中在该物体上,盯着眼睛看,所谓"举目凝视";当沉浸于思考或想象时,眼睛常常是"呆视着",好像看着远方一样,周围的对象就被感知得模糊起来而不分散注意了。人在进行视知觉的时候,眼睛的视线总是对准所注意的对象的某一点,这一点成为眼睛的注视点,并且不断地转动着视线以转换注意的目标。眼睛是以跳动的方式将视线转换到新的目标上去的。在每次转换目标以后,眼睛稍许停顿片刻,注视这一目标,然后再跳动到新的注视点上去。在注意对象的时候,眼睛就是这样不断地以注视、跳动、再注视……观察着所知觉的对象。可以利用照相、电影摄影,或者记录眼球运动时眼肌的电位变化,来研究注意时眼球运动的轨迹,以确定注意时对象的不同部分所起的作用。

无关运动的停止。当人集中注意时,如当教师能抓住学生的注意时,教室出现一片寂静。

呼吸运动的变化。人在注意时,呼吸变得轻微而缓慢,呼与吸的时间比例也改变了,一般吸得更短促,呼得愈加延长了。在紧张注意时,甚至会出现呼吸暂时停止的情况,即所谓"屏息"现象。静止是紧张注意的特征,当演员能够抓住观众的注意的时候,观众就会停止身体的运动,剧院里出现一片寂静。在紧张注意时,还会出现心脏跳动加速、牙关紧闭、握紧拳头等现象。但注意的外部表现,有时可和内部状态不相一致,如貌似注意一件事而实际上心理活动却指向和集中于另一件事上。所以除了注意和非注意以外,还有似注意和似非注意的现象。

四、注意的功能和种类

(一) 注意的功能

注意的基本特性决定了注意的一些主要功能,这些功能表现在三个方面。

1. 选择功能　注意使得人们在某一时刻选择有意义的、符合当前活动需要和任务要求的刺激信息,同时避开或抑制无关刺激的作用。这是注意的首要功能,它确定了心理活动的方向,保证我们的生活和学习能够次序分明、有条不紊地进行。

2. 保持功能　注意可以将选取的刺激信息在意识中加以保持,以便心理活动对其进行加工,完成相应的任务。如果选择的注意对象转瞬即逝,心理活动无法展开,也就无法进行正常的学习和工作。

3. 调节监督功能　注意可以提高活动的效率,这体现在它的调节和监督功能。注意集中的情况下,错误减少,准确性和速度提高。另外,注意的分配和转移保证活动的顺利进行,并适应变化多端的环境。古代教育家荀子在《大略篇》中说:"君子壹教,弟子壹学,亟成。"这里的"壹"就是专一,意为只要教师一心一意地教,学生一心一意地学,就能保证学生最终学业有成。

(二) 注意的种类

根据注意过程中有无预定目的和是否需要意志努力的参与,可以把注意分为无意注意、有意注意和有意后注意。

1. 无意注意　无意注意或不随意注意,是指没有预定目的,也不需要意志努力的注意。无意注意一般是在外部刺激物的直接刺激作用下,个体不由自主地给予关注,不由意识控制,它是人们自然而然地对那些强烈的、新颖的和感兴趣的事物所表现的意识指向和集中。例如,正在上课的时候,有人推门而入,大家不自觉地向门口注视;大街上听到警笛鸣叫,行人会不由自主地扭头观望。其产生机制可以描述为在新异刺激物的直接影响下,人们自然而然地把感受器官转向这些刺激物,在大脑两半球皮层相应部位引起了最优势的兴奋中心,提高了活动水平,从而对其他活动产生了抑制作用。刺激物本身的某些特点容易引起人们的不随意注意。强烈的刺激物,如巨大的声响、强烈的光线、刺鼻的气味,都会引起人们不由自主的注意。那些相对比较强烈的刺激物也容易引起不随意注意。例如,在喧嚣的大街上,大声说话可能引不起人们的注意,而在安静的阅览室内,轻微的耳语也会引起人们的不随意注意。那些活动的、变化的刺激物,如大街上五颜六色一闪一灭的霓虹灯等也容易引起人们的不随意注意。那些新异的物体或那些在强度、大小、颜色和持续时间上有显著差别的,即对比突出的物体,如在万绿丛中的红花等都容易引起人们的不随意注意。当一个人具有某种迫切需要时,那些能够满足这种需要的物体必然容易引起他的不随意注意。例如,美味的食物和饮料容易引起一个饥饿和口渴的人不随意注意。如果一个人对某个人或某种事物有着特殊的情感,那么凡是与之有关的事物,哪怕是一些微小变化也都会引起他的不随意注意。那些使人产生直接兴趣的事物,也都能引起人的不随意注意。

另外,无意注意的产生也与主体状态有关。一个人在街头散步的时候,也可能无意间注意到许多事物。无意注意更多地被认为是由外部刺激物引起的一种消极被动的注意,是注意的初级形式。人和动物都存在无意注意。虽然无意注意缺乏目的性,但因为不需要意志努力,所以个体在注意过程中不易产生疲劳。

2. 有意注意 有意注意或者随意注意,是指有预定目的,也需要作意志努力的注意。我们工作和学习中的大多数心理活动都需要有意注意。工人上班,学生上课,交警指挥交通,都是有意注意在发挥作用。有意注意是一种积极主动、服从于当前活动任务需要的注意,属于注意的高级形式。它受人的意识的调节和控制,是人类所特有的一种注意。有意注意虽然目的性明确,但在实现过程中需要有持久的意志努力,这容易使个体产生疲劳。随意注意指的是有预定目的、需要一定意志努力的注意。它是注意的一种积极、主动的形式,是在不随意注意的基础上发展起来的,是人类所特有的心理现象。

而人们向自己提出一定的任务和自觉的目标时产生的注意便是随意注意。随意注意是人类特有的心理现象,它受意识的控制,由第二信号系统支配调节,它是一种意志的注意,是一种高级的心理现象。具有随意注意的能力即是注意力。良好的注意力具有随意性强,能较好地接受自己的意识控制调节,具体表现在注意的稳定性和注意能按需要的转移性。随意注意不论就其发生的性质或其实现的方式而言,都与不随意注意有着本质的不同。随意注意是人类所特有的心理现象,它受意识的控制,由语言支配调节。随意注意是在人们向自己提出一定的任务、自觉的目标时产生的,从而制约着人们必须把某些对象分别出来作为注意的客体。例如,对于空气,化学家注意的是它的组成、结构和化学变化,而物理学家却只注意它的力学变化。随意注意的特点,是它的指向性和集中性不是决定于对象,而是决定于人们自己所提出的、拟定的任务和目的。当注意指向于那些既不是最强烈的、也不是最新异的、又不是有趣的刺激物时,常常要求人们具有某种意志的努力。例如,战国时期,纵横家苏秦一开始用连横之策游说于秦惠王,没有被采纳。他便回家继续发奋,当他读书读得非常乏困的时候,就用锥子刺自己的大腿,继续苦读。又例如,西汉时的孙敬为了读书,将自己的头发吊在屋梁上,防止打瞌睡,经过努力,后来成了一个有学问的人。

这就是人们常常说的悬梁刺股的故事。所以,心理学中把这种随意注意又称为意志的注意。随意注意是只有人类才有的心理现象,受意识的控制,由第二信号系统即语言的支配调节。在人类的科学史中,记载着许许多多动人的故事,都足以证明随意注意在科学发现和发明创造中具有非常重要的意义。例如,吊灯在微风的吹拂下,轻轻的摆动,谁也不会在意。但是却触发了伽利略对钟摆的研究,揭开了现代物理学的序幕;一只苹果从树上落下,是司空见惯的自然现象,但是在牛顿的头脑中却形成了万有引力的思维灵感。这种随意注意的能力,就是我们所说的注意力。

3. 有意后注意 有意后注意或者随意后注意,是指有预定目的,但不需要意志努力的注意。它是在有意注意的基础上,经过学习、训练或培养个人对事物的直接兴趣达到的。在有意注意阶段,主体从事一项活动需要有意志努力,但随着活动的深入,个体由于兴趣的提高或操作的熟练,不用意志努力就能够在这项活动上保持注意。例如,一个学习外语的人在初学阶段去阅读外文报纸,还是有意注意,很容易感到疲倦;随着学习的深入,外语水平不断提高,当他消除了许多单词和语法障碍,能够毫不费力地阅读外文报刊,可以说达到了有意后注意的状态。有意后注意是一种更高级的注意。它既有一定的目的性,又因为不需要意志努力,在活动进行中不容易感到疲倦,这对完成长期性和连续性的工作有重要意义。但有意后注意的形成需要付出一定的时间和精力。

五、注意的生理机制

注意从其发生来说是有机体的一种定向反应。巴甫洛夫把定向反射又称为"是什么"反射。这种反射是指:每当动物或人的周围出现新异刺激的时候,动物或人就会将自己的感受器朝向新异刺激,以便更好地感知这一刺激,初步地判明它"是什么",人甚至能够进一步探究它"为什么"。这就保证有机体做出适当的反应,以对付环境出现的这个新变化。巴甫洛夫说:"这种反射的生物学意义是极其巨大的,如果动物没有定向反射的话,那么可以说,它的生命每分钟都是处于千钧一发的危险境地,而我们人类的这类反射却发达得极其深远。这最后表现为求知欲,创造了科学,使我们高度地,并且无止境地来确定对周围世界的定向。"

注意的中枢机制是由于客观事物的影响,在大脑皮质的有关区域内产生了优势兴奋中心。这样就能对与这个优势兴奋中心范围相应的客观事物进行更清楚的反映。同时由于兴奋与抑制的相互诱导作用,就使在大脑皮质其他区域内所受到的刺激,在一定程度上都被抑制了。这时就产生了对别的事物有"视而不见,听而不闻,食而不知其味"的现象。

注意只有在有机体处于觉醒状态时才能发生,而有机体觉醒状态的维持,则是脑干网状结构上行激活系统的作用。所以,脑干网状结构对注意起着极其重要的作用。人们还认为丘脑的非特异系统的某些部位控制注意的转移和注意对象的选择。人还可以通过语言的指令来唤起、转移、加强、巩固和调节自己的注意。由此可见,注意既与大脑皮质相联系,也与皮层下结构相联系,但它们对注意所起的作用是不同的。

我们在注意的时候,有一定的外部表现,有特殊的姿势和动作的变化,以便更好地知觉和审察周围的刺激物。例如,人在凝视一件东西或倾听一种声音的时候,身体常表现出一定的姿态;人在专心思考的时候,两眼好像凝视着无限的远处;当注意达到高峰的时候,全身的肌肉都紧张起来,一切多余的运动都会停止,甚至连呼吸也暂时屏息了。因此,教师根据学生的外部表现能了解他是否在专心注意的学习。但注意的外部表现和注意的实际情况也有不相一致的情况,有经验的教师不只从学生的外部表现,而且还根据其他方面来考察学生的注意。

第三节 生物节律、睡眠与梦

一、生物节律

生物节律是指有机体生理功能的周期性变化,它表明有机体内部存在一个"生物钟",随时监视着时间的进程。人的行为与四种时间循环相联系,即人的生物节律。这四种时间循环大致相当于1年、28天、24h和90min四种时间长短。在这四种时间长短里,人都表现出心理活动和行为的周期性波动。这种周期性的变化会对我们的生活产生重要的影响。日节律在人和动物身上都存在,它的主要表现为睡与醒的周期性循环,此外,也还有一些生理方面的节律变化,如血压、排尿、荷尔蒙分泌等。例如,一天中体温在下午达到顶峰,到夜里熟睡时达到最低点。人体内部的生物钟使人从生理上倾向于在一日的某个特定时间最易入睡。有些人在清醒的时候,每隔2~3个小时会处于生气状态。在睡眠中,做梦的时间基本上是90min为一个周期。有的生理活动周期则要更长一些,如女性的月经周期为28天。

大多数人能够意识到他们的精神状态、精力和心情在一天中的波动和变化,这些波动和变化与其身体内部的生理过程变化有关,如荷尔蒙的分泌、体温、血压的变化等。对于多数人来说,这些生理活动在下午或者傍晚时达到最高水平,而在凌晨时水平最低。但个体间有很大的差异,不同个体的变化模式是不同的。一般来说,当体温或其他生理指标达到一天中的最高水平时,个体的工作效率最高。对于体力劳动者来说,这种联系尤其明显,而对于需要思考的脑力劳动,这种联系相对较弱。位于海马的视交叉上核,对于人体的这种生理功能及心理状态的周期性变化起关键作用。事实上,它像一个"超生物钟",令其他内部的"生物钟"互相保持同步。这个神经核的活动可以促进或者抑制松果腺的活动。松果腺分泌褪黑激素———一种影响很广的荷尔蒙。褪黑激素起镇静作用,可以降低机体的代谢活动,增加疲劳感。视交叉上核对视觉输入刺激敏感,白天的光线刺激可以激活该神经核,从而减少褪黑激素的分泌。相反,黑暗能增加褪黑激素的分泌。因此,我们白天会感到精力充沛,夜里感觉到疲倦,当视交叉上核或者视觉的神经通路受损破坏时,这种日夜交替的生理周期就会消失。

二、睡眠与失眠

(一) 睡眠

1. 睡眠及其阶段 睡眠是我们日常生活中最熟悉的活动之一,人的一生大约有1/3的时间是在睡眠中度过的。大家都知道,睡眠时的意识状态不同于清醒状态。在古代,人们认为睡眠和死亡很相似,是灵魂暂时离开了肉体,人们可以在睡梦中遇见已故的老友和亲人,到达从未去过的地方等。但如今的心理学研究已经大大加深了我们对于睡眠的理解,知道睡眠实际上和死亡有很大的不同。当一个人从清醒状态进入睡眠状态时,其大脑的生理活动会发生复杂的变化。通过精确测量这些脑电的并绘成相应的脑电图,可以很好的了解和揭示睡眠的本质。通常在进行睡眠研究时,研究人员采取在志愿者的

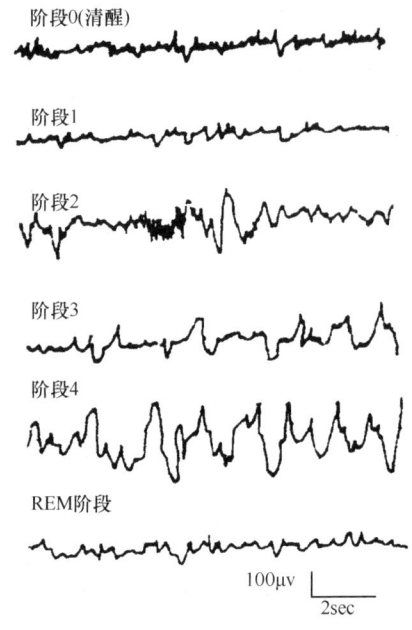

图 3-1 睡眠中各阶段的脑电波形态图

头部放置一些电极,用来记录其脑电的变化,同时记录其身体各项功能指标的变化,如呼吸、肌肉强度、心率、血压等,这些变化将构成研究睡眠的主要信息源。通过分析人在睡眠状态下的脑电波,科学家发现,人在睡眠中意识既不是完全停止,也不是以同一方式在持续活动,其本身也经历一个小小的周期性变化(图 3-1,表 3-1)。

表 3-1 意识不同状态下的脑电波形

脑电波形态	频率(cps)	典型的意识状态
Beta(β)	13~24	正常清醒的状态,思考,灵敏地解决问题
Alpha(α)	8~12	深度放松,脑内空白,冥想状态
Theta(θ)	4~7	轻度睡眠
Delta(δ)	2~4	深度睡眠

人的整个睡眠过程可以分为四个阶段。

第一阶段是过渡期,个体感到困倦、意识进入朦胧状态,通常持续 1~7min,呼吸和心跳变慢,肌肉变松弛,体温下降,脑电波为频率较慢但振幅较大的 α 波。很容易被刺激惊醒。

第二阶段是轻睡期,持续 10~25min,这时出现频率更慢的 θ(theta)波。

第三阶段是沉睡期,以频率慢振幅极大的 δ 波为主。

睡眠的最后一个阶段,称为"快速眼动睡眠"阶段,这时通过仪器可以观测到睡者的眼球有快速跳动现象,呼吸和心跳变得不规则,肌肉完全瘫痪,并且很难唤醒。快速眼动睡眠结束后,再循环到轻睡期。一个睡眠周期为 60~90min,如此循环往复,一般一个晚上要经过 4~6 次这样的循环。研究发现 REM 出现的时候,就是人在做梦的时候,若这时将被试唤醒,78% 的人都说他正在做梦,并且能记得梦中内容。随着年龄的不同,REM 在睡眠中所占的比例也有所不同,年龄越小,REM 所占的比例越高。

2. 睡眠的功能 对于睡眠的功能从在多种不同的解释,一种是睡眠使工作了一天的大脑和身体得到休息、休整和恢复。因为我们一觉醒来之后就会觉得精力充沛,但并没有直接的证据支持这种观点。在减少志愿者睡眠时间的测试中,大多数人在减少到每晚 5h 的睡眠后,志愿者在测试的几项任务完成中并没有受到明显影响,其心情与健康状况也保持良好,所观察到的主要变化是当睡眠时间减少到每晚 5h 或者更少时,睡眠的效率提高了。志愿者很快便能入睡,深度睡眠的比例增加。基于动物的研究也有类似的发现,减少睡眠并没有产生明显的不良影响。这些现象没有支持睡眠的恢复功能的观点。

有人提出,可能只是睡眠中的某一成分对个体的身心健康有重要影响。例如,有的人认为快速动眼睡眠对个体健康很重要,剥夺这类睡眠会产生有害影响,也有人认为剥夺快速动眼睡眠只是使以后几天的此类睡眠增加。对睡眠功能解释的另外一种观点是与生物进化有关的生态学理论,该观点认为,动物睡眠的目的是避免消耗能量,以及在一天中不适应的时间避免受到伤害。例如,我们的祖先不适应在黑暗中觅食,而且受到大型肉食动物如老虎、狮子等的威胁,所以要到夜里躲到安全的地方睡眠。随着生物的进化睡眠演变为生理功能周期变化的一个中性环节,是正常脑功能变化的一部分。

以上两种解释不是孤立的,也许睡眠最初使人类避免遇到麻烦,后来演变为恢复身体功能的过程。

（二）失眠

最常见的睡眠失常就是失眠。很多人都有过入睡困难、睡眠不好的经历,大约有40%的成人有失眠的经历。失眠有随着年龄的增长而增加的趋势,通常女性比男性更加常见。对于大多数人来说,失眠发生在一些特殊的时间和场合,如刚到一个新环境、重要考试的前夜等。对于有些人来说,入眠难的问题显得有些规律,并对正常的生活有不良的影响。这时候失眠就成为一种病症,称为失眠症。失眠症的患者需要更长的时间入睡,而且夜间经常醒来,每天的睡眠没有规律。与正常人相比,失眠症患者在睡眠时的脑电记录常有异常,常出现通常在个体处于安静休息并且清醒状态下常出现的α波,α波在睡眠中一般不会出现。失眠常会伴有其他方面的问题,最常见的是精神失调,如焦虑、精神抑郁等。在这种情况下,很难说失眠是原因还是结果。就失眠本身来讲,在心理正常和反常的情况下都可以出现。生活中的压力是暂时性失眠的最常见的原因,当压力消除后睡眠会恢复正常,如果患者担心失眠,就会加重失眠的程度。失眠对个体的生理功能及日常活动有一定的影响,个体在睡眠不足时会出现记忆力下降、无精打采、烦躁不安。

按照失眠的原因,可以把失眠划分为四类。

1. 情境性失眠 主要是由生活情境的改变造成,包括睡眠环境的改变,它是一种暂时性失眠。

2. 假性失眠 只是当事人在心理上有失眠感,但其状态良好,这种失眠称为假性失眠。主要是因为没有认识到睡眠存在着个体差异所致。

3. 失律性失眠 因生活程序突然改变而形成的暂时性失眠,称为失律性失眠,如飞行时差所造成的睡眠困难、工厂里三班倒的工人出现睡眠困难等。

4. 药物性失眠 咖啡因、茶或可乐之类造成的失眠称为药物性失眠。它还包括长时间服用安眠药物,在心理和生理上形成了对药物的依赖,导致的药物性失眠。

（三）梦

梦是人在睡眠中尤其是在快速眼动睡眠时期神经系统活动的结果,梦也是一种心理活动,是意识的一个层面活动的结果,是睡眠中最生动有趣、又有些不可思议的环节。长期以来,对梦的解释一直存在着分歧。弗洛伊德首先提出,人的心理可以划分为意识、无意识和前意识三个层面。无意识指的是个体不能觉察到的心理活动和过程,前意识则指意识和无意识之间的过渡层面。按照弗洛伊德的说法,无意识中包含了大量的观念、想法、欲望、冲动等,这些观念和想法因为与社会伦理道理相冲突而被个体压抑在无意识中,个体无法觉察到。弗洛伊德把人的心理比作一座冰山,人的意识是冰山露出水面的一角,无意识则是水面之下部分。人的无意识中的内容虽然无法意识到,但可以通过这样那样的途径泄露出来,按照弗洛伊德的观点,其中一个重要途径就是梦。弗洛伊德对梦的分析是建立在精神病患者研究的基础上,失之偏颇,但现在普遍同意无意识的存在,也同意梦是一种无意识活动。梦的生理心理学观点 Greenberg 等(1966)认为,短时记忆转换为长时记忆是在梦中完成的。Hobson 和 McCarley(1997)根据关于梦的许多生理学研究结果,提出了梦的"激活-

合成模式"(the activation-synthesis model)。他们认为,梦过程是从脑干"巨细胞"(giant cells)的放电开始的。这种放电不仅导致眼球的快速双向水平移动和REM睡眠的特征性脑波,而且也导致许多脑区的激活,包括感觉(特别是视觉)、运动功能和情绪活动的脑区。正是对许多脑区的这种激活作用,导致了各种可变的,甚至稀奇古怪的梦境。除了巨细胞放电可以导致脑区激活外,睡眠期间体内外的某些比较强烈的刺激,也可引起相应脑区的激活,从而被收入梦中。例如,如果于快波睡眠期将冷水喷到睡眠者身上,那么他就可能会梦见自己外出途中遭到暴雨的袭击。

在梦的内容方面,霍尔的研究最具有代表性。霍尔发现,大多数的梦具有一般世俗性质,可能是将家庭、朋友和同事等某些特征加以联系组成。人们的梦具有以下特征:第一,自我中心是梦境的第一个重要特征。第二,与当前的生活事件有关是梦的重要特征。第三,睡眠中的外在或内在的刺激都可以影响梦的内容。在梦境的研究中,心理学家重点研究了梦境的转换的现象,即梦中的情景和物体却突然转换为另一种情景和物体。有研究者从45个被试中收集了453个家庭梦境报告,发现有44个梦经历了人物或物体的转换。研究者将转换内容分为人物、生物和非生命物体三大类,发现在这些转换中,80%是"类别内转换",即一个非生命物体转换为另一个非生命物体,或者是一个人物转换为另一个人物。20%的是非生命物体转换为生物(如一条绳子转换为一条蛇)或人物转换为生物(如人物转换为鲨鱼),没有发现生物转换为其他物体的情况,更为重要的是没有发现非生命物体与人物互相转换的现象。这表明转换类型是又一定的转换规则形成的,这些规则反映了脑的高级皮层试图从神经元的混乱活动中建立起认知秩序。

总之,梦是由某种刺激引起一些神经细胞活动的结果,只是它不被清醒地觉察,也不能控制而已。

第四节 意识的特殊现象

一、催 眠

(一) 什么是催眠

催眠(hypnosis)是由催眠师诱导而出现的一种类似睡眠又非睡眠的意识恍惚状态。最早提出于18世纪,在巴黎有一位喜欢浮夸的奥地利医生名叫麦斯麦尔(Franz Anton Mesmer)的宣称,他能够通过一套复杂的方法,应用"动物磁力"治疗患者,其中包括能使患者躺在手臂上面,按现代理解大概就是一种暗示力。据传法国政府准备出很多钱购买他的治疗方法,但他都不肯,这可能是由于他自己也不清楚,最后他被当做骗子驱除出城。不过,虽然这个现象从此公开地不再得到信任。一些实际工作者却仍追随他的路线,麦斯麦尔的名字也继续流传。后来,一位苏格兰医生布雷德(James Braid)对该现象发生了兴趣,于19世纪提出"催眠"一词,并且宣称它能够给手术患者引起麻醉从而使它得到传播。遗憾的是不久更为有效和可靠的麻醉剂出现了,使催眠术的发展再次受到影响。从此以后,催眠就一方面被一些人利用作为行骗手段,同时也有另一些人对之进行科学研究。

(二) 催眠诱导与暗示性

催眠诱导(hypnotic induction)是以产生高度受暗示性(suggestibility)为特征的一个系统

程序。它会引起人们被动的放松,反应性降低,注意范围变得狭窄和幻觉增强。诱导催眠的技术有多种,通常是催眠者不断反复地用轻声告诉被试者他感到了疲倦,发困和朦胧欲睡,并且清楚地描述应该发生的身体感觉,如你的两臂在下坠,脚在发热,眼皮变得沉重,抬不起来了等。在这种情况下,许多被试者就逐渐地接受影响进入了催眠状态。被试者进入催眠状态后好像是睡着了,但其实并不是睡眠,催眠时的脑电记录与个体清醒状态时是一致的。在催眠状态下,个体的思维、言语和活动是在催眠师的指示或指引下进行的,失去了独立思考和行动的能力。

大量研究结果指出人们对催眠的受暗示性存在很大的个体差异。有 1/10 的人对催眠诱导根本没有反应,在另一极端最容易接受催眠的人也只有 1/10。每个人对催眠的反应性是一种稳定的可测量的特质,可以通过各种特定的量表进行测查,其中美国斯坦福大学教授希尔加德(Ernest Hilgard,1965)的斯坦福催眠感受性量表(Stanford hypnotic susceptibility scale,SHSS)被公认最为有效。至于受暗示性的实质,过去人们曾认为属于人格特质,与易受吸引和表象清晰有关,但研究表明二者的相关很低。再考虑其他方面,发现对催眠的受暗示性与一个人的态度和期望密切联系,凡对催眠持积极态度,相信催眠的可能性,同时又对该催眠者表示信赖时,他就容易很好地配合接受暗示并取得成功,这也与我国在宗教信仰上常用的一句谚语"心诚则灵"正相符合。

容易接受催眠的人常有以下特征:
(1)经常做情节生动的白日梦。
(2)想象力丰富。
(3)容易沉浸于眼前或想象中的场景。
(4)依赖性强,经常寻求他人指点。
(5)对催眠的作用深信不疑。
(6)有经验分离的经历,即体验过记忆或者自我的一部分与其余部分分离开来。
一般来说,个体在上述几个方面的倾向性越强,就越容易被催眠。

(三)催眠状态下的心理特征

在进入催眠状态后,人的意识活动并未停止,只是变得恍惚不能自主,其心理活动一般有以下几个主要特征。

1. 感觉麻痹 有些被试者在催眠状态下,甚至可以接受手术而不感到疼痛。以至有些医生曾用它代替麻醉药物,但其效果显然不如止痛药品。

2. 感觉扭曲和幻觉 在催眠状态下的人可能出现幻听和幻视现象,不仅是在没有刺激的情况下听到声音或看到形象,有时还可以依照指导语将电视机看成方纸盒,或将臭味闻成香味。

3. 解除抑制 一般情况下,那些依据社会准则不能做的事情是受到抑制的,人们不可能让被试者去做。但是在催眠状态下,抑制被解除,他就可能根据催眠者的指示去做,如当众脱衣,对别人施暴等。

4. 对催眠经验的记忆消失 催眠者的暗示不仅指导着被试者当时的心理活动,还可以影响到事后的行为。最常见的是告诉被试者他将不记得当时发生的一切,从而造成清醒后对催眠状态的记忆完全缺失。

(四)催眠理论

催眠从江湖魔术发展到科学研究的对象,曾经有多种理论对其实质做出解释,但至今没有得到更好的解决，下面介绍其中影响最大的两种理论。

1. 催眠是角色扮演　对催眠的一种非常流行的看法是将它与睡眠相联系，认为它是转变了的意识的另一种特殊状态，然而脑电波研究发现催眠状态下的脑电波形态与清醒下的完全相同，对此不予支持。于是巴伯尔（Theodore Barber，1979）和斯潘诺斯（Nicholas Spannos，1986）等人提出了角色扮演理论，认为催眠产生于被试者在催眠者的诱导下过度合作地扮演了另外一个角色；并且指出，是被试者角色的期待和情景因素，引导他们以高度合作的态度做出了某些动作。这一观点认为，催眠并不神秘或奇怪，它的作用只是反映了催眠师和被催眠者之间的一种特殊关系。一般来说，被催眠的人事先对催眠有一定的了解，知道催眠后会发生什么。在催眠中他们只是扮演了一个特殊的社会角色——被催眠的人。这个角色意味着无条件地接受催眠师的指挥。由于角色的要求，被催眠的人进入催眠状态后，就倾向于顺从催眠师的指示，做出特定的行为或产生特定的感受。被催眠的人并不是在故意欺骗别人，他们的确相信自己在经历另外一种意识状态，在这种状态下，除了顺从催眠师的指示外别无选择。

2. 催眠是意识的分离（dissociation in consciousness）　很多学者坚持催眠是意识的另一种状态，而不是角色扮演，因为即使最合作的被试者也不同意在不给麻醉药的条件下进行手术。根据实验结果，斯坦福大学教授希尔加德（1992）提出催眠的意识分离理论，认为催眠将心理过程分离为两个同时进行活动的层面。第一个层面为接受暗示以后所经历的意识活动，性质可能是扭曲的；第二个层面是被掩蔽的，当时难于觉察的意识经验，但其性质是比较真实的，希尔加德称之为"隐蔽观察者"。意识分离是生活中一种经常出现的正常体验。例如，长途驾驶的人对交通信号和其他车辆做出了一系列反应但多不能回忆，就是由于当时意识明显地分离为驾驶汽车与个人思考两部分了。正是由于隐蔽观察者的存在，人在催眠状态下也不会完全接受暗示而失去自我。

这种观点认为，人的意识有执行和监督两种基本功能：执行功能可以使我们控制和规范自己的行为；监督功能可以使我们观察自己的行为。在正常情况下，意识的这两种功能是连在一起的，但是催眠可以使两种功能之间的联系断开。通过分离两种意识的基本功能，可以达到催眠的效果。在催眠条件下，个体进入一种特殊的意识状态，其执行功能正常，并接受催眠师的指令，但监督功能不起作用。

最近有人认为，催眠不一定使意识分离，它只是弱化了意识对行为的监控，因而使意识执行的功能超过了意识的其他方面，执行功能自动地执行了催眠师的指示，没有以个体的正常认知功能做中介。

（五）催眠的应用

现在催眠已被广泛地应用于心理治疗、医学、犯罪侦查和运动等方面。在心理治疗方面，催眠曾用于治疗酗酒、梦游症、自杀倾向、过量饮食、吸烟等。但是除非患者的动机极强，催眠一般不会立即获得明显效果。如果配合其他的心理治疗，催眠的效果会更好。

二、白日梦与幻想

"白日梦"（day dream）历来被认为是个贬义词，常常和好吃懒做挂钩。因此，一旦被贴上爱做白日梦的标签，一个人的品行往往遭到非议。然而，最近越来越多的人开始为白日梦正名,认为白日梦不仅让人有一时之快,而且还有利于人更好地规划未来的生活。

每个人都有精力不集中、思想开小差的时候。例如,上课时,根本没有听到老师讲什么,满脑子是刚看过的武侠小说的情节。又例如,正在做数学作业时,突然走神了,想起昨天发生的一件事情,随之思绪万千,沉浸于想象之中,这种现象通常称为"白日梦",程度较为严重时成为幻想(fantasy)。研究表明,每个人都有过白日梦的经历。在心理学家看来,"白日梦"就是人在清醒状态下出现的、带有幻想情节的心理活动。例如,在工作间歇,幻想自己中了大奖,或正在向往已久的某地旅游。心理学认为,"白日梦"是指在非睡眠状态下产生的一种高度自我的超越现实的冲破时空界限的幻想活动。在心理学上,"白日梦"就是幻想,也雅称"遐思",是心理防御机制的一个表现,做"白日梦"的人,可以通过幻想来满足自己受到挫折后没有得到满足的心理。"灰姑娘的故事、自我陶醉等,都是对这个心理防御机制的生动写照。"

"白日梦"是个很普遍的现象,当人沉迷于幻想或空想时,就会暂时远离现实世界,形成了一种如做梦般的陶醉状态。"白日梦"是幻想的产物,"白日梦"者心有所思,而目无所视,尽管做"白日梦"者仿佛看到了参加某项活动的每个细节,然而这些都是想出来的。

"白日梦"和梦是不是一回事,梦境中的情节通常较为零散、杂乱,跳跃性很大,逻辑性不强,甚至荒诞可笑,一个梦虽然可以重复出现,但持续时间并不可能非常长。而"白日梦"虽然内容各异,命运不同,但总的来说,逻辑性要强得多。有些"白日梦"经过短暂的时间后便被另一种新的幻想所代替,有些"白日梦"就像长篇故事一样,与时并进反复,仿佛贴上了"日期标签",随时间而改变,随着人生的情境而改变,而这些却是梦所鞭长莫及的。

"白日梦"之所以称为梦,也许是因其和实际情境的关系犹如梦一般,也许是因为其内容也有与梦相似的心理特征。然而名同实不同,"白日梦"称为梦,确有其牵强之处。做梦乃睡眠周期的最后一个阶段,几乎处于一种无意识状态,而"白日梦"并非睡眠的一部分,而经常出现在睡前的迷糊状态,此时健康的"白日梦"者尚有意识存在,意志仍在支配着幻想的进程;梦境的主人公可以是自己、亲朋、陌生人,甚至是一些乱七八糟的怪物,而"白日梦"的主角却往往是梦者本身,或直接出现,或暗中以他人作为自己的写照,这些都是梦与"白日梦"的区别。

在弗洛伊德看来,做梦的又一大特性是愿望的实现,就此点而言,"白日梦"简直有过之而无不及,因为"白日梦"的内容直接受到明显的动机的支配。"白日梦"里的情境或事件,都是用来满足做"白日梦"者的某种野心或欲望,包括性欲、情欲、权力欲、自私野心等。年轻的男性,大多数做野心的幻想或宣泄占有的欲望,而年轻女性则集中于恋爱的成功、各种英雄事迹或功业成就等,并以此幻想博得异性的青睐及同性的赞美和爱慕。可以说,"白日梦"满足愿望的趋势比做梦还要强烈。

幻想是一种特殊形式的创造性想象,是指向未来并和人们的愿望相结合的想象,如科学幻想、宗教幻想、童话幻想等。幻想有两种,积极的幻想与消极的幻想。积极的幻想是基本上符合现实生活发展要求的想象,它能够激励人们向往未来,克服前进中的困难,对人的工作与生活有积极意义和推动作用。列宁说:"幻想是极其可贵的品质"(《列宁全集》第33卷,人民出版社1957年版,第282页),就是指这种积极性质的幻想。消极的幻想是不切合实际的想象,它脱离现实,甚至歪曲现实,往往被一些不敢正视现实,缺乏足够勇气来克服前进中的困难的人们用来代替实际行动。他们整日沉溺于这种空幻的、不着边际的想象之中,借以求得感情上的虚假的满足。这种幻想不仅不能推动人们去进行艰苦的创造性劳动,反而会使意志消沉,空虚感伤。宗教幻想就是自然力量和社会力量在人们头脑中歪曲、虚幻的反映。整日沉溺于宗教幻想的人,犹如精神上注射了麻醉剂,脱离现实生活,不能很好地积极参加现实的建设活动。

青年人最富于幻想。他们憧憬美好的未来生活,对于未来的事业、友谊、爱情、幸福等充满了五彩缤纷的幻想。如果这些幻想是高尚的、切合实际的,那就会成为他们朝着正确方向大步前进的鼓舞力量。对于这样的幻想,做教师和家长的不要反对或干涉,而应多加鼓励和引导,让他们的个人理想和民族、国家宏伟远大的理想目标有机地相互结合起来。这样做,就可以把他们的由个人的理想与志趣所激发出来的积极力量,纳入正确轨道。因此,教师或家长不要一听到青年人眉飞色舞地谈起他们乍听起来好像是"脱离现实"的幻想时,就责怪他们,或者感到忧虑困惑。苏联教育家加里宁说过:"无论哪个时代,青年的特点总是怀抱着各种理想和幻想,这并不是什么毛病,而是一种宝贵的品质。"凡是一个意志热烈和思想健全的人,决不能没有幻想。然而这种品质往往在上年纪的人中,要发展得更加厉害。

第五节 超觉静坐

静坐源于印度,是古印度高僧日常修行的一种方法。印度裔物理学家玛哈里施把印度古老的健身养性之术——瑜伽功,同现代物理学中的统一场论结合起来,创立了一种全新的静坐法——超觉静坐。他认为此法有促进智慧、健康,改善行为,增强主动性及生产力等效应。欧美一些学者利用现代科学手段对此功法做实验分析。他们着眼于超觉静坐引起的人体生理状态的变化,对练功时人体生理、生化参数的改变,做了比较系统的观测。结果证明:练此法时会引起人的脑电活动、内分泌情况、免疫系统功能等多方面有利于改善自身素质的变化;大脑皮质的功能状态明显不同于常态,而是进入了既不同于清醒态、睡眠态,也不同于催眠态的一种新的更加有序的稳态——超常稳态,耗氧量明显下降。这不仅为气功态的确立提供了有力的证据,并进一步证明气功态是一种高效能的功能态。

超觉静坐的一般姿势是盘膝坐下,双手放在膝上。这需要一定的柔韧性。身体不便的朋友也可以选择"长跪"——即跪在床或者垫子上,臀部坐在自己的脚后跟上。如果身体衰弱,不适应盘坐或长跪,也可以呈大字形仰面躺下。佛教密宗里有个"大摊尸法",便是让身体摆成大字形躺在地上,意想自己从高处摔落在这里,身体四分五裂,无法动弹。这也是一个放松的方式。不过躺着练习容易睡着,而超觉静坐虽然也要求无欲无想,但必须精神集中,不等于睡觉。然后,练习者闭上眼睛,这样便隔断了80%的信息输入渠道。有些教师提供更全面的"感觉屏蔽法":双手十指伸出,两侧大拇指塞住耳朵,中指盖住眼皮。不过这样做手臂容易疲劳。在心理学实验室里,有完备的感觉剥夺实验设备:护目镜挡眼,棉手套和卡片纸护腕剥夺手指触觉,特制的"U形枕头"挡住耳朵。后来甚至发展到用特制的浴缸,将被试泡在温度等于体温的水中,连温度觉也要剥夺。平常个人练习不用搞得这么彻底。只要隔离了视觉和听觉,人体95%的信息渠道就被封闭了。排除外部刺激后,接下来便是调整呼吸。呼吸是与情绪密切相关的生理活动。你可以试试连续猛吸十口气,马上就会觉得心浮气躁。同理,深长稳定的呼吸也是让心情沉静下来的主要方法。中国气功提倡的"腹式呼吸"便是这样一种呼吸法:吸气时让腹部而不是胸部扩张。

超觉静坐的呼吸以深、长、慢为主。同时,练习者要让自己从头到脚逐渐放松下来。比如,意想有温水从头淋下,逐渐到脚。这样伴随深呼吸,练习者就进入比较深沉的放松状态。

接下来是调控自己的意识,要让自己脑子尽可能什么都不想。任何观念都附带着情绪色彩。什么也不想,自然就什么情绪也没有了。当然,在清醒状态下人不可能彻底实现这个目标,只是尽可能地去接近这个目标。所以不能强迫自己去"不想"。越是强迫自己什么也不想,越是心浮气躁,杂乱意念越是袭击你的头脑。正确原则是"来者不拒、去者不留"。脑子里出现什么念头不要刻意压制,慢慢它们就不存在了。

"超觉静坐"的效果是什么呢? 它是一种情绪调节术,甚至称得上是最基本的情绪调节术。现实生活中,人们可以系统地学习某些知识和技能,但对自身情绪状态则放任自流。偶尔有一些控制行为,如"制怒"、"忍耐"等,不仅不系统,而且属于强行压抑。甚至,不少人习惯用恶性刺激,如酒、高分贝的音乐来激发自己的情绪,令它被动地处在兴奋状态。这是对情绪的损伤行为。这些人为兴奋过去后,会沉陷入更深刻的抑郁中。

"超觉静坐"被认为是一种能使人增加能量、降低应激水平、有益身心健康的一种锻炼方法。从生理变化上看,"超觉静坐"与醒觉、睡眠、梦和催眠状态不同。习练后,人的紧张水平会降低,心率变慢,血压下降,耗氧量减少,脑电图中α波增多。有的人认为从事20min的习练所体验到的好处胜过一次深度睡眠,它具有重新产生力量并保护身体免受消耗的作用,给人的感觉是一种愉快的、无忧无虑的放松状态。但是极端焦虑、抑郁及某些精神病患者,不适宜进行这种训练。

参考资料3-1 睡眠中的警戒点

在战争年代,我偶然遇见一位医生,他在经历好几个不眠之夜后沉沉睡去。这时又有一群伤病来到,需要立即治疗,但人们无论怎样都叫不醒这位医生。于是我用柔和而清晰的嗓音在他耳边低声说:"大夫,重伤员到了,需要你急救。"医生立即就醒来了。

这可以做如下解释:人们起先试图喊醒他,是对他的大脑深处的抑制部分发生作用,而我喊叫的是他的"警戒点",即那个即使在酣睡中也醒着的、不受抑制或受微弱抑制的部分。"警戒点"的细胞,并不是完全抑制的,而是处于"反常相"。他们对于弱的刺激比对强的刺激更敏锐。因此,我用低的声音叫醒了医生。

此外,动物也有警戒点。马是站着睡眠的,蝙蝠低垂着头睡觉却并不坠落,而章鱼睡眠时总有一条腿醒着"值班"。

资料来源:苏柯柯普拉图诺夫. 趣味心理学. 长春:吉林人民出版社,1984.

思 考 题

1. 什么是意识? 意识有哪些不同的状态? 他们之间有哪些不同?
2. 什么是注意? 注意有哪些功能?
3. 人的睡眠可以分为哪几个阶段? 各个阶段有哪些特点?

第四章 感觉和知觉

你是否曾经想知道你的大脑——处在黑暗的、寂静的头骨中——是如何感受梵高的作品中耀眼的色彩,开车时听到的摇滚乐的曲调和节奏,酷暑中西瓜的爽口,儿童亲吻的温柔接触,或者是春天野花的芬芳?这一章的任务就是要解释人们身体和大脑如何对围绕在我们周围的刺激——视觉、声音等产生感觉的。你将会了解体验不同维度的能力是如何掌握和发展的,你将会发现你早已习以为常的感觉所涉及的错综复杂的机制。

第一节 感觉和知觉的概述

一、感觉和知觉的概念

感觉是人脑对直接作用于感觉器官的事物的个别属性的认识。例如,看到颜色,听到声音,闻到气味,感到温暖等。世界上任何事物都有许多个别属性。颜色、声音、香味等都是事物某一方面的个别属性,当直接作用于眼睛、耳朵、鼻子等感觉器官时,就引起相应的视觉、听觉、嗅觉、肤觉等。

知觉是人脑对直接作用于感觉器官的客观事物的各个部分和属性的整体的反映。例如,看到一个苹果,听到一首乐曲,闻到一种花的芳香等,这些都是知觉现象。

感觉和知觉在日常生活中是密切联系着的。感觉是知觉的基础,没有感觉就没有知觉。知觉是多种感觉的有机结合,感觉越多样,知觉越丰富越完整。但它不是个别感觉成分的简单总和。知觉包含了按一定方式来整合个别感觉成分的作用,形成一定的结构,并根据个体的经验来解释由感觉提供的信息。它比个别感觉的简单相加要复杂得多,也丰富得多。

感觉也不能脱离知觉而孤立存在。红色作为事物的个别属性绝不能脱离苹果、花朵、衣服等整体事物而被人看见,红色总是某种具体事物的红色。香气作为事物的个别属性绝不能脱离食物、鲜花等整体事物而被人嗅到,香气总是某种具体事物的香气。日常生活中,当我们感觉到事物个别属性时,就同时知觉到具体事物的整体。任何整个事物及其个别属性都是密切联系的。知觉与感觉也是密不可分的,所以统称感知。

二、感觉的种类

根据感觉器官在机体的不同部位和接受刺激的特点不同,把人的感觉分成两类:即外部感觉和内部感觉。外部感觉包括视觉、听觉、嗅觉、味觉和皮肤感觉。内部感觉包括机体觉、平衡觉和运动觉等。

(一) 外部感觉

外界事物刺激体表感受器所产生的感觉称为外部感觉,它们反映的是外界环境中的对象与现象的特征。

1. 视觉 是可见光波刺激视分析器所产生的感觉。视觉的适宜刺激物的波长是380~760mμm的电磁波,也称可见光波。可见光波只占电磁波范围的1/70。380mμm以下的紫外线,760mμm以上的红外线,人的眼睛都不能感觉到。视觉中的色调、明度、饱和度,是由光波的物理性质决定的。

视觉现象主要包括视觉后像和闪光融合、颜色视觉、视敏度。

视觉后像和闪光融合:作用感受器的刺激停止以后,感觉并不立刻消失,还能保留一个短暂的时间,这种暂时保留的感觉印象称后像。后像在视觉中表现特别明显。例如,我们看电影电视就是依靠后像,后像可以使断续的刺激引起连续的感觉。但是引起连续感觉的刺激频率必须达到一定界限。刚刚引起人连续感觉的最小频率称临界频率。临界频率所引起的心理效应是闪光融合现象。它是指断续的光刺激达到临界频率时看到的不再是闪光而是融合的不闪的光。

颜色视觉:是由不同波长的光波决定的,人眼大约可以分辨150多种光波。因而产生多种多样的彩色感觉,其中主要有红、橙、黄、绿、青、蓝、紫等七种彩色感觉。日常人们看见的都是由不同波长的光线混合起来的光。

视敏度:指视觉分辨物体细节的能力(即临床医学上称的视力)。视敏度的基本特征在于辨别两点之间距离的大小。分辨两点之间的距离越小,即视角越小表明视敏度高,视力好。通常用"C"或"E"形视标测定视敏度。

视觉在人类的感觉世界中占主导地位,不仅人类的绝大多数(80%以上)信息通过视觉得到的,而且当视觉信息与其他同时传入的信息相互矛盾时,人大多数根据视觉信息做出反应,其他的信息则被撇在一边不予理会。

2. 听觉 是声波作用听分析器所产生的感觉。人的听觉是仅次于视觉的一种重要的感觉。人类的语言及其他所有与声音有关的信息都是靠听觉获得的。引起听觉的适宜刺激是20~20 000Hz的声波。低于20Hz的次声和高于20 000Hz的超声,人耳都不能听见。40岁以上的人的听力上限通常降至12 000Hz。人最敏感的声波频率为1000~4000Hz。

人所听到的音高、音强、音色,都是由声波的频率、振幅与波形等物理特性所决定的。频率高的声音,使人听到的是高音;频率低的声音,使人听到的是低音。振幅大的声音,使人感到是强音;振幅小的声音,使人感到是弱音。不同物体(如各种乐器)发出的不同波形,使人听到不同的音色。

3. 肤觉(皮肤感觉) 皮肤感觉包括触压觉、温度觉(冷觉和热觉)和痛觉等,这几种感觉常常混在一起,在感觉上将它们严格地区分开来是相当困难的。它们的感受器呈点状不均匀地分布于全身。在体表的同一部位,痛点最多,压点其次,温点最少,从全身来看,各种感觉点的分布也各不相同。鼻尖的压点、冷点和温点最多,胸部的痛点最多。

触压觉的敏感部位是舌尖、唇部和手指等处较高,而背部、腿部和手背等处较不敏感。触压觉对人类生存尤为重要。假若一个人没有触压觉,将既不会站,也不会坐,甚至食物放在口中也不能吞咽,是无法生存下去的。

温度觉包括冷觉、温觉和热觉,刺激温度的范围是-10~60℃,超过这个范围不产生温度觉,而会引起痛觉。由于皮肤表面温度是32℃左右,故32℃左右的温度刺激不产生冷或热的感觉,这个温度称为生理零点。温度觉可以调节体温适应环境。

痛觉的感受器除了皮肤上的痛点外,几乎遍布于身体的所有组织中。痛觉是对机体的一种保护性的功能。

4. 嗅觉和味觉 嗅觉的刺激物是空气中散布的或挥发性的化学物质。它们主要通过鼻腔,同时也能通过口腔后部传入到位于鼻腔上部的嗅觉细胞,然后经嗅神经直接传入大脑。据估计人的嗅觉感受细胞有1000万个;而德国牧羊犬则有22 400万个嗅觉感受细胞。嗅觉对动物维持生命、相互交往有重要意义。对于人类,由于视觉和听觉的发展,嗅觉似乎不甚重要了。科学家们也至今尚未对人类嗅觉做出科学的分类。

味觉是指辨别物体味道的感觉,它的适宜刺激是溶于水的化学元素物质。味觉的感受器是味蕾,基本的味觉有酸、甜、苦、咸四种,舌尖感觉甜,舌的两侧感觉酸,舌根感觉苦,舌两侧前部对咸最敏感。人对味的偏爱往往受水土气候及生活条件的影响,俗有"南甜、北咸、东辣(蒜、葱)、西酸"之说。

嗅觉和味觉都是对化学物质进行反应,并且二者经常联系起来共同发挥作用。通常说某种菜肴味道好,主要是嗅觉在起作用。当你感冒严重时嗅觉失灵,再好的菜肴对你也会失去味道了。因此,有时也将嗅觉与味觉视为一个感觉系统的两个成分,合称味道觉。

> **参考资料4-1 为什么"辣"的食物会产生痛觉?**
>
> 你曾近有过这样的经历吗?你正在一家中国货墨西哥餐馆中吃一道很辣的菜,突然不小心咬到了一只红辣椒。此时你的感觉从享受变成了强烈的痛。如果这种情况曾经发生你就会知道,在味觉王国里,产生享受和疼痛的事物之间有一条清晰的界限。接下来就让我们探讨它们之间的关系。
>
> 从生理学的角度很容易解释为什么辣椒会产生疼痛。在你的舌头上,味蕾与伤害性疼痛纤维是相连的。因此,能够刺激味蕾感受器的相同的化学物质也会刺激相连的痛觉纤维。对于辣椒,这种化学物质就是辣椒素。如果你想享受一餐辛辣的美味,你就必须将食物中辣椒素的浓度控制得足够低,这样你的味觉感受器才会比痛觉感受器更活跃。
>
> 但你可能会很奇怪,为什么不同的人对于辣味食物的偏好有如此大的差异?人们通常很难理解为什么他们的朋友能或不能吃很辣的事物。我们仍可以从生理学的角度来解释这种差异,巴尔托舒克和他的同事进行两个个案研究舌头照片,如果味蕾细胞多,那么痛觉感受器也多,因此味蕾细胞多的人很容易对来自辣椒素的强烈疼痛做出反应。

(二) 内部感觉

内部感觉是指感受内部刺激,反映机体内部变化的感觉。它主要包括机体觉、平衡觉和运动觉三类。

机体觉是有机体内部环境变化,作用于内脏感觉器官而产生的内脏器官活动状态的感觉,也称内脏感觉。其感受器分布于各脏器壁内。它可将内脏的活动及其变化的信息,经传入神经,传向中枢。机体觉一般包括饿、饱、渴、痛、恶心、便意感觉等。一般情况下,人的内脏活动不为人所意识,也不受人的随意支配。只有在生理节律发生超乎常态或处于病理状态下,才能产生明显的感觉,而且常常带有不适感。机体觉有保护性功能。

平衡觉是有机体在做直线加减速运动或旋转运动时,能保持身体平衡并知道其方位的一种感觉。其感受器是内耳前庭器官。前庭器官同内脏有密切联系,在前庭器官发生超强兴奋的时候,会发生晕船或晕车病。失去平衡觉的人最初会难以调整姿势,易摔倒,还可能感到眩晕。平衡觉对保持身体平衡有重要作用。

运动觉是反映身体运动和位置状态的感觉,也称本体感觉。其感受器位于肌肉、肌腱和关节中。人一般不能直接觉察到动觉信息,但是对于优秀的运动员来说,他们对身体肌肉、肌腱和关节的运动十分敏感,他们对运动速度、动作准确度的估量和稳定性有精细的自我感受。运动觉敏感是运动员和舞蹈演员、杂技演员选拔的重要条件之一。运动觉是人从事正常活动的保证。

三、知觉的种类

（一）物体知觉

以物质或物质现象为知觉对象的知觉称物体知觉。包括空间知觉、时间知觉和运动知觉。

1. 空间知觉 是物体的空间特性在人脑中的反映。空间知觉也是后天通过学习获得的。它是由视觉、触摸觉、动觉等多种感觉系统协同活动的结果,其中视觉起着重要的作用。空间知觉主要包括有以下几种。

（1）形状知觉：指对物体形状特征的反映,靠视觉、触摸觉和动觉来判断物体的形状。

（2）大小知觉：判断物体的大小,主要靠视觉,并得到触摸觉和动觉的支持。

（3）深度知觉：包括判断观察者到物体的绝对距离,即距离知觉,又包括判断一个物体不同部分之间的相对距离,即立体知觉。深度知觉也依赖于视觉、触摸觉和动觉来加以判断。

（4）方位知觉：指对空间方向、位置等属性的反映。依靠视、听、触、动、平衡觉等协同活动,来判别物体所处方位。

实际生活中,空间知觉是各种感觉器官协同活动的结果,依赖于经验中的触摸觉、动觉等的验证。

> **参考资料 4-2 方向感与性格**
>
> 性格是个人在其生活上对人、对事、对己以至对其环境适应时,在行为上所显示的特征。方向感与性格关系的研究,是近年来心理学家感兴趣的新问题之一。
>
> 方向感与性格的研究,最初源于知觉判断的心理实验。此类实验的设计,称为直棒与方框测验。在缺乏其他参照线索的情境下,受试者面对一个倾斜的方框,方框内有一倾斜的直棒。受试者要做的是：只凭其知觉,将方框中的直棒竖立,使之与地面垂直。结果发现：在受试者群中,按其不同反应方式,可归属两种类型。一类受试者的反应方式,显示他们只凭其内在的平衡觉,对直棒做角度的调整,不受外围方框影响。研究者称此类受试者为场地独立型。另一类受试者的反应方式,显示他们的判断,并非靠独立的内在线索,而是受外在刺激干扰的影响,研究者称此类为场地依赖性。
>
> 场地依赖型的人,在性格上倾向于：遇到暧昧情境时,喜欢寻求社会的帮助；在生活上重视别人的意见；对别人感兴趣；容易懂感情；喜欢社交活动；较易接受团体的决议。属于场地独立型的人,在性格上倾向于：喜欢独来独往；在生活上不太注意别人的意见；对社交活动不感兴趣；不轻易动感情。在职业性向上偏好于人事少有关联的工作。

2. 时间知觉 是对客观现象的延续性和顺序性的反映。人们可以依靠时钟和日历来判断时间,也可以根据自然界的周期现象,如昼夜的循环交替、月亮的亏盈、季节的变化等来估计时间。但是,在没有上述条件的情况下,人也能大致地估计时间。这是因为人体内的一切物理变化和化学变化都是有节律的,这些节律性的变化就是"生物钟"的机制。对于时间长度的估计,1s左右最为精确,短于1s时容易产生高估的现象,长于1s时容易产生低估的现象。对时间的估计受刺激的物理特性及主体的态度、注意等影响较大。情绪和态度对于时间的估计也有很大的影响。

时间知觉是在人的生活和活动过程中发展起来的。某些实践活动要求有精确的时间知觉的能力,如跳伞运动员要在跳出飞机之后20s准时开伞,若误差超过1s便失去了获胜的机会。香港回归时,中国仪仗兵要在45s准时将国旗升到8米高的旗杆上,时间及高度均不允许有误差。跳伞运动员及仪仗兵经过练习之后,可以借助口头计数或其他方法的帮助准确地估计时间。

3. 运动知觉 这是人脑对物体空间移动和移动速度的知觉,运动知觉跟空间知觉及时间知觉有不可分割的关系,它依赖于对象运行的速度,对象距观察者的距离,以及观察者本身所处的运动或静止的状态。运动知觉十分复杂,实际运动的物体可以被知觉为不动的,非常慢的运动不能被直接看见,人只能凭借间接的标志判断慢速的运动。实际不动的物体也可以因运动错觉被知觉为运动的,如电影和霓虹灯的运动。

对象距观察者的距离直接影响着运动速度的知觉,对象距离远看起来速度慢;对象距离近看起来速度快。

（二）社会知觉

以社会生活中的人为知觉对象的知觉称社会知觉,亦称对人认知。它包括对别人的知觉、人际知觉和自我知觉。正确地认识他人(即社会知觉)是我们搞好教育和教学工作的前提条件。

1. 社会知觉的种类

（1）对别人的知觉:主要是指通过对别人外部特征的知觉,进而取得对他们的动机、感情、意图等的认识。俗话说,"听其言、观其行而知其人"。这就是说,我们认识一个人要根据他的言论和行动。其实,这里所说的行动,从心理学上来看,不仅是行为举止,也包括人的面部表情、身体的姿势及眼神等。

对别人的知觉依赖于许多因素,但概括地说,包括两个方面:第一是知觉对象的外部特征,它包括一个人的仪表、风度、言谈和举止等;第二是知觉的组织结构,所谓知觉的组织结构是指内部特征的影响,也受知觉者本人的知觉组织结构的影响。

（2）人际知觉:是对人与人之间关系的知觉。人际知觉的主要特点在于有明显的情感因素参与知觉过程。人们不仅相互感知,而且会彼此形成一定的态度。在这种态度的基础上会产生各种各样的情感。例如,对某些人反感,对另一些人同情,对第三种人喜爱等。在人际知觉过程中产生的情感决定于多种因素。例如,人们彼此之间接近的程度、交往的多少、彼此相似的程度等都对人际知觉过程中的情感产生很大影响。一般来说,人们越是彼此接近、交往频繁,有较多的相似之处,就越是会产生友谊、同情和好感。

（3）自我知觉:是指一个人通过对自己行为的观察面对自己心理状态的认识。人不仅在知觉别人时要通过其外部特征来认识其内部的心理状态;同样也要这样来认识自己的行为动机、意图等。当然,一个人观察别人与观察自己是有区别的。这种区别在于:①人们观察自己时所掌握的信息要比观察别人时更多。例如,一个人虽然学习成绩并不太好,但却做了最大的努力,这在自己看来是心中有数的。但如果别人观察他的行为就不一定能够了解;②观察自己与观察别人有熟悉和陌生的区别。对自己行为的知觉比对别人更熟悉,这是因为自己的知识、经验和过去的经历要比对别人知道的更多些;③观察者与被观察者的区别。在知觉别人时,自己是观察者,别人是被观察者,而在自我知觉时,自己既是观察者又是被观察者。

尽管自我知觉与对别人的知觉有上述区别,但这并不是说自我知觉一定比对别人的知觉更正确。

2. 社会知觉的各种偏差 做好教育和教学工作,特别忌讳对学生的片面认识。然而,在现实生活中,出于受到各方面条件的限制而不能全面地看问题,往往造成对学生的认知的偏差,以致做出错误的推测、判断和评价。在社会知觉方面的偏差包括以下内容。

(1) 首因效应:首因即最先的印象。在人对人的知觉过程中,给人留下的第一个印象是至关重要的因素。如果一个人在初次见面时给人留下了良好的印象,就会影响人们对他以后一系列行为的解释,反之也如此,尽管这些印象有时是不全面、不真实的。

心理学中曾经做过一个实验。给两组大学生看一个人的照片。在看这张照片之前,对一组大学生说,照片上的人是一个屡教不改的罪犯,对另一组大学生说,照片上的人是一位著名的学者。然后,让这两组大学生分别从这个人的外貌来说明他的性格特征。结果对同一张照片做出了截然不同的解释。第一组大学生说,深陷的目光里隐藏着险恶,高耸的额头表明死不改悔的决心。第二组大学生说,深沉的目光表明他思想的深刻性,高耸的额头表明了在科学道路的探索上无坚不摧的坚强意志。这一实验充分说明了第一个印象对于社会知觉的重要影响。

(2) 晕轮效应:是指当对一个人某些特性形成好或坏的印象之后。人们就倾向于据此推论其他方面的特性。好像明亮的月光使周围的星星黯然失色一样,一个突出的特征掩盖了其他特征。所谓"一好百好"、"一坏百坏"。晕轮效应往往在判断一个人的道德品质或性格特征时表现得最明显。

美国社会心理学家阿希用实验证明了晕轮效应。他给被试者看一张列有五种品质的表格(聪明、灵巧、勤奋、坚定、热情),要求被试者想象一个具有这五种品质的人。被试者普遍把具有这五种品质的人想象为一个理想的友善的人。然后,他把这张表格中的热情换为冷酷,再要求被试者根据这五种品质(聪明、勤奋、坚定、冷酷、灵巧),想象出一个适合的人。结果发现,被试者普遍推翻了原形象,而产生了一个完全不同的形象。这表明,热情-冷酷的品质起着晕轮作用,影响了对一个人的总体印象。

(3) 刻板印象:是指对某个群体形成一种概括而固定的看法后,会据此去推断这个群体的每个成员的特征。生活在同一地域或同一文化背景的人们,常常表现出许多相似性,如同一民族、同一职业、同一年龄段的人,在思想行为上也比较接近。例如,人们认为医生是人道的;会计总是精打细算、斤斤计较的;工人总是身强力壮、性情豪爽的;山东人是豪爽的;上海人是精明的等。这些特点被概括化、固定化以后,人们便据此去推断每一位医生、会计、工人,或者山东人、上海人,于是产生了刻板印象和偏见。

(4) 近因效应:是指最后给人留下的印象有强烈的影响。为了说明近因效应,曾进行了一项实验。向两组大学生介绍一个陌生人。对第一组先讲述这个人的外倾特征,中间插入一段其他的作业,如让学生作一些不太复杂的数学习题。再讲述他的内倾特征。对第二组,先讲述他的内倾特征,中间插入一段其他的作业,再讲述他的外倾特征。然后,让这两学生分别想象出对这个陌生人的印象。在这种情况下,后半部描述的特征会使学生留下深刻的印象。这就是近因效应在起作用。

心理学的研究证明,近因效应在人的社会知觉中起重要作用,特别是在感知熟悉的人时,如果在熟悉的人的行为上出现某种新异的表现,近因效应起更大的作用。

(三) 错觉

错觉是在客观事物刺激作用下产生的对刺激的主观歪曲的知觉。错觉产生的原因一般认为有主客观两个方面。客观上是由于客观环境的变化引起的,主观上,往往与过去经验、习惯、定势、情绪等心理或生理因素有关。

错觉现象是普遍存在的,在各种知觉中都可以发生。

1. 视错觉　在某些视觉因素干扰下而产生的错觉,在视错觉中又以几何图形的错觉最为突出,包括关于线条的长度和方向的错觉,图形的大小和形状的错觉等(图4-1)。

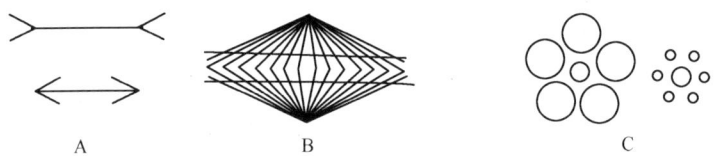

图 4-1　视错觉

A. 图中等长的两横线看起来上长下短;B. 图中两横线本来是平行的,但看起来却不是平行的;C. 图中两个中心等圆看起来右面的显得大了点

2. 形重错觉　由于视觉而对重量感发生错觉,如用手比较一公斤铁和一公斤棉花,总会觉得一公斤铁重些。这是受经验定势的影响,由视觉而影响到肌肉的错觉。

3. 时间错觉　在某种情况下,同样长短的时间会发生不同的估计错觉,觉得有快有慢。时间错觉受态度情绪影响很大。

4. 方位错觉　在一个会场里听报告,我们所听到的声音分明是从旁边的扩音器里传来的,但我们总觉得它是从讲话者那里传来的。飞行员在海面飞行时,由于海天一色,很可能产生倒飞错觉。如果此时没有仪表的帮助,是很危险的。

错觉是人们知觉事物的特殊情况,我们不能因此认为人们不能正确认识客观事物。我们可以通过实践检验来纠正错觉,从而正确地知觉客观事物。研究错觉产生的规律性,不仅对于帮助人们正确认识事物具有重要意义,而且对于军事活动、艺术活动也有重要作用;古代军事上的"声东击西"、"草船借箭",都是为了给对方造成错觉,迷惑对方;在日常生活中利用错觉的例子也是很多的。例如,体型粗胖的人,穿上黑色或直条图案的衣服,可以在视觉上起到收缩粗胖体型的作用。身型瘦高的人,穿上横条图案或浅色衣服,会使身段显得丰满些。造型艺术和电影特技也都注意运用错觉的规律。

参考资料 4-3　法国的国旗

大家知道,法兰西共和国的国旗是由蓝、白、红三条色带组成的。这三条色带,人们看上去,显得非常自然、匀称。一般总以为这三色带是宽窄一致的,其实,它们的宽度并不相等。蓝、白、红之比为30∶33∶37。据说,最初的法国国旗是按蓝、白、红三色同样宽窄的尺寸做成的。可是旗做好后,看上去总觉得红色条带没有蓝色条带宽,这完全是一种错觉。后来,为了克服这种错觉,才把蓝色条带缩窄,把红色条带加宽。

（四）超感知觉

所谓超感知觉是指不凭感觉器官即可获得知觉经验的特异现象。例如，有人讲他能"读"出他人头脑内的思想，或"看"到他人的未来。这种所谓的特异功能 100 年来吸引了许多人去幻想，以致于近乎迷信的地步，至今还在西方流行。同时，它也受到科学家们的严厉批判。批判超感知觉的首要问题在于它是否真实存在。为了证明这一点，重要的是排除其他感觉起作用的可能，于是出现了"隔纸认字"（例如，说出在密封的信袋中的一张牌的号码和花色）、"心电感应"（俗称传心术，指两人之间不需要可见的人和工具或方法就能直接传达信息）、"意念搬运"（指单靠意念就可以搬运物体或是物体发生形变的功能）等特异功能的表演。这类表演有时成功，但多数不能保证能够重复；又由于有些表演者使用一些技巧去加强效果，而被识破只能被证明为是魔术或骗局，因此虽然已有科学家指出用手持带色物体时，不同颜色反射出的热量不同，温度感觉灵敏的人有可能区别这种细微差别。但总的来说情况复杂。承认超感知觉还有待于进一步的科学证明。

四、感知在认知过程中的作用

感知觉是最简单的心理现象，它所反映的是直接作用于分析器事物的个别属性和事物各部分的关系和整体。这种反映虽然只是认识事物的起点，但它却是外界事物进入人类意识的唯一通道，没有这种通道，人的心理、意识就难以产生。列宁指出"不通过感觉，我们就不能知道实物的任何形式，也不能知道运动的任何形式……"由此可见，感觉和知觉对人具有重要的意义。

首先，感知是构成认识的基础。尽管感知是简单认识，但却是认识内部与外部世界的基础，没有对事物的个别属性的整体的认识，就没有信息储存于脑，也就没有理由性的加工。

其次，感知是各种心理活动的基础。没有感知就没有认识，也不可能能对事物发生情感和采取意志行动。感觉隔离或剥夺的实验很好地说明了这个问题。加拿大心理学家赫布、贝克斯顿等，于 1954 年进行了第一个感觉剥夺实验。实验过程中让被试分别进入专设的黑暗隔音的屋子里，室内非常安静，听不到一点声音；一片漆黑，看不见任何东西；为了尽量剥夺其触感觉，被试的手上也被戴上厚厚的手套。躺在铺有海绵的床上……总之，来自外界的刺激几乎都被"剥夺"了。除了进食与排泄外，就是无聊地昏睡或者胡思乱想。被试在实验期间注意力不能集中，不能进行连续而清晰的思考。许多人产生了幻觉，甚至变得神经质和恐惧，一切正常的心理活动都无法维持了。所有被试都感到无法忍受这样的痛苦。虽然每天可以得到 20 美元的报酬，他们也不愿继续这种实验。实验后四天，对被试进行的各种测验表明：进行精细活动的能力、识别图形的知觉能力、连续集中注意的能力，以及思维的能力均受到严重的影响。被试在实验后，要经过一段时间，才能恢复到正常水平。有的人参加为时 14 天的感觉剥夺实验之后，在 8 天之内不能学习。

可见，感觉和知觉是一个人正常心理活动发生发展的必要条件。

第二节 感知觉规律及其应用

一、感觉的基本规律

(一) 感受性和感觉阈限

感知是客观事物作用于分析器的结果。但也并不是周围客观现实中的任何事物都能引起我们的感知觉,太强太弱的刺激能量或刺激量的变化,并不能被人觉察。例如,人们觉察不到皮肤上尘埃的重量;听不到喧闹的织布车间里工人间相互的议论声。可见,要产生感觉,就要求直接作用的刺激是适宜的且达到一定的强度。这即是心理量(感觉)与物理量(刺激强度)的关系问题。在心理学中,具体体现在感受性和感觉阈限的关系上。

有机体对刺激物的感受能力,称感受性。感受性的大小是用感觉阈限的大小来度量的。所谓感觉阈限是指能引进感觉的持续了一定时间的刺激量。每一种感觉都是有两种类型的感受性和感觉阈限,即绝对感受性和绝对感觉阈限、差别感受性和差别感觉阈限。

绝对感受性就是指感觉出来最小刺激量的能力。绝对感觉阈限是指最小可觉察的刺激量,即光、声、压力或其他物理量为了引起刚能觉察的感觉所需要的最小数量。感觉阈限越低,感受性越高。当一个人在森林中迷路时,他是否感觉灵敏,能够看得出四周远处有微弱亮光借以辨别方向;或能够听到搜寻人员的轻微呼唤,对于他的安全有重要影响。然而不同的人在这方面的感觉能力,即感受性有很大差异,并且它是能够通过训练而改变的。

人类各种感觉的绝对阈限都是很低的(表4-1),这对于保障生命安全有积极作用。

表4-1 人类各种感觉的绝对感觉阈限

视觉	在晴朗的黑夜里,一个烛光可见到的距离为30英里①
听觉	在安静的条件下,手表滴嗒声可听到的距离为20英尺②
味觉	两加仑水中的一匙糖③
嗅觉	一滴香水扩散到有6个房间的公寓的空间中
触觉	从1公分距离落到你脸上的一个苍蝇的翅膀

注:采自(美)克雷奇等著《心理学纲要》
①1英里=1.6093千米。②1英尺=0.3048米。③1加仑=4.454公升

绝对感受性和绝对感觉阈限在数量上成反比关系。绝对感觉阈越小,则绝对感受性越大,两者成反比关系。

差别感受性是指刚刚能够感觉出两个同类刺激物间的最小差异量的能力。人们生活中需要确定一个刺激的情况并不很多,更常遇到的情况是要去确定两个刺激相同还是不同。例如,音乐家需要确定发自两个声源的声音高度是否相同;喷漆工在粉刷墙壁时需要仔细观察两次调出的颜色是否有差异;调味师要能够分辨出多种不同菜肴味道的细微差别;医生从X线照片上看得出微弱的阴影更会有助于肿瘤疾病的早期诊断与治疗。这种觉察刺激之间微弱差别的能力称为差别感受性。它在生活实践中有重要意义,可以通过实践锻炼而提高。差别感受性越高的人,引起差别感觉所需要的刺激差别越小,即差别感觉阈限越低。那种刚能引起差别感觉的两个刺激之间的最小差异量称为差别感觉阈限。

差别感觉阈限与差别感受性之间也成反比关系:即人的差别感觉阈限越大,差别感受

性越低;差别感觉阈限越小,则差别感受性越高。

研究发现,刺激量的变化(增或减)要达到一定的量,个体才能觉察出来。例如,在500g重量的物品上增加50g,你会感觉到差异,但在5000g的重量上增加50g,甚至60g,你也觉察不到。描述觉察刺激的微弱变化所需变化量与原刺激之间的关系的规律,由19世纪德国生理学家韦伯所发现,称韦伯定律。韦伯定律指出,差别感觉阈限(ΔI)与原刺激量即最初的标准刺激强度(I)的比值是一个常数K,即$\Delta I/I=K$。这个K值,因刺激和感觉性质的不同而存在着差异,如感觉重量的变化与感觉光的强度的变化不同。

表4-2 不同感觉的差别感觉阈限

感觉	K(韦伯比率)	感觉	K(韦伯比率)
音高	0.003	响度	0.100
亮度	0.017	皮肤压觉	0.140
重量	0.020	咸味	0.200

上表显示不同感觉的韦伯常数,K值越小表示该种感觉对差别越敏感。人类视觉和听觉的韦伯比率远小于味觉和肤觉,这是种族进化过程中根据生存需要适应自然的结果。我们了解了不同刺激的差别阈限,也可以在实际生活中处理遇到的一些实际问题。例如,舞台灯光暗,需增加亮度,那么,根据光的差别感觉阈限,就知道大致应该至少增加原亮度的多少比值,如果达不到这一比值,人们在感觉上就不会感到亮度的增加。但韦伯定律只适用于中等强度的刺激,刺激过强或过弱,韦伯常数都会发生一定的改变。

> **参考资料4-4 差别阈限的测定**
>
> 在一个信封里放进一枚一元的硬币,另一个放两枚。你可以觉察到两个信封的重量差别。然后把两个信封分别放进两只同样的皮鞋,再拿起鞋。你现在能判断哪只鞋里有两枚硬币吗? 韦伯定律又在起作用了。

(二) 感觉的适应

人的感受性会由于刺激的持续作用而发生变化,这种现象称适应。它是感觉受刺激时间影响的结果。适应现象是感觉中的普遍现象。例如,有人到处找戴在前额上的眼镜,这是因为额部皮肤很快适应了眼镜的压力而感觉不到眼镜在前额上。刚刚穿上棉衣时会感到有几斤重量的压力,经过一段时间就而觉察不出来了。这都是触感觉的适应;当你在秋季进入河水的时候,最初一瞬时会觉得水很冷,经过2~3min后,就觉得不那么冷了,这是一种温度觉的适应;古人说:"入芝兰之室久而不闻其香,入鲍鱼之肆,久而不闻其臭"这是嗅觉适应现象。而听觉的适应却不十分明显,痛觉的适应则很难发生,如果一个人的手指被刺伤,就立即感觉疼痛,但无论持续多久,这种疼痛也不会自行减弱,这样,痛觉就成为人体有伤害性刺激的信号,它警告人们注意自己的身体,采取保护措施去制止疼痛,它具有一定的生物学意义。

适应可以引起感受性的提高或降低。我们白天从亮处走进正在演电影的大厅时,最初感到一片漆黑,除了银幕上的形象之外,几乎什么也看不见,过一会才能看见周围的轮廓,进而顺利地找到了自己的座位。在这个过程中,人的视觉感受性提高了大约20万倍。这一过程叫作暗适应。如果从黑暗的电影院走向强光照射的地方,最初感到一片耀眼发眩,看不清外界的东西,只要稍过几秒就能逐渐看清,这称为明适应。这是人的视觉感受性降低了。

适应能力是有机体在长期进化过程中形成的,对于我们感知外界事物,与环境保持必要的平衡,调节自己的行为,具有积极的意义。南方人到北方工作,北方人到南方工作,人从地球飞向太空,登上月球,环境发生了很大变化。如果不能适应这个变化的环境就无法生活无法工作。人们了解适应现象的规律性,就可以来取必要的措施主动去适应环境;体育训练和比赛之前都要做好各种准备活动,就是为了适应下一步的剧烈运动。

(三) 感觉的相互作用

1. 不同分析器感受之间的相互作用　在同一时间内,一个人可以产生许多种感觉。这些感觉之间往往互相作用互相影响,使感受性发生变化(提高或降低)。一般地说,一种分析器的微弱刺激,能提高其他分析器的感受性;一种分析器的强烈刺激,能降低其他分析器的感受性。例如,微弱的声音刺激,可提高对颜色的视觉感受性;微弱的光刺激,可以提高听觉的感受性。再如,强烈的噪音刺激可以降低视觉感受性;强烈的光刺激可以降低听觉感受性。把音乐与噪音以特定方式结合起来施于牙科患者,会使许多患者减除痛觉。

不同感觉相互作用的另一种形式是感觉补偿,它是指某种感觉缺失后,其他感觉的感受性增强而起到部分弥补作用的现象。例如,盲人丧失视觉后,可以通过听觉和触摸觉的高度发展来加以补偿。可以用自己的咳嗽声来辨别室内是否有人,用听别人的脚步声来辨别来的是什么人,是生人或熟人。可以通过触摸觉阅读盲文;聋哑人丧失听觉后,通过视觉的高度发展来加以补偿。他们能"以目代耳"学会看话甚至学会"讲话",等。不同感觉之间所以有补偿作用,是因为在一定条件下,各种感觉道的不同形式的能量可以互相转换。根据这一原理,人们制造了"声呐眼镜"、"电子助听器"等产品,开辟了人工感觉补偿的领域。

联觉也是一种不同感觉间相互作用的现象,它是指一种感觉的感受器受到刺激时,在另一感觉道也产生了感觉的现象。生活中联觉的现象相当普遍。例如,听到美妙的音乐会使人觉得看到了绚丽多彩的景色,闻到花的芳香。颜色感觉最容易引起联觉,如可以引起冷暖觉、远近觉、轻重觉等。红色、橙色使人产生类似火焰、热血和太阳的温暖的感觉,是暖色。蓝色、青色,使人产生类似江湖河海冷水的感觉,是冷色。绘画或布景上的深色,使人感到近些,淡色使人感到远些。机器上的深色使人感到重些,浅色使人感到轻些。美术作品的创作、房间的色调配置等都充分利用色觉的联觉现象。

参考资料4-5　像拔牙一样容易

　　感觉中相互作用,即一种感觉的刺激掩盖了另一种感觉,它的一个戏剧性的例子就是,在牙科手术中,声音在减少疼痛方面的明显效果。据加德纳(W. I. Gardner)、利克利得(J. C. R. Licklider)和韦兹(A. Z. Weisz)报告:原来需用 N_2O 麻醉或局部麻醉的患者,在音乐与噪音适当结合的作用下,其中有65%患者疼痛完全消失。他们是如何做的呢?让患者戴上耳机,使患者能通过它听到安慰的立体声的音乐。当牙科手术开始时,给患者一种控制箱,使他可以通过耳机获得一种相当大的像瀑布似的噪音,一旦他感到有一点疼或害怕疼痛将来临时,为了掩盖疼痛,他可以把声音的音量调到相当高的程度。

采自(美)克雷奇等著《心理学纲要》文化教育出版社1981年版

2. 同一分析器中感觉的相互作用——感觉对比　同一分析器在不同刺激作用下而使感受性发生变化的现象称感觉的对比。感觉的对比可分为两种：同时对比和继时对比。

同时对比是刺激物同时作用产生的对比现象。例如，同一灰色长方形放在白色背景上显得暗，放在黑色背景上显得亮。

继时对比是刺激物先后作用时产生的对比现象，例如，吃过糖再吃苹果便觉得苹果不甜，如果先吃黄瓜再吃苹果就会感到苹果很甜。

（四）人的感受性在实践中不断发展

人的感受性不仅能在一定条件下起伏变化，而且能在长期实践中逐步提高，不断发展。特别是通过职业活动和某些特殊训练，能提高到常人不可能达到的水平。例如，炼钢工人通过蓝色眼镜能精确辨别炼钢炉中浅蓝色火焰的微小差别，以判断炉内的温度；包装香烟的工人有高度发展的肌肉感觉能力，可以根据触摸觉从一堆纸烟中一次抓到20支香烟；有经验的酒商，能够尝出酒精含量误差在1%以下；面包工人只能触觉就可以觉察出面团的湿度，误差不超过2%；调味师有高度发展的嗅觉与味觉，运动员有高度发展的运动觉与平衡觉……这些都说明感受性在实践要求下可以得到高度的发展。

三、知觉的基本规律

（一）知觉的选择性

知觉的选择性指的是人们能迅速地从背景中选择出知觉对象。客观事物每时每刻都在影响着我们的感觉器官，但并不是所有的对象都同样被知觉。人们总是有选择地以少数对自己有重要意义的刺激物作为知觉的对象。知觉的对象能够得到清晰的反映，而背景只能得到比较模糊的反映。例如，在街上同一友人谈话，我们所听见的不只是对方的话语，而且还可以听到汽车发动机的噪声，行人的说话声等。在这种情况下。友人的说话声是我们知觉的对象，他的讲话你听得很清楚。而其他声音则是这种谈话声的背景，听不清楚。再如，在教学课堂上，老师在黑板上写字，黑板上的字是学生的知觉对象，而附近的墙壁等则是背景。当老师讲解挂图时，挂图便成了知觉对象，而黑板上的字则又变成了背景。知觉中的对象和背景是相对的，可以变换的，双关图形很好地说明了这一点（图4-2）。

A. 老妇少女双关图

B. 人头花瓶双关图

图4-2　双关图形

影响知觉的选择性因素如下。

第一,对象和背景的差别越大,对象就越容易从背景中区分出来。相反,军事上的伪装,昆虫的保护色,使对象和背景差别小则不易被发现。再如,教科书中最重要的地方总要打上重点或用特殊字体排出。教师之所以在学生作业的背景上用红墨水批改和评分,正是为了突出评语和分数。

第二,在固定不变的背景上,运动的物体容易被知觉为对象。例如,各种仪表上的指针、街上行驶的车辆、夜空中的流星、幻灯、电影等活动教具,都易被人们知觉。

第三,知觉的选择性也明显受到知觉者的需要、兴趣、爱好、知识经验的影响。例如,沙漠中长途跋涉的人,对绿洲、甘泉的知觉甚为敏感;待业者对招工信息尤为关心。"樵夫进山只见柴草,猎人进山只见禽兽",都说明了主体的需求状态对知觉选择性的影响。巴格贝曾做过这样一个实验:让不同经验的被试(美国人和西班牙人),同时用左右眼分别看两张画:左眼看棒球赛,右眼看斗牛。实验表明知觉效果很不一样,美国人多看见棒球赛,西班牙人则多看见了斗牛。知识经验也影响知觉的选择性。

(二) 知觉的整体性

当客观事物的个别属性作用于人的感官时,人能够根据知识经验把它知觉为一个整体,这就是知觉的整体性。例如,当我们听到某些熟人的声音时,立刻能知觉到这位熟人的整体形象。学生听老师讲课,并不能把老师说的每一个字音都毫无遗漏地知觉出来,而是听取老师讲的完整句子和完整的意思。

知觉之所以具有整体性,是因为客观事物对人而言是一个复合的刺激物。由于人在知觉时有过去经验的参与,大脑在对来自各感官的信息进行加工时,就会利用已有经验对缺失部分加以整合补充,将事物知觉为一个整体。

复合刺激物不同要素可按着不同关系结成不同整体结构。如果这个结构关系变了,知觉对象就不同了。例如,若干乐音(1、2、3、4、5、6、7)按不同顺序和节奏就可以组成许多不同乐曲,如"春天的故事"、"咱们工人有力量"等。汉字的不同笔划按不同结构关系组成成千上万的字;复合刺激物的结构关系变了,知觉对象也随着改变。个别刺激物如线条、声音等只有在一定的整体的结构关系中才能有确定的意义。

影响知觉的整体性的因素很多,主要包括以下几条规律(图4-3)。

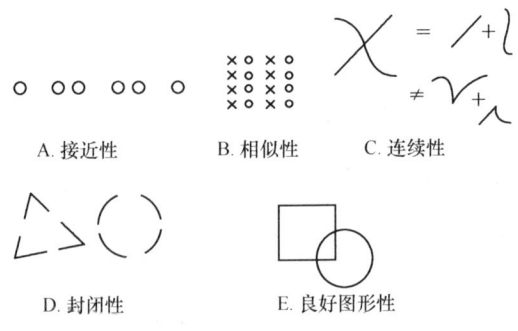

图4-3 知觉的整体性

(1) 接近性:凡距离相近的物体容易被知觉组织在一起,见图4-3A。
(2) 相似性:凡形状或颜色相近的物体容易被组织在一起,见图4-3B。例如,一个身材高大的人站在一群比较矮小的同学中间,显得特别突出,是因为他难于被归为这一组,从而表现出"鹤立鸡群"的现象。

(3)连续性:凡能够组成一个连续体的刺激容易被看成一个整体,如图4-3C中人们看到的总是直线加曲线而不是两条曲线。

(4)封闭性:人们倾向于将缺损的轮廓加以补充,使知觉成为一个完整的封闭图形,如图4-3D中的三角形和圆。

(5)良好图形:如图4-3E被看成方和圆的组合而不是两个不规则图形的结合。

(三)知觉的理解性

知觉的理解性指的是人在知觉某一客观对象时,总是利用已有的知识经验(包括语言)去认识它。人在知觉过程中并不单单是分析器对新事物的照相式的反映,而且还有过去经验参与对新事物加以理解。对事物的理解是产生正确知觉的必要条件。知觉的理解性,表现在运用已有经验把当前的知觉对象纳入已知的相应的一类事物的系统之中,知道它是什么。例如,这是书,那是桌子……

语言的指导,可以帮助学生理解知觉对象。在对象外部特征不够明显时语言的指导可以唤起有关的过去经验,促使对知觉对象的理解,使人们的知觉更加准确更加迅速。

(四)知觉的恒常性

当知觉的条件在一定范围内变化时,知觉的映像仍然相对地保持不变(无论是形状、大小、颜色还是亮度),这就是知觉的恒常性。

在视知觉中,知觉的恒常性表现得特别明显。例如,某个人离自己10米远,在视网膜上形成的像,要比这个人离自己3米远形成的像小得多。尽管如此,我们并不会认为某个人由10米处向我们走来时,他会变得越来越高大。这是大小恒常性现象。一扇门从不同的角度看形状应该有所不同(图4-4),但我们主观上总认为它是矩形的。这是形状恒常性现象。在颜色知觉中,在中午和黄昏的不同强度光线下,黑板总是知觉成黑色的,粉笔总是知觉成白色的,国旗总是知觉成红色的。这是颜色恒常性现象。可见对物体大小、形状和颜色的知觉中,并不完全服从光学规律。这样就可以使我们在不断变化的环境条件下,仍然保持对物体的稳定不变的知觉,保持对事物本来面貌的认识。如果不是这样,我们就要时刻重新学习,就无法积累经验,甚至无法生活下去。

图4-4 知觉的恒常性

知觉的恒常性在我们日常生活、工作和学习中有很重要的意义。它有利于人们正确地认识和精确地适应环境;恒常性消失,人对事物的认识就会失真,工作与学习会碰到严重困难。

参考资料4-6　知觉恒常原理

在心理学上,知觉恒常性是一种很明显的心理现象。而且,此种现象很普遍地表现在对物体的亮度知觉、大小知觉、形状知觉、颜色知觉等各方面。对知觉恒常的现象,在心理学理论上如何解释?

解答此问题,目前心理学上有两种理论:一种理论是无意中退理论。按此理论的解释,知觉之所以会有恒常性,主要是由于我们的经验使然。因为我们早已知道,某种物体的大小、形状与颜色,故而在物体所处环境有所改变时,纵使在以生理为基础的感觉上获得事实性资料有所改变,而在心理作用为主的知觉上,仍然是重经验而轻事实,以保持不变的知觉心理作用来处理。尤有进者,因为我们早已知道某物体的大小,而且在视觉经验中,也早已知道网膜影像的大小与问题远近的关系。因此,当一只物体在网膜上的影像变小时,我们就在无意中做如下的推理:不是物体变小了,而是因为物体的距离远了。

另一种解释知觉恒常性的理论是生态论。按此理论的解释,知觉之所以会有恒常性,主要是由于我们知觉环境中有各种物体存在,由各种物体相对关系的影响,终而形成对其一物体知觉不变的心理倾向。生态论既可用以解释熟知物体的知觉恒常现象,也可用以解释对新鲜物体的知觉印象。例如,某天忽然看见树枝上停着一只从未见过的鸟,因初次见到,自然无法判定其身体的大小。如果此时在该鸟的身边出现几只熟知的麻雀,立即就会确定他是只大鸟,或是小鸟。

四、感知觉规律在教学中的应用

人类认识发展的基本规律是从生动的直观到抽象的思维。教学中,学生的认识活动也遵循这一规律。教师运用各种直观手段(实物、标本、模型、挂图及幻灯片、电视、电影、多媒体电脑技术等)使学生充分感知所学的对象,把感性知识和理论知识结合起来,具体感知和抽象思维结合起来,这既有助于调动学生学习的积极性,又有助于学生领会和掌握所学习的各种理论知识。要使直观教具和直观方法起到提高教学质量的作用,必须自觉利用感知觉规律。

(一)感觉强度律的运用

无论是绝对感受性或差别感受性,都由一定的感觉阈限引起,达不到一定的强度,感受性就很低。因此,教师讲课的声音要响亮、清晰,使全班学生都能听清楚;教师的板书大小要适度,使全班学生都能看清楚;实验、演示应该使实验现象明显,让所有学生都能看到。

(二)知觉选择性规律的运用

根据知觉选择性的规律,在教学中要注意突出感知对象。例如,按照教学要求,增加感知对象和教学一般情况间的差异;讲课重点突出;板书可用大小不同字体或彩色粉笔及其他符号显示重点内容;定理、标题用粗字体。

对象的活动性是知觉选择性的重要条件。因此，教师讲课时抑扬顿挫的语调和适当的手势动作等都可以使对象被优先感知。演示直观教具和做实验如果注意增加活动的特点，效果会更好。

知觉对象的新颖性具有吸引力，容易被优先感知。因此，教师要使教学内容和教学方法有一定新意。

（三）知觉理解性规律的运用

根据知觉的理解性是知识经验与语言密切相关的规律，应该尽量丰富感性知识，并使感性认识与语言相结合，提高感知效果。语言和直观相结合可以有三种形式：第一，语言在前的形式；第二，语言和直观同时或交错进行的形式；第三，语言在后的形式。教师应根据教学的实际需要，有针对性地加以运用。

（四）不同感觉间相互作用规律的运用

运用不同感觉间相互作用的规律，使多种分析器协同活动。从而提高感知效果。例如，学生在课堂上既听到教师讲课的语音，又看到教师的面部表情和动作手势，感知就很清楚。在教学中尽可能使学生多种分析器活动，让他们亲自动手、动口、动脑，充分发挥主体作用，对提高他们的学习效率有重要作用。

（五）克服社会知觉偏见，提高教育教学效果

社会知觉的错觉在教育和教学工作中有重要的实践意义。它告诉我们，在教育和教学工作中，既不能凭第一印象、个别品质或某种新异性去看待学生，更不能用固定不变的眼光去评价学生。教师要善于从全面、深入、客观的角度去分析学生，更要善于用辩证的、发展的眼光去评价学生，充分调动每一个学生的学习主动性、积极性、创造性，不断提高教育教学效果。

第三节 观察和观察力的培养

观察是有目的、有计划、有步骤比较持久的知觉过程。观察过程总是与积极的思维联系，所以它有时也被称作思维的知觉。

观察是人们从事生产劳动，尤其是创造发明与科学研究的必要因素。在人类认识和改造世界的一切领域，都起着重要的作用。大量的科技资料说明，一切科学实验，一切科学的新发现新规律，都是建立在周密、精确、系统的观察基础之上的。伽利略认真观察教堂里随风摆动的大吊灯，才发现了钟摆定律；被达尔文誉为"举世无双的观察家"的法国昆虫学家法布尔（1823～1915）撰写的十卷巨著《昆虫记》，就是他几十年艰苦顽强观察的结晶。细菌学家弗莱明细心观察盖子已破裂的细菌培养皿，通过从外界侵入的绿霉附近没有葡萄球菌这一现象进而发现了青霉素的杀菌能力，拯救了千万人的生命。

观察力即有目的、有计划主动知觉事物的能力。这是一种善于发现事物典型特征的能力。具有较高观察力的人能更全面、更透彻、更迅速地发现事物本身的重要特征和从貌似无关的东西中发现相似点或因果点，从貌似相同的事物中发现不同点。

观察力对人的工作和学习具有重要意义。在事业上卓有成就的人物都重视观察力的

发展。例如,巴甫洛夫一直把"观察、观察、再观察"作为座右铭。英国著名的细菌学者弗莱明也说过:"我唯一的功劳是没有忽视观察。"观察力也是智力活动的源泉,人的认知加工过程是从对外界信息的获得开始的,而要获得完整、准确的信息,必须具备良好的观察品质。观察力对学生学习很重要,它不仅使学生获得大量的感性知识,而且有助于提高学生的学习兴趣,激发学生的求知欲。同时,运用观察也是搞好学习的重要方法。因此,从某种意义上说。养成良好的观察习惯,比拥有大量的学术知识更为重要。

学生观察的目的性、主动性、持久性、精确性和概括性的水平都不高,它们的观察力不是天生具有的,而是需要通过培养、在实践活动锻炼中逐步形成和发展起来。培养学生良好的观察力,必须注意以下几点。

(一) 明确观察目的任务

具有明确的观察目的任务是良好观察的首要条件。观察的目的任务愈明确,观察者对知觉对象的反映就愈完整,愈清晰;反之,盲目地知觉就会走马看花,甚至无所收获。

在向学生指明观察的目的任务时,也要培养学生观察兴趣,可以通过参观、访问等多种途径来培养,教师讲解观察事物的道理,使其懂得其中的奥秘,这就会激起他们的求知欲,使学生对大自然和社会现象产生观察兴趣。

(二) 做有关的知识准备

观察的成功主要依赖于具备一定的知识,经验和技能。一个知识贫乏的人,对相应事物不可能作精细的观察。俗话说:"谁知道的最多,谁看到的就最多"。知识经验不仅能使人知觉具有理解性,而且能使人更精细的去感知事物。一位富有学问的考古学家。能够在一片残缺不全的乌龟壳(甲骨文)上,发现不少重要而有价值的东西,而一个无知的孩子或门外汉可能会把它当成一块好玩的东西。没有天文知识和观测技能就没法观察彗星;不懂比赛规则也不能观察球赛。因此,要使学生从良好的观察中培养观察力,就要帮助学生增长知识,为观察做好知识准备。

(三) 对学生进行观察方法训练

光有知识准备,没有观察的方法,也会影响到观察效率。在观察过程中,不能东看一点,西看一点,这样就会遗漏,甚至忽视关键之处,或为意外事物干扰离开观察目的。观察应该有程序和方法地进行。合理的程序一般是从整体到部分,由部分到整体,即先对整体有一个初步的、一般的、粗略的认识。再分出对象的各个部分,然后再观察了解对象各部分之间的联系,从而对整体获得全面、深入、正确的认识。

(四) 指导学生做好观察记录。

要获得良好的观察效果,就要及时把所见、所闻、所得详细记录下来(或做笔记和日记),并且对这些片断的、日积月累的材料进行分析综合,摸到由始而终的脉络,了解到事物的关系,找出前因后果,写出总结或报告。这样有助于培养学生科学观察的习惯和科学研究的能力。忽视指导学生整理和总结观察结果这一环节,就是放弃观察的结果。

（五）要启发学生在观察中积极思考。

要引导学生带着问题去观察，使学生的观察有明确的方向性。在观察的过程中让学生分析事物的特点，善于运用比较的方法。比较就是在观察中区分事物，确定异同，看出异中之同或同中之异，才能更好地鉴别事物。要诱导学生抓住事物的重要特征，防止错觉纠正错觉。要指导学生透过现象抓住事物的本质和规律。启发学生在观察中提出问题、发现问题，培养学生的创造能力。

思 考 题

1. 什么是感觉和知觉？它们的区别和联系是什么？
2. 什么是感受性和感觉阈限？影响感受性变化发展的因素有哪些？
3. 根据感知觉规律怎样提高直观效果？
4. 什么是观察？怎样培养学生的观察能力？

第五章 记　　忆

第一节　记忆概述

一、记忆的概念

记忆是个体对其经验的识记、保持和再现(回忆和再认)。从信息加工的观点来看,记忆就是信息的输入、编码、储存和提取。

朋友不在眼前,但你能想起他(她)的音容笑貌,再见面时能认得出来,这是记忆的一种表现;生活中经历过的事件,思考过的问题,体验过的情感,练习过的动作,都可以成为经验而保持在头脑中,之后在适当的时候能够回想得起来,或当其再次出现时能认得出来,这也是记忆。

二、记忆的加工过程

从信息加工的观点看,记忆是人脑对外界输入的信息进行编码、存储和提取的过程。也就是说,记忆包括三个基本过程:信息进入记忆系统——编码,信息在记忆中储存——保持,信息从记忆中提取出来——提取。任何外界信息只有经过这些过程,才能成为个体可以保持和利用的记忆。

(一) 编码

编码(encoding)是记忆的第一个基本过程,它是对来自感官的信息进行形式转换的过程,也就是把信息变成记忆系统能够接收和使用的形式。编码过程需要注意的参与。注意使编码有不同的加工水平或采取不同的表现形式。例如,对于一个汉字,你可以注意它的字形结构、字的发音或字的含义,形成视觉代码、听觉代码或语义代码。采用哪种编码形式,取决于刺激的性质和主体的个人特点。编码的强弱直接影响着记忆的长短。当然,强烈的情绪体验也会加强记忆效果。一般情况下,对信息采用多种编码方式会收到更好的记忆效果。

(二) 存储

存储(storage)是已经编码的信息在头脑中保存的过程。当然信息的保存并不都是自动的,在大多数情况下,为了日后的应用,我们必须想办法努力将信息保存下来。已经储存的信息还可能受到破坏,出现遗忘。存储是编码和提取的中间环节,它在记忆中有着重要的作用,没有信息的存储,就谈不上记忆。

(三) 提取

提取(retrieval)是指从记忆中查找已有信息的过程。它是记忆过程中的最后环节。保存在记忆中的信息,只有在被提取出来加以应用时,才是有意义的。提取有两种表现方式:回忆和再认。日常所说"记得"指的就是回忆。再认较容易,原因是原刺激呈现在眼前,你有各种线索可以利用,需要的只是确定它的熟悉程度。一些学习过的材料无法回忆或者再认出来时,它们是否在头脑里完全消失了呢?不是的。记忆痕迹并不会完全消失,用再学法可以很好地证明这一点。即让被试先后两次学习同一材料,每次达到同样的熟练水平,再次学习所需要的练习次数或时间必定要少于初次学习,两次所用时间或次数之差就表示了保持的数量。

以上三个阶段在逻辑上是必需的,但实际上很难把它们清楚地分开。例如,对一件事的编码是什么时候结束的,而存储是什么时候开始的?如果一个事件不能被回忆出来,我们怎样判断是在哪个阶段出了问题?对这些问题不能得到确定的答案。所以说,这三个阶段是连接在一起的。

三、记忆的分类

(一) 根据记忆内容的不同分类

1. 形象记忆 是以感知过的事物形象为内容的记忆。它保持的是事物的感性特征,具有鲜明的直观性。例如,我们所感知过的颜色、形状、体积、人物的仪表状态、各种气味等,都是以表象形式储存着,所以也称为表象记忆。根据各感觉通道形成形象的特点,形象记忆可以分为视觉记忆、听觉记忆、触觉记忆、嗅觉记忆和味觉记忆等。其中,视觉记忆和听觉记忆起主要作用。形象记忆与人的形象思维有密切联系,是在实践活动中随着形象思维的发展而发展的。

2. 语词逻辑记忆 是用词的形式,在人们头脑中以思想、概念或命题为内容的记忆。它具有概括性、理解性和逻辑性等特点,如对数学的公式、定理、法则等内容的记忆。这种记忆以抽象逻辑思维为基础,随着抽象思维的发展而发展。语词逻辑记忆是个体保存经验最简便、最经济的形式,它的内容无论在数量上和质量上都超过形象记忆。语词逻辑记忆在我们掌握知识中起主导作用,它是人类所特有的记忆形式。

3. 情绪记忆 是以个体体验过的某种情绪或情感为内容的记忆,如我们对第一天上大学时的愉快心情的记忆,就是情绪记忆。情绪记忆往往是一次形成而经久不忘的,对人的行为有较大的影响作用,它常常成为人们当前活动的动力,推动人们从事某些活动或制止某些行为。

4. 运动记忆 是以人们操作过的动作为内容的记忆,如做操、游泳时一个动作接一个动作的记忆。运动记忆一经形成,则易保持、易恢复而不易遗忘。这类记忆对人们的动作的连贯性、精确性等具有重要意义,是动作技能形成的基础。在个体发展中,动作记忆比其他各种记忆发展得早些,一般儿童在出生后的第 1 个月就表现出运动记忆。

(二) 根据记忆保持时间的长短的不同分类

1. 感觉记忆 也称瞬时记忆,是指保持时间在 1s 左右的记忆。当我们感知事物后,虽然刺激停止作用了,但事物的映像仍然会持续一瞬时才迅速消失,这种历时极短的记忆便是感觉记忆。感觉记忆的特点是:信息的保存是形象的;保持时间极短。在感觉记忆中呈现的材料如果没有受到注意,就很快消失。如果受到注意就转入短时记忆。

2. 短时记忆　是指一次经验之后,保持 1～60s 以内的记忆。短时记忆属于非感觉记忆,是操作性的。例如,打电话时查对电话号码,凭着对电话号码的短时记忆来拨号,拨完以后,就忘了。这就是短时记忆。短时记忆的特点是:信息保存的时间也很短;容量有限;易受干扰。短时记忆如果经过复述,运用或进一步加工,它就被输送到长时记忆中去。

3. 长时记忆　是指从 1min 以上直到许多年,甚至保持终身的记忆。它的信息主要是对短时记忆的内容加工复述,也有印象深刻一次达成的。人们在生活、工作与学习活动中,为了积累知识、经验,就必须对信息有长时间的保持。自 19 世纪末艾宾浩斯开始用实验方法对记忆进行研究以来,大多数心理学家的研究都是关于长时记忆及其规律的研究。

(三) 根据记忆的意识性分类

1. 内隐记忆　最早对内隐记忆这一心理现象进行描述的学者是法国近代哲学家笛卡儿,但直到 20 世纪 60 年代末,心理学中对记忆的探讨仅仅限于意识状态下的记忆规律。国内心理学界对内隐记忆的研究始于 20 世纪 80 年代,杨治良、朱滢教授是国内最早从事内隐记忆研究的学者,特别是杨治良教授 20 年来一直致力于无意识心理现象的研究,为我国心理学在这一领域的发展做出了巨大的贡献。内隐记忆是指在个体无法意识的情况下,过去经验对当前作业产生的无意识的影响。其特点是人们没有意识到自己有这种记忆,也没有有意识地提取它,但它却在特定的作业中表现了出来。由于这种记忆对行为的影响是自动发生的,个体无法意识到,因此又称为自动、无意识的记忆。

2. 外显记忆　是指在意识控制下,过去经验对当前作业产生的有意识影响。它对行为的影响是个体能够意识到的,又称为受意识控制的记忆。将内隐记忆从外显记忆中分离出来,是当代记忆心理学研究的一个重要突破。内隐记忆在许多方面与外显记忆不同,和外显记忆相比,内隐记忆不受加工深度、时间间隔、记忆负荷和干扰等因素影响。研究者发现,对刺激项目的加工深度并不影响被试的内隐记忆效果,而对外显记忆有非常明显的影响;在外显记忆研究中,发现回忆量会随学习和测验之间的时间间隔的延长而逐渐减少,而内隐记忆随时间延长而发生的消退要比外显记忆慢得多;在外显记忆研究中,记忆的项目越多,越不容易记住,而内隐记忆没有明显变化;外显记忆容易受到其他无关信息的干扰,如前摄抑制和倒摄抑制,而内隐记忆则很少受干扰。

四、记忆的作用

记忆作为一种基本的心理过程,是和其他心理活动密切联系的,它使个体的心理活动得以持续连贯地进行。人通过感知外界获得的信息,如果不能将某一部分保留下来,就不会有知识、经验,就不能形成概念,进行判断和推理,也就无法适应复杂多变的环境。记忆将人的心理活动的过去、现在和未来连成一个整体,使心理发展、知识积累和个性得以实现。没有记忆,一切心理的发展,一切智慧活动,都是不可能的,就是记忆发生局部的或一时的障碍,如因脑受伤或精神疾病而发生的对某一时间阶段以前的经验或某一类的经验的全部遗忘,心理活动也会发生极大的困难。

记忆是学习的必要条件,所有的学习都包含着记忆。学生学习的目的就是通过记忆积累经验,增长知识。在学习过程中,没有记忆是没有办法去学习的。因此,在教学过程中,教师如何根据记忆理论、记忆规律去组织教学,学生如何根据记忆规律去识记和保持,克服干扰,获得系统的知识,是非常必要的。

第二节 记忆的模型

当前得到公认的解释记忆储存的模型是记忆的三存储模型。该模型认为,记忆加工有三个不同的阶段,它们分别是感觉记忆、短时记忆和长时记忆。虽然它们在信息的保持时间和容量方面存在差别,但它们相互之间有着十分密切的联系。来自环境的信息首先通过感觉器官并保持一个极短的时间,形成感觉记忆。如果这些信息没有引起个体的注意,那么就会很快变弱消失。如果这些信息引起注意,它们就会进入短时记忆。在短时记忆中,个体把这些信息加以改组和利用并做出反应。如果信息没有得到及时的复述,并在其他因素干扰的情况下就会消失。如果能够得到及时的复述,信息就会变得清晰稳定,并会转入长时记忆系统中,得到长久保存。在实际需要的时候,信息便会从长时记忆中被提取出来,进入到短时记忆中(图5-1)。

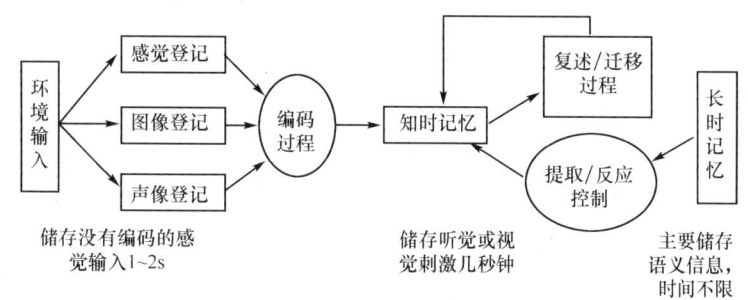

图 5-1 人类记忆的模型

(资料来源:李晓文,张玲,屠荣生.2003.现代心理学.上海:华东师范大学出版社,149)

一、感 觉 记 忆

(一) 感觉记忆的概念

感觉记忆又称感觉登记或瞬时记忆,是感觉信息到达感官的第一次直接印象。它是人类记忆信息加工的第一阶段。感觉寄存器只能将来自各个感官的信息保持几十到几百毫秒。在感觉寄存器中,信息可能受到注意,经过编码获得意义,继续进入下一阶段的加工活动,如果不被注意或编码,它们就会自动消退。

各种感觉信息在感觉寄存器中以其特有的形式继续保存一段时间并起作用,这些存储形式就是视觉表象和声音表象,称视像和声像。它们虽然保存的时间极短,但在生活中也有自己的作用。例如,在看电影时,是视像帮助我们把相继出现的一组图片看成是一个平滑连续的画面。大多数视像持续的时间不会超过1s,但在有些情况下,一些现象可以持续更长的时间。这取决于刺激的强度(如亮度),视觉刺激的强度越大,视像消失得越慢。

声像记忆和视像记忆基本上具有相同的性质,只是声像在感觉寄存器中的持续时间较长,可达几秒钟。这使得我们能够有更多的时间加工语音信息,达到词的意义。研究表明,视像和声像是物理刺激的忠实复制品,是感觉器官提供的信息的有效拷贝。选择性注意控制着什么信息将得到进一步的加工,传递到短时记忆。

(二) 感觉记忆的编码

图像记忆(iconic memory)是指视觉器官能识别刺激的形象特征,能保持一个生动的视觉图像,是感觉记忆的一种主要编码形式。斯伯林(Sperling,1960)利用实验证实了视觉器官的这种编码能力。

斯伯林在开始研究感觉记忆时,采用了整体报告法(whole-report procedure),这种方法是同时呈现3,4,6,9等若干个数字,呈现时间是50ms,数字呈现后,立即要求被试尽量多地把数字再现出来。实验结果是,当呈现的数字数低于4个时,被试可以全部正确地报告出来;当数字增加到5个以上时,被试的报告开始出现错误,其正确率平均为4.5。这个结果使斯伯林设想,在感觉记忆中所保持的信息可能比报告的多些,只是由于方法的限制未能检查出来,于是他设计了局部报告法(partial-report procedure)。他按4个一排,一共3排的方式向被试呈现如下12个英文字母。

```
X M R J
C N K P
V F L B
```

呈现时间仍为50ms,其中每排字母都和一种声音相联系,如上排用高音、中排用中音、下排用低音。要求被试在字母呈现后,根据声音信号,对相应一排的字母做出报告(局部报告法)。由于3种声音的出现完全是随机安排的,因此被试在声音信号出现之前不可能预见要报告的是哪一行。这样,研究者就可以根据被试对某一行的回忆成绩来推断他对全部项目的记忆情况。实验结果表明,当视觉刺激消失后,立即给予声音信号,被试能报告的项目数平均为9个,这比采用整体报告法几乎增加了一倍。由此,斯伯林认为,存在一种感觉记忆,它具有相当大的容量,但是保持的时间十分短暂。斯伯林用局部报告法证明了感觉记忆的存在。

莫瑞(Moray)等的研究(1965)发现,除视觉通道外,听觉通道也存在感觉记忆。他们模仿斯伯林的局部报告法,在一个房间的四个角放置了4个扬声器,被试坐在房间中间可以从4个不同的声源听到声音,并且能区分出声音发出的位置。实验时可以通过2个、3个或4个声源同时呈现1~4个字母,刺激呈现之后,被试要根据视觉提示报告出他所听到的字母。实验也采取了整体报告法和局部报告法,结果表明,局部报告法的成绩要优于整体报告法,说明听觉系统中也存在感觉记忆。听觉的感觉记忆编码形式被称为声像记忆(echoic memory)。

(三) 感觉记忆的特点

1. 具有鲜明的形象性 感觉记忆中的信息是未经过任何心理加工的,其加工的方式是以物体的物理特性进行编码的。因此,它的信息储存方式具有鲜明的形象性。各种感觉的后像就是这种感觉记忆的不同表现。

2. 保持的时间极短 外界信息在感觉记忆中所保持的时间极短,为0.25~2s。虽然如此,它也足以使人的认知系统对它们进行各项操作和加工了。

3. 记忆容量较大 感觉记忆的容量很大,而且受感受器官的解剖生理特点所决定。几乎所有进入感官的信息都被登记,但只有受我们注意的信息才能进入短时记忆。

4. 感觉记忆的保持　感觉记忆保持的时间十分短暂,它是如何随时间而迅速变化的呢?为了研究这个问题,斯伯林变化了刺激项目与声音信号之间的时间间隔。结果发现,即时呈现声音信号的回忆率为80%,当声音信号延迟到150ms时,回忆率下降到75%,信号延迟到300ms后,回忆成绩下降到55%,当延迟超过0.5s之后,局部报告法的成绩就与整体报告法的成绩相同了。图5-2和图5-3表明视觉器官保存图像信息有相当大的容量,但是保持的时间相当短,超过250ms,就开始遗忘了。

另外,达文等(Darwin et al.,1972)对声像记忆的性质进行了研究,发现声像记忆的容量要比图像记忆小,平均只有5个左右;声像记忆的保持时间要比图像记忆长,可以达到4s之久。

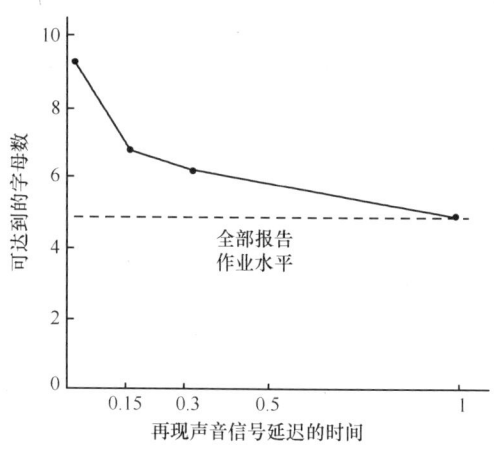

图5-2　刺激消失后各种时间间隔的保存量(资料来源:sperling,1960)

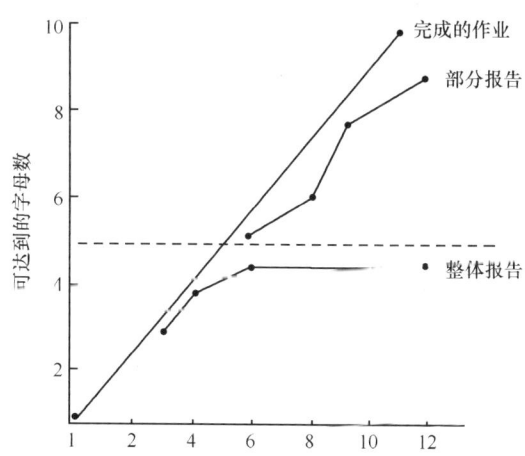

图5-3　局部报告法和整体报告法的比较(资料来源:sperling,1960)

(四)感觉记忆向短时记忆的转换

当外界刺激输入之后,其能量首先被转换成各种感觉信息,以后这些感觉信息经过组织,获得一定的意义,成为被识别的某种模式。研究表明,感觉记忆中只有能够引起个体注意并被及时识别的信息,才有机会进入短时记忆。相反,那些与长时记忆无关的或者没有受到注意的信息,由于没有转换到短时记忆,很快就消失了。

二、短时记忆

(一) 短时记忆的概念

短时记忆是指信息保持时间在 1min 以内的记忆。它是信息加工系统的核心。在感觉记忆中经过编码的信息,进入短时记忆后经过进一步的加工,再从这里进入可以长久保存的长时记忆。信息在短时记忆中保持时间有限,但如果加以复述,便可以继续保存。复述保证了它的延缓消失。短时记忆中储存的是正在使用的信息,在心理活动中具有十分重要的作用。首先,短时记忆扮演着意识的角色,使我们知道自己正在接收什么及正在做什么。其次,短时记忆使我们能够将许多来自感觉的信息加以整合构成完整的图像。再次,短时记忆在思考和解决问题时起着暂时寄存器的作用。例如,在做计算题时每做下一步之前,都暂时寄存着上一步的计算结果供最后利用。最后,短时记忆保存着当前的策略和意愿。这一切使得我们能够采取各种复杂的行为直至达到最终的目标。正因为发现了短时记忆的这些重要作用,在当前大多数研究中被改称为工作记忆。

(二) 短时记忆的特点

1. 短时记忆的容量有限 1956 年美国心理学家米勒(G. Miller)发表了一篇著名的论文《神奇数 7 加减 2:我们加工信息的能力的某种限制》,在其中他明确提出了短时记忆的容量为 7 ± 2。所谓 7 ± 2,是以单元来计算的。一个单元可以是一个数字、一个字母,也可以是一个单词、一个短语等。米勒从信息加工的观点出发认为,如果人在主观上对材料加以组织、再编码,记忆的容量还可以扩大。因此,他提出了"组块"(chunking)概念。组块指的是记忆单位,也就是人们通过对刺激的不断编码所形成的稳定的心理组合。例如,对于我们来说,"秦始皇"是一个记忆组块,而对于一个不认识中文的人来讲,就是三个组块了。尽管短时记忆的容量有限,但组块的大小是可以改变的。所以,人们可以利用已有的知识经验,通过扩大每个组块的信息容量来达到增加短时记忆容量的目的。

2. 短时记忆的信息会随时间的推移而自动消退 短时记忆中的信息保持的时间很短,而且容易受到干扰,只要有新的信息插入,原有的信息得不到及时的复述,就会很快消失,而且不易恢复。一般在没有复述的情况下,短时记忆可以保持信息 15~30s。美国学者彼德森(L. R. peterson & M. J. peterson,1959)的实验可以说明这一点。在实验中,要求被试记住以听觉形式呈现的由 3 个辅音字母组成的无意义音节。但在实验时,为了阻止被试进行复述,在刺激呈现以后,立即向被试呈现一个三位数的数字,要求被试以这个数字为起点,进行连续减 3 的计算,持续到 18s 为止,这时再让被试回忆字母。实验结果表明,被试回忆的正确率是从字母呈现到开始回忆之间的时间间隔的递减函数。这就说明,短时记忆中的信息如果得不到复述,就会迅速消退。

3. 短时记忆的信息经复述可转入长时记忆系统 在短时记忆中的信息没有消退之前,如能及时给予注意或进行复述,就可使即将消失的微弱信息得到强化,变得清晰、稳定,而再经精细复述就可转入长时记忆系统中加以保持。由此可见,复述是使短时记忆中的信息转入长时记忆中的关键。

（三）短时记忆的编码方式

短时记忆的编码方式可以分为听觉编码和视觉编码。

1. 听觉编码 人们通过研究语音类似性对回忆效果的影响，证实了语音听觉编码方式的存在。康拉德（Conrad,1964）在研究中用视觉方式依次呈现 B、C、P、T、V、F 等辅音字母，要求被试严格按顺序进行回忆。结果发现，在视觉呈现条件下，发音相似的字母（如 B 和 V）容易发生混淆，而形状相似的字母之间（如 E 和 F）很少发生混淆（表5-1）。这说明听觉编码是短时记忆的一种主要编码方式。

表5-1 短时记忆的语言混淆次数

		刺激字母	
		B、C、P、T、V	F、M、N、S、X
反应字母	B、C、P、T、V	198	42
	F、M、N、S、X	51	190

（资料来源：Conrad,1964）

2. 视觉编码 短时记忆中还存在视觉形式的编码。研究者（Posner,1969）让被试判别两个字母是否同一个字母。两个字母的呈现方式分为同时呈现和先后呈现。两个字母的关系分两种：一种是两个字母的音和形都一样（AA），称为同形关系；另一种是两个字母的音一样，而形不一样（Aa），称为同音关系。结果发现，当两个字母同时呈现时，同形关系的字母反应更快；当两个字母先后间隔 1~2s 呈现时，同形关系和同音关系的反应时没有差异（图5-4）。根据实验结果，研究者认为，由于同形关系比同音关系具有形的优势，因此只有在依靠视觉编码进行的作业中才会出现这一优势。由此可以推断，在短时记忆的最初阶段存在视觉形式的编码，之后才逐渐向听觉形式过渡。

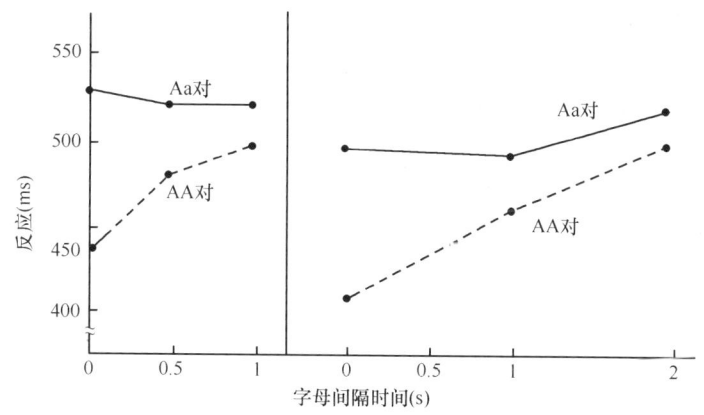

图5-4 反应时是字母间隔的函数（资料来源：Posner,1969）

（四）短时记忆信息的存储

复述（rehearsal）是短时记忆信息存储的有效方法。它可以防止短时记忆中的信息受到无关刺激的干扰而发生遗忘。复述又分为两种：一种是机械复述或保持性复述（maintenance rehearsal），将短时记忆中的信息不断地简单重复；另一种是精细复述

(elaborative rehearsal),将短时记忆中的信息进行分析,使之与已有的经验建立起联系。克瑞科和沃金斯(Craik&Wathins,1973)的研究表明,只有机械复述并不能加强记忆。研究者让被试者听若干个单词,并要求被试者记住其中最后一个以某个特定字母(如字母K)开头的单词。在单词系列中,有几个以K开头的单词,但实验只要求被试记住最后一个以K字母开头的单词,因此当被试者听到下一个以K开头的单词时,就可以放弃前面的那个以K字母开头的单词了,由于在这些以K开头的单词之间所间隔的其他单词数不等,因此每个以K字母开头的单词得到的复述机会是不等的。实验结束后,研究者出其不意地要求被试者回忆所有以K字母开头的单词,结果发现,这些以K字母开头的单词的回忆成绩并没有差异,说明简单的机械复述并不能导致好的记忆效果。

蔡斯等(Chase&Ericsson,1981)曾报道了一个叫B. F. 的个案,他可以回忆80个数字。进一步的研究发现,B. F. 原来是一名长跑运动员,因此他将那些随机数字组成为各种长跑距离所需要的时间。例如,他把"3,4,9,2,5,6,1,4,9,3,5"记作"3分49秒2——跑1英里,56分14秒——跑10英里,9分35秒——慢跑2英里",这样他通过和长时记忆建立联系的方法,将无意义随机数字转化成了有意义的、便于记忆的组块。由此说明,精细复述是短时记忆保持的重要条件。

(五)短时记忆的信息提取

短时记忆的信息容量不大,因此看起来对短时记忆的信息提取是比较容易和简单的。但是,斯腾伯格(Sternberg,1969)的研究表明情况要复杂得多。

斯腾伯格在实验中给被试者呈现1~6个不等的数字系列,如5,2,9,4,6,之后马上再呈现一个探测数字,要求被试者判断探测数字刚才是否出现过,并作出肯定或否定的反应。例如,探测数字是9,就要做肯定反应,如果是8就要做否定反应。被试的反应时间是重要的衡量指标。

斯腾伯格认为,短时记忆中被试对项目的检索有三种可能的方式。

(1)平行扫描(parallel processing scanning):是同时对短时记忆中保存的所有项目进行检索。如果是这样,无论短时记忆中保存的项目有多少,检索的时间都应该是一样的(图5-5A)。

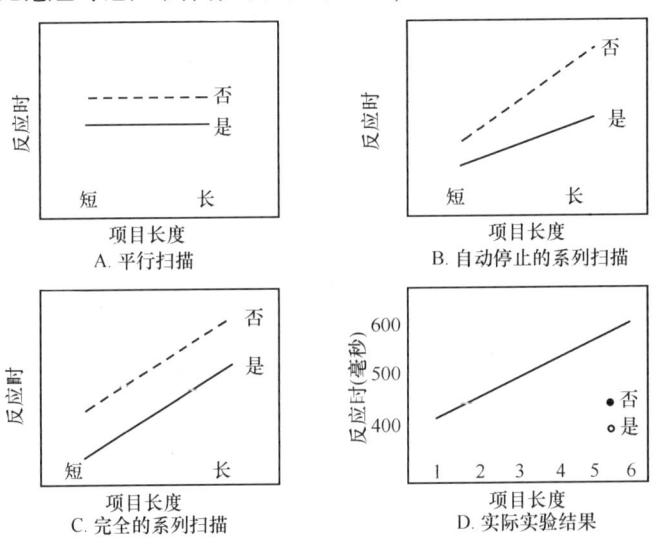

图5-5 短时记忆信息提取(资料来源:Stemberg,1969)

（2）自动停止系列扫描（serial self-terminating scanning）：是对项目逐个进行的检索，一旦找到目标项目就停止查找。如果是这样，那么短时记忆中保存的项目越多，反应时间就会越长。另外，由于找到目标项的搜索（肯定判断）不需要再对剩余项目进行检索，因此其反应时间要比找不到目标项目的搜索（否定判断）反应时短（图5-5B）。

（3）完全系列扫描（serial exhaustive scanning）：是对全部项目进行完全的检索，然后再做出判断。在这种提取方式下，反应时间仍将是项目长度的函数，但由于肯定判断和否定判断都要对全部项目进行搜索，因此它们应该具有同样的反应时间（图5-5C）。

从图5-5D可以看出，实验结果是和完全的系列扫描预测的结果一致的。说明短时记忆中项目的提取是完全系列扫描。

三、长时记忆

（一）长时记忆的概念

长时记忆是指存储时间在1min以上的记忆。信息经过充分的加工后，在头脑中会保持很长的时间。所以，长时记忆就像是一个巨大的图书馆，它保存着我们将来可以运用的各种事实、表象、知识和经验，它使我们的过去、现在和将来连成了一个整体。

（二）长时记忆的特点

1. 保持时间很长 长时记忆中的信息在头脑中保持的时间在1min以上，甚至几年乃至终生，是一种长久性的储存。

2. 记忆容量无限 长时记忆的容量是个天文数字，几乎是无限的。那么长时记忆的容量究竟有多大，有人认为是5万~10万个组块，也有人认为是280万兆比特。总之，长时记忆的容量巨大，相当惊人。据前苏联库兹涅佐夫估计：一个人的大脑至少可以学会六种外国语言，同时学两个大学的全部课程，并记住大百科全书的十万个条目。

（三）长时记忆的编码方式

一切信息都是通过短时记忆才转换到长时记忆中去的，而将信息转入长时记忆的一条重要的有效途径是进行精细的复述，将当前的信息和已有的知识联系起来，赋予它一定的意义，并对信息进行组织。当然，也有的信息似乎是不需要意志努力，便自动地编码进入了长时记忆中。长时记忆的编码方式主要有以下几种。

1. 按语义归类编码 当识记一系列语词概念材料时，人们总是按语词的意义进行归类，把同一类的概念归入一个系统中。在一个经典研究中，将24对联系紧密的单词（如桌子——椅子，动物——斑马，粉笔——黑板等）打乱次序后组成一个48个单词的词表，然后呈现给被试者，让其学习。当被试回忆这些词语时，很容易把联系紧密的词语放在一起回忆。即使在桌子和椅子之间用17个单词把它们分隔开，在回忆时，仍然会把它们组织在一起。而且，词表中各对单词之间的联系越紧密，准确再现的比例越高。因此可以证明，被试者在刺激呈现时就已经根据刺激之间的语义联系将它们组织在一起了。所以，在学习中，人们将识记材料进行归类，并形成一定的系统，有助于信息进入长时记忆。

2. 以视觉表象进行编码 通常人们也将视觉表象编入长时记忆中。例如，1972年鲍尔（Bower）进行了对偶联合的学习实验，他要求一组被试者看到对偶词时尽量形成视觉表象，而对另一组被试不给这种提示。最终结果,第一组的正确回忆量高于第二组的 1.5 倍。例如,识记"香烟——狗、帽子、自行车、警察、指挥棒"等一串词时,被试者会加工出这样的一幅视觉意象:一个警察把一个戴着帽子、叼着香烟、骑着自行车的狗用指挥棒拦住。这样,当香烟刺激项一出现,被试者就可以从视觉表象的画面上想起其他 5 个词。其实,人们能够较容易地记住图画,一个原因是由于图画具有许多明显的特征,容易吸引人们的注意,进而被接收和编码。另一个原因是,人们对这些刺激同时使用了视觉和语义两种代码进行编码,利用两种代码表征比仅仅使用一种代码在提取时可利用的线索多,所以记忆效果更好。

3. 以语言的特点为中介进行编码 借助语言的某些特点,如语义、发音、字形等,对当前输入的一些信息进行编码,这样,可使它们存入长时记忆中。在记忆无意义音节时经常使用这种编码方式。无意义音节由两个辅音和一个元音组成,本身不具有意义。当我们记忆某个音节时,可以根据发音的近似性,帮助记忆。例如,我们可把无意义音节 Wel 当成 Weal(福利),从而提高记忆效果。另外,也可利用语言的音韵和节律等特点,实现对记忆材料的编码。例如,在记忆我国历史上出现的各个朝代时,可以编出有音韵、有节律的口诀:唐尧虞舜夏商周,春秋战国乱悠悠。秦汉三国晋统一,南朝北朝是对头。隋唐五代又十国,宋元明清帝王休。这样,通过这种方式,我国各朝代的名称就容易记住了。

4. 主观组织 有些学习材料本身没有什么意义联系,也不能进行分类,这时我们会倾向于采取主观组织对材料进行加工编码。1962 年,图尔文在实验中,向被试者呈现了 16 个无关联的单词,如音乐、兵营、发现、冰山、办公室、山谷、顽皮、女孩、行星、丛林、谜语、叛徒、咸水湖、格言、润发油、步行者。这 16 个单词被排列出 16 个不同的顺序,每一顺序向被试者呈现一次,每秒呈现一个单词。实验的结果是这样的,被试者在反复多次的回忆中,有以相同顺序回忆单词的倾向。这表明被试者在头脑中把词表中的项目进行了主观组织。这种主观组织将分离的项目构成一个有联系的整体,从而提高了记忆效果。

(四) 长时记忆的信息存储

1. 信息存储的动态变化 长时记忆中信息的存储是一个动态过程。在存储阶段,已保持的经验会发生变化。这种变化表现在质和量两个方面:在量的方面,存储信息的数量随时间的迁移而逐渐下降;在质的方面,由于每个人的知识和经验的不同,加工、组织经验的方式不同,人们存储的经验会出现不同形式的变化:①内容简略和概括,不重要的细节将逐渐趋于消失;②内容变得更加完整、合理和有意义;③内容变得更加具体,或者更为夸张和突出。

卡密克尔(Carmickael,1932)的一个实验证实了上述变化的存在。他给被试者看 12 个刺激图形(图 5-6 中间的一列),然后将被试者分为两组,其中一组被试者听到左边一行物体的名称,另一组被试者听到右边一行物体的名称。然后要求两组被试回忆并画出图形。结果表明,被试者所画的图形与原来呈现的图形之间有很大的变化,大约有 3/4 的图形被歪曲了,而且歪曲的图形都相似于他们听过名称的事物的形状。巴特莱特(Bartlett,1932)的实验(图 5-7)也说明了这种变化。他给第一个被试者呈现一张图画,要求他根据自己的回忆画出来,然后将这张图片交给第二个被试者看,并让第二个被试者根据自己的记忆画下来,再交给第三个被试者……这样依次进行下去,直到第 18 个被试者。这时,被试者凭借自己的记忆所画出的图片与原图片相比发生了很大的变化。

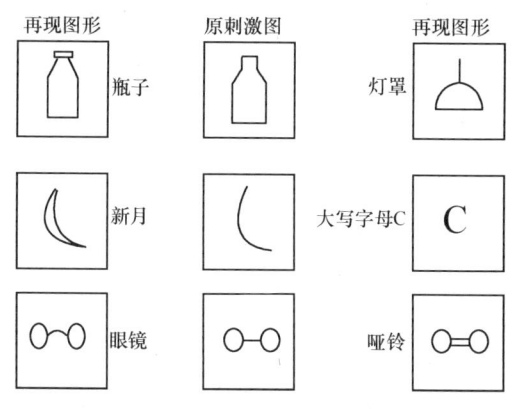

图 5-6 卡密克尔实验部分图形

（资料来源：Carmickael,1932）

图 5-7 记忆过程中的图形变化

（资料来源：Bartlett,1932）

记忆存储内容的变化，还表现为记忆恢复现象。所谓记忆恢复(reminiscence)，是指学习某种材料后间隔一段时间所测量到的保持量，比学习后立即测量到的保持量要高。巴拉德(Ballard,1913)曾要求一些12岁左右的学生用15min学习一首诗，学习后让他们写下所记忆的内容（即时回忆），以后隔1天、2天、3天和7天继续测量所记忆的内容。结果表明，第2天、第3天的保持量都比第1天的回忆数量多（图5-8）。这种现象在儿童期比较普遍，随着年龄的增长，它将逐渐消失。

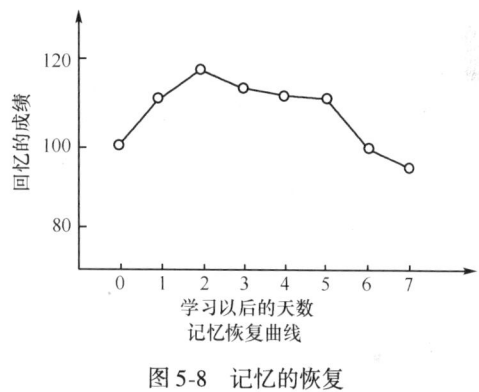

图 5-8 记忆的恢复

（资料来源：Ballard,1913）

2. 信息存储的条件与方法 个体经验的保持依赖于下面一系列条件。

（1）组织有效的复习：与遗忘进行斗争的首要条件是组织识记后的复习。复习在保持中有很大的作用。前面我们讲过，刺激物的重复出现是短时记忆向长时记忆转化的条件，没有复述的信息是不可能进入长时记忆的。

（2）利用外部记忆手段为了更好地保持记忆的内容，人们还可采取一些外部记忆的手段，如记笔记、记卡片和编提纲，有时还可将需要保持的内容存入计算机等。这些方式有助于我们保持识记的内容。

（3）注意脑的健康和用脑卫生：人脑的健康状况直接影响记忆的好坏，严重营养不良，特别是缺乏蛋白质，将使记忆力下降。另外，吸毒、乙醇中毒及脑外伤等，都会给记忆带来不良的影响。

（五）长时记忆的信息提取

长时记忆的信息提取有两种基本形式，即再认和回忆。

1. 再认 再认(recognition)是指人们对感知过、思考过或体验过的事物，当它再度呈现时，仍能认识的心理过程。再认与回忆没有本质的区别，但再认比回忆简单和容易。从个体心理发展来看，再认比回忆出现得较早。孩子生后半年内，便可再认，而回忆的发展却要晚一些。日本学者清水曾用图画材料研究了小学生再认与回忆能力的发展。结果表明，幼儿园及小学低年级儿童的再认成绩明显优于回忆,而到五六年级时,两者的差别就逐渐趋向接近了(表5-2)。

表5-2 再认与回忆的比较

方式\班级	幼儿园	小一	小二	小三	小四	小五	小六
回忆	38.4	52.1	56.3	65.5	70.1	72.7	77.9
再认	75.4	80.3	84.5	87.9	86.9	87.9	89.6
差	37.0	28.2	28.2	22.4	16.8	15.2	11.7

再认有感知和思维两种水平,并表现为压缩的和开展的两种形式。感知水平的再认往往以压缩的形式表现出来,它的发生是迅速而直接的。例如,对一首熟悉的歌曲,只要听见几个旋律就能立即确认无疑。思维水平的再认是以开展的形式进行的,它依赖于某些再认的线索,并包含了回忆、比较和推理等思维活动。

再认有时会出现错误,对熟悉的事物不能再认或认错对象。发生错误的原因是多方面的,如接受的信息不准确;对相似的对象不能分化;有的错误则是由于情绪紧张或疾病等原因。

2. 回忆 ①什么是回忆:回忆(recall)是人们过去经历过的事物的形象或概念在人们的头脑中重新出现的过程。例如,考试时,人们根据考题回忆起学习过的知识;节日的情景,使人们想起远方的亲人。②回忆的策略和条件:在回忆过程中,人们所采取的策略,将直接影响回忆的进程和效果。

(1)联想是回忆的基础:客观世界的各种事物不是孤立的,而是相互联系和相互制约的。人脑对客观事物的反映,在头脑中所保存的知识经验也不是孤立的和零散的,而是彼此有一定的联系的,这样人们在回忆某一事物时,也会连带地回忆起其他有关的事物。例如,想到"阴天"就会想到"下雨";想到一个朋友的名字,就会想到他的音容笑貌;等等。这种由一个事物想到另一个事物的心理活动称之为联想。联想具有以下几个规律。

1)接近律:时间、空间相近的事物容易形成联想。例如,人们看到"颐和园"就会想到"昆明湖"、"万寿山"、"十七孔桥";背诵外文单词时由形会联想到它的音和义;由元旦会想到春节等。

2)相似律:形式相似和性质相似的事物容易形成联想。例如,人们提起春天,就会想到生机与繁荣;从苍松翠柏就会想到意志坚强等。

3)对比律:事物间相反的特征也容易形成联想。例如,人们可能由白想到黑;由高想到矮等。

4)因果律:事物间的因果关系也容易形成联想。例如,人们看到阴天就会想到下雨;看到冰雪就会想到寒冷等。

(2)定势和兴趣直接影响回忆的方向和效果:定势对回忆有很大的影响,由于个人的心理准备状态不同,同一个刺激物可以使人回忆起不同的内容,产生不同的联想。另外,兴趣和情感状态也可以使人们对某一类事物的联想处于优势。

(3)双重提取:寻找关键支点是回忆的重要策略。在回忆过程中,借助表象和词语的双重线索,可以提高回忆的完整性和准确性。例如,问"家里有几扇窗户",首先在头脑中出现家中的窗户的形象,然后再提取窗户的数目,效果较好。在回忆中,寻找回忆材料的关键点,也有利于信息的提取。例如,回忆英文字母表,如果问字母表 B 后面的字母是什么？大部分人都能回忆起来,如果问 J 后面的字母是什么,回答就比较困难。在这种情况下,有的人从 A 开始通读字母表,知道 J 后面的字母是 K；而更多的人只从 G 或 H 开始,因为 G 在整个字母表上,形象比较突出,可能成为记忆材料的关键点。

（4）暗示回忆和再认有助于信息的提取：在回忆比较复杂的和不熟悉的材料时,呈现与回忆内容有关的上下文线索,将有助于材料的迅速恢复。若暗示与回忆内容有关的事物,也能帮助回忆。

（5）与干扰作斗争：在回忆过程中,经常会发生提取信息的困难,这可能是由于干扰所引起的。例如,考试时,有人明知考题的答案,但是由于当时情绪紧张,一时想不起来,这种明明知道而当时又回忆不起来的现象称"舌尖现象"(tip of tongue),即话到嘴边又说不出来。克服这种现象的简便方法是当时停止回忆,经过一段时间后再进行回忆,要回忆的事物便可能油然而生。

综上所述,感觉记忆、短时记忆和长时记忆三者之间是相互联系、相互影响的。任何信息都必须经过感觉记忆和短时记忆才可能进入长时记忆。从信息加工角度看,记忆是一个结构性的信息加工系统,感觉记忆、短时记忆和长时记忆是信息加工的三个阶段。三者构成一个记忆系统模式。外界信息首先进入感觉记忆,那些引起个体注意的感觉信息才会进入短时记忆,在短时记忆中存储的信息经过加工复述后才能进入长时记忆,而保存在长时记忆中的信息在需要时又会被提取到短时记忆中。

第三节 遗 忘

有记忆就会有遗忘,遗忘现象普遍存在,记忆和遗忘都是有机体生存所需。我们需要遗忘来淡化不良情绪,忘却一些不必要的琐事。心理学怎样界定遗忘？遗忘是否有规律可循？产生遗忘的原因有哪些？

一、遗忘的概念

用信息加工的术语来讲,遗忘(forgetting)就是信息提取不出或提取信息出现错误。

遗忘可分为暂时性遗忘和永久性遗忘。暂时性遗忘是指已进入长时记忆的内容不能被提取,但适宜条件下还可以恢复。永久性遗忘是指识记过的材料不经过重新学习则不能恢复的现象。

二、遗忘的一般规律

德国著名的心理学家艾宾浩斯在 1885 年发表了他的实验报告,他是发现记忆遗忘规律的第一人。研究中,艾宾浩斯以自己为被试者。为了避免经验的影响,他以无意义音节为记忆实验材料,这里的无意义音节由两个辅音字母和一个元音字母构成,如 GEX、XEM、WOL、YOJ 等。他使用再学习时的时间节省率作为保持量的指标,采用的记忆测量方法是再学习法,也称节省法。

在实验中,他先学习无意义音节表,直到可以准确无误地背诵,之后在不同的时间间隔

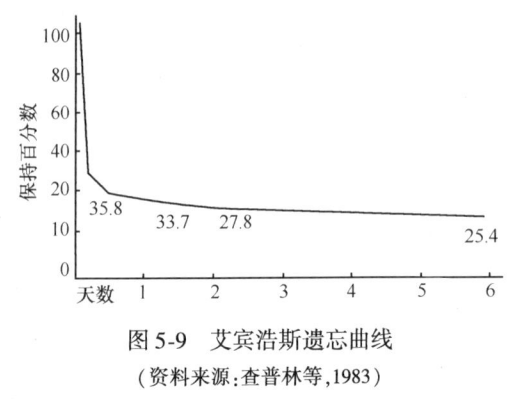

图5-9 艾宾浩斯遗忘曲线
（资料来源：查普林等，1983）

之后再学习该表，据此求出每个时间间隔的保持量，并绘制出了遗忘曲线（curve of forgetting），具体见图5-9。其中，竖轴表示学习中记住的知识数量（保持百分数），横轴表示时间（天数），曲线表示记忆量随时间变化的规律。艾宾浩斯通过实验总结出三个遗忘规律：一是大多数遗忘出现在学习后1h以内；二是遗忘的速度先快后慢，是不均衡的；三是重新学习要比第一次学习容易。

后来的许多研究者对艾宾浩斯的遗忘曲线进行验证，他们用单词、句子、诗歌、散文及故事等具有一定意义的、不同性质的材料代替无意义音节进行实验研究。研究结果表明，不同性质的记忆材料尽管在保持量上有所变化，但遗忘曲线的变化趋势（先快后慢）与艾宾浩斯的研究结果相同。但是要注意的是，这种变化规律主要适用于陈述性知识，而对于程序性知识（如开车和游泳等）的记忆并不适用。艾宾浩斯所揭示的遗忘规律告诉我们，学习新知识时要及时复习，经常复习。对于学生，考前临阵磨枪式的突击复习，所取得的记忆效果是不理想的，那些突击记住的知识在考试结束后如果得不到复习的话，很快就会消逝得所剩无几。

三、遗忘的原因及其影响因素

（一）遗忘的原因

是什么原因使人产生遗忘的呢？对此一般有以下几种解释。

1. 消退说 这是一种关于遗忘原因的最古老的解释。按照消退理论认为，人们在学习时，信息会在人的神经系统内留下记忆痕迹。而遗忘正是这些记忆痕迹得不到强化而随着时间的推移逐渐减弱以致最后消退的结果。这种说法容易被人们接受，因为某些物理的、化学的痕迹有随时间推移而衰退甚至消失的现象。在感觉记忆和短时记忆的情况下，未经注意或重述的学习材料，可能由于痕迹衰退而遗忘。但这很难得到实验的证明，而且也无法解释暂时性遗忘。

2. 干扰说 干扰理论认为，遗忘的发生主要是因为在学习和回忆之间受到了其他刺激的干扰。一旦干扰被解除，记忆就可以恢复。而记忆痕迹并没有发生任何变化。干扰可分前摄抑制与倒摄抑制两种。

前摄抑制是指已学过的旧信息对学习新信息的干扰作用。安德伍德（Underwood，1949）所做的实验证实了这种现象的存在。在实验中，要求两组被试者学习字表，其中第一组被试者在学习前进行了大量的类似学习和练习，而第二组被试者没有进行这种练习。实验结果表明，第一组被试者只记住了字表的25%，而第二组记住了70%。其实，在日常生活中也常有类似现象，如因搬家更换新的地址和电话号码，当我们记忆新的地址和电话号码时，常会受到旧地址和旧号码的干扰。倒摄抑制是指学习新信息对已有旧信息回忆的干扰作用。缪勒和皮尔扎克（Miiler &G. pilzecker，1900）最先发现这种现象。在实验中，他们让被试者识记无意义音节后，休息5min。再进行回忆，结果回忆率为56%。如果被试者在识记和回忆间从事了其他活动，回忆率只有26%。一系列研究表明，在长时记忆里，信息的遗忘尽管有自然消退的因素，但主要是由信息间的相互干扰造成的。一般说来，先后学习的两种材料越相近，干扰作用越大。

干扰说可以解释许多遗忘现象。在白天记忆模糊的事件，在晚上做梦时却显得十分清晰；在清醒情况下想不起来的情节，在催眠状态下却能回忆出来。另外，研究表明，一般成年人的记忆力并不比儿童差，但许多成年人总觉得自己的记忆力比孩提时差了。按干扰说看来，成人接触的事物多、分心的信息也多，其容易遗忘的真正原因并不是记忆力衰退，而是受到的干扰较多的缘故。

3. 同化说 此说是美国心理学家奥苏伯尔（Ausubel）对遗忘的原因提出的一种独特的解释。奥苏伯尔认为，干扰说是根据机械学习实验提出来的，只能解释机械学习的保持与遗忘，不能解释有意义学习的保持与遗忘。于是他及其同事做了大量有关有意义学习与保持的实验。例如，他以一批大学生为被试者，让他们先学习由1700个词构成的有关佛教的材料，测验量后将被试者分成两个等组，一组在第二天学习由1700个词构成的有关基督教的短文，另一组不学该材料，两组都在第8天后复测先学习的佛教知识。结果两组的保持量无差异。

实验结果表明，在真正的有意义学习中，前后相继的学习不是相互干扰而是相互促进的，因为有意义学习总是以原有的学习为基础，后面的学习则是前面的学习的加深和扩充。后来，他又以中学生为被试者做了相类似的实验，也证实了他的观点。

但事实上，人们对于曾经理解的概念、原理或运算法则仍然发生遗忘。由此，奥苏伯尔是这样解释的：遗忘是知识的组织与认知结构简化的过程。当我们学到了更高级的概念与规律以后，高级的观念可以代替低级的观念，使低级观念遗忘，从而简化了认识并减轻了记忆。他认为，这是一种积极的遗忘。但因各种原因而导致的记忆错误，则属于消极的遗忘。

除上述的有关遗忘的原因外，还有一种压抑说。压抑理论认为，遗忘是由于情绪或动机的压抑作用引起的，如果这种压抑被解除了，记忆也就能恢复。这种现象最先是由弗洛伊德在临床实践中发现的。他认为，一些痛苦的经历是被压抑到潜意识领域中，而导致了遗忘。尽管这种看法无法得到实验材料的证实，但也是值得我们重视的。

其实，任何一种单一的原因都不能完全解释复杂的遗忘问题。遗忘的发生很多时候是多种原因造成的。另外，我们也应了解，遗忘也可能是因为大脑的损伤。据研究，大脑颞叶部分受损，会影响视、听觉的形象记忆，额叶受损会影响语词、抽象材料的复杂记忆。大脑若严重损伤则会导致失忆症。例如，大脑皮质双侧秒。因为海马就像记忆的桥梁，它在短时记忆转为长时记忆中起关键作用。海马受损，记忆只能保持5s。

（二）影响遗忘的因素

遗忘不仅受时间因素的影响，还受其他许多因素的影响，主要有以下几种。

1. 识记材料的意义和作用 识记材料的意义和作用对遗忘进程有很大影响。一般最先遗忘的是那些对人们来说没有重要意义的、不引起人们兴趣的、不符合人的需要的内容。

2. 识记材料的性质和数量 一般来说，有意义的材料比无意义的材料遗忘得慢；形象的材料比抽象的材料遗忘的慢，熟练的动作遗忘得最慢。在学习程度相等的情况下，识记材料越多，忘得也就越快，识记材料越少，遗忘得越慢。

3. 识记材料的系列位置 识记材料系列位置不同，遗忘的情况也有所不同。一般来说，在识记材料系列中的首尾部位容易记住，不易遗忘，而中间部位则容易遗忘。这是因为首尾材料只受到前摄抑制或倒摄抑制,而中间的材料既受到前摄抑制又受到倒摄抑制的影响。许多研究表明,记忆效果最差的不在正中,而在中间稍偏后的部分。

4. 学习程度 过度学习的材料比恰能成诵的材料遗忘的要少,识记的越牢,遗忘得越慢。所谓过度学习(over learning)是指达到恰能成诵之后还继续学习一段时间。一般地说,学习程度为150%时,记忆效果最好,遗忘得最少。如果时间量过少,则不足以阻止遗忘;而过量,也就是超过150%时,又可能引起厌烦情绪,效果也就不会有显著提高。

第四节 提高记忆力

即使我们没有超常记忆的天赋,也可以通过学习和掌握记忆策略来提高记忆效果。下面介绍几种提高记忆能力的方法。

一、结果反馈

根据操作条件作用原理,结果的反馈是强化行为的有效措施之一。结果反馈不仅能让个体及时了解自己的学习情况,并且能够提高个体的学习动机,从而提高学习效果。

二、背　诵

背诵,即出声地把学习过的内容说出来。对于陈述性知识,背诵是很好的记忆方法。背诵实际上是尝试回忆和反复识记相结合的一种复习方式,可以让学习者投入更多注意,并且更加积极主动地参与信息储存的过程。相关研究表明,使用20%的时间读书,将80%的时间用来背诵可获得最佳记忆效果。

三、组　织

这里的"组织"有"概括和分类"的意思。组织实际上是对所学材料进行深度加工。根据加工水平理论,与单纯阅读、画线或标出重点的浅层加工相比,对材料进行组织并思考其意义的深层加工会给人们留下更深刻的记忆。例如,通过整理笔记对所学材料进行深度加工,对记忆有很大帮助。

四、整体学习和部分学习相结合

对比较短而简单的学习材料,整体学习的效果比较好;对篇幅较长又复杂的学习材料,则应将其先进行分段,即进行部分学习,待全部学完后再进行整体学习。对于特别长且难度大的材料,可以采用渐进式部分学习法,如要求背诵一篇课文时,可以将之分成六部分进行学习,先学习第一部分直至达到背诵,再学第二部分,然后把第一部分和第二部分合并学习,掌握之后再学习第三部分,之后再把前三部分合并学习,以此类推,直至最后将六部分合在一起进行整体学习。同时,在学习过程中也可以把前三部分和后三部分作为一个整体来背诵,之后再将这两个部分合并。

五、过度学习

过度学习是指在已经掌握了学习材料并能够准确无误地回忆之后仍然继续学习。研究结果发现,学习程度达到150%时,效果最佳。例如,一篇课文需要阅读10遍刚好能背诵,那么再阅读5遍后记忆效果最好,如果再去连续读更多遍就是浪费时间了。

六、合理安排复习时间

复习时间的分配既可以是集中式复习也可以是分散式复习。研究结果表明,分散式复习要比集中式复习的记忆效果好。但在复习的开始阶段,应当先采用集中式复习,使需要记忆的材料进入到长时记忆里,然后使用分散式复习来巩固。

七、使用记忆术

记忆术是指记忆的技巧。记忆术注重信息在进入长时记忆时的特殊编码方式。其主要包括联想法、谐音法、地点法(也称位置法)、关键词法、视觉表象法、缩减法等。例如,要想很好地记住大脑皮质的几个脑叶的位置,可以采用联想法,如"枕叶"在我们睡觉接触枕头的地方。"颞叶"在我们双耳的上方;记忆圆周率或电话号码可以用谐音法;酒吧里的服务员使用地点法把不同位置的顾客和点单内容建立联系;在考前复习问答题要点时,我们可以采用关键词法记忆;儿童在进行珠心算时采用的是视觉表象法,他们在心算的时候,在他们的脑中好像有个正在操作的算盘;学习外语时,主要有6个单词引导的特殊疑问句,我们可以归纳为6W,即what、when、where、why、who、how,这种记忆方法就是缩减法。

八、动用多种感官参与复习

在学习时尽可能同时动用视觉、听觉和运动觉等多种感觉,这样的记忆效果比单纯利用一种感觉通道要好。例如,学生在上课时,眼睛看、耳朵听、嘴巴读(包括默读)、手写相结合,这样可以给予大脑更多的刺激,在脑中形成更多神经通路,留下更多的"记忆痕迹",从而提高记忆效果。

九、保证良好的状态

除上述介绍的方法之外,保持积极的心理和生理状态对提高记忆效果也很有好处。我们在学习新知识时,要进行积极的心理暗示;同时,要注意营养的摄入和多走动,以提高脑部血液中的葡萄糖和氧含量;此外,在两次学习之间安排一定的休息时间和保证充足的睡眠也有利于记忆,因为一方面,休息或睡眠可以阻止其他信息的干扰,另一方面,在睡眠时更容易将信息存储到长时记忆里,尤其是在快速眼动睡眠阶段。

思 考 题

1. 什么是记忆,记忆是怎么分类的?

2. 简述记忆过程及其相互关系。
3. 简述影响识记效果的因素。
4. 什么叫遗忘？分析艾宾浩斯遗忘曲线，并说明其现实意义。
5. 影响遗忘的因素是什么？
6. 怎样根据记忆规律有效地组织复习？
7. 分析一下自己的记忆品质存在哪些优缺点？并谈谈如何进一步提高记忆力？

第六章 人的毕生发展

　　我想我的童年生活与其他人所向往的没有什么差别,我爸爸是医生,妈妈是保险代理人,就经济收入来说,令许多人羡慕,但实际上,他们几乎没有什么时间待在家中。爸爸一直想挣大钱,好给妈妈买奔驰轿车,买蛇皮鞋子等。可是,全家人就是没有时间一起待一会儿。这样,我只能从周围环境中学习,向邻居的孩子学习。

　　因为全家人没有时间一起交流谈心,我一旦做错了什么事就会受到他们的责备,而我即使做对了也得不到什么奖赏。你知道,这样的话,还不如闹点乱子,让他们揍你一顿,至少这样能引起他们的注意……我的理想是创办一所自己的学校,我想看到自己10年后坐在教室中,当然不是那种普普通通的教室。我的意思是,这所学校不是注重如何在这个政治和紧急环境中生存下去,它注重的不是如何比别人生活的更好。我学校的教室将享有同等地位——白人、黑人、西班牙后裔、中国人等——因为它注重的是纯洁心灵、解放思想和肉体,而不是那些金钱游戏。金钱可以帮你买到豪华的奔驰轿车,宽敞明亮的豪宅,但如果你的心灵得不到满足,那么你仍然会感到失落。

　　以上是达利尔的话,他今年16岁,来自亚特兰大,是一位非裔美国人。你可以清楚地看到,他幼年时的经历对他的人生理想所产生的影响。达利尔是如何发展成这个样子的呢?将来达利尔会如何发展呢?这一章,我们解释一个人毕生发展。

第一节　心理的毕生发展

　　心理的发展并不随着生理的成熟而告终结,发展是一个从出生经成年到老年的持续过程。18世纪以后,西方某些心理学家把人的整个一生作为研究对象,但直到20世纪60年代,心理的毕生发展这种观点才被人们普遍接受和重视,毕生发展观的主要倡导者巴特兹等人在20世纪70年代以后即进行试图以毕生发展观来整合整个发展心理学领域研究资料的努力,其基本思想包括以下几个方面。

　　(1) 毕生发展的基本假设:发展并没有在成年时就结束,而是扩展到整个生命的全程。这个过程开始于精卵结合,结束于死亡,是一个心理结构和功能的获得、维持、转换和衰退的适应性过程。同时,这个发展过程也说明了个体心理与行为的发生发展是动态的、多维度的、多功能的、多原因的和非线性的,即发展过程及发展速度并非一成不变的,有的时期发展较快而有的时期发展较慢;各领域的发展也并非同步进行,有的领域在某一时期发展较快而在其他时期发展较慢。

　　(2) 作为对毕生发展过程进行描述和分析的较高层次,生理因素和文化因素在毕生发展过程中的不同时期扮演了不同的角色。

　　1) 进化选择结果的表达和人的生理潜能的发挥,与年龄之间呈负相关。在达到成熟之前,进化选择的结果和人的生理潜能得到充分的表达和发挥,促进个体生理、心理和行为的各个方面迅速发展,而当个体逐渐达到成熟之后,随年龄的增长,进化选择结果的促进作用就开始逐渐衰退。

2）随着年龄的增长,那些与文化有关的及基于文化的发展和发展过程对文化资源的需求也会不断地增长,这意味着要达到更高的功能水平则需要拥有更丰富的文化资源,丰富的文化资源对于发展过程中出现的局部或全面衰退也具有补偿作用。

3）随着年龄的增长,文化因素和文化资源的效用会不断地下降,文化资源在发展的早期其效用是强大的,但在各方面均达到成熟后,其补偿效用也就随年龄的增长不断降低。

(3) 生理和文化的因素作用于发展过程,通过三种功能来完成发展的任务。

1）成长(growth),指向更高层次的功能或适应能力(adaptive capacity)的发展目标。

2）维持(maintenance),指向面对新的发展任务或恢复到损耗前的水平。

3）对损耗的调节(regulation),当由于外内资源缺乏而不能及时对损耗进行恢复时则在较低层次上对功能进行适当的组织。

(4) 毕生发展观的主要倡导者认为发展是一个伴有补偿作用的选择性的优化过程。选择、优化和补偿之间的协调存在于个体发展的任何发展领域。

第二节 儿童的心理发展

一、认知的一般概念

认知是指人对世界的认识。心理学把认知看作是一种认识的心理过程,一般包括感知觉、记忆、注意、思维等过程。认知的特性可以归结为四个方面:认知方式、认知策略、认知速度和认知成绩。

皮亚杰的认知发展理论摆脱了遗传和环境的争论和纠葛,旗帜鲜明地提出内因和外因相互作用的发展观,即心理发展是主体与客体相互作用的结果。主客体相互作用主要表现如下。

第一,在心理发展中,主体和客体之间是相互联系、相互制约的关系,即两者相互依存,缺一不可。

第二,主体和客体相互转化的互动关系。先天遗传因素具有可控性和可变性,在环境的作用下,可以改变遗传特性。

第三,主体和客体的相互作用受个体主观能动性的调节。心理发展过程是主体自我选择、自我调节的主动建构过程。

按照皮亚杰的观点,认知有同化和顺应的功能,同化是主体将环境中的信息纳入并整合到已有的认知结构的过程。同化过程是主体过滤、改造外界刺激的过程,通过同化,加强并丰富原有的认知结构。同化使图式得到量的变化。顺应,是当主体的图式不能适应客体的要求时,就要改变原有图式,或创造新的图式,以适应环境需要的过程。顺应使图式得到质的改变。同化表明主体改造客体的过程,顺应表明主体得到改造的过程。通过同化和顺应建构新知识,不断形成和发展新的认知结构。皮亚杰强调主体在认知发展建构过程中的主动性,即认知发展过程是主体自我选择、自我调节的主动建构过程,而平衡是主动建构的动力。

二、儿童认知发展的阶段

皮亚杰把认知发展视为认知结构的发展过程,以认知结构为依据区分心理发展阶段。

他把认知发展分为四个阶段。

(一) 感知运动阶段(0~2岁)

这个阶段的儿童的主要认知结构是感知运动图式,儿童借助这种图式可以协调感知输入和动作反应,从而依靠动作去适应环境。通过这一阶段,儿童从一个仅仅具有反射行为的个体逐渐发展成为对其日常生活环境有初步了解的问题解决者。皮亚杰将感知运动阶段根据不同特点再分为六个分阶段。从刚出生时婴儿仅有的诸如吸吮、哭叫、视听等反射性动作开始,随着大脑及机体的成熟,在与环境的相互作用中,到此阶段结束时,婴儿渐渐形成了随意有组织的活动。

第一分阶段(反射练习期,出生到1个月),婴儿出生后以先天的无条件反射适应环境,这些无条件反射是遗传决定的,主要有吸吮反射、吞咽反射、握持反射、拥抱反射及哭叫、视听等动作。通过反复地练习,这些先天的反射得到发展和协调,发展与协调意味着同化与顺应的作用。皮亚杰详细观察了婴儿吸吮动作的发展,发现吸吮反射动作的变化和发展。例如,母乳喂养的婴儿,如果又同时给予奶瓶喂养,可以发现婴儿吸吮橡皮奶头时的口腔运动截然不同于吸吮母新乳头的口腔运动。由于吸吮橡皮奶头较省力,婴儿会出现拒绝母乳喂养的现象,或是吸母乳时较为烦躁。在推广母乳喂养过程应避免给婴儿吸橡皮奶头可能正是这一原因。从中也可以看出婴儿在适应环境中的智力增长:他愿意吸省力的奶瓶而不愿吸费力的母乳。

第二分阶段(习惯动作和知觉形成时期,1~4个月),在先天反射动作的基础上,通过机体的整合作用,婴儿渐将个别的动作联结起来,形成一些新的习惯。例如,婴儿偶然有了一个新动作,便一再重复。又例如,吸吮手指、手不断抓握与放开、寻找声源、用目光追随运动的物体或人等。行为的重复和模式化表明动作正在同化作用中,并开始形成动作的结构,反射运动在向智慧行动过渡。由于行为并没有什么目的,只是由当前直接感性刺激来决定,所以还不能算作智慧行动。但是婴儿在与环境的相互适应过程中,顺应作用也已发生,表现为动作不完全是简单的反射动作。

第三分阶段(有目的动作逐步形成时期,4~9个月),从4个月开始,婴儿在视觉与抓握动作之间形成了协调,以后儿童经常用手触摸、摆弄周围的物体,这样一来,婴儿的活动便不再限于主体本身,而开始涉及对物体的影响,物体受到影响后又反过来进一步引起主体对它的动作,这样就通过动作与动作结果造成的影响使主体对客体发生了循环联系,最后渐渐使动作(手段)与动作结果(目的)产生分化,出现了为达到某一目的而行使的动作。例如,一个多彩的响铃,响铃摇动发出声响引起婴儿目光寻找或追踪。这样的活动重复数次后,婴儿就会主动地用手去抓或是用脚去踢挂在摇篮上的响铃。显然可以看出,婴儿已从偶然地无目的摇动玩具过渡到了有目的地反复摇动玩具,智慧动作开始萌芽。但这一阶段目的与手段的分化尚不完全、不明确。

第四分阶段(手段与目的分化协调期,9~12个月)这一时期又称图式之间协调期。婴儿动作目的与手段已经分化,智慧动作出现。一些动作格式(图式)被当作目的,另一些动作格式则被当作手段使用。例如,儿童拉成人的手,把手移向他自己够不着的玩具方向,或者要成人揭开盖着玩具的布。这表明儿童在做出这些动作之前已有取得物体(玩具)的意向。随着这类动作的增多,儿童运用各动作格式之间的配合更加灵活,并能运用不同的动作格式来对付遇到的新事物,就像以后能运用概念来了解事物一样,婴儿用抓、推、敲、打等多种动作来认识事物。表现出对新的环境的适应。儿童的行动开始符合智慧活动的要求。不过这阶段婴儿只会运用同化格式中已有的动作格式,还不会创造或发现新的动作顺应世界。

第五分阶段(感知动作智慧时期,12~18个月),这一时期的婴儿,皮亚杰发现,能以一种试验的方式发现新方法达到目的。当儿童偶然地发现某一感兴趣的动作结果时,他将不只是重复以往的动作,而是试图在重复中做出一些改变,通过尝试错误,第一次有目的地通过调节来解决新问题。例如,婴儿想得到放在床上枕头上的一个玩具,他伸出手去抓,却够不着,想求助爸爸妈妈可又不在身边,他继续用手去抓,偶然地他抓住了枕头,拉枕头过程中带动了玩具,于是婴儿通过偶然地抓拉枕头得到了玩具。以后婴儿再看见放在枕头上的玩具,就会熟练地先拉枕头再取玩具。这是智慧动作的一大进步。但儿童不是自己想出这样的办法,他的发现是来源于偶然的动作中。

第六分阶段(智慧综合时期,18~24个月),这个时期儿童除了用身体和外部动作来寻找新方法之外,还能开始"想出"新方法,即在头脑中有"内部联合"方式解决新问题,例如,把儿童玩的链条放在火柴盒内,如果盒子打开不大,链条能看得见却无法用手拿出,儿童于是便会把盒子翻来覆去看,或用手指伸进缝道去拿,如手指也伸不进去,这时他便会停止动作,眼睛看着盒子,嘴巴一张一合做了好几次这样的动作之后突然他用手拉开盒子取得了链条。在这个动作中,儿童的一张一合的动作表明儿童在头脑里用内化了的动作模仿火柴盒被拉开的情形,只是他的表象能力还差,必须借助外部的动作来表示。这个拉开火柴盒的动作是儿童"想出来的"。当然儿童此前看过父母类似的动作,而正是这种运用表象模仿别人做过的行为来解决眼前的问题,标志着儿童智力已从感知运动阶段发展到了一个新的阶段。

感知运动阶段,儿童智慧的成长突出地表现在三方面:

(1) 逐渐形成物体永久性(不是守恒)的意识,这与婴儿语言及记忆的发展有关,物体永久性具体表现在:当一个物体(如爸爸、妈妈、玩具)在他面前时,婴儿知道这个人或物,而当这个物体不在眼前时,他能认识到此物尽管当前摸不着、看不见也听不到,但仍然是存在的。爸爸妈妈离开了,但婴儿相信他们还会出现,被大人藏起的玩具还在什么地方,翻开毡子,打开抽屉,还应可找到。这标志着稳定性客体的认知格式已经形成。近年的研究表明,儿童形成母亲永久性的意识较早,并与母婴依恋有关。

(2) 在稳定性客体永久性认知格式建立的同时,儿童的空间—时间组织也达到一定水平。因为儿童在寻找物体时,他必须在空间上定位来找到它。又由于这种定位总是遵循一定的顺序发生的,故儿童又同时建构了时间的连续性。

(3) 出现了因果性认识的萌芽,这与物体永久性意识的建立及空间—时间组织的水平密不可分。儿童最初的因果性认识产生于自己的动作与动作结果的分化,然后扩及客体之间的运动关系。当儿童能运用一系列协调的动作实现某个目的(如拉枕头取玩具)时,就意味着因果性认识已经产生了。

(二) 前运算阶段(preoperational stage;2~7岁)

儿童将感知动作内化为表象,建立了符号功能,可凭借心理符号(主要是表象)进行思维,从而使思维有了质的飞跃。

前运算阶段,儿童动作内化具有重要意义。为说明内化,皮亚杰举过一个例子:有一次皮亚杰带着3岁的女儿去探望一个朋友,皮亚杰的这位朋友家也有一个1岁多的小男孩,正放在婴儿围栏中独自玩,玩的过程中小男孩突然跌倒在地下,紧接着便愤怒而大声地哭叫起来。当时皮亚杰的女儿惊奇地看到这情景,口中喃喃有声。3天后在自己的家中,皮亚杰发现3岁的小姑娘似乎照着那1岁多小男孩的模样,重复地跌倒了几次,但她没有因跌倒而愤怒啼哭,而是咯咯发笑,以一种愉快的心境亲身体验着她在3天前所见过的"游戏"的乐趣。皮亚杰指出,3天前那个小男孩跌倒的动作显然早已经内化于女儿的头脑中去了。在表象思维的过程中,儿童主要运用符号(包括语言符号和象征符号)的象征功能和替代作用,在头脑中将事物和动作内化。而内化事物和动作并不是把事物和动作简单地全部接受下来而形成一个摄影或副本。内化事实上是把感觉运动所经历的东西在自己大脑中再建构,舍弃无关的细节(如上例皮亚杰的女儿并没有因跌倒而愤怒啼哭),形成表象。内化的动作是思想上的动作而不是具体的躯体动作。

皮亚杰将前运算阶段又划出两个分阶段:前概念或象征思维阶段和直觉思维阶段。

1. 前概念或象征思维阶段(2~4岁)　这一阶段的产生标志是儿童开始运用象征符号。例如,在游戏时,儿童用小木凳当汽车,用竹竿做马,木凳和竹竿是符号,而汽车和马则是符号象征的东西。即儿童已能够将这二者联系起来,凭着符号对客观事物加以象征化。客观事物(意义所指)的分化,皮亚杰认为就是思维的发生,同时意味着儿童的符号系统开始形成了。语言实质上也是一种社会生活中产生并约定的象征符号。象征符号的创造及语言符号的掌握,使儿童的象征思维得到发展。但这时期的儿童语词只是语言符号附加上一些具体词缺少一般性的概念,因而儿童常把某种个别现象生搬硬套到另一种现象之上,他们只能做特殊到特殊的传导推断,而不能从一般到特殊的推理。从这个时期儿童常犯的一些错误可以看出这点。例如,儿童看到别人有一顶与他同样的帽子,他会认为这帽子是我的。他们在房间看到一轮明月,而一会儿之后在马路上看到被云雾遮掩的月亮,便会认为天上有两个月亮。

2. 直觉思维阶段(4~7岁)　这一阶段是儿童智力由前概念思维向运算思维的过渡时期。此阶段儿童思维的显著特征是仍然缺乏守恒性和可逆性,但直觉思维开始由单维中向二维过渡。守恒即将形成,运算思维就要到来。有人曾用两个不同年龄孩子挑选量多饮料的例子对此加以说明:一位父亲拿来两瓶可口可乐(这两瓶可口可乐瓶的大小形状一样,里面装的饮料也是等量),准备分别给他一个6岁和一个8岁的孩子,开始两孩子都知道两瓶中的饮料是一样多的。但父亲并没有直接将两瓶可乐饮料分配给孩子,而是将其中一瓶倒入了一个大杯中,另一瓶倒入了两个小杯中,再让两个孩子挑选。6岁孩子先挑,他首先挑选了一大杯而放弃两小杯,可是当他拿起大杯看着两个小杯,又似乎犹豫起来,于是放下大杯又来到两小杯前,还是拿不定主意,最后他还是拿了一大杯,并喃喃地说:"还是这杯多一点"。这个6岁的孩子在挑选饮料时表现出了犹豫地选择了大杯)。在6岁孩子来回走动着挑选量较多的饮料时,他那8岁的哥哥却在一旁不耐烦而鄙薄地叫道:"笨蛋,两边是一样多的""如果你把可乐倒回瓶中,你就会知道两边是一样多的",他甚至还亲自示范了将饮料倒回瓶中以显示其正确性。从这个6岁孩子身上可以充分体现出直觉思维阶段儿童思维或智力的进步和局限性。数周前毫不犹豫地挑选大杯说明他的思维是缺乏守恒性和可逆性的,他对量的多少的判断只注意到了杯子大这一个方面,而当他此次挑选过程中所表现出的迷惘则说明他不仅注意到了杯子的大小,也开始注意到杯子数量,直觉思维已开始从单维向两维过渡。但他最后挑选大杯表明守恒和可逆和可逆意识并没有真正形成。6岁儿童挑选可乐过程表现出的迷惘和犹豫其实也是一种内心的冲突或不平衡,即同化与顺应之间的不平衡。过去的或是说现存的认知结构或图式(同化性认知结构)已不能解决当前问题,新的认知结构尚未建立。不平衡状态不能长期维持,这是智力的"适应"功能所决定的,平衡化的因素将起作用,不平衡将向着平衡的方向发展,前运算阶段的认知结构将演变成具体运算思维的认知结构。守恒性和可逆性获得是这种结构演变的标志。

总结起来,前运算阶段的儿童认识活动有以下几个特点。

(1) 泛灵论:儿童无法区别有生命和无生命的事物,常把人的意识动机、意向推广到无生命的事物上。

(2) 自我中心主义:儿童缺乏观点采择能力,只从自己的观点看待世界,难以认识他人的观点。

(3) 不能理顺整体和部分的关系:通过要求儿童考察整体和部分的关系的研究发现,儿童能把握整体,也能分辨两个不同的类别。但是,当要求他们同时考虑整体和整体的两个组成部分的关系时,儿童多半给出错误的答案。这说明他们的思维受眼前的显著知觉特征的局限,而意识不到整体和部分的关系。皮亚杰称之为缺乏层级类概念(类包含关系)。

(4) 思维的不可逆性:思维的可逆性是指在头脑中进行的思维运算活动,有两种:一种是反演可逆性,认识到改变了的形状或方位还可以改变回原状或原位,如把胶泥球变成香肠形状,幼儿会认为,香肠变大,大于球状了,却认识不到香肠再变回球状,两者就一般大了。另一种是互反可逆性,即两个运算互为逆运算,如 A=B,则反运算为 B=A;A>B,则反运算为 B<A。幼儿难以完成这种运算,他们尚缺乏对这种事物之间变化关系的可逆运算能力。

(5) 缺乏守恒:守恒是指掌握概念的本质特征,所掌握的概念并不因某些非本质特征的改变而改变。前运算阶段的儿童认识不到在事物的表面特征发生某些改变时,其本质特征并不发生变化。不能守恒是前运算阶段儿童的重要特征。

皮亚杰将此阶段的思维称为半逻辑思维,与感知运动阶段的无逻辑、无思维相比,这是一大进步。

(三) 具体运算阶段(concrete operations stage,6~12岁)

在本阶段内,儿童的认知结构由前运算阶段的表象图式演化为运算图式。具体运算思维的特点:具有守恒性、自我中心性和可逆性。皮亚杰认为,该时期的心理操作着眼于抽象概念,属于运算性(逻辑性)的,但思维活动需要具体内容的支持。运算是具体的运算意指儿童的思维运算必须有具体的事物支持,有些问题在具体事物帮助下可以顺利获得解决。皮亚杰举了这样的例子:爱迪丝的头发比苏珊淡些,爱迪丝的头发比莉莎黑些,问儿童:"三个中谁的头发最黑"。这个问题如是以语言的形式出现,则具体运算阶段儿童难以正确回答。但如果拿来三个头发黑白程度不同的布娃,分别命名为爱迪丝、苏珊和莉莎,按题目的顺序两两拿出来给儿童看,儿童看过之后,提问者再将布娃娃收藏起来,再让儿童说谁的头发最黑,他们会毫无困难地指出苏珊的头发最黑。具体运算阶段儿童智慧发展的最重要表现是获得了守恒性和可逆性的概念。守恒性包括有质量守恒、重量守性、对应量守恒、面积守恒、体积守恒、长度守恒等。具体运算阶段儿童并不是同时获得这些守恒的,而是随着年龄的增长,先是在 7~8 岁获得质量守恒概念,之后是重量守恒(9~10岁)、体积守恒(11~12岁)。皮亚杰确定质量守恒概念达到时作为儿童具体运算阶段的开始,而将体积守恒达到时作为具体运算阶段的终结或下一个运算阶段(形式运算阶段)的开始。这种守恒概念获得的顺序在许多国家对儿童进行的反复实验中都得到了验证,几乎完全没有例外。

1. 典型的守恒实验

(1) 液体质量守恒:把液体从一个高而窄的杯倒向矮而宽的杯中,或从大杯倒向两小杯中。问儿童大杯和小杯中的液体是否一样多?或高窄杯和矮宽杯中的液体是否一样多?

(2) 对应量守恒:杯子与鸡蛋是对应的关系,8个杯子旁放着8个鸡蛋。儿童知道杯子和鸡蛋的数目相等。但破坏这种知觉对应而把杯子或蛋堆在一起时,再问儿童杯子和鸡蛋是否一样多?或是鸡蛋多杯子少、杯子多鸡蛋少?

(3) 重量守恒:先把两个大小、形状、重量相同的泥球给儿童看,然后其中一个做成香肠状,问儿童大小、重量是否相同?

(4) 长度守恒:两根等长的棍子,先两头并齐放置,让儿童看过之后,改成平行但不并齐放置,问儿童两根棍子是否等长?

(5) 面积守恒:两个等面积的纸板表草地,有一只牛在上面吃草。草地上盖有牛舍14间。在一个纸板上牛舍是建在一起的,而在另一纸板上是散居的。问儿童,分别在两块草地的两头牛是否可以吃到一样多的草?

(6) 体积守恒:把一张纸片假定为湖,上面的不同大小的方形是小岛,要求儿童在这些不同面积的小岛中建筑体积相同的房子。研究儿童是否想到要以高度的增加来补偿面积的减少,从而达到体积的守恒(房子一样多)。

2. 具体运算阶段儿童所获得的智慧成就

(1) 在可逆性(互反可逆性)形成的基础上,借助传递性,能够按照事物的某种性质如长短、大小、出现的时间先后进行顺序排列。例如,给儿童一组棍子,长度(从长到短为A、B、C、D……)相差不大。儿童会用系统的方法,先挑出其中最长的,然后依次挑出剩余棍子中最长的,逐步将棍子正确地顺序排列(这种顺序排列是一种运算能力),即A>B>C>D……当然儿童不会使用代数符号表示他的思维,但其能力实质是这样的。

(2) 产生了类的认识,获得了分类和包括的智慧动作。分类是按照某种性质来挑选事物。例如,他们知道麻雀(用A表示)少于鸟(用B表示),鸟少于动物(C),动物少于生物(D),这即是一种分类包括能力,也是一种运算能力,即A(麻雀)B(鸟)C(动物)D(生物)。

(3) 把不同类的事物(互补的或非互补的)进行序列的对应。简单的对应形式为一一对应。例如,给学生编号,一个学生对应于一个号,一个号也只能对应于一个学生,这便是一一对应。较复杂的对应有二重对应和多重对应。二重对应的例子,如一群人可以按肤色而且按国籍分类,每个人就有双重对应。

(4) 自我中心观进一步削弱,即去中心的,在感知运动阶段和前运算阶段,儿童是以自我为中心的,他以自己为参照系来看待每件事物,他的心理世界是唯一存在的心理世界,这妨碍了儿童客观地看待外部事物。在具体运算阶段,随着与外部世界的长期相互作用,自我中心逐渐克服。

(四) 形式运算阶段(11、12岁及以后)

1. 这个时期,儿童思维发展到抽象逻辑推理水平

(1) 思维形式摆脱思维内容:形式运算阶段的儿童能够摆脱现实的影响,关注假设的命题,可以对假言命题做出逻辑的和富有创造性的反映。

(2) 进行假设-演绎推理:假设-演绎推理是先提出各种解决问题的可能性,再系统地评价和判断正确答案的推理方式。假设-演绎的方法分为两步,首先提出假设,提出各种可能性;然后进行演绎,寻求可能性中的现实性,寻找正确答案。

上面曾经谈到,具体运算阶段,儿童只能利用具体的事物、物体或过程来进行思维或运算,不能利用语言、文字陈述的事物和过程为基础来运算。例如,爱迪丝、苏珊和莉莎头发谁黑的问题,具体运算阶段不能根据文字叙述来进行判断。而当儿童智力进入形式运算阶段,思维不必从具体事物和过程开始,可以利用语言文字,在头脑中想象和思维,重建事物和过程来解决问题。故儿童可以不很困难地答出苏珊的头发黑而不必借助于娃娃的具体形象。这种摆脱了具体事物束缚,利用语言文字在头脑中重建事物和过程来解决问题的运算就叫做形式运算。除了利用语言文字外,形式运算阶段的儿童甚至可以根据概念、假设等为前提,进行假设演绎推理,得出结论。因此,形式运算也往往称为假设演绎运算。由于假设演绎运算是一切形式运算的基础,包括逻辑学、数学、自然科学和社会科学在内。因此儿童是否具有假设演绎运算能力是判断他智力高低的极其重要的尺度。

当然,处于形式运算阶段的儿童,不仅能进行假设演绎思维,皮亚杰认为他们还能够进行一切科学技术所需要的一些最基本运算。这些基本运算,除具体运算阶段的那些运算外,还包括这样的一些基本运算:考虑一切可能性;分离和控制变量,排除一切无关因素;观察变量之间的函数关系,将有关原理组织成有机整体等。

2. 形式运算思维是儿童智力发展的最高阶段

(1) 并非儿童成长到12岁以后就都具备形式运算思维水平,近些年在美国的研究发现,在美国大学生中(一般18~22岁),有约半数或更多的学生,其智力水平或仍处于具体运算阶段,或者处于具体运算和形式运算两个阶段之间的过渡埋藏。

(2) 15岁以后人的智力还将继续发展,但总的来说属于形式运算水平,可以认为,形式运算阶段还可分出若干个阶段,有待进一步研究。皮亚杰认为智力的发展是受到若干因素的影响,与年龄没有必然的联系。所以,达到某一具体阶段的年龄即使有很大的差异并不构成皮亚杰理论的重大问题。

三、皮亚杰认知发展论评述

皮亚杰的认知发展论,在基本上,他所提出的认知结构、失衡、适应、同化、调适等理念,不但为心理学界所接受,而且被认为是划时代的贡献。唯对皮亚杰采用的方法及其根据研究结果所提出的阶段理论,用在年龄上广泛推论,则不无商榷之处。近年来,根据很多学者以修正的方法重新研究的结果,一般认为,皮亚杰的理论中有两个缺点:其一,就皮亚杰的按智能特征所定的四阶段来看,他低估了各阶段儿童的认知能力;儿童在个年龄阶段的世界认知能力,要比皮亚杰所评估者为高。其二,皮亚杰的研究,未能全部涵盖人类认知发展的重要层面。这两点,是近年来发展心理学家对皮亚杰理论的批评。以下列举几个重要研究,说明学者们对皮亚杰批评之一斑。

先看皮亚杰是否低估了儿童的认知能力。皮亚杰在研究时,曾采用三山问题(three-mountain problem),观察儿童到几岁时才会摆脱自我中心主义的倾向,才能"设身处地"从别人的观点来看问题。研究实验的材料是包括三座高低、形状、颜色各不相同的山的模型,先要4~7岁儿童分别从每一角度观察,目的使他看到不同角度的三座山之间的空间关系,然后由实验者将一玩偶娃娃放置于儿童相对的山的那边,继而出示不同角度山景的10张照片,并问儿童:"娃娃看到的山是什么样子?"结果发现,7岁以下儿童所指认的山景照片,几乎都是他自身角度所见,而非娃娃所处角度可见者。因此,皮亚杰认为7岁以下儿童,在认知能力上是倾向于自我中心主义的。

批评皮亚杰的学者认为,三山问题所得结果只是表面现象,只代表儿童的外显行为,未必真正代表儿童的认知能力。

其次谈到皮亚杰研究层面缺乏代表性的问题。批评皮亚杰的心理学家们认为,皮亚杰的研究,只观察到了儿童对事物认知时所知觉到的表面现象,而未深一层去探究,儿童在观察现象时,是否对事物的本质已具有概念性的认识。按皮亚杰的研究,儿童对物体数量的保留概念,到7岁以后才发展完成。

四、社会发展

社会发展(social development),指个体自出生到成年的一段期间内,其社会行为随着年龄与学得经验的增加而产生改变的历程。个体的社会行为,是指个体与他人或团体交往时所表现的行为,包括他对人对己的态度,对社会规范的认识与遵守,对社会事物的价值判断,以及作为一个社会成员所具备的社会能力等。准此而论,社会发展显然是一个内容广泛的主题,我们在社会发展这个主题之下,只讨论两个课题:一是意识婴儿期间的依附行为,二是儿童期的道德发展。

依附(attachment)是指人对人的亲近倾向;个体对其所欲亲近的对象,得以亲近,将会感到安全与满足。依附行为从婴儿期,是人类社会行为的原始。因此,近年来研究社会发展的心理学家,多对婴儿的依附行为感兴趣。关于依附理论的著名系列动物实验是哈利·哈洛(Harry Harlow)对恒河猴所做的实验,此实验显示依附不仅仅是由生物本能如饥饿所激发。在这一系列实验,新生恒河猴出生后很快从它们母亲身边带走,并为它们提供了两个代理母亲,一个是由的铁线做成,另一个是木头套上泡沫橡皮和毛衣做成,两个加温并可在胸前装上奶瓶提供食物。此实验是观察猴子会趴附在提供柔软衣物接触的人偶或是提供食物来源的人偶,结果是这些猴子会趴附在柔软衣物人偶,无论提供食物与否。这些猴子在柔软衣物人偶的附近时也较为积极探索周遭,似乎此人偶为它们提供了一种安全感。

安沃斯(Ainsworth)的陌生情境实验(stranger situation):2~18个月大的婴儿,在母子相处的情境下当陌生人介入时,对母亲所表现的依附行为:①安全依附型,半数以上属于此类,当母亲离开不会感到不安还会与陌生人积极接触;②焦虑依附型,逃避型:母亲离开时,孩子不会哭闹但是会躲避忽视陌生人,孩子不会在需要援助时发出求援;③冲突型:母亲离开会焦虑,对陌生人会害怕,母亲回来时会尖叫踢打,对环境缺少探索且难以安抚。

依附理论描述和解释从出生到死亡的生命期中,人们的稳定的关系模式。依附理论领域在很大程度上与人际理论相重叠。由于人们认为依附具有生物进化基础,所以依附理论也与进化心理学相关联。

对依附的研究最初是在非人类动物身上进行的,然后在人类婴儿身上,后来又在成人身上进行。要把对动物行为的基础性研究成果应用到人类身上,就必须假设动物行为与人类行为二者具有同源性。同源性是指不同物种的解剖或行为架构具有相同的功能和相同的内在机制,这是由于这一事实:各种物种起源于同一个共同祖先。对印记行为的行为学研究似乎与对人类依附现象的研究有关系,因为印记行为似乎就是一种亲-子依附。当人类或非人灵长类婴儿被与其母亲分开时,婴儿会出现一种三阶段的情感反应。首先是反抗,这时婴儿哭喊,并拒绝别人的安慰。第二阶段是失望,这时婴儿悲哀消沉。第三阶段是漠然,这时如果母亲返回,婴儿会主动漠视和回避母亲。

依附理论不仅为理解婴儿的情感反应提供了架构,还为理解成人的爱、孤独、悲伤提供了架构。成人的依附风格被认为是直接来源于自己及他人在婴幼儿及童年时代发展起来的依附模式(或心智模式)。Ainsworth 的依附风格三重分类学已被用以解释随后成人期的恋爱关系。

安全型成人:发现接近他人较容易,并能自然地依赖于他人和被他人依赖。安全型成人不会经常忧虑于被抛弃或与人关系过于亲密。

回避型成人:在与他人关系亲密时会有些不自然;他们发现难以完全信任他人,难以让自己依赖他人。回避型成人在与别人关系亲密时会感到紧张,并且经常是,他们的情人所要求的更亲密关系使他们感到不自然。

焦虑/矛盾型成人:会发现别人不乐意像自己所希望的那样关系亲密。焦虑/矛盾型成人经常担心自己的伴侣不是真的爱自己,或担心伴侣不想与自己在一起。焦虑/矛盾型成人想与另一个人完全融合在一起,而这种愿望有时会把别人吓跑。

第三节　儿童的道德发展

儿童的外在行为方式是如何获得的,儿童是否愿意采纳社会标准,这不仅仅是一个接受外部强加指令的过程,更是一个内化的过程。为了形成内化,儿童必须"超越父母特殊的观点而有自己的观点",也就是确信地采纳社会标准,这涉及儿童的道德发展问题。

一、皮亚杰的道德发展理论

皮亚杰对儿童道德判断进行了研究。他采用了开放式的临床访谈,对5~13岁的儿童在打弹子游戏中对于规则的理解提出问题。另外,他给出几个成对的故事,在故事中,人物的行为意图与行为后果是冲突的,以获得儿童的道德判断。

皮亚杰运用成对的故事,造成意图与效果之间的差异,看幼儿如何判断好坏。下面是皮亚杰采用的故事组之一。

A. 一个叫约翰的小男孩在他的房间里。家人叫他去吃饭。他走进餐厅。但门背后有一把椅子,椅子上有一个放着十五个杯子的托盘。约翰并不知道门背后有这些东西。他推门进去,门撞倒了托盘,结果十五个杯子都撞碎了。B. 从前有一个叫亨利的小男孩。一天,他母亲外出了,他想从碗橱里拿出一些果酱。他爬到一把椅子上,并伸手去拿。由于放果酱的地方太高,他的手够不着。在试图取果酱时,他碰倒了一个杯子,结果杯子倒下来打碎了。当被试者听懂故事后,皮亚杰问被试者两个问题:①这两个孩子的过错是否相同? ②这两个孩子中,哪一个更坏一些? 为什么?

研究发现,年幼儿童注重事情的结果,而不关注行为的动机。皮亚杰称这种现象为"道德实在论"。从儿童的反应中,皮亚杰认为儿童的道德判断的发展经历两个阶段。

第一,他律性道德(5~10岁)。

"他律"指按照外在的他人的标准判断事物的好坏。"他律性道德"表明,这个阶段的儿童把规则看作由权威人士传下来的(神、父母和教师),是一个永久的存在,是不可改变的,是需要严格遵守的。根据皮亚杰的观点,两个因素限制了儿童的道德理解。①成人的权利。这种权利坚持认为儿童应该顺应,并且它会促进对规则及实施规则的人的无可怀疑的尊敬。②认知的不成熟,尤其是自我中心主义,因为儿童认为所有的人都以相同的方式看待规则。此外,他们的道德判断是以现实主义为特点的,也就是说,他们把规则看作现实的外部特点,而不是能被随意修改的合作原则。

成人的权利、自我中心及现实主义导致了儿童肤浅的道德判断。在判断一个行为是否为错误的时候,儿童集中于注意客观的结果而不是行为的意图。例如,在有关约翰和亨利的故事中,他们认为约翰更淘气,因为他打破了更多的杯子,尽管他的意图是单纯的。

第二,自律性道德(大约10岁以后)。

随着儿童的年龄增长和认知水平的提高,尤其是可逆性的出现,与同龄人的交流愈加频繁,这就促使孩子的道德判断过渡到了自律性道德阶段,也就是按自身内在的标准进行道德判断。首先,皮亚杰认为,同龄人之间意见不一致是有促进作用的。因为,通过这些矛盾、争执、僵持、协商的过程,儿童逐渐意识到,人们对于道德行为可能持有不同的观点,意图应该作为判断行为的标准而不仅仅是客观结果。其次,当一个儿童作为平等的主体参与到同龄人的活动中时,他们学会了以相互受益的方式解决冲突。他们开始使用互惠性的公平标准,逐渐地他们在关心自己的时候,对他人也表示了同样的关心,这标志着儿童合作道德的开端。最后,当儿童获得了互惠性以后,产生了有关惩罚的新观点,儿童认识到惩罚应该以互惠性为基础或者与过失有合理的联系。而且,惩罚应该以公平、均衡的方式对有过失的每个人实施,以保证相同的公平性。

对皮亚杰理论的追踪研究表明,它描述了道德的公平判断中变化的普遍方向。在许多不同文化处理的研究中,道德判断由他律向自律过渡,具有明显的年龄特征。很多证据也都支持了皮亚杰的主张。

二、科尔伯格的道德发展理论

科尔伯格是皮亚杰道德认知发展理论的追随者,同时,他又在皮亚杰道德发展理论的基础上,进一步做了修改、提炼和扩充,于20世纪50年代提出了自己的一套儿童发展阶段论。他采用了道德两难故事,让儿童在两难推理中做出选择并说明理由。根据横断研究中不同年龄儿童所做出的不同反应,科尔伯格把儿童道德发展划分为三个水平、六个阶段。

海因兹两难事件:在欧洲,一个妇女由于得了癌症快要死了,医生认为有一种药可以救她。同城的一个药商有这种药,但是他要索取高于药品本身十倍的价钱来卖它。得病妇女的丈夫海因兹向他认识的一个人去借钱,但是他仅仅凑够了药费的一半。药商拒绝便宜一些卖这种药并且让海因兹以后来买,海因兹非常的绝望,为了拯救妻子的命,他闯进这个人的药店,并且把药偷了,结果被警察逮捕。海因兹应该那样做吗?为什么?

水平一:前习俗道德水平。大约在学前期至小学低、中年级。在前习俗道德水平,道德是受外部控制的。儿童接受权威人物的规则,并且通过行为的结果来判断行为。导致惩罚的行为被认为是坏的,导致奖赏的那些人被认为是好的。此水平又分为两个阶段。

阶段一：以服从与惩罚为取向。处于这个水平上的儿童认为规则是由权威制订的，必须无条件地服从。服从权威或规则只是为了避免惩罚。违背了规则认为应该受罚。行为的好坏也是依据行为所得的结果来评定。受赞扬的行为就是好的，受惩罚的行为就是坏的。属于这个阶段的一些儿童认为海因兹偷药是坏的，原因是"偷药会受到惩罚"。即使有一些儿童支持海因兹偷药，推理性质也是同样的。

阶段二：以工具性目的为取向。儿童不再把规则看成是绝对的、固定不变的东西。他们已认识到任何问题都是多方面的，"要看你怎样看待它"。海因兹可以认为偷药是对的，而药商可以认为那是错的。于是成了相对论者。他们还认为，一个人最终总要根据自己的需要和快乐做出决定。正确的行动包含着能够满足个人需要的行动。个体服从规则是为了得到好的待遇。因此，海因兹若爱他的妻子就可以偷，若想跟另一个女子结合就不必去偷。

水平二：习俗道德水平。大约自小学高年级开始。在习俗道德水平，人们继续把遵守社会规则当成是重要的，但并不是维护自我利益的理由。他们认为积极地维持现在的社会制度对于确保乐观的人际关系和社会秩序来说是很重要的。此水平又分为两个阶段。

阶段三：以"好孩子"为取向，或者人际合作的道德观。个体希望保持人与人之间良好的、和谐的关系，希望被人看作好人，要求自己不辜负重要人物（如父母、朋友、教师）的期望，保持相互的尊重、信任。好的行为就是能使别人高兴，受到别人赞扬的行为。例如，许多儿童在谈到海因兹偷药的故事时，强调"海因兹想挽救一个人的生命"、"爱他的妻子"、"已经走投无路了"才去偷的，而药商"一心想赚钱"、"只关心自己的利益而不管别人的生命"，所以是"坏的"、"贪婪的"。有的年龄小一点儿的儿童甚至主张让药商去坐牢。

阶段四：以维持社会秩序为取向。这个阶段的儿童注意的中心是维护社会秩序，认为每个人应当承担社会的义务和职责。所谓正确的行为就是尽到个人的职责，尊重权威，维护普遍的社会秩序，否则就会感到内疚。这个阶段的儿童在回答海因兹的问题时，一方面都很同情他，认为他应当去偷，因为他爱妻子，又处于绝望的困境中，但同时他们认为维护法律的尊严是十分重要的，否则只要有理由就可以违法，那社会不是混乱一片了吗！说明该阶段儿童已看到了法律所起的社会作用。大多数青少年和成人处于这个水平。

水平三：后习俗道德水平。大约自青年末期接近人格成熟时开始。在后习俗道德水平，人们超越了对他们自己社会的规则和法律的毫无疑问的支持而行动。他们以能应用于所有情形和社会的抽象原则和价值观来解释道德。

阶段五：以社会观念为取向。与阶段四的儿童比较呆板地信奉个人要严格维护法律与权威相比，本阶段儿童看待法律比较灵活。认为法律是为了使人们能和睦相处，如果法律不符合人们的需要，可以通过共同协商和民主的程序加以改变。这个阶段的儿童在回答海因兹事件时感到十分困惑，既认为一个人必须对法律有一个深刻的理性的承诺，但又模糊地意识到似乎还有一个比法律更高的原则——维护生命的权利。所以，他们在回答海因兹问题时感到很混乱。一个16岁的儿童说："在我们心目中，他有权利这样做，但从法律的观点看，他却是错误的。到底他是错还是对，我没有更多可说了。"

阶段六：以价值观念为取向。个人有了某种抽象的、超越法律的普遍原则的比较确定的概念，这些原则包括对全人类的正义和个人的尊重。这个阶段的个体不只是认识到社会秩序的重要性，也领悟到不是所有的社会都能实行完美的原则的。在对海因兹事件的反应中，该阶段的被试者认为虽然不存在海因兹为救妻子而偷窃的合法权利，但他有一个更高的、道德的权利,那就是每个人都有一种绝对的价值——生命,而且这个原则是普遍的。

科尔伯格认为,道德发展的顺序是固定的,可是并不是所有的人都在同样的年龄达到同样的发展阶段,事实上有许多人永远无法达到道德判断的最高水平,有些成人仍在前习俗水平上进行思考。

尽管许多研究支持科尔伯格的理论,它仍然面对一些挑战,其中最重要的涉及科尔伯格的道德成熟概念,以及以儿童的道德判断为特点的阶段适宜性。按照科尔伯格的观点,道德成熟要到后习俗水平时才能达到。如果人们必须达到阶段五和阶段六才被认为是真正的道德成熟,那么很少有人会及格。而科尔伯格的前习俗道德水平低估了儿童的道德推理,它很像皮亚杰的他律性道德。所以,科尔伯格的道德发展理论也不是十全十美的。

三、儿童道德发展的影响因素

(一) 认知能力

无论是基于皮亚杰的理论还是基于科尔伯格的理论,他们都强调了个体认知能力对道德成熟的影响。科尔伯格认为,每一个道德阶段都需要一定的认知和换位思考能力,但是这些又不足以确信道德的进展。科尔伯格假设:对每一个道德阶段来说,认知和换位思考能力是必要的但不是充分的条件。

所有的阶段关系表明,认知、换位思考和道德发展以与科尔伯格的预测相一致的方式相互联系着。正因为认知发展是道德发展的必要条件,因此,超越个体的认知发展水平,对儿童进行单纯的教育,对道德判断发展没有促进作用(表6-1)。

表6-1 科尔伯格的道德阶段、皮亚杰的认知阶段、塞尔曼的换位思考等级之间的关系

科尔伯格的道德阶段	解释	皮亚杰的认知阶段	塞尔曼的换位思考等级
惩罚与顺应取向	所谓对的就是绝对服从规则和权威,避免惩罚,不造成物质损失	前运算阶段、早期的具体运算阶段	社会信息角度
工具性目标取向	所谓对的就是能满足自己或他人的需要,按具体交换原则作公平交易	具体运算阶段	自我反省角度
"好女孩—好男孩"取向	所谓对的就是应该扮演一个好角色,关心他人,珍惜别人的感情,对伙伴保持忠诚和信赖,激励遵守规则和期望	早期的形式运算阶段	第三者角度
维持社会秩序取向	所谓对的就是对社会尽职尽责,恪守社会秩序,维护社会或群体的福利	形式运算阶段	社会角度
社会观念取向	所谓对的就是维护基本权利、价值和合法的社会契约	—	—
一般的道德原则取向	以一种全人类都应当遵从的普遍伦理原则作为指导	—	—

(二) 同龄人的交流

有关儿童同伴关系的研究,揭示了同伴交往的价值对儿童道德判断的发展具有不可替代性。同龄人的交流使儿童在发现自我、形成社会知觉、获得情感支持的同时,也促进了道德理解。因为正是同龄人之间的矛盾、不协调、冲突等障碍,儿童借助于协商、对话、交流等形式,了解了其他人的观点、思想,同伴互动形成了"成熟的道德的骨架",这对道德发展起

到一定的作用。有研究表明,当孩子们进行协商和妥协的时候,他们意识到社会生活的基本准则是人们之间的合作。

(三) 儿童的养育实践

沃克(L. Walker)等与一年级到十年级的儿童讨论道德困境时,儿童评价了道德判断的级别及父母的交流方式。一组父母经常通过有意识地听、问一些澄清性的问题,提供高一级别的判断,以及使用赞扬和幽默来创造出一个支持性的氛围,他们的孩子与家长面谈两年后,在道德理解方面取得了最大的进展。一组父母经常训斥、使用威胁或者做出讽刺性评论,他们的孩子变化很小或者根本没什么变化。

(四) 教育与文化

教育的过程是个体道德发展的过程,因为教育传承着社会规范、意识形态,所以教育对于道德发展来说是一个重要的途径。学校教育对于道德发展来说又是一个必不可少的场所,因为它将年轻人引向一些社会问题,这些问题超越了个人关系而延伸到政治或文化群体,从中使得个体逐渐地内化道德认识,树立道德信仰,培养道德情感,指导道德行为,逐渐成长为一个对社会有用的人。

跨文化研究表明:那些接受先进技术的都市文化人,比起那些非工业化群体的农村人,他们跨越科尔伯格的阶段会更迅速并且能进展到更高的级别。小的集体社会中的成员不能达到阶段四以上,然而发达国家中通过高中及大学教育的青少年和成人可以达到那些阶段。对这些文化差异的解释,有人认为是社会制度在进步的道德理解中的作用。所以,文化对于个体的道德发展来说也是一个重要的背景因素。

四、影响儿童心理发展的因素

影响儿童心理发展的因素是多种多样的,但大致可以分为两大类:一是属于遗传方面的因素;二是属于环境方面的因素。

(一) 遗传与环境对心理发展作用的学说

从科学的心理学创建以来,关于遗传和环境问题的争论大体经历了三个时期:20世纪初叶,问题的提法是一种非此即彼的绝对二分法,即"是谁起决定作用";20世纪中叶开始注意到遗传和环境两者都是必不可少的条件,开始研究分析各自的作用,即"各起多少作用";发展到现代,随着研究的深入,越来越显示两者的复杂关系,因而开始探究两者是"如何起作用",分析两者的相互制约的关系。

1. 第一个时期——"是谁起决定作用" 第一个时期,可以作为两个极端理论的代表是遗传决定论和环境决定论。

(1) 遗传决定论:遗传决定论的鼻祖是优生学的创始人英国的高尔顿。

遗传决定论的论点是强调遗传在心理发展中的作用,认为个体的发展及其性品质早在生殖细胞的基因中就决定了,发展只是这些内在因素的自然展开,环境和教育仅起一个引发的作用。高尔顿曾在《天才的遗传》一书中写道:"一个人的能力仍由遗传得来,其受遗传决定的程度如同机体的形态和组织之受遗传决定一样。"他从大量的名人传记和家谱考察中得出名人家族中出名人的比率大大地超过了一般人,从而认为这就是能力受遗传决定的证据。高尔顿的名人家谱调查是从英国的名人(包括政治家、法官、军官、文学家、科学家和艺术家等)中选出 977 人,调查他们的亲属(有血缘关系)中有多少人与他们同样著名。结果是:他们的父子兄弟中有 332 人也同样出名。而另一个对照组,即所谓的一般的平常人(人数相等),结果在他们的父子兄弟中只有一个名人。高尔顿认为这两组名人的比率有显著的差别就是能力受遗传决定的证明。

另外与此相类似的,当时还有一个关于智力落后者的家谱调查,这是由哥达特(H. Goddard)于 1912 年发表的 Kallikak 家族的调查。K 氏有两个不同的世系,一是 K 氏与一个正常女子的合法婚姻所生的后代,一是 K 氏曾与一个低能的酒吧间女子的不正当关系所生的后代。通过对两个世系中近 500 人的调查,发现后者中低能与道德败坏等的比率大大超过前者。高尔顿等人用家谱调查作为遗传决定论的证据是有许多缺点的,如有些经过几代间接了解到的资料不甚可靠,特别是调查对象的环境因素没有认真的分析;高尔顿的名人家藏书量就比非名人家多好几倍,这就很难排除环境因素对天才名人成长的影响。不过高尔顿随后又做了一个对比研究,即名人之子和教皇养子成名的比较研究。结果是教皇养子成名的不如名人之子多。他认为教皇是有地位的人物,其养子的环境条件同其他名人之子相仿,而养子的遗传往往不如其他名人,因此名人之子成名者比教皇养子多,其原因不在环境而在遗传。

(2) 环境决定论:行为主义的创始人华生是环境决定论的主要代表。

环境决定论者认为儿童心理的发展完全是外界影响的被动结果,强调环境教育的作用。华生在他的著作《行为主义》中有一段著名的论点可以说明他极端的环境决定论思想:"给我一打健全的儿童,并在我自己的特殊天地里培养他们成长,我保证他们中任何一个都能训练成我所选择的任何一类专家:医生、律师、艺术家或巨商,甚至乞丐和小偷,无论他的天资、爱好、脾气,以及他祖先的才能、职业和种族。"

2. 第二时期——"各起多少作用"(二因素论) 遗传决定论和环境决定论因其明显的片面性和绝对性而难以服人。后来,人们提出了各种折衷的观点,这些观点后被统称为"二因素论"。二因素论认为发展是由遗传和环境两个因素共同决定的。可以拿斯腾等人的"会合论"和格赛尔的成熟论为其代表。

(1) 斯腾的"会合论":斯腾在《早期儿童心理学》一书中提到"心理的发展并非单纯是天赋本能的渐次显现,也非单纯由于受外界影响,而是内在本性和外在条件辐合的结果"。"两种因素同为发展的不可缺少的成分,虽然其所占比重可因事而异"。图 6-1 是他说明遗传和环境双重作用的示意图。

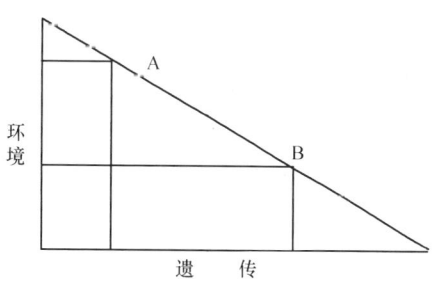

图 6-1 斯腾的遗传和环境双重作用示意图

这里 A、B 代表不同的具体功能,它们具有不同程度的遗传和环境的影响。从图可见,A 功能受环境影响较大,而 B 功能则受遗传影响较大。

(2) 格赛尔的"成熟论":格赛尔的成熟论虽然本质上也是一种遗传决定论,但他并不否认发展需要环境的促进。格赛尔认为支配儿童心理发展的因素有二:成熟与学习。格赛尔认为学习需要一定的成熟作为基础,某功能的生理结构未达成熟之前,学习训练是不能进行的,只有在达到足以使某一行为模式出现的发育状态("成熟状态")时,训练才能奏效。"同卵双生子学习爬梯实验"论证了"成熟论"的观点。这个实验是:双生子之一(甲)在46周时开始训练学爬小梯6周(每日10min),双生子之一(乙)比甲迟6周开始训练,也就是在第53周开始接受同样的训练,2周后其爬梯的速度就赶上甲的水平,说明成熟程度未到,虽提早训练仍少效果。

格赛尔并不完全否认学习、环境的作用,他认为"评价成长的特点时,我们不应忽视环境影响——文化背景、同胞、父母、营养、疾病、教育等,但上述这些必须把它们与最初的素质构成因素联系起来考虑,因为素质构成因素最终决定所谓'环境'的反应程度乃至反应方式。机体始终受到它所处环境的创造活动的影响,而儿童的成长特征实际上是内在因素和外在因素之间相互作用的最后产物的表现……"

二因素论合理地对遗传和环境各自所起的作用给予应有的地位,但把二者看作两种相互孤立存在的因素,没有揭示出它们之间的更为复杂的关系,因而只能是环境决定论和遗传决定论这两种观点的简单而机械的拼凑。

3. 第三个时期——"如何起作用"(相互作用论) 第三个时期是在前期对遗传和环境都是发展的不可缺少的因素的普遍认识基础上进一步分析了二者的相互关系,提出遗传与环境相互作用的观点。这种观点的基本思想如下。

(1)它注意到两种因素的相互依存关系,即任何一种因素作用的大小、性质都依赖于另一种因素,它们之间不是简单的相加或会合,也就是说遗传对心理发展作用的大小依赖于环境的变化,而环境作用的发挥,也受到遗传限度的制约。

(2)它注意到两个因素间的相互转化和渗透的关系,即当前对环境刺激做出某种行为反应的有机体是它的基因和过去环境相互作用的产物。相互作用论的观点是当前比较流行的并得到普遍承认的思想。

例如,认为每个儿童都有一个范围相当广阔的智慧潜能。这个范围的上、下限是由遗传决定的,而智慧的实际表现则是被多种多样的内部或外部环境因素以更复杂的形式促成的。例如,虽然A比B具有更高的智慧潜能,但其智慧的实际表现却可能落在B的后面,因为,由于某种环境的存在,使B的潜力得到充分的表现,因而B的智慧表现比A更接近于自己潜能的上限(图6-2)。

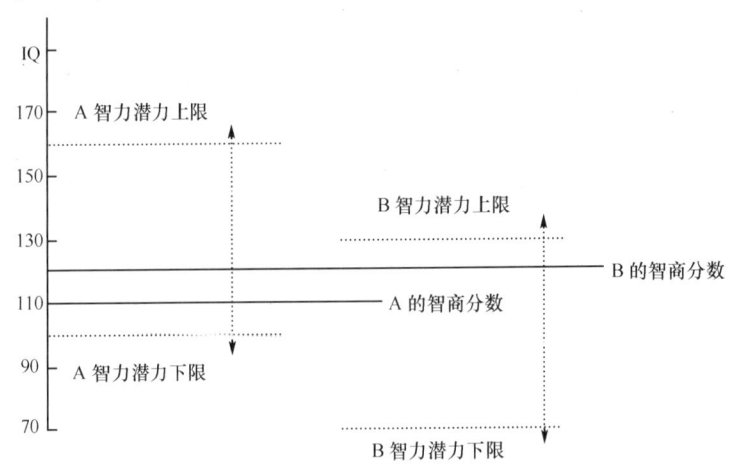

图6-2 智力发展潜能与实际表现关系示意图

(二) 遗传和环境作用的试验研究

1. 遗传作用的研究　对于人类行为遗传的研究主要利用自然条件下的调查，如家谱、血缘关系的分析，双生子对比研究、收寄养关系的研究等。

家谱分析是对某一个"标志对象"（即具有某一特征或某种异常行为的典型个案）的家庭历史、亲属关系的调查，分析这种特征在这个家系中出现的频率。例如，前面引过的高尔顿名人家谱调查和哥达特的K氏家族的调查都属于这一类。如果"名人"和"低能"出现的频率在"特征对象"的家系中比在一般人口中的高，则可以说明血统的遗传因素在此特征上有一定的作用。

血缘关系研究是从人们血统亲疏远近的关系上去研究某种特征或行为出现的一致性程度（比率或相关系数）。例如，许多关于智力的遗传因子的研究就是采用这种方法。一个关于不同血缘关系亲属间IQ相关的综合资料（Jenson，1969）表明人们的血亲关系越密切，则IQ分数越接近（表6-2）。

表6-2　血缘关系与智商的相关

血缘关系		IQ 相关（r 中数）
无血亲关系	无关系儿童：分养	-0.01
	合养	0.23
	养父母与养子女	0.20
旁系血亲	堂、表兄弟姊妹	0.16
	堂、表叔侄、舅甥	0.26
	姨侄、舅甥	0.34
	同胞：分养	0.47
	合养	0.55
	异卵双生子：不同性别	0.49
	同性别	0.56
	同卵双生子：分养	0.75
	合养	0.87
直系血亲	祖父母与孙子女	0.27
	父母与子女	0.50
	父母（儿时）与子女	0.56

家谱、血缘分析虽有一定的价值，但困难的是家族不仅在遗传上有联系，而且相对长时期是共处于相同的环境，所以由此做出遗传因素对该特征的决定作用似乎太绝对。只有当证明亲属间的这些关联不能从其他方面（环境因素）得到解释时方可能做出归因于遗传的结论。为此，双生子分养的研究、寄养子女与养父母、亲父母的研究就开始兴起。从表6-2中，我们也可以看出，即使是分开抚养，同卵双生子或同胞兄弟姐妹，他们之间IQ的相关（r值）要远远高于没有关系的儿童，由此可以说明对于智力发展受遗传制约性比较大。

2. 环境作用的研究　环境对儿童发展的作用从受精卵就开始了。近年来许多研究证明，母亲的年龄、营养、疾病、情绪，以及药物、烟酒等都会对胎儿发育发生作用，这里引用一个研究证明怀孕期间孕妇的营养对胎儿大脑发育及智力发展的作用,特别是出生前后一段时间机体的营养水平,因为这个时期是脑细胞发育接近完成的时期,是从细胞数目增加阶段发展到细胞体积增大的阶段。胎儿时期如果营养不足则影响到脑细胞数目正常发展,从而导致智力的发展迟滞。国外有一个研究:孕妇分成两组,一组提供充分的饮食补充,另一组作为对照组仅给以安慰剂。事后当她们的孩子长大到3~4岁时,测定他们的智力,结果证明实验组的孩子IQ显著地高于对照组。这些研究大多数是在一些不发达国家的贫穷地区做的,她们的营养往往是在最低需要线以下,因此,适当增加营养产生了显著效果。

出生后,环境对儿童发展的影响就更为明显了。人的后代如果不生活在社会环境里,那么虽然遗传提供了发展儿童心理的可能性,这种可能性不会变成现实。

野兽哺育成长的孩子,虽然具有人类遗传素质,却不具备儿童的心理。典型的例子如印度狼孩卡玛拉和阿玛拉。卡玛拉和阿玛拉回到人类社会时,分别是7岁和2岁左右。他们用四肢爬行,白天躲藏起来,夜间潜行,不肯洗澡。吃东西不用手拿,把食物放在地上用牙齿撕着吃。他们没有感情,对别人不感兴趣。卡玛拉已经7岁多了,智力只相当于6个月孩子的水平。虽然受到精心培养,还是不能适应人类直立行走,快跑时还需要用四肢。她于十六七岁时死去,这时还没有真正学会说话,智力只相当于三四岁幼儿的水平。

直立行走和说话本来是人类的特征,但是,对每一个具体儿童来说,遗传只提供了直立行走和说话的可能性,没有人类的社会环境,这种可能性就不能变成现实性。许多正常儿童似乎是自然而然地学会走路和说话,其实都是社会生活环境影响的结果,不过有时不被人觉察而已。丹尼斯在德黑兰的孤儿院发现,该院58%孤儿1岁以上还不会独立坐,85%到3岁多还不会走路,开始站立和扶着栏杆走的年龄平均为70周。后来,抽出10个婴儿进行实验,增加保育员,这些婴儿开始站立和扶着走的年龄提前到平均41周。因为婴儿具备了站和走的环境条件,才有可能利用其平衡机制,并把重力作用在腿上,获得练习站和走的机会。由此说明环境和经验对行走的作用。

早期隔离或剥夺实验的大量事实,也充分说明人类的社会生活环境对儿童心理发展的重要影响。

所谓早期隔离(剥夺)实验,是使幼小动物失去或部分失去正常的生活环境,然后对正常与非正常环境长大的动物行为的差异做比较,从而发现环境对行为发展的影响。在这类实验研究中,关于恒河猴行为发展的研究很有影响。在实验室孤独长大的猴子和野生猴子(有母亲和伙伴)的行为有很大不同(表6-3)。实验室长大的猴子(失去母爱)常常呆呆地坐着,两眼直视,有生人接近时,不会像野生猴子那样对生人做出恐吓或攻击行为,而只是自己打自己,甚至撕咬自己,社交行为的发展受到极大损害。

表6-3 早期剥夺的持续影响

(实验对象:恒河猴)

测量	隔离1年	早期隔离6个月	部分隔离	有母亲伙伴条件
接触的积极性	3.1*	3.4	8.5	12.6
运动的主动性	86.0	121.0	117.0	229.0
攻击	6.8	4.2	5.6	10.2
害怕-退缩	97.0	25.0	34.0	12.0

*10min内社交活动的时间(单位:s)

不能人为地剥夺儿童的正常生活环境,于是人们用类似剥夺环境与正常生活环境对比的方法进行研究。据报道,20世纪30年代后期,13名生活在孤儿院的孩子由别人领养,追踪考察这些领养儿童的智力发展情况,并与仍然生活在孤儿院,近似与社会隔离的未被领养儿童进行比较,结果如表6-4所示。

表6-4 变换环境对儿童智商的影响

组别(分开时年龄)	19个月	1年半后	2年半后	21年后	文化水平
实验班(13人)	63.4	91.8	101.4	全部自给	平均读完12年级
控制组(12人)	86.7	60.5	66.1	1人死亡4人需要照顾	平均读完4年级

研究者认为,造成控制组儿童智力低下的根本原因,在于孤儿缺乏必要的感知觉刺激和"应答性"环境。

五、儿童心理发展是遗传和环境相互作用的产物

我们认为遗传和环境都是儿童心理发展的必要的客观条件,他们之间的关系是复杂的,相互影响的。

1. 环境影响遗传物质因素的变化和生理成熟 在种系发展中,遗传的东西并不是一成不变的。人类本身就是在许多世代遗传和变异的辩证统一过程中进化而成的。

在加利福尼亚大学进行了白鼠学习走迷津的实验,按学习能力的强弱将白鼠分为聪明的一组和迟钝的一组,然后进行选择性繁殖,即分别进行组内交配,选取学走迷宫最"聪明"的和最"愚笨"的两端白鼠进行各自交配。经过持续的选择交配,繁殖到第9代时,已可以区分出两个品系的白鼠,聪明组中最迟钝的白鼠几乎与迟钝组中最聪明的白鼠一样聪明或者更聪明一些。类似的实验表明动物的某些后天获得性行为(如白鼠学习能力)可以遗传。

生理成熟主要是按照遗传的程序进行的,但是环境对生理成熟也有相当有力的影响。我们在环境作用的研究部分已经涉及,在此不再赘述。

2. 遗传素质及其后的生理发展制约着环境对儿童心理的影响 环境可以对遗传因素起一定的影响作用,但是环境不能从根本上改变遗传因素及儿童的生理成熟进程。反过来,遗传的特征对儿童接受环境的影响起制约作用。最常见的是儿童的性别、最初的气质特征、某些特殊才能的发展等。例如,一个新生儿总是带着各自不同的气质来到人间,环境教养就要适应他的气质要求,顺之则善,逆之则败。儿童最初反应的差异决定着成人对他们的不同态度。可以说是婴儿在塑造着父母的行为,反过来父母的行为又塑造着婴儿的行为。这就是说环境(成人的教养方式)中反映着婴儿本身的遗传(气质)要求。

3. 对影响儿童心理发展的客观因素应做具体的和综合的分析 所谓具体分析,是指在儿童心理发展的不同方面,遗传和环境起作用的情况有所不同。例如,对双生子的研究说明,在体格发育上,遗传因素的影响大大超过环境因素。在一些肌肉力量和对体育运动的适应能力上,则是环境因素常常大于遗传因素。

所谓综合分析,是指要避免片面地把遗传或环境的某种影响孤立起来。我们主张综合地看遗传和环境对儿童心理各个方面发展的作用。例如,关于儿童语言的发展,应该肯定人类遗传因素的作用,但语言环境又是儿童学习语言所不可缺少的。儿童语言的发展,既有赖于生理成熟的因素,又有赖于语言学习的因素,生理成熟是学习的前提,语言训练反过来又促进生理的成熟。

第四节 青年期的身心发展

青年期是儿童期到成年期的过度,但对生活中今天的青年人而言,其过度所经的时间,与过渡期间内其身心两方面所产生的变化,却完全异于往昔。在21世纪初,虽在心理学上早已出现青年期这个名词,但与现代心理学相比,在意义上有着很大的差异。因此,在讨论青年期的身心发展之前,先让我们看看生长对现代社会的青年人有哪些显著的特征。

一、现代人青年期的特征

现代的青年人,其身心发展之特征异于前人者,至少有以下五点。

(一) 青年期的期限不定

在心理学上对青年期的界定,是以个别生理、心理、社会三方面发展程度为标准。青年期的年龄下限,以个体性器官的成熟开始,其年龄上限,则以心智与社会发展成熟为止。由此可以想象的是,青年期不仅在性别上有很大的两性差异,而且在个别之间也会有很大的个别差异。有的小学中年级即进入青年期,有的到初中毕业尚未开始。青年期上限更不一致。现代人的青年期,其年龄上下限均有改变。

(二) 身心发展失去平衡

根据现代人的青年期上下限延伸的事实,可以想象的是,往昔的青年人其生理成熟较晚,心理成熟较早,而现代青年人的身心发展却呈相反趋势。根据调查研究,情形确实如此;往昔生活艰苦,儿童自幼参与成人生活,从事生产,人类的寿命较短,有些十几岁开始承担家庭生活的责任;其心理成熟较早。今天的青年人,身体早熟而心理晚熟的后果,形成身心发展失衡,其心智能力无法控制因身体成熟而衍生的冲动,这是今天青年行为问题增多的根本原因。

(三) 不连续文化下成长

传统农业社会中,人类文化是连续的,其人际关系是少变的,其生活方式是定型的。此外,在行为规范、道德标准、价值判断乃致宗教信仰等各方面,几乎都是代代相传,历久不变。因此,往昔的新生代,其成长过程多是在跟随父母的脚步中长大,不可能产生所谓"代沟"问题。现今都市工业化,社会多元化,而文化有时缺乏连续性,父子两代,甚至兄弟之间,其所处环境可能完全不同。如此,新生代成长过程中,在生活和知识上,就难免出现父母不能教子女,兄姊不能教弟妹的情形。由此可见,文化不连续的现象对新生代的成长将产生不利的影响。

(四) 自我追寻中感到困惑

对生长在现今社会的青年人而言,社会多元化,教育普及化,在前途发展上,个人的出路和选择机会也随之增多。同时,由于社会开放,青年人两性间交往与婚姻选择的自由,也较前大为增加,然而,这两方面的选择都需要能力,而身在不连续中长大的青年人,其自我追寻与适当选择的能力,却不易获得。于是,在客观出路广阔而主观条件不足的矛盾情境之下,多数青年人对自己的前途感到迷茫。

二、青年期的身体发展

青少年期身体发展主要表现在青春期,青少年身高、体重的急剧增长,以及第二性征的发育均在青春期发生。进入青年初期后,个体逐渐达到性成熟,青少年的心、肺、脑和神经系统等也继续发育,这些生理发育过程在青年初期结束时基本完成。青春期是个体生长发育的第二个高峰期。在这一时期,青少年的身体和生理功能都发生了急剧的变化,主要表现在身体外形的变化、体内功能的增强,以及性的发育和成熟三个方面,这就是青春期生理发育的三大巨变。

(一)身体外形的变化

青春期的少年身体发育很快,其身高、体重及面部等都发生了很大变化,这些变化使他们在外形上逐渐接近成人。

1. 身高的增长　青春期的少年外形变化最明显的特征就是身高的迅速增长。人身高的增长有两个高峰,第一个高峰发生在 1 岁左右,那时身高一般增加 50% 以上;第二个生长高峰就出现于青春期,在这个阶段,青少年身高增长异常迅速。据统计,在青春发育期之前,儿童平均每年长高 3～5cm,而在青春发育期,每年至少要长高 6～8cm,甚至可达到 10～11cm。

青春期男孩和女孩的身高变化是有差异的。男孩进入身高生长加速期的平均年龄是 13 岁左右,14 岁左右达到生长高峰,然后生长速度逐渐下降,到 15.5 岁时又退回到以前的生长速度。女孩的这一过程要先于男孩,大多数女孩从 9 岁左右开始进入身高生长加速期,12 岁左右达到生长高峰(图 6-3)。

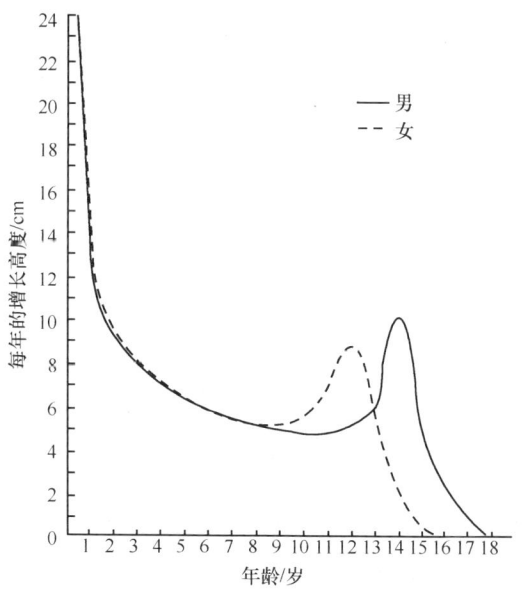

图 6-3　青春期男女少年身高增长速率

青少年身高增长的速度和时间是有个体差异的。这种差异不仅存在于男女之间,在城乡之间、地区之间,甚至在同一班级中的同龄人之间也存在着。例如,有些男孩的青春发育期开始于10.5岁,有些则迟至16岁;有些女孩的青春发育期开始于7.5岁,有些则在11.5岁才开始。这种差异属正常范围。从我国城乡男女青少年身高增长曲线可以看出,城乡两地男孩的身高增长有显著差异,12岁前,城市男孩的身高增长速度起伏变化,农村男孩的身高增长则缓慢上升。而女孩的身高增长不存在城乡差异,增长的趋势一致(图6-4)。

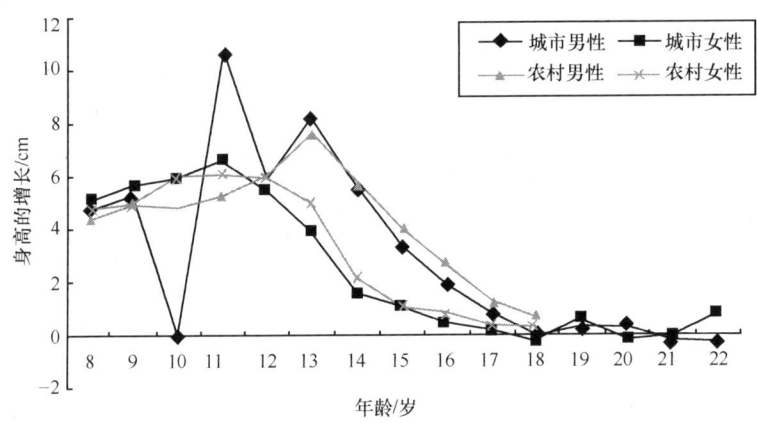

图6-4 我国城乡男女青少年身高增长曲线

(资料来源:中华人民共和国卫生部《2005中国卫生统计年鉴》)

2. 体重的增长 体重的增长反映出身体内脏的增大、肌肉的发达,以及骨骼的增长和变粗,也反映出营养及健康情况等,所以体重也是身体发育的一个重要标志。

处于青春发育期的青少年在体重上也有较大的发展变化。从我国城乡男女青少年体重增长曲线(图6-5)可以看出,男孩在12~14岁这段时间,体重增加最快,平均每年增长5.0kg,13岁是增长高峰,15岁以后增长速度迅速下降。女孩在11~13岁时体重增加最快,平均每年增长4.5kg,11~12岁是增长高峰,13岁后增长速度迅速下降。城乡差异不显著,增长趋势具有一定的一致性。

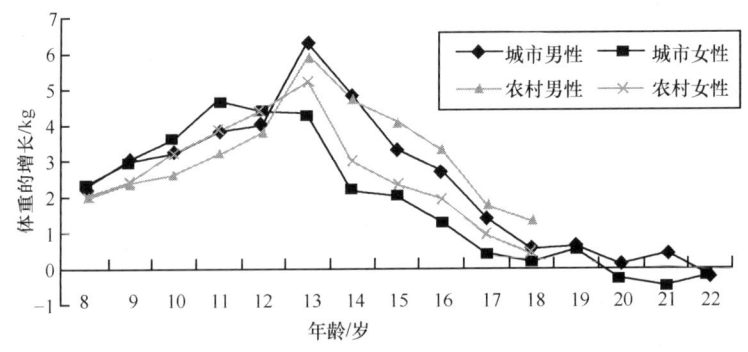

图6-5 我国城乡男女青少年体重增长曲线

(资料来源:中华人民共和国卫生部《2005中国卫生统计年鉴》)

3. 第二性征的出现 第二性征是性发育的外部表现,是青少年身体外形变化的重要标志。随着第二性征的出现,青少年开始从童年的中性状态进入到两性分化的状态。在男性身上,第二性征主要表现为喉结突出、嗓音低沉、体格高大、肌肉发达、唇部出现胡须、周身出现多而密的汗毛、出现腋毛和阴毛等。在女性身上,第二性征则表现为嗓音细润、乳房隆起、骨盆宽大、皮下脂肪较多、臀部变大、体态丰满、出现了腋毛和阴毛等。这些第二性征的出现使得男女青少年在外形上的差异日益明显。

4. 头面部的变化 进入青春期的少年,头面部的特点也发生了微妙的变化。童年期的面部特征在逐渐消失,以前较低的额部发际逐渐向头顶部及两鬓后移,嘴巴变宽,原来较为单薄的嘴唇开始丰满。而且,随着青春期身体其他部分骨骼的迅速增长,头部骨骼的增长速度却在显著减慢,童年期那种头大身小的特征逐渐被头身比例协调的身体形态所取代。

(二) 体内功能的增强

在青春发育期,个体体内的各种生理功能都在迅速增长并逐渐达到成熟。

1. 心脏压缩功能的增强 青春期少年的心血管系统出现了一些新的功能特点。

首先,在形态上,为了保证青春期生长发育突增的需要,作为人体运输系统的心血管系统也出现了第二次生长加速。在 9 岁时,儿童的心脏重量为出生时的 6 倍,在青春期开始后,则增长至 12~14 倍;同样,心脏密度也在青春期阶段成倍地增长。而且,由于青春期少年活动量的增加,构成心室壁的肌肉增厚,心肌纤维更富有弹力,这就为心脏每次收缩时能压挤出更多血液创造了条件。

其次,在功能方面主要表现为心律、脉搏开始减慢。这一方面是因为支配心脏活动的神经纤维已发育健全,能更有效地调节心脏活动;另一方面则是由于心脏本身功能的增强,使每次心搏所排出的血量增多,每分钟只需搏动 70~80 次便能满足机体的需求。由于心脏收缩力增强及内分泌系统变化的影响,使血压升高,青春期少年的高压一般为 90~110mmHg,低压为 60~75mmHg,已接近成人水平。心血管系统的生长发育存在着一定的性别差异,女孩在心脏重量、大小、每次收缩所排出的血量和血压等方面,均比男孩低 10% 左右,而心率、脉搏则比男孩快 8~10 次/分。

2. 肺的发育 在青春期,肺的发育也明显加速。12 岁左右,肺重量为出生时的 10 倍,肺小叶结构逐渐完善,肺泡容量增大,与呼吸有关的某些肌肉发育加快,使呼吸功能进一步加强。在整个青春期,肺活量将比青春期前增加 1 倍多,男女肺活量存在显著的差异。

3. 肌肉力量的增强 青春期少年体重的增加表明肌肉和骨骼发生了变化。在肌肉力量的发展水平上,男女之间也存在着明显的差异。

4. 大脑的发育 在量的方面,青春期少年脑重及脑容量的增长不显著,因为儿童在 10 岁以前,其脑重已为成人的 95%。但在质的方面,这时脑的发展则有较大进展。我国脑电波的研究表明,个体在 4~20 岁存在两个加速期,第一个发生在 5~6 岁,第二个发生在 13 岁左右,即青春期。神经系统也基本上与成人没有什么差异了,大脑皮质沟回组合完善,神经纤维完成髓鞘化。随着脑和神经系统的发育成熟,青少年的兴奋和抑制也逐渐趋于平衡。

(三) 性的发育和成熟

生殖系统是人体各系统中发育成熟最晚的,它的成熟标志着人体生理发育的完成。

1. 性激素的增多 性激素分泌是整个内分泌系统活动的一个重要内容。在青春期以前,无论男女,都仅分泌少量的性激素。进入青春期后,个体下丘脑的促性腺释放因子的分泌量增加,从而使垂体前叶的促性腺激素分泌也增加,进而导致性腺激素水平相应提高,促进性腺发育。女性的性腺为卵巢,男性的性腺为睾丸。性腺的发育成熟使女性出现月经,男性发生遗精。

2. 性器官的发育 女性的性器官包括卵巢、子宫及阴道。在青春期前,发育缓慢,8~10岁发育加快,以后的发育速度则直线上升。子宫的发育从10岁始到18岁止,长度增加了1倍,其形状及各部分的比例也有所改变。

男性的性器官包括睾丸、附睾、精囊、前列腺及阴茎。男性的性器官发育比女性要晚些,在10岁以前发育很慢,进入青春期后发育加速。

3. 性功能的发育 性器官的迅速发育使青春期女孩出现月经。月经初潮的年龄一般在10~16岁。女性月经初潮出现得早与晚,与其所处的地理环境、气候条件、经济水平及营养状况等因素有关。月经初潮后,由于卵巢发育尚未完全成熟,因而在一个阶段内,月经周期并不规律,一般在1年内可达正常。

男性首次遗精的时间也有个别差异,一般发生于12~18岁。影响青春期少年生长发育的因素很多,如遗传、营养、运动、生活条件、气候环境等。目前,由于科学技术的高度发展、现代文明的普及及全球性气候条件的变化等,个体青春发育期普遍存在提前的趋势,这使青春期少年身心发展的不平衡性及矛盾性更加明显地表现出来。进入青年初期后,个体身体的发育基本达到稳定状态。身高、体重增长速率减慢,18岁以后个体的身高增加得很少。其他生理结构和功能也在此阶段发展减缓,并在不同的时段进入成熟状态。心肺、肌肉、骨骼等的生理功能大概19岁达到成人水平;大脑和神经系统处于缓慢持续的发展过程中,要到20~25岁之后才达到完全成熟。

三、心理发展的一般特点

(一) 埃里克森的心理社会发展论

埃里克森是一位没有高等学位的理论家。事实上,埃里克森没有接受过高中以上的正规教育(Woodward,1994),但是他尽其所能成功地爬上学术阶梯,获得哈佛大学教授职位。由于缺乏正规训练,他并没有致力于常规的心理学学术传统。他的观点在很大程度上是跨学科的,他独具匠心地将弗洛伊德的观点和人类学语言相融合。一些评论者可能认为,他的研究方向更多的是哲学而不是科学。然而,他又不像弗洛姆和其他从事心理科学转向哲学的研究者,埃里克森的一些概念已经得到科学证实。

尽管埃里克森忠实于弗洛伊德,但是他的基本概念是高度原创的,更多的来源于常识语言,而不是精神分析晦涩的专业术语。这一倾向使他的观点没有更好地与其他理论家的多数概念联系起来。他最具有创造性的观点就是"同一性危机",这是他迈入几乎尚未有人探索的人格领域的媒介。奥尔波特的确曾经论述过"成熟人格",但只有埃里克森去推广了人格发展并不终止于青春期这一观点。虽然奥尔波特关注到成人生活,但却没有设计发展阶段,而埃里克森则详细说明了成人发展的三个阶段。正是由于他拓展了人格心理学的发展前景,他才会扩宽人们成年之后生命发展的视界。

人的生理发展与心理发展是密切联系的。在人一生的大部分时间里,生理发展与心理发展的速度是相互协调的,因而使个体的身心处于一种平衡、和谐的状态。青少年期作为个体发展的过渡时期,生理、认知和社会性方面均产生了巨大的变化,使得其心理发展表现出一些与其他阶段不同的特点,这些特点又集中体现在青春期。青春期是人类个体生命全程中的一个极为特殊的阶段,这个阶段的青少年生理发育十分迅速,在2~3年内就能完成身体各方面的生长发育任务并达到成熟水平,但其心理发展的速度则相对缓慢,心理发展水平尚处于从幼稚向成熟发展的过渡时期。这样,青春期少年的身心就处在一种非平衡状态,引起种种心理发展上的矛盾。

心理社会发展理论,是生理欲望和作用在个体身上的文化力量的一种结合(Erik. Erikson,1970)。它具有渐成说的特征:各阶段逐渐产生"一个阶段在时间和空间上紧接着另一阶段"(Evens,1967,P294)。每个阶段都建立在前一阶段之上,其最基本的概念就是与这八个阶段密切相连的。

(二) 童年阶段

1. 婴儿期(0~1.5岁)　基本信任和不信任的心理冲突。

此时不要认为婴儿是一个不懂事的小动物,只要吃饱不哭就行,这就大错特错了。此时是基本信任和不信任的心理冲突期,因为这期间孩子开始认识人了,当孩子哭或饿时,父母是否出现则是建立信任感的重要问题。信任在人格中形成了"希望"这一品质,它起着增强自我的力量。具有信任感的儿童敢于希望,富于理想,具有强烈的未来定向。反之则不敢希望,时时担忧自己的需要得不到满足。埃里克森把希望定义为:"对自己愿望的可实现性的持久信念,反抗黑暗势力、标志生命诞生的怒吼"。

2. 儿童期(1.5~3岁)　自主与害羞(或怀疑)的冲突。

这一时期,儿童掌握了大量的技能,如爬、走、说话等。更重要的是他们学会了怎样坚持或放弃,也就是说儿童开始"有意志"地决定做什么或不做什么。这时候父母与子女的冲突很激烈,也就是第一个反抗期的出现,一方面父母必须承担起控制儿童行为使之符合社会规范的任务,即养成良好的习惯,如训练儿童大小便,使他们对肮脏的随地大小便感到羞耻,训练他们按时吃饭,节约粮食等;另一方面儿童开始了自主感,他们坚持自己的进食、排泄方式,所以训练良好的习惯不是一件容易的事。这时孩子会反复应用"我"、"我们"、"不"来反抗外界控制,而父母决不能听之任之、放任自流,这将不利于儿童的社会化。反之,若过分严厉,又会伤害儿童自主感和自我控制能力。如果父母对儿童的保护或惩罚不当,儿童就会产生怀疑,并感到害羞。因此,把握住"度"的问题,才有利于在儿童人格内部形成意志品质。埃里克森把意志定义为:"不顾不可避免的害羞和怀疑心理而坚定地自由选择或自我抑制的决心"。

3. 学龄初期(3~5岁)　主动对内疚的冲突。

在这一时期如果幼儿表现出的主动探究行为受到鼓励,幼儿就会形成主动性,这为他将来成为一个有责任感、有创造力的人奠定了基础。如果成人讥笑幼儿的独创行为和想象力,那么幼儿就会逐渐失去自信心,这使他们更倾向于生活在别人为他们安排好的狭窄圈子里,缺乏自己开创幸福生活的主动性。当儿童的主动感超过内疚感时,他们就有了"目的"的品质。埃里克森把目的定义为:"一种正视和追求有价值目标的勇气,这种勇气不为幼儿的失利、罪疚感和惩罚的恐惧所限制"。

4. 学龄期(6~12岁)　勤奋对自卑的冲突。

这一阶段的儿童都应在学校接受教育。学校是训练儿童适应社会、掌握今后生活所必需的知识和技能的地方。如果他们能顺利地完成学习课程,他们就会获得勤奋感,这使他们在今后的独立生活和承担工作任务中充满信心。反之,就会产生自卑。另外,如果儿童养成了过分看重自己的态度,而对其他方面木然处之,这种人的生活是可悲的。埃里克森说:"如果他把工作当成他唯一的任务,把做什么工作看成是唯一的价值标准,那他就可能成为自己工作技能和老板们最驯服和最无思想的奴隶。"当儿童的勤奋感大于自卑感时,他们就会获得有"能力"的品质。埃里克森说:"能力是不受儿童自卑感削弱的,完成任务所需要的是自由操作的熟练技能和智慧。"

(三) 青春期阶段

青春期(12~18岁):自我同一性和角色混乱的冲突。

一方面青少年本能冲动的高涨会带来问题,另一方面更重要的是青少年面临新的社会要求和社会的冲突而感到困扰和混乱。所以,青少年期的主要任务是建立一个新的同一感或自己在别人眼中的形象,以及他在社会集体中所占的情感位置。这一阶段的危机是角色混乱。"这种统一性的感觉也是一种不断增强的自信心,一种在过去的经历中形成的内在持续性和同一感(一个人心理上的自我)。如果这种自我感觉与一个人在他人心目中的感觉相称,很明显这将为一个人的生涯增添绚丽的色彩"(埃里克森,1963)。

埃里克森把同一性危机理论用于解释青少年对社会不满和犯罪等社会问题上,他说:如果一个儿童感到他所处于的环境剥夺了他在未来发展中获得自我同一性的种种可能性,他就将以令人吃惊的力量抵抗社会环境。在人类社会的丛林中,没有同一性的感觉,就没有自身的存在,所以,他宁做一个坏人,或干脆死人般的活着,也不愿做不伦不类的人,他自由地选择这一切。随着自我同一性形成了"忠诚"的品质。埃里克森把忠诚定义为:"不顾价值系统的必然矛盾,而坚持自己确认的同一性的能力。"

(四) 成年阶段

1. 成年早期(18~25岁) 亲密对孤独的冲突。

只有具有牢固的自我同一性的青年人,才敢于冒与他人发生亲密关系的风险。因为与他人发生爱的关系,就是把自己的同一性与他人的同一性融合一体。这里有自我牺牲或损失,只有这样才能在恋爱中建立真正亲密无间的关系,从而获得亲密感,否则将产生孤独感。埃里克森把爱定义为"压制异性间遗传的对立性而永远相互奉献"。

2. 成年期(25~65岁) 生育对自我专注的冲突。

当一个人顺利地度过了自我同一性时期,以后的岁月中将过上幸福充实的生活,他将生儿育女,关心后代的繁殖和养育。他认为,生育感有生和育两层含义,一个人即使没生孩子,只要能关心孩子、教育指导孩子也可以具有生育感。反之没有生育感的人,其人格贫乏和停滞,是一个自我关注的人,他们只考虑自己的需要和利益,不关心他人(包括儿童)的需要和利益。

在这一时期,人们不仅要生育孩子,同时要承担社会工作,这是一个人对下一代的关心和创造力最旺盛的时期,人们将获得关心和创造力的品质。

3. 成熟期(65岁以上) 自我调整与绝望期的冲突。

由于衰老过程,老人的体力和健康每况愈下,对此他们必须做出相应的调整和适应,所以被称为自我调整对绝望感的心理冲突。

当老人们回顾过去时,可能怀着充实的感情,也可能怀着绝望走向死亡。自我调整是一种接受自我、承认现实的感受;一种超脱的智慧之感。如果一个人的自我调整大于绝望,他将获得智慧的品质,埃里克森把它定义为:"以超然的态度对待生活和死亡。"老年人对死亡的态度直接影响下一代儿童时期信任感的形成。因此,第8阶段和第1阶段首尾相连,构成一个循环或生命的周期。

埃里克森认为,在每一个心理社会发展阶段中,解决了核心问题之后所产生的人格特质,都包括了积极与消极两方面的品质,如果各个阶段都保持向积极品质发展,就算完成了这阶段的任务,逐渐实现了健全的人格,否则就会产生心理社会危机,出现情绪障碍,形成不健全的人格(表6-5)。

表6-5 埃里克森心理社会发展八个阶段和一个新阶段

阶段	危机	解决	未解决	品质
婴儿期	基本信任对基本不信任	需求得到满足的信心	又不确定的满足导致的愤怒	希望
儿童早期	自主对羞怯和疑虑	来源与自我控制的独立	又被控制导致的疏远	意志力
学前期	主动对内疚	作用与欲望、冲动和潜能	良心一直追求	目的
学龄期	勤奋对自卑	集中注意力与"工具世界"	缺乏技能和地位	能力
青春期	同一性对同一性混乱	确信一致性可由他人看出	先前同一性发展失败	忠诚
成年早期	亲密对孤独	与他人的同一性相融合	没有亲密关系	爱
成年中期	生产感对无用感	对社会和社区做贡献	疏远感	满足感
成年晚期	繁殖对停滞	指导下一代成长	成熟过程的延滞	关心
老年期	整合对失望	情感的整合	"时光是短暂的"	智慧

(五)评价

埃里克森的人生经历是一个传奇。他仅接受了高中水平的教育,却成功地担任了哈佛大学教授这一崇高职位。更重要的是,他构建的理论不仅深远地影响了学术领域,也影响了公众。在20世纪60年代期间,埃里克森因其关于青少年与叛逆的观点而成名。他断言人们将会以特定的方式继续成长和变化,这一断言不仅为成千上万的老年人敞开了新的前景,而且也使人格领域的研究发生了革命性的变化。在埃里克森之前,人们教条地认为人格最迟定型于青少年期晚期。埃里克森独特而又创意的观点,使其他理论家开阔了眼界,看到了中年期以后人格发展的可能性。心理学家再也不会忽视老年人,或者认为他们生活中目前发生的一切事情都是由他们早期生活事件预先决定的。就像阿德勒、霍尼、弗洛姆、罗杰斯、班杜拉和奥尔波特一样,埃里克森因自己本身而著称。身为大学教师而没有大学学历,这在某种程度上就像作为政治家却没有政治权利的捐客的支持一样。如同阿德勒和默里一样,埃里克森将自身的心理缺陷转变成了不仅对自身有助益而且对无数他人也有价值的理论观点。如果我们采纳他的观点,尊重各年龄段人的目标和愿望,那么我们将朝着无论在何处都要尊重所有人这一方向迈出了巨大一步。新的证据表明,人们经历了与埃里克森的渐成阶段相似的阶段。进一步来说,埃里克森即时相处的两个概念已经得到了研究支持:勤奋和繁殖。

局限:埃里克森缺乏高级训练,在其思维上很容易表现出来。他的理论缺乏特定的逻辑一致性。例如,对于他为什么选择"自主对羞怯和疑虑"这一标志来描述儿童早期的发展特征就不是很清楚。同样,在游戏学前期为什么选择"主动对内疚"?"自主"有一定逻辑合理性,但为什么"羞怯和疑虑"是代表儿童早期危机的另一面?"内疚"、"自卑"或者其他表示也可能同样适合。"自主"的对立面是"依赖",而"主动"也可能对应着"依赖"。"能力"看起来和"意志力"一样也符合儿童早期特征,这可能是陈词滥调,每个人都知道。有人可能还会问,为什么会是八个阶段?尽管埃里克森激励了几名研究者及许多一般的民众,但他显然未能征召到著名的追随者继续他的事业。如果有的话,也没有几个埃里克森主义者,至少在著名心理学家中没有,或许是因为他的理论与其他理论相比缺乏实践意义。他的理论没有涉及与之相关的治疗,而且不像其他理论,埃里克森的理论相当少地被用于解决现实问题。

四、生理变化对心理活动的冲击

随着青春期的到来,青少年在生理上出现了急剧的变化,这必然给他们的心理活动带来巨大影响。这种影响主要来自两个方面。首先,由于青少年身体外形的变化,使他们产生了成人感,因此,在心理上他们也希望能尽快进入成人世界,希望尽快摆脱童年时的一切,寻找到一种全新的行为准则,扮演一个全新的社会角色,获得一种全新的社会评价,重新体会人生的意义。就在这种种新的追求中,他们感到种种困惑。其次,由于性的成熟,青少年对异性产生了好奇和兴趣,萌发了与性相联系的一些新的情绪体验,滋生了对性的渴望,但又不能公开表现这种愿望和情绪,所以,体会到一种强烈的冲击和压抑。

青春期少年的心理活动往往处于矛盾状态,其心理水平呈现半成熟、半幼稚性。其成熟性主要表现为他们产生了对成熟的强烈追求和感受,这来自于身体的快速发育及性的成熟。在这种感受的作用下,他们在对人、对事的态度、情绪情感的表达方式,以及行为的内容和方向等方面都发生了明显的变化,同时也渴望社会、学校和家长能给予他们成人式的信任和尊重。其幼稚性主要表现在认知能力、思想方式、人格特点及社会经验上。青少年的思维虽然已经是以抽象逻辑思维为主要形式,但水平还较低,处于从经验型向理论型过渡的时期;由于辩证思维刚开始萌发,所以,他们在思想方法上仍带有很大的片面性及表面性;在人格特点上,还缺乏成人那种深刻而稳定的情绪体验,缺乏承受压力、克服困难的意志力;社会经验也十分欠缺。由于青春期少年心理上的成人感及幼稚性并存,所以,表现出各种心理冲突和矛盾,具有明显的不平衡性。

1. 反抗性与依赖性 由于青春期少年产生了一种强烈的成人感,进而产生了强烈的独立意识。他们对一切都不愿顺从,不愿听取父母、教师及其他成人的意见。在生活中,从穿衣戴帽到对人对事的看法,常处于一种与成人相抵触的情绪状态中。但是,在青少年的内心中并没有完全摆脱对父母的依赖,只是依赖的方式较之过去有所变化。童年时,对父母的依赖更多的是在情感和生活上;青春期时,对父母的依赖则表现为希望从父母那里得到精神上的理解、支持和保护。存在于少年身上的反抗性也带有较复杂的性质。有时是想通过这种途径向外人表明,他已具有了独立人格;有时又是为了做个样子给自己看,以掩饰自己的软弱。实际上,在生活中的许多方面,他们还是需要成人帮助的,尤其是在遭受挫折的时候。

2. 闭锁性与开放性 进入青春期的少年渐渐地将自己内心封闭起来。他们的心理生活丰富了,但表露于外的东西减少了,加之对外界的不信任和不满意,又增加了这种闭锁性的程度。但与此同时,他们又感到非常孤独和寂寞,希望能有人来关心和理解他们。他们不断地寻找朋友,一旦找到,就会推心置腹,毫不保留。因此,青春期少年在表现出闭锁的同时,又表现出很明显的开放性。

3. 勇敢与怯懦 在某些情况下,青春期的少年似乎能表现出很强的勇敢精神,但这时的勇敢带有莽撞和冒失的成分,具有初生牛犊不怕虎的特点。这是因为:首先,他们在思想上很少受条条框框的限制和束缚,在主观意识中没有过多的顾虑,常能果断地采取某些行动;其次,由于他们在认识能力上的局限性,使其经常不能立刻辨析出某一危险情景。但在另外一些情况下,这些少年也常常表现得比较怯懦。例如,他们在公众场合常羞羞答答,不够坦然和从容,未说话先脸红的情况在少男少女中是常见的。这种行为上的局促是与他们缺少生活经验及这个年龄阶段所特有的心理状态分不开的。

4. 高傲与自卑 由于青春期的少年尚不能确切地评价和认识自己的智力潜能和性格特征,很难对自己做出一个全面而恰当的估价,而是凭借一时的感觉对自己轻下结论,这样就导致他们对自己的自信程度把握不当。几次甚至一次偶然的成功,就可以使他们认为自己是一个非常优秀的人才而沾沾自喜;几次偶然的失利,就会使他们认为自己无能透顶而极度自卑。在青春期的同一个体身上,这两种情绪往往交替出现。

5. 否定童年与眷恋童年 进入青春期的少年,随着身体的发育成熟,成人意识越发明显。他们认为自己的一切行为都应该与幼小儿童的表现区分开来,力图从各个方面对自己的童年加以否定,从兴趣爱好到人际交往方式,再到对问题的看法,他们都想抹去过去的痕迹,期望以一种全新的姿态出现于生活的各个方面。但在否定童年的同时,在这些少年的内心中又留有几分对自己童年的眷恋。他们留恋童年时那种无忧无虑的心态,留恋童年时那种简单明了的行为方式及宣泄情绪的方法,尤其当他们在各种新的生活和学习任务面前感到惶惑的时候,特别希望仍能像小时候一样,得到父母的关照。

以上所列的这几方面心理发展的矛盾性特点,都可归结到青春期所具有的既成熟又幼稚这一根本性特点上。进入青年初期后,青少年的生理发展趋于平缓,其思维、社会性逐渐发展并成熟,青少年的心理发展虽然还具有一定的动荡性和矛盾性,但不再显著。他们的独立性逐渐增强,获得了成人感;个性逐渐定型;形成了良好的自我意识、社会适应能力,价值观、道德观变得成熟,已做好了进入心理成熟而稳定的成人阶段的各方面的准备。

第五节 成年后的身心发展与生活适应

一般成年期长达50年之久,在这段漫长的成年期内,一般人都经历到完成学业,从事职业活动,过经济独立生活,结婚养育子女,参与社会事业,在经历中有成功与失败,也有欢乐与痛苦。近年来,老年人口增加,社会变迁迅速,成年人生活适应困难,结果影响发展心理学内容改变,人们逐渐重视研究人生全程的发展心理学。

一、成年后的生理发展

如果从人类的身体功能看,青年期是体能发展的高峰,成年期一开始,体能的效率就开始下降。不过,人类体能下降的速度,事实上并不如一般人想象的那么快速,一个50岁身体健康的人，他能够负担与20岁年轻人同样的工作；在肌肉活动的速度上，可能有年龄上的差异，但在工作的品质上，可能成年人的成绩反而较佳。成年后身体技能上最明显的下降时视力与听力，50岁以上者多半在阅读时需戴老花眼镜，60岁以上者多半会有听力减退现象。

成年期生理上最显著的改变是停经期（menopause）：一般女性的停经期，为45~55岁。称女性月经停止为停经期，是一种比较狭义的说法。本词的另一广义说法，称之为更年期。在含义上也包括男性在内，男性更年期的出现，一般较女性延迟10年，为55~65岁。女性更年期以后，即不再有怀孕的可能，而男性则仍然具有生育的能力。因此，一般人难免产生错觉，认为女性较男性容易衰老，甚至误解更年期以后的妇女，已丧失性生活的能力或兴趣。事实绝非如此。不过，有些妇女因停经期开始，自觉丧失生育能力，以致情绪低落。这种现象称为更年期抑郁。更年期抑郁症是形成中年危机的主要原因之一。在现今社会中，中年危机的问题相当普遍，心理学家们认为中年危机与更年期生理上的变化并无必然关系，即中年危机的产生主要是个人心理适应上问题。

二、成年后的心理发展

成年后的心理发展包括了人生的八个阶段中的成年期、中年期和老年期三个阶段。而此三个阶段心理发展的特征分别表示两极相对的形式：友爱亲密对孤独疏离（成年期）；精力充沛对颓废迟滞（中年期）；完美无憾对悲观绝望（老年期）。当然，这只是一种概括性的说法，并不指所处于非此即彼的两个极端，而是指同属于同一阶段的人，包括在两极端性的心理特征之内。

另一个常为一般人关心的成年后心理发展的问题是成年后的心智发展是否随个人年龄的增长而下降。以往，一般人对此问题持肯定的看法。原因是来自两类支持：其一，根据日常生活经验，成年以后的记忆力减退，记忆力减退自然会使得成年人感到学习困难。学习能力一向被视为智力的指标。由于成年后学习能力减退的事实，于是就推论解释成年后的智力将随年龄的增加而降低。其二，根据对成年与青年实施同样智力测验的结果来比较，成年后的智力，确实有随年龄增加而下降的趋势。现在的问题是：以上两类虽然存在，但此事实是否就代表真相？现代心理学上有了新的看法，简述以下两点。

第一，适用于儿童或青少年的智力测验未必适用于成年。个人智商是一个数字，此一数字所代表的不是一个绝对值，而是一个相对值；代表在同类人的团体中个人所居的相对位置，因此，将适用于青少年的智力测验对成年人实测并比较其结果，就测验标准化与效度的观点看，是不合理的。

第二，成年人的智力和记忆力未必与青少年属于同一性质。按现代心理学上对智力的理论解释，有的学者认为，人类的智力有两类：一类为流动智力，另一类为固定智力。前者指个体在面对需要辨别、认知、推理、判断的新情境中，在迅速与准确的要求下，所表现的以短期记忆为基础的抽象思考能力；后者指个体在面对问题索解情境中，以长期记忆为基础，综合个人经验与专长知识所表现的深度思考能力。智力性质既不相同，在思考时经历记忆方式也不相同，又怎能确认成年的智力与记忆力随年龄增加而降低呢？

三、成年后的生活适应

成年后到中年阶段，与很多人在生活适应上趋于悲观消极。从心理健康的观点而言，消极的生活适应有害无益,只有持乐观、积极的态度,才会使成年后50多年的漫长岁月,过得更有意义。

中国人一向将寿命的长短归之于天命,故而恭维长寿老者称"颐享天年",其实,影响寿命长短三类因素中,只有一项与家庭背景勉强称得上天命,而寿命增减的主要因素在于个性和生活方式。

在个性和生活方式中,含有少数属于个人不得已的因素,如婚姻关系,多少也会影响寿命年岁增减,但真正影响寿命减少最多的是不良习惯,如果将这些不良习惯的负面影响加在一起,那就会使人在寿命上缩短30多年!其中吸烟一项,居然可能夺走一个人12年的生命。

思 考 题

1. 儿童早期就已经表现出了亲社会行为,通过哪些方法可以进一步发展这些行为,使之内化为个体的道德行为?
2. 如何有效地控制、调节各种环境因素的影响,以减少攻击行为的负面效应?
3. 阐述儿童认知发展与道德发展之间的关系。
4. 试运用皮亚杰、科尔伯格的道德发展理论分析幼儿德育的现状。

第七章 需要与动机

第一节 需　要

一、需要的概念

需要是在内外条件刺激下,有机体感到某种缺乏而力求获得满足的心理倾向,它是有机体自身和外部生活条件的要求在头脑中的反映。需要总是指向某种东西、条件或活动的结果等,具有周期性,并随着满足需要的具体内容和方式的改变而不断变化和发展。

对于人来说,需要是人脑对生理需求和社会需求的反映——即人的物质需要和精神需要两个方面。它既是一种主观状态,也是一种客观需求的反应。其对象既包括物质的东西,如衣、食、住、行,也包括精神的东西,如信仰、文化、艺术、体育;既包括个人生活和活动,如个人日常的物质和精神方面的活动,也包括参与社会生活和活动及这些活动的结果。例如,通过相互协作,带来物质成果,通过人际交往,沟通感情,带来愉悦和充实。

人类的需要和动物的需要是有本质区别的。人的需要的对象和满足需要的方式,受具体的社会历史条件的制约,具有社会性;同时人具有意识能动性,能调节和控制自己的需要。人为了求得个体和社会的生存和发展,必须要求一定的事物,例如,食物、衣服、睡眠、劳动、交往等。这些需求反映在个体头脑中,就形成了他的需要。需要越强烈、越迫切,其活动动机就越发明显,同时,人的需要活动是在不断产生和变化的,当通过活动使原有需要得到满足后,又会产生新的需要,从而推动人类社会不断地向前发展。

二、需要的种类

人的需要是人对机体缺乏的一种主观体验,是多种多样、极其复杂的,它是一个多维度、多层次的结构系统,可以按照不同的标准对它们进行分类。目前学界主要根据需要的起源和对象进行划分,按照起源划分为生理需要和社会需要,生理需要是为保存和维持有机体生命和种族延续的身体需要,是人类最原始,最基本的需要。社会需要是个体发展和完善所需的高级需要,包括爱与归属的需要、尊重的需要、自我实现的需要。按需要的对象划分,需要包括物质需要和精神需要,物质需要是指人对物质对象的需求,精神需要是指人对社会精神生活及其产品的需求。对需要的分类,只具有相对的意义,如为了满足求知的精神需要就离不开对书、笔等学习工具的物质需要;对食物的需要虽然是生理需要,但其对象的性质又是物质的。因此,不同种类的需要之间是既有区别又密切联系的。在此,我们仅从生物性-社会性标准讨论人的需要划分。

(一) 生物性需要

生物性需要是指保存和维持有机体生命和延续种族的一些需要,如对饮食、运动、休息、睡眠、觉醒、排泄、避痛、配偶、后嗣等的需要。动物也有这类需要,所以也称生理性需要或原发性需要。

1. 食物 古语中曾有"民以食为天",自古以来,食物是人生存的根本,食物是能够满足机体正常生理和生化需求,并能延续正常寿命的物质。在日常生活中,我们可能都有过这样的经历:如果错过了平时进食的时间,就会感到饥饿,饥饿达到一定程度就会产生进食需要。现已证实,引起饥饿的实际刺激来自胃肠的感受冲动(如空胃运动)和血糖水平的降低。在进食调节中扮演重要角色的是下丘脑。下丘脑的外侧核和腹内侧核负责调节有机体的摄食反应,被认为是饥饿、进食的生理机制。如果对动物的下丘脑外侧核给予弱电流刺激,即使刚刚吃饱,动物仍会继续进食;如果下丘脑外侧核遭到完全损坏,动物则出现无食欲、拒绝进食等症状,直至饿死。因此,下丘脑外侧核被看作摄食中枢(feeding center)。如果对动物的下丘脑腹内侧核用弱电流进行刺激,即使长时间不进食,动物也会从食物面前走开;如果下丘脑腹内侧核遭受损坏,动物就会产生旺盛的食欲,摄入更多的食物,从而使体重大增。因此,下丘脑腹内侧核被看作饱中枢(satiety center)。用埋藏在脑内的细小导管向下丘脑这两个部位注射化学物质——高浓度盐溶液(兴奋剂),也产生同样的效应。人们根据这些结论提出了摄食中枢机制的双重中心模型学说。摄食中枢和饱中枢的作用是交互抑制的,其中摄食中枢是最基本的。此外,它们对摄食行为的控制可分为两种作用系统:短期控制和长期控制。短期控制是指控制每餐或每天的进食量,长期控制是指在相当长的时期内控制食量以保持体重的恒定。下丘脑对饮食的短期控制受到多种因素的影响,其中血液中的血糖水平、胃充实与否及体温是三个主要变量。现已发现,如果血糖浓度和大脑温度降低、胃壁运动增强,就会引起下丘脑外侧核细胞发生反应,产生进食行为;相反,如果血糖浓度和大脑温度升高、胃部膨胀,则会引起下丘脑腹内侧核细胞发生反应,促使进食行为停止。另外,为了保持恒定的体重,下丘脑腹内侧核和外侧核又承担着饮食的长期控制,但是它们对体重"标准点"的效应是相反的。腹内侧核受损坏会提高体重的标准点;外侧核受损会降低体重的标准点。

进食需要的产生并不完全是由下丘脑和体内的血糖浓度、胃充实与否及体温等因素控制的。许多外部的因素也会影响食欲的产生和存在。例如,食物的色、香、味、形状,进食的习惯时间,对食物的喜好习惯及社会文化等因素都会影响人们的进食需要。

2. 饮水 水是万物生命之源,参与生命运动、帮助消化和新陈代谢、排泄废物、排除有害毒素、润滑关节、平衡体温、维持有氧呼吸等。体内如果缺少水分且不及时补充,就会引起体液量减少,细胞外液的渗透压升高,这样,细胞内液的水分也会向外渗出而减少。由此产生的缺水信息通过两条路径到达控制饮水的中枢——该中枢的某些细胞直接感受和通过外周感受器(口腔及喉头)将信息传至中枢,并通过两种途径进行调节——增加饮水量和减少排尿量。

调节饮水行为的中枢在下丘脑。下丘脑中有两种特殊的神经细胞控制着饮水需要。一是渗透压感受器。它对细胞脱水反应敏感,细胞脱水后形状发生变化的物理信息所引发的神经冲动传至大脑皮质,就产生了饮水需要,同时它们也刺激脑垂体释放抗利尿激素(ADH),迫使肾脏从尿液中重新吸收水分进入血管。二是测量容量感受器。它对血液容量减少起反应,血液容量减少会引起肾脏分泌高压蛋白酶原,该蛋白酶原能释放血管紧张素,到达下丘脑的血管紧张素引起测量容量感受器的兴奋,从而产生饮水的需要。对饮水需要的控制除了下丘脑和内分泌之外,其他很多变量都会影响人们的饮水行为,如个人的饮食习惯、情绪和社会风俗等。

3. 睡眠和觉醒 都是生理活动所必要的过程,只有在觉醒状态下,人体才能感受外界的各种刺激,并主动地寻求刺激,探索外界环境,操弄周围事物,进行劳动和其他活动;而通过睡眠,人体才能恢复精力和体力,从而保持良好的活动状态。当睡眠需要发生时个体就产生瞌睡,迫使个体由活动趋向于休止,保证人体的精力和体力得到恢复,于睡眠后保持良好的觉醒状态。如果强行剥夺睡眠数天,就会严重影响人的健康,甚至导致疾病。

17世纪,人们才开始研究睡眠的脑机制。早期的理论认为睡眠是一种被动的过程。近期,研究者开始深入到脑的内部,发现睡眠不是觉醒状态的简单终结,而是中枢神经系统内发生的一个主动过程。睡眠与觉醒状态的发生和维持与脑干的网状激活系统及其他一些脑区域的神经控制有密切的关系,同时也与脑内神经化学递质的动态变化有密切关系。例如,如果在脑桥中部切断脑干,动物就处于长期的觉醒状态而很少睡眠。刺激动物颞叶梨状区、扣带回、视前区前部等边缘系统,可通过下行神经通路作用于低位脑干而诱发睡眠。参与睡眠与觉醒的中枢递质有多种并且相互关系也较复杂。其中前脑中的去甲肾上腺素(NE)和5-羟色胺(5-HT)似乎是其中的一对主要矛盾。在脑内 NE 含量保持不变或增高的情况下,降低5-HT 含量即产生失眠;在脑内5-HT 含量正常或增高情况下,降低 NE 含量即产生多眠。脑内的 NE、5-HT 含量在睡眠和觉醒的生理调节中起着重要的作用(图7-1、图7-2)。

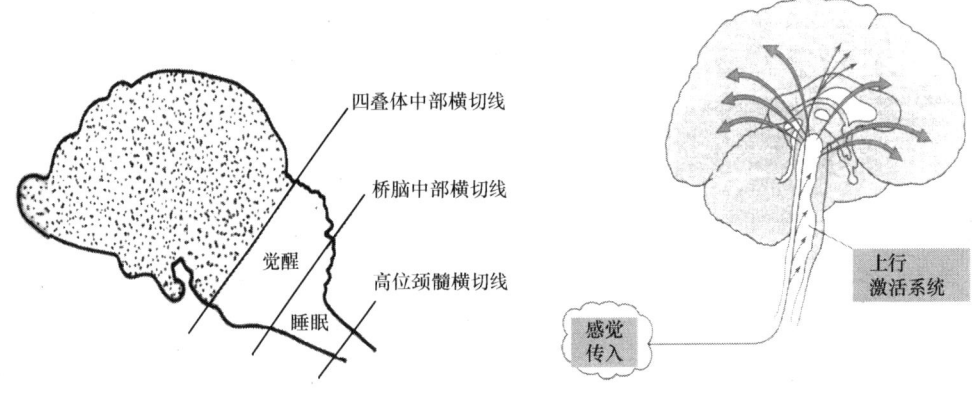

图7-1 睡眠觉醒中网状结构作用示意图　　图7-2 上行激活系统

4. 性需要 与饮食需要、睡眠需要有许多不同之处。性需要不像饮食需要、睡眠需要那样是维护个体生存所必需的,它是维持种族延续所必需的;性需要也不像饮食需要、睡眠需要那样是由个体内部的某种缺乏所引起,是恢复能量的过程,而是消耗能量的过程。

性需要与性激素具有直接关系。性激素的作用表现为两个方面。一是激发性行为。在性成熟期,雄性个体的睾丸和雌性个体的卵巢都会分泌性激素,分别称为雄激素(androgen)和雌激素(estrogen)。性激素的分泌刺激个体产生性需要和性行为。二是促进男性和女性第二性征(男性表现为胡须、突出的喉头、高大的体格和低沉的声音等,女性表现为发达的乳房、宽大的骨盆、丰富的皮下脂肪和高调的声音等)和附性器官(雄性的附睾、输精管、前列腺、精囊等,雌性的输卵管、子宫、阴道等)的发育。如果个体在幼年时被阉割了睾丸,其附性器官就不能发育成熟,也不会出现第二性征,致使性需要和性行为丧失。但是,如果个体发育成熟后实施阉割,对其性行为的影响则视个体所属种群的不同而有所不同。例如,雄鼠被阉割后其性行为完全丧失;雄狗被阉割后其性行为仍能延续一段时期;大多数灵长类动物的性行为在阉割后也很少会受到影响。然而,性激素对雌性个体的性行为影响较大,除人类外,雌性动物的卵巢被切除后,性需要会完全丧失。对人类而言,由于受到情绪、社会等因素的影响,成年男性睾丸或者女性卵巢被切除后,其性需要并不会受到较大削弱。

控制性行为的神经机制较为复杂,而且动物的种属不同,其性行为的控制机制也迥然不同。某些基本反射不受大脑的影响,只受脊髓的控制,如雄性的勃起、射精等。如果切断大脑与脊髓的联系,这类反射在成年男性身上仍有表现。尽管动物的种属不同,其性调节中枢也各有差异,但大多数的性需要和性行为的调节中枢在下丘脑。动物种系的进化层次越高,大脑皮质对性需要和性行为的控制越来越起着重要的作用。人类的性需要和性行为表现是受意识控制的。

学习在性行为的产生中具有重要作用。例如,菲利翁和布莱斯(Fillion & Blass,1986)在雄性幼鼠吮吸时给予闻一种特殊气味(柠檬醛,一种类似于柠檬的香味)。成年后,当遇到带有柠檬醛气味的有性接受能力的雌鼠时,这些老鼠的射精速度要比遇到那些不带有这种气味的雌鼠时快得多。这表明早年的气味经验对成年后的性行为有重要影响。哈洛等(Harlow & Harlow,1966)也曾指出,社会隔离会损害猴子发展正常的性行为技能。尽管这些猴子看上去有足够的性动机,却没有学会如何适当地加以表达。普福斯等(Pfaus, Kippin & Centeno,2001)对动物习得的性行为的许多不同研究结果进行了总结,认为动物和人类的许多性行为都是通过学习习得和改变的。

(二)社会性需要

社会性需要是指与人的社会生活相联系的一些需要,如对劳动、交往、成就、奉献的需要等。社会性需要是后天习得的,源于人类的社会生活,属于人类社会历史的范畴,并随着社会生活条件的不同而有所不同。社会性需要也是个人生活所必需的,如果这类需要得不到满足,就会使个人产生焦虑、痛苦等情绪。社会性需要的种类很多,如劳动需要、交往需要和成就需要等。

1. 劳动需要 包括体力劳动和脑力劳动的需要,是人类赖以生存的第一个基本条件。人类如果不劳动,就根本不能生存。同时劳动需要也表现为热爱劳动、向往劳动,如果暂时丧失了劳动机会,就感到不安和难受。在我们的社会里,劳动已经不仅是为了个人物质生活提高和精神生活的丰富,而且也是为了社会的公共福利。劳动使人们获得幸福、欢乐和光荣。

2. 交往需要 就是个人想与他人交流思想感情、沟通信息的需要。从婴幼儿时期起,人就想与他人亲近、与他人来往,希望得到别人的赞许、关心、友谊、爱护、接受、支持和合作。交友、家人团聚、参加各种社会团体的活动等都可以使个人的交往需要获得满足,从而引发愉悦和满足的心理状态。对绝对孤立状态下的人(遇难船上的人、隔离实验的志愿参加者)的个案研究表明,长时间的孤独隔离会产生突然的恐惧感和类似忧虑症发作的情感,并且隔离时间越长,产生恐惧和忧虑就越重。不过通过实验证明人们对孤立的容忍力有相当大的个体差异。

交往需要的满足可以使个性得到健康的发展。交往还可以使团体成员之间、团体与团体之间更加相互了解、相互信任,增强观点与态度的一致性,有助于全社会的稳定与安全,有助于创造一个美好的、和平、文明的社会生活环境。

3. 成就需要　是指个人对于自己认为重要的或有价值的事,力求达成的欲望。所谓成就是相对的,是个人完成一件工作后与他人或自己的既定标准相比较所得出的结果。成就需要包含的内容很多,如对于地位、名誉、声望等的需要,对于实力、绩效、优势等的需要。人们的成就需要不仅内容不同,而且其强度也因人而异。有些人的成就需要强烈,有些人的成就需要很弱。成就需要是后天学习的结果。下列条件将会激发人们的成就需要:能让个人独立负起责任来解决问题的环境气氛;能制定出中等成就目标并接受"可预测风险"的倾向;有关于他们工作进展情况的详细而具体的及时反馈。

具有高成就需要的个人往往接受中等风险,而不愿在极大成功和彻底失败的两极中进行赌博。这已为不少研究所证明。因为具有高成就的需要者渴望持续成功,而不愿以一次的彻底失败来破坏他的记录。

需要层次理论

马斯洛需要层次理论(Maslow's hierarchy of needs),亦称"基本需求层次理论",是行为科学的理论之一,由美国心理家家亚伯拉罕·马斯洛于1943年在《人类激励理论》论文中所提出。将需求分为五种,像阶梯一样从低到高,按层次逐级递升,分别为:生理上的需求,安全上的需求,情感和归属的需求,尊重的需求,自我实现的需求。另外两种需要:求知需要和审美需要。这两种需要未被列入到他的需求层次排列中,他认为这二者应居于尊重需求与自我实现需求之间。五种需要像阶梯一样从低到高,按层次逐级递升,但这样次序不是完全固定的,可以变化,也有种种例外情况。一般来说,某一层次的需要相对满足了,就会向高一层次发展,追求更高一层次的需要就成为驱使行为的动力。相应的,获得基本满足的需要就不再是一股激励力量。五种需要可以分为两级,其中生理上的需要、安全上的需要和感情上的需要都属于低一级的需要,这些需要通过外部条件就可以满足;而尊重的需要和自我实现的需要是高级需要,他们是通过内部因素才能满足的,而且一个人对尊重和自我实现的需要是无止境的。同一时期,一个人可能有几种需要,但每一时期总有一种需要占支配地位,对行为起决定作用。任何一种需要都不会因为更高层次需要的发展而消失。各层次的需要相互依赖和重叠,高层次的需要发展后,低层次的需要仍然存在,只是对行为影响的程度大大减小。马斯洛和其他的行为心理学家都认为,一个国家多数人的需要层次结构,是同这个国家的经济发展水平、科技发展水平、文化和人民受教育的程度直接相关的。在不发达国家,生理需要和安全需要占主导的人数比例较大,而高级需要占主导的人数比例较小;在发达国家,则刚好相反。

（一）马斯洛理论的积极因素

第一,马斯洛提出人的需要有一个从低级向高级发展的过程,这在某种程度上是符合人类需要发展的一般规律的。一个人从出生到成年,其需要的发展过程,基本上是按照马斯洛提出的需要层次进行的。当然,关于自我实现是否能作为每个人的最高需要,目前尚有争议。但他提出的需要是由低级向高级发展的趋势是无可置疑的。

第二,马斯洛的需要层次理论指出了人在每一个时期,都有一种需要占主导地位,而其他需要处于从属地位。这一点对于管理工作具有启发意义。

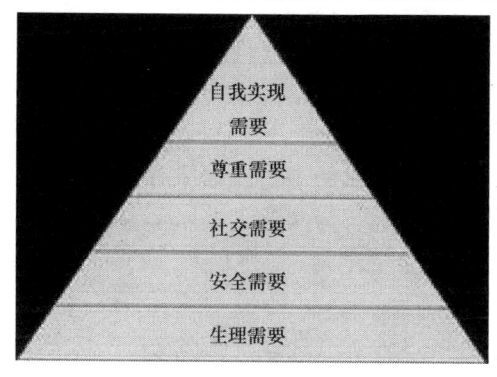

马斯洛

第三,马斯洛需要层次论的基础是他的人本主义心理学。他认为人的内在力量不同于动物的本能,人要求内在价值和内在潜能的实现乃是人的本性,人的行为是受意识支配的,人的行为是有目的性和创造性的。

(二) 马斯洛理论的消极因素

第一,马斯洛过分地强调了遗传在人的发展中的作用,认为人的价值就是一种先天的潜能,而人的自我实现就是这种先天潜能的自然成熟过程,社会的影响反而束缚了一个人的自我实现。这种观点,过分强调了遗传的影响,忽视了社会生活条件对先天潜能的制约作用。

第二,马斯洛的需要层次理论带有一定的机械主义色彩。一方面,他提出了人类需要发展的一般趋势。另一方面,他又在一定程度上,把这种需要层次看成是固定的程序,看成是一种机械的上升运动,忽视了人的主观能动性,忽视了通过思想教育可以改变需要层次的主次关系。

第三,马斯洛的需要层次理论,只注意了一个人各种需要之间存在的纵向联系,忽视了一个人在同一时间内往往存在多种需要,而这些需要又会互相矛盾,进而导致动机的斗争。

第二节 动 机

我们经常会听到这样的事情,一些大学生放弃条件优越的城市就业机会,到偏僻的山村去当志愿者;一些人做好事不留姓名;有的人知法犯法;有的制假贩假坑害老百姓,等等。我们不禁会问:"他们为什么会这样做?""是什么激发他们去做这些事情?"

早在中国古代,性善性恶的争论,对"志"与"气"、"性"与"情"关系的不同观点,都可以看作是对动机的不同解释。在西方哲学史上,长期以来把自由意志看作为动机,直到 R. 笛卡儿才用机械观解释动物的行为,而人对人的动机的解释,却仍然继承了意志自由的主张。什么是动机、产生基础、动机功能、动机种类这些都是动机理论需要研究的范畴。

一、动机的概念

什么是动机(motive)?在心理学中有各种不同的看法。但是心理学家们一般认为,动机是指激发和维持个体进行活动,并导致该活动朝向一定目标的心理倾向或动力。换句话说,动机是一种内部心理过程,而不是一种心理活动结果。对于这种内部心理活动过程,我们不能直接观察,但是可以通过任务选择、努力程度、活动的坚持性和言语表示等外部行为见解推断出来。

动机必须有目标,目标引导个体行为的方向,并且提供原动力。个体对目标的认识,由外部的诱因变为内部的需要,成为行为的动力,进而推动行为。对于个体来讲,目标最初可能不是一个完善的系统,但是随着经验的积累,目标会丰富、完善起来,有时也可能发生改变。

动机要求活动,包括生理和心理的活动。生理的活动承受着个体活动的努力和坚持,并负责执行一些外在的行为,心理的活动包括各种认知行为,如计划、组织、监督、决策、解决问题和评估等。这些行为促使个体获得或达到他们的目标。

人的所有行为都是基于一定的动机,但动机和行为之间并不是一一对应的。同样的动机可能引起不同的行为,如同样是锻炼身体,有的人喜欢游泳,而有的人却喜欢跑步;同样的行为背后也可能蕴涵着不同的动机,如两个刻苦学习的学生,一个可能因为具有强烈的学习兴趣,另一个则可能是想通过学习取得好成绩,得到一份好的工作。

二、动机的功能

动机在人类行为中起着十分重要的作用。动机在刺激和反应之间提供了清楚而重要的内部环节。动机既给人的活动以动力,又对人的活动的方向进行控制。从动机与行为的关系上分析,动机具有以下三种功能。

(一) 激活功能

动机具有发起行为的作用,能推动个体产生某种活动,是个体由静止状态转向活动状态。例如,为了解渴而产生找水喝的活动。动机活动力量的大小,是由动机的性质和强度决定的。一般认为,中等强度动机有利于任务的完成。

(二) 指向功能

动机不仅能激发行为,而且能将行为指向一定的对象或目标。例如,在学习动机的支配下,学生的活动指向与学习有关的目标,如书本、课堂等;而在娱乐动机支配下,其活动指向的目标则是娱乐设施和娱乐场所。可见,动机不一样,个体活动的方向和追求的目标是不一样的。

(三) 维持和调整功能

动机具有维持功能,表现为对行为的坚持性上。当行为激发个体的某种活动后,这种活动能否坚持下去,同样要受动机的调节和支配。如果活动指向追求的目标,其动机就会强化,这种活动就会坚持下去;如果活动偏离了追求的目标,其动机就得不到强化,这种活动就会减弱或停止。

三、动机的产生

动机是活动的一种动力或心理倾向,它促使人产生某种行为并按某种方式行事。动机的产生有两个条件:一个是个体的需要,产生内驱力;另一个是外在的诱因,表现为人的目标和期望,人类行为是它们相互作用的结果。

(一) 需要与内驱力

需要是有机体内部生理与心理的不平衡状态。它是有机体活动的动力和源泉。当有机体出现某种需要时,便会做出某种行为以寻求满足,消除不平衡状态。当一个人渴了的时候,即机体出现了一系列与渴有关的生理不平衡状态,在这种不平衡状态的驱使下,这个人会四处寻找解渴的东西,此时,内在的生理需求成了他寻求水源这一行为的直接推动力量。

内驱力一词是 R. S. 伍德沃思于1918年首先提出来的,以表示激起行为机制的原动力。内驱力是驱使有机体产生一定行为的内部力量,是在需要的基础上产生的一种内部唤醒或紧张状态。表现为推动有机体活动以达到满足需要的内部驱力。内驱力的大小可以根据需要剥夺时间的长短或引起行为的强度或能量消耗,并从经验上加以确定。

关于内驱力的神经生理基础,一些生理心理学家认为,下丘脑有监视机体内部条件变化的中枢,称为内驱力中枢。但近来有的学者认为,并不是所有的内驱力的产生皆可由内稳态的破坏来解释。他们指出,神经系统特别是其高级中枢经常需要通过中脑网状结构的激活作用,来保持一定的兴奋水平,超过或达不到这个水平,就将产生行动的要求。例如,兴奋水平过高则会产生逃避刺激的倾向,兴奋水平过低则会产生寻找刺激的倾向。此外,神经系统还需要经常接收一些与它以前经验过的刺激模式相一致的刺激。如果缺少这类刺激或刺激不符合以前的模式,也可以产生改变这种环境的内驱力。这种内驱力因个体的经历而异。

(二) 诱因与目标

需要并不足以引起行为动机。当个体的需要达到一定的程度并有诱因和目标存在时,才会产生行为动机。所以除了有机体内部的需要外,外在的环境刺激也可能成为行为的驱动力量,环境刺激是动机产生的诱因。所谓诱因是指能够激起有机体的定向行为,并能满足某种需要的外部条件或刺激物。目标是个体在能力范围内可以达到或实现的诱因刺激。例如,人有交际的需要,若没有一定的社交条件和适当的交往对象,这种需要就无法转化为动机。人只有在群体活动中存在交往的场合和交往的对象时,才会产生交往动机,进行交往行为。又例如,犯罪动机和犯罪行为的发生,除犯罪者有某种需要外,客观环境中许多因素也是犯罪行为实施的诱发因素,一般来说,妇女容易成为街头抢劫事件的受害者,老人则容易成为诈骗的对象。

由此可见,需要和诱因的相互作用是动机产生的基本条件。前者是动机产生的内在条件,后者是动机产生的外在条件。也就是说,人的行为动机是由内外条件共同决定的,二者缺一不可。需要的作用表现为一种推力,是个体内在的力量,诱因的作用表现为一种拉力,是外在环境和事物的吸引力。一般认为,有些动机形成时需要的作用强一些,有些动机形成时诱因的作用强一些。在实际生活中,人的行为取决于需要与诱因的相互作用。有机体内部的需要能推动有机体的行为指向特定诱因,并最终引向某一具体目标,目标达到之后,需要得到满足,动机水平随之降低。

四、动机的分类

人的动机非常复杂,可以从不同的角度,根据不同的标准对动机进行分类,通常根据动机对于活动的影响和作用的不同进行分类。

(一)内在动机和外在动机

根据动机的引发原因,可将动机分为内在动机和外在动机。内在动机是由活动本身产生的快乐和满足所引起的,它不需要外在条件的参与。个体追逐的奖励来自活动的内部,即活动成功本身就是对个体最好的奖励,如学生为了获得知识、充实自己而努力读书就属于内在动机。外在动机是由活动外部因素引起的,个体追逐的奖励来自动机活动的外部,如有的学生认真学习是为了获得教师和家长的好评等。内在动机的强度大,时间持续长;外在动机持续时间短,往往带有一定的强制性。事实上,这两种动机缺一不可,必须结合起来才能对个人行为产生更大的推动作用(图7-3)。

图7-3 孩子的学习兴趣

(二)主导性动机和辅助性动机

根据动机在活动中所起的作用不同,可将动机分为主导性动机与辅助性动机。主导性动机是指在活动中所起作用较为强烈、稳定、处于支配地位的动机。辅助性动机是指在活动中所起作用较弱、较不稳定、处于辅助性地位的动机。在儿童的成长过程中,活动的主导性动机是不断变化与发展的。事实表明,只有主导性动机与辅助性动机的关系较为一致时,活动动力会加强;如果彼此冲突,活动动力将会减弱。

(三)生理性动机和社会性动机

根据动机的起源,可将动机分为生理性动机和社会性动机。生理性动机是与人的生理需要相联系的,具有先天性。人的生理性动机也受社会生活条件所制约。社会性动机是与人的社会性需要相联系的,是后天习得的,如交往动机、学习动机、成就动机等。

(四)近景动机和远景动机

根据动机行为与目标远近的关系,可将动机划分为近景动机和远景动机。近景动机是指与近期目标相联系的动机;远景动机是指与长远目标相联系的动机,如有的学生努力学习,其目标是为期末考试获得好成绩;而有的学生努力学习,其目标是为今后从事教育事业打基础。前者为近景动机,后者为远景动机。远景动机和近景动机具有相对性,在一定条件下,两者可以相互转化。远景目标可分解为许多近景目标,近景目标要服从远景目标,体现远景目标。"千里之行,始于足下",就是对近景与远景动机辩证关系的描述。

五、动机理论

动机理论分类不一,代表性的主要有本能理论、驱力理论、唤醒理论、强化理论、认知理论。

(一) 本能理论

本能理论是最早出现的行为动力理论,是指在进化过程中形成、由遗传固定下来的一种不学而能的行为模式,是人类行为的原动力。最早提出本能概念的是生物进化论的创始人达尔文。而在动机心理研究方面进行深入研究的则是詹姆斯、麦独孤和弗洛伊德。

詹姆斯在1890年出版的《心理学原理》中,把本能定义为无需事先经过教育就能自动完成的这样一种方式的动作官能。他把饥渴、性等本能概念称为生物本能,又把模仿、竞争、恐惧、同情、建设、清洁、母性等称为社会本能。他认为,社会生活的样式是由人的本能决定的。

本能论最著名的提倡者是美国心理学家麦独孤(W. McDougall)。他系统地提出本能理论,认为人类的所有行为都是以本能为基础的,本能是人类一切思想和行为的基本源泉和动力,本能具有能量、行为和目标指向三个成分,个人和民族的性格与意志也是由本能逐渐发展而形成的,并认为人类有18种本能,如逃避、拒绝、好奇心、自卑等。他认为本能是行为的非理性的策动力,且认为本能都具有目的性,因而由本能所策动的行为都在于奋力达到一定的目的。因此,他的这种心理学理论系统最初命名为"目的心理学"。

弗洛伊德认为,人有两大类本能。一种是生的本能,他称之为力比多(libido),并用力比多这个词来概括一系列行为和动机现象。像饮食、性、自爱、他爱等个人所从事的任何愉快的活动,都是生的本能。另一种是死的本能,他称之为萨那托斯(thanatos,即希腊神话中的死神),像仇恨、侵犯和自杀等都是死的本能。由于这两种本能在现实生活中都不能自由发展,常常受到压抑而进入无意识领域,并在无意识中并立共存,驱使我们的行动。人的每一种动机都是无意识的生的本能和死的本能的混合物。

本能论一开始就受到人们的怀疑和批评。它不能确切地解释行为的原因,并且是一种循环论证的过程。本能论过分强调先天和生物因素,忽略了后天的学习和理性因素。虽然本能对自然动机起着主导作用,是自然动机的源泉,但本能在人类的动机行为,尤其是社会动机行为中不起主要作用。因为在现实生活中人类纯粹的自然动机几乎是不能独立存在的,它无一不受社会因素的影响或社会动机的调节,所以,本能论只具有从理论上对自然动机进行解释的意义,而不具有重要的社会意义。

(二) 驱力理论

驱力理论产生于20世纪20年代。美国心理学家霍尔(G. S. Hall)是最早提出驱力理论的心理学家,而让驱力理论得以大力推广的是另一位美国心理学家赫尔(C. L. Hull)。

赫尔认为,机体的需要产生内驱力,内驱力激起有机体的行为。内驱力是一种中间变量,其力量大小可以根据剥夺时间的长短、引起行为的强度或能量消耗从经验上加以确定。但同时他认为,剥夺的持续时间是一个相当不完善的指标,因而强调应该用行为的力量来衡量。

在赫尔的理论中,内驱力主要有两种:原始性内驱力和继发性内驱力。原始性内驱力同生物性需要状态相伴随,并与有机体的生存有密切的联系。这些内驱力产生于机体组织的需要状态,如饥饿、渴、空气、体温调节、大小便、睡眠、活动、性交、回避痛苦等。继发性内驱力是指情境(或环境中的其他刺激)而言,这种情境伴随着原始性内驱力的降低,结果就成了一种内驱力。也就是说,以前的中性刺激由于能够引起类似于由原始性内驱力所引起的反应,而具有内驱力的性质。

同时,赫尔认为人类的行为主要是受习惯支配的,强调经验和学习在驱力形成中的作用。驱力给行为提供能量,习惯决定行为的方向。如果行为导致驱力降低,那么以后相同的驱力就会引起相同的反应,反复多次后就能形成驱力刺激物与行为之间联结,即我们通常说的习惯。霍尔认为驱力(D)、习惯强度(H)和抑制(I)共同决定了个体的有效行为潜能(P),它们的相互关系可表示为:P=D×H-I(图7-4)。

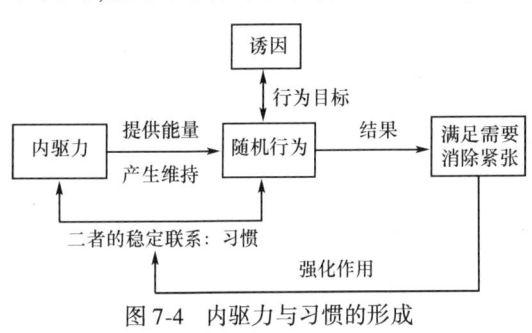

图7-4 内驱力与习惯的形成

(三) 唤醒理论

唤醒是指当环境刺激作用于有机体时,能够产生和提高有机体被激发的强度,从而引起身体的一系列反应与变化。这主要表现在生理反应上,自主性活动增强,如心跳加快、血压增高、呼吸加速和肾上腺分泌增多等,也可能表现为行为反应上的肌肉运动增强。从神经生理学的角度看,唤醒是通过大脑唤醒中心网络结构引发的大脑活动的增强。人们的唤醒水平处于一个连续体中的某一状态,这个连续体的一端是睡眠,另一端是兴奋。

唤醒理论由加拿大心理学家赫布(Hebb)和英国行为主义心理学家柏林(Berlyne)提出。该理论认为人们总是被唤醒,并维持着生理激活的一种最佳水平,不是太高也不太低。一般来说,中等强度的刺激水平能引起最佳的唤醒水平。唤醒理论有三个原理:第一是人们偏好最佳的唤醒水平;第二是简化原理,即刺激重复出现能降低唤醒水平;第三原理是最佳刺激水平的偏好受到个体经验的影响。

研究发现,每一个体都有自己的最佳唤醒水平,高于这个水平时就需要减少刺激,低于这个水平时就需要增加刺激。刺激水平和偏好之间的关系是一条倒U形曲线。同时研究表明,富有经验的个体偏好于复杂的刺激。经验也能够帮助个体更好地组织刺激。

(四) 强化理论

强化理论是以斯金纳为代表的一些心理学家提出的动机理论。斯金纳认为,人或动物为了达到某种目的,会采取一定的行为作用于环境。当这种行为的后果对他有利时,这种行为就会在以后重复出现;不利时,这种行为就减弱或消失。人们可以用这种办法来影响行为的后果,从而修正其行为。因此,强化理论也被称为行为修正理论。

1. 正强化与负强化 斯金纳把强化定义为增大行为发生概率的事件。他认为,强化从形式上可分为正强化和负强化。正强化,又称积极强化。当人们采取某种行为时,能从他人那里得到某种令其感到愉快的结果,这种结果反过来又成为推进人们趋向或重复此种行为的力量。负强化是积极行为预期增加或者已经增加,为了巩固那些已经增加积极行为,撤销原来的那些惩罚那些与组织不相容的行为带来的痛苦。在管理上,正强化就是奖励那些组织上需要的行为,从而加强这种行为。正强化的方法包括奖金、对成绩的认可、表扬、改善工作条件和人际关系、提升、安排担任挑战性的工作、给予学习和成长的机会等。负强化的方法包括撤销批评、处分、降级等,有时恢复减少的奖金也是一种负强化。

2. 外部强化和内部强化 根据强化来源于外部环境或是内部状态,可把强化分为外部强化和内部强化,外部强化又可分为直接强化和替代强化。直接强化是指外部环境和他人对行为者本人的强化。例如,一个学生做作业认真仔细或拾金不昧,老师给予表扬与奖励;另一个学生考试抄袭作弊,学校给予批评处分这就是直接强化。替代强化发生在社会学习的过程中,是榜样的行为及其后果对观察者的强化,是一种间接强化。在社会学习、学校教育和课堂学习过程中,替代强化是十分普遍和重要的强化形式。例如,前述老师对做作业认真的同学的表扬,学校对考试作弊的同学的处分,对当事同学来说是一种直接强化,但与此同时,对其他同学就是替代性强化。

内部强化有些称为自我强化,就是人们根据一定的标准进行自我评价和自我监督,以自己能够控制的奖赏来加强和维持自己行动的过程。自我强化实际上是一种自我调节过程,包括自我观察、自我判断和自我反应。在自我强化的过程中,最重要的是自我评价标准的确定,人们往往根据自己的能力、榜样的示范和社会的要求,确定适当的自我评价标准。

（五）认知论

随着认知心理学的发展,许多心理学家探索运用认知观点来解释人的动机。我们将这些动机理论统称为动机的认知理论。目前,动机的认知理论中较有影响的有认知失调理论、成就动机理论、归因理论。

认知失调理论的主要代表人物是美国心理学家费斯廷格(L. Festinger)。费斯廷格提出,每个人都有一个认知系统或认知结构,认知结构是由知识、观念、观点、信念等组成的。认知结构中的每一种具体的知识、观念、观点、信念都可以看作是一个认知元素。所有认知元素之间存在三种关系,即协调、不协调和不相关。当认知元素之间协调一致时,人就会保持这种协调状态,觉得心安理得,不去改变态度。而当认知元素之间相互矛盾,处于不和谐状态时,人就会感到紧张、焦虑、不安,此时个体就会设法消除矛盾以减少或解除这种失调状态,使认知元素之间达成协调、统一。人们不但会尽力去消除失调状态,也会尽力回避那些将会增加或产生不协调的情境。费斯廷格主张,认知元素之间的不协调强度越大,则人们想要减轻或消除这种不协调关系的动机也就越强。认知不协调的强度取决于两个方面的因素:一是认知元素对于个体的相对重要性;二是不协调的认知元素的数量,不协调认知元素数量越多,它与认知元素总量的比例就越大,那么失调程度就越高。

成就动机理论的主要代表人物是美国心理学家阿特金森(J. W. Atkinson)和麦克莱兰。成就动机是指人们在完成任务中力求获得成功的内部动因,即个体对自己认为重要的、有价值的事情乐意去做,并努力达到完美地步的一种内部推动力量。成就动机分为追求成功的倾向和回避失败的倾向。当人的成就需要大于回避失败的需要时,总的成就动机是正值,表现为趋向成就活动;反之则表现为回避成就活动。同时,当人的成就需要大于回避失败的需要,且任务处于中等难度水平时,成就动机最大。

> **小 实 验**
>
> 阿特金森等(Atkinson, et al. 1987)认为,个人成就动机的强弱与个体对成功概率的估计有着密切的关系。他在一项实验中把80名大学生分成4组,每组20人,让他们完成一项同样的任务。第一组学生中只有成绩最好者才能得到奖励(成功概率为5%);第二组学生中成绩名列前5名就会得到奖励(成功概率为25%);第三组学生中成绩名列前10名者就可以得到奖励(成功概率为50%);第四组学生中成绩在前15名者都能得到奖励(成功概率为75%)。结果表明,成功概率适中的两个组成绩最好,成功概率太高或太低时成绩下降。第一组学生大多认为,自己根本就没可能成为该组的第一名,因此放弃了努力;第四组学生大多认为自己无须努力也肯定位列前15名,于是也不再努力。研究表明,50%左右的成功概率是最佳的。原因在于,这种情况下的大多数被试者都认为,如果竭尽努力很有希望获得成功,但是如果不努力也有可能失败。类似的现象在日常生活中非常普遍。例如,如果学生认为无论自己如何努力也不会及格,或者认为轻而易举就能获得优秀的成绩,此时其学习动机就会处于极低的水平。

归因是指采取因果关系推论的方法从人们行为中寻求行为内在的动力因素。归因理论最早由美国社会心理学家海德(Heider)提出,后美国心理学家韦纳(Weiner)扩大了原来的归因理论的观念,对归因的前提条件,归因的内容、结构、心理后果及归因对后继行为的动机作用展开了全面的论述,建立了一套从个人自身的观点解释自己行为的归因理论。该理论认为,每当个人处理一个刺激事件后,个人将根据自己所体会到的成败经验,并参照自己所了解的一切,对自己的行为结果,提出六个方面的归因解释,这六个方面分别是:能力、努力、工作难度、运气、身心状况、别人的反应。用这六个方面进行事件归因的心理过程是复杂的。Weiner提出,如果新结果与过去结果不一致,人们则容易归因于不稳定因素,如果一致,则归因于稳定的因素。并且归因会使人们对下次的行为结果产生预期,如考试不好归因于能力不够,那么就会期待下次考试有相同的结果;如果归因于身体状态不好,而相信自己是有能力的,那么就会期待下次有更好的结果。归因常常还会使人产生情绪反应。归因为外因时,不会有太大的情绪;归因为内因时,成功则自豪,失败则自责。据此,他将个体归因的维度分成控制点、稳定性、可控性三个方面。根据控制点维度,可将原因分成内部和外部;根据稳定性维度,可将原因分为稳定和不稳定;根据可控性维度,又可将原因分为可控的和不可控的。这一关系见表7-1。

表7-1 归因的三个维度

	内因		外因	
	稳定	不稳定	稳定	不稳定
可控的	持久努力	一时努力	教师态度	他人帮助
不可控的	能力高低	生病	任务难度	运气

韦纳通过一系列的研究,得出一些归因的最基本的结论:①个人将成功归因于能力和努力等内部因素时,他会感到骄傲、满意、信心十足;而将成功归因于任务容易和运气好等

外部原因时,产生的满意感则较少。相反,如果一个人将失败归因于缺乏能力或努力,则会产生羞愧和内疚;而将失败归因于任务太难或运气不好时,产生的羞愧则较少。而归因于努力比归因于能力,无论对成功或失败均会产生更强烈的情绪体验。努力而成功,体会到愉快;不努力而失败,体验到羞愧。因此,努力而失败也应受到鼓励。②在付出同样努力时,能力低的人应得到更多的奖励。③能力低而努力的人受到最高评价,能力高而不努力的人受到最低评价。因此,韦纳总是强调内部、稳定和可控性的维度。

第三节 需要与动机的关系

需要是产生动机的前提和基础。人们产生了某种需要而没有得到满足时,心理上就会处于一种焦虑状态,这种心理上的焦虑状态就会成为一种内在的驱动力,形成动机,随后就发生选择或寻找目标的心理趋向,当目标找到后,就开始满足需要的活动(即目标行动),当目标达到,需要强度在不断满足的过程中削弱。行为结束,人的心理紧张消除,然后又有新的需要产生,再引起第二个动机行为。图7-5就是需要、动机、行为的活动周期模式。

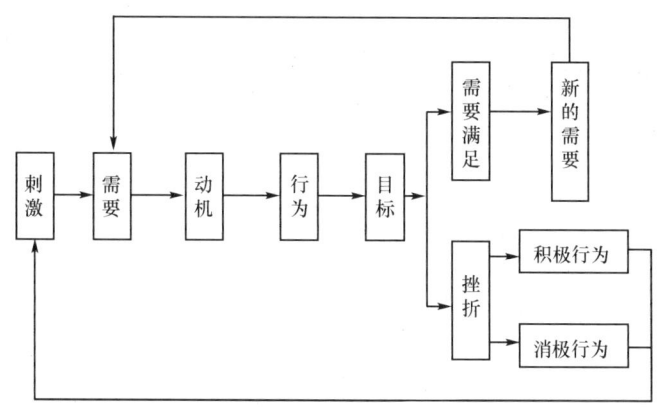

图7-5 需要、动机、行为的活动周期模式

从上图可知,动机由需要所激发,需要是产生动机的前提和基础。因此,许多心理学家都把人的需要作为一个重要课题从各种不同角度进行研究,进而产生了许多需要理论,而需要理论实际上也是人们行为的动机激发理论。人的行为的动机是由需要和目标共同构成的。

把需要和目标作为动机的构成成分,能够表明人的动机特点,即人的动机的选择性和目标性。动机是由需要转化而来的动力,但是,某种需要是否能转化为相应的动机,又和主体对象(目标)的选择有关系,也和目标本身的特点有关系。对目标的选择取决于种种条件,其中主要有:社会条件、个人欲求能否得到满足、能在多大程度上得到满足。社会提供的条件包括生产力发展水平、文化教育水平、政治法律制度、道德观念和道德水平、风俗习惯等。另外,还有个体条件、个人的经验积累、价值观念、天资和智力水平等。需要引起动机,动机支配行为,行为的方向则是寻求目标以满足需要。所以,动机是行为的直接原因,它驱动和激发人们从事某种行为,规定行为的方向。

一、生理性动机

生理性动机起源于生理性需要,它是以有机体的生理需要为基础的。例如,饥饿、干渴、性、睡眠、解除痛苦等动机。人类的生理性动机也受社会生活条件所制约,并且打上社会的烙印。在生理性动机中研究得最多的是饥饿和干渴。

(一) 饥饿

饥饿驱使个体从事求食的活动。有机体缺乏食物引起饥饿,但缺乏食物如何引起饥饿感觉呢?这是一个复杂的问题。长期以来,人们一般认为胃部收缩是引起饥饿的主要原因。

坎农(W. B. Cannon)曾做过一个著名的实验。他把一个气球放进被试者的空胃中,然后充气使之与胃壁紧贴。当气球充气引起胃壁收缩时,被试者产生饥饿感觉。但也有一些实验并不支持胃收缩就是饥饿的唯一原因的论点。旺杰斯坦(Wangensteen)等发现,全部切除胃的人仍有饥饿感觉。坦善尔顿(Templeton)等将饿狗身上的血输入到饱狗身上,发现饱狗的胃部收缩,将饱狗身上的血输入到饿狗身上,发现饿狗的胃部停止收缩。这说明血液中的某些化学成分的变化是引起饥饿的原因。血液中的化学变化,主要是血糖和激素含量的变化。饥饿的原因可能是血糖量的降低、内分泌的变化和胃部收缩三者的综合作用。

现代生理学研究表明,饥饿可能与下丘脑的功能有关,下丘脑对摄食行为进行调节。下丘脑有两个中枢对摄食行为调节,即摄食中枢和饱食中枢。摄食中枢位于下丘脑的外侧区,它发动摄食活动;饱食中枢位于下丘脑的腹内侧核,它停止摄食活动。电生理学实验表明,刺激一个中枢会抑制另一个中枢的活动。静脉注射葡萄糖,腹内侧核放电频率较高,外侧区放电频率较低。有机体在饥饿情况下,可以看到下丘脑外侧区放电频率较高,腹内侧核放电频率较低。但是,中枢神经系统的许多部位都参与控制饥饿动机的行为,不能把下丘脑看作控制饥饿动机的唯一部位。

社会文化条件,个人生活习惯,食物的色、香、味等也都影响着人的求食活动。生活在某地区的人,食物的品种受当地物产的限制,食物的制作方法又在很大程度上受传统文化的影响。

(二) 渴

干渴驱使个体从事饮水活动。渴比饥饿对个体行为具有更大的驱动力,人可以几天不吃食物,但不能几天不饮水,体内如果严重缺水会导致有机体的死亡。坎农曾提出口干而喝水的假设,但这个假设没有得到证实。生来没有唾液腺的人,经常口干,但并不比正常人喝更多的水;注射引起唾液腺分泌的药物,也没有减少有机体对水的需要。现在的研究表明,个体喝水受体内的需要程度的支配,而不受口干程度的支配。下丘脑中某些化学成分的变化是产生渴的重要原因。将盐水注射到山羊下丘脑的某些部位内,会引起山羊大量饮水,但注射纯水时,则不会引起大量的饮水,现代生理学研究表明,下丘脑对机体的水平衡起调节作用。满足渴的需要的方式和饮料的品种等都与人类社会文化生活条件有关。例如,有人要清茶,有人要可乐或汽水。

二、社会性动机

社会性动机又称心理性动机。它起源于社会性需要,与人的社会性需要相联系。例如,兴趣、成就、交往、权力等动机。社会性动机具有持久性的特征,是后天习得的。人与人之间的社会性动机有很大的个体差异。

(一) 兴趣

兴趣是人们力求认识某种事物和从事某项活动的意识倾向。它以认识或探索外界的需要为基础，是推动人们认识事物探索真理的重要动机。表现为人们对某件事物、某项活动的选择性态度和积极的情绪反应。

兴趣可以分为直接兴趣和间接兴趣。直接兴趣是指对活动过程的兴趣，例如，有的学生想象力丰富，富于创造性，喜欢制作各种模型，在制作过程中，全神贯注，表现出浓厚的兴趣；间接兴趣主要指对活动过程所产生的结果感兴趣，有的学生业余喜欢绘画，每当完成一幅画，他都会对自己取得的成果表现极大兴趣。直接兴趣和间接兴趣是相互联系、相互促进的，如果没有直接兴趣，制作各种模型的过程就很乏味、枯燥；而没有间接兴趣的支持，也就没有目标，过程就很难持久下去。因此，只有把直接兴趣和间接兴趣有机地结合起来，才能充分发挥一个人的积极性和创造性，才能持之以恒，目标明确，取得成功。

兴趣有四种品质：①兴趣的倾向性，即对什么发生兴趣。这对每个人是不同的，表现出个体差异。凡对有益于人类社会的事物容易引起兴趣，其倾向性就是高尚的；凡对有害于人类社会的事物容易引起兴趣，其倾向性就是低级的。我们应通过教育，培养人们高尚的兴趣倾向。②兴趣的广阔性，即兴趣的范围。有人兴趣广阔，对许多事物兴致勃勃，乐于探求；有人则兴趣单调狭窄。兴趣的广阔程度与知识面的宽窄有密切的联系。我们应该培养广阔的兴趣，同时又要把广阔的兴趣与中心的兴趣结合起来，做到既博又专。③兴趣的持久性，即兴趣的稳定程度。人们对事物的兴趣，可以经久不变，也可以变化无常。培养持久的兴趣是在工作上取得成就的必要条件。④兴趣的效果性，即兴趣的力量。若兴趣能够成为推动工作和活动的动力，其效果就是积极的，若兴趣仅仅是一种向往，而不能产生实际效果，它就是消极的。

(二) 成就动机

成就动机是指个体在完成某种任务时力图取得成功的动机。成就动机对个人的发展和社会的进步都具有重要作用，它好像一架强大的"发动机"那样，激励人们努力向上，在前进道路上取得一个又一个的成就。

麦克莱伦认为，成就动机是一个人人格中非常的稳定的特质。个体记忆中存在着与成就相联系的愉快经验，当情境能引起这些愉快的体验时，就能激发起个体的成就动机。他指出，成就动机强的人对学习和工作都非常积极，能够控制自己不受环境影响，并且能善于利用时间。成就动机得分高的人比得分低的人，会取得优良的成绩。麦克莱伦把成就动机看作决定个体行为的根本原因，并且将一个民族的成就动机看作社会经济的决定力量。美国心理学家洛威尔(E. L. Lowell)等人的实验都表明了高成就动机组比低成就动机组成绩要好。洛威尔等人选取大学生作为被试者，高成就动机组19人，低成就动机组21人，要求他们把一些打乱了的字母去组成普通的词(如把 W、T、S、E 组成 west)。测试时间为20min，平均4min，分为5个时间。开始时，两组差别并不大，但随时间的推移，学习的进展，高成就动机组的成绩比低成就动机组的成绩明显的好。7天后洛威尔等人要求同一些被试做加法问题，平均2min，也分为5个时期。结果高成就动机组的成绩也明显地比低成就动机组好。在该实验中，高成就动机组成绩没有出现上升现象，就是因为加法问题简单，一开始就已经取得了很高的成绩。

麦克莱兰等人对人类的成就动机做了长期的实验研究,他和阿特金森等人在1953年发表了《成就动机》一书,受到心理学家的关注,确立了成就运动在人类动机体系中的地位。他们采用投射法等来研究人类成就动机,激起了后人研究成就动机的热潮。但是,他把成就动机作为决定个体行为的根本原因,忽视了个体行为的复杂性,忽视了其他因素对个体行为的影响,在社会发展方面,忽视了政治、经济、自然条件的影响,把一个民族的成就动机看作经济发展的唯一决定因素。这种单一决定论,显然是片面的,并且过于简单化了。

(三) 交往动机

交往动机又称亲合动机或亲和动机。交往动机指个体愿意与他人接近、合作、互惠,并发展友谊的动机。人类的交往动机反映了社会生活和劳动的要求。人要参加社会生活,要劳动,就必须与他人接近、合作、保持友谊关系。人际交往也是个体心理正常发展的必要条件,只有在社会生活过程中通过人际交往,个体心理才能得到正常的发展。

人类的交往活动与恐惧有关。美国心理学家沙赫特(S. Schachter)选取64名女大学生作为被试者,分成实验组和控制组。主试者通知被试者到实验室进行一次电击实验,告知一部分被试者电击将是极为痛苦的,而对其他被试者则告知电击只引起轻微刺痛。主试者预期知道强电击者比知道弱电击者更加恐惧。然后主试者宣布设备需要检修,实验推迟10min,让所有的被试者跟其他人一起等待。结果发现:60%的高恐惧者选择了与他人一起等待;而在低恐惧者中只有1/3选择与他人一起等待。

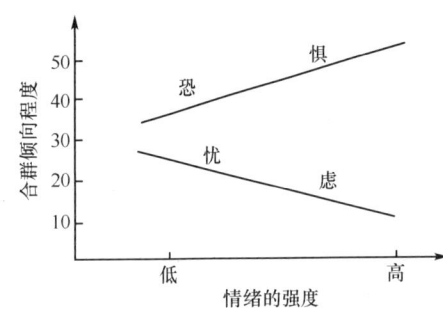

图7-6 合群倾向程度与情绪强度关系

人类的交往活动也与忧虑有关。曹尔诺夫等人在1961年进行了一项研究,他们把被试者分成4个组:高度恐惧组、低度恐惧组、高度忧虑组和低度忧虑组,进行合群倾向测验。在实验时,实验者使两个忧虑组都没有任何恐惧的感觉。结果表明:恐惧与忧虑对合群显示出相反的效应,高度忧虑组的人较低忧虑组的人倾向不合群,他们和别人在一起时会使忧虑增加,因此回避他人。由此可见,恐惧使合群倾向增加,忧虑使合群倾向减少(图7-6)。

许多研究表明,影响交往动机的因素是复杂的,是综合在一起的,但其中每种因素所起作用是不同的。

(四) 权力动机

权力动机是指个体在行为上的所作所为,其背后隐藏着一种内在力量;而此种内在力量,起于个人所怀的一种强烈地影响别人或支配别人的欲望所驱动。此一说法类似一般人指的"权力欲",但在心理学上的含义,二者并不完全相同。

根据心理学家研究发现,凡是对社会事务有浓厚兴趣,而且极愿以其作为影响大众的人,其行为背后均存有强烈的权力动机。惟从个人的外显行为去观察分析,可能会发现权力动机分为两种:一种是个人权力动机,另一种是社会化权力动机。前者之动因为己,后者之动因为人。

个人权力动机强的人,热衷追求权位,在现今民主自由社会,许多人渴望突出自己,特别是在优秀青年才俊之士中,不乏怀有此种个人权力动机的人,他们认为物质条件为最高价值。他们不仅尽情享受物质生活,而且也竭尽所能去聚积物质;并企图藉优于别人的财富条件,炫耀自己社会地位,从而达到影响别人甚至控制社会的目的。在现今工商发达的都市社会里,怀有此种个人权力动机者,可能为数不少。

社会化权力动机强的人,关心社会也走入社会,他们以自己的专长服务于他人和社会;或是解除别人的痛苦,或是维护社会安全,从而达到影响别人与助益社会目的。社会上凡是不专以营利为目的的服务人员,如医师、律师、牧师、对社会公益与人民福利,怀有很深的使命感,企图以其才能领导大众,从事改革,藉以达到影响别人与助益社会的目的。像此种公而无私的领袖人物,不仅政府机关需要,其他任何公私团体也都需要。在他们居于团体领袖地位时,虽然他们也拥有支配别人的权力,从社会化权力的概念而言,他们不重视实施权力时得到的个人满足感,而重视在实施权力之后产生的利民效果,藉此而实现自己的理想。

习得性无助感

习得性无助感的概念最初是由美国学者塞利格曼(M. E. P. Seligman)等人通过实验提出的。在实验中他们先将狗固定在架子上进行电击,狗无可奈何,因为它无法预料也无法控制这种电击。然后,再把狗放在一个中间用矮板墙隔开的实验室里,让它们学习回避电击。对于一般的狗来讲,是非常容易学会的,可是对于这些遭受过电击的狗来说,绝大部分却没有学会回避电击,它们先是乱抓乱叫,后来干脆趴在地板上甘心忍受电击,不进行任何反应。塞利格曼认为,这一实验结果表明,动物在有了"某些外部事件无法控制"的经验后,会产生一种叫做习得性无助感的心理状态,这种无助感会使动物表现出反应性降低等消极行为,妨碍新的学习。很多以人为被试者的实验也得出了同样结论。人们发现,习得性无助感产生后有三方面表现。

(1) 动机降低:积极反应的要求降低,消极被动,对什么都不感兴趣。

(2) 认知出现障碍:形成外部事件无法控制的心理定势,在进行学习时表现出困难,本应学会的东西也难以学会。

(3) 情绪失调:最初烦躁,后来变得冷淡、悲观、颓丧,陷于抑郁状态。处于习得性无助感的状态,纵然轻易成功的机会摆在面前也鼓不起尝试的勇气。显然,这对个体人格的成长是极为不利的。

所以,帮助学生学会正确而积极的归因是每个教师应尽的责任。在实际教学过程中,对学生学习动机进行归因分析,有助于教师针对不同类型的学生因材施教,对于改善学生的学习行为,提高其学习效果会产生一定的作用。

思 考 题

1. 简述动机的概念和产生。
2. 简述社会性需要概念与种类。
3. 简述归因理论。
4. 简述动机的功能。

第八章 情绪、压力和健康

在生活中,情绪是人的心理状态的晴雨表,它反映着每个人内在的心理状态。情绪是日常屡见不鲜并由我们每个人都时刻亲身体验的一种心理活动。无论我们是欣喜若狂,还是悲痛欲绝,是孤独不安,还是热情奔放,我们都在体验着各种各样的情绪。随着言语交际,人际间进行着感情交流,无论通过面部表情、声调和姿态动作表达的情绪体验,准确的传递着有时甚至是语言都不能陈述的信息。

但是,小孩子无端的哭闹、少年的叛逆、青年的烦恼、中年的焦虑、老年的孤独是从何而来又应该如何克服?夫妻之间的爱情为何又会随时间的流逝而逐渐地改变?刚进大学校门的学子为何又在兴奋之余有深刻的失落感?甚至,天灾人祸已过去良久,为何又会时刻引发情感的困扰和痛苦?类似的问题太多太多,归根到底就是一句话,感情这种心理现象为何如此难以捉摸?

其实,情绪过程与认识过程一样都是我们人脑的一种功能。但认知过程即思维,机器可以在一定程度上进行模拟,但情绪却不能。情绪是一种多成分、多微量、多水平整合的复合过程;情绪的每一次发生,都融合了生理和心理、本能和习得、自然和社会诸多因素的交叠。在发生学和分类学上,情绪的每种构成因素,本身的变化以及各种变量之间的交织,或相互加强或相互抵消、或相互渗透、或相互排斥,这诸多因素的作用和相互影响,科学研究还正在探索。

情绪理论有一个脉络清晰的发展史,由于其本身的复杂性,历来各派学说林立。近年来,已经摆脱了那种各学派按照自己独家理论体系去解释情绪的现象,对前人的各种理论观点进行了整理、摒弃和吸收并加以发展。虽然还有争论,情绪心理学家对情绪性质的认识更加接近,已经为情绪的进一步研究打下了可靠的基础。

第一节 情绪概述

一、情绪定义、要素、属性

(一)情绪的定义

情绪是指高兴、快乐、痛苦、悲哀等,一般发生时间短暂、表面,而且容易变化。人们通常以愤怒、悲伤、恐惧、快乐、爱、惊讶、厌恶、羞耻等反应来说明情绪。中国人常说的喜、怒、哀、惧、爱、恶、欲七情,也可以被称作情绪(emotion)。

关于情绪的定义,历史一直存在众多的争论。牛津英语字典上解释为:心灵、感觉或感情的激动或骚动,泛指任何激动或兴奋的心理状态。心理学家吴伟士认为情绪是有机体的一种激动状态,各种情绪的反应,都以其引起的情境来定义。例如,愤怒与他人所引起的不愉快情境相关联;内疚与由自己所招致的不愉快情境相关联;而悲伤则与环境控制的不愉快情境相关联。情绪总是同人的需要和动机有着密切的关系,如人的某种需要得到满足或目的没有达到时,他将会产生愉快或者难过等感受。因此,情绪是客观事物是否符合个体的需要所产生的态度体验,是人脑对客观事物与人的需要之间关系的反映。从这个定义我们知道:

1. 情绪是本身对外界的一种自然反应 情绪没有好坏对错,只是本身需要对客观事物的反应,而且人人都有喜、怒、哀、乐等情绪,因此要主动接纳自己正在发生的情绪,不去批判和怀疑它。

2. 情绪是感受与认知的一种内在互动 正面或负面情绪的出现,是自身对需求得到满足或者没有得到满足时的一种生理反应。因此任何一种情绪的背后,都对应着自身感受与主观认知的一种互动。

3. 情绪会转化为一种特定的行为 情绪是由外而内的感受、互动,然后又由内而外的表现、行动。即外界环境影响并产生情绪,而情绪又会通过特定的表情、语言以及动作表现出来。

(二) 情绪的要素

人类有数百种情绪,其间又有无数的混合变化与细微的不同,情绪的复杂是远远超过语言所能及的。面对复杂的情绪现象,心理学家通常把情绪归结为三个方面:内省的情绪体验、外在的情绪表现、情绪的生理变化。

1. 内省的情绪体验 简单地说,就是人对情绪状态的自我感受,是在强度、紧张度、激动度和确信度四个维度上产生的心理感受。情绪的四维理论是由心理学家伊扎德(Izard,1977)提出的,在他看来,愉快度表示主观体验的享乐色调;紧张度表示情绪的心理激活水平,包括肌肉紧张和动作抑制等成分的激活水平;激动度表示个体对情绪、情境出现的突然性,即个体缺乏预料和缺乏准备的程度;确信度表示个体胜任、承受感情的程度。内省的情绪体验是人脑对客观环境和客观现实的重要反映形式之一,这种反映形式不同于认知活动,它不是对客观事物本身的反映,而是带有主观色彩的反映即主观体验。

主观体验是个人对不同情绪和情感状态的自我感受,喜、怒、哀、乐等每一种情绪都有不同的主观体验,都代表了人们对特定事物的不同感受,也构成了每个人情绪和情感的心理内容。

当一个人处于某种情绪状态时,当事人都能体验到,而且每个人体验到的情绪内容、性质、强度等都是主观的,而非客观的。正是由于只有当事人才能真切地体验到不同情境引起的不同情绪,局外人虽然能够从当事人的反应(如表情、姿态、行为等)上察言观色,细心揣摩出其情绪状态,但是却不能直接通过具体刺激来推测其情绪。因为外部刺激与情绪反应之间存在着其他中介因素,如感觉、认识、评价等因素,所以标准化的外部刺激,所引起的当事人的情绪反应难以标准化。例如,某企业员工因工作成绩突出,意外领到奖金2000元,该员工可能会兴奋不已,但他身边与他有竞争关系的同事,也可能因没有拿到奖金而懊恼,而更多的同事,可能对此并没在意,因而也不会有什么情绪反应。

作为人们的主观体验,一方面情绪具有不可控制的特点,因此情绪往往"不由自主"地影响人们的心理生活;另一方面,既然情绪是一种主观体验,人们能够通过自主调节来影响这种体验,这也为我们更美好的生活提供了可能和空间。

2. 外在的情绪表现即表情 这是在发生情绪情感状态时身体各部分的表情或动作。表情在情绪活动中具有独特作用,是情绪本身不可分割的发生机制,也是传递情绪信息的外在表现。如有的人遇到伤心、悲痛的事就捶胸顿足、呼天抢地,遇到高兴的事就手舞足蹈。

表情包括面部表情、姿势表情、语调表情等。

面部表情是以面部肌肉活动为主的一种情绪表达方式,汉语中有许多这一类的词语,如愁眉苦脸、喜形于色、眉飞色舞、眉目传情、横眉冷对等,都是指人们在情绪活动状态时的面部表现形式。面部表情具有双向沟通作用:一方面,面部表情是情绪当事人主观的情绪状态;另一方面,面部表情也为他人了解当事人的情绪状态提供了情绪信息,使别人能够通过其面部表情了解其内心情绪反应情况。

姿势表情包括身体动作与手势。身体动作是表达情绪的重要方式:高兴时的手舞足蹈、前仰后合、载歌载舞;紧张时的手足无措、坐立不安;惊恐时的双肩紧缩、瑟瑟发抖;愤怒时的咬牙切齿、捶胸顿足。手势通常是作为一种辅助性语言而使用的,往往被用于弥补口头言语表达方面的某些不足,用于表达同意或否定、拒绝或接纳、喜欢或厌恶等思想或情感。有时,手势也可单独用于表达情感、思想、做出指示等,如举手表决、摆手再见、挥手示意、摊开双手表示无奈等。

此外,语调表情也是情绪表达的重要形式之一。例如,爽朗的笑声、痛苦的呻吟都表达了不同的情绪状态;人们在紧张时,声音尖锐而急促;平静时,语音平缓而沉着;悲痛时,语调悲切、深沉而惋惜。

表情与情绪之间的关系见表 8-1。

表 8-1 表情和与之关系最紧密的情绪

表情	可能的情绪	表情	可能的情绪
脸红	羞愧、羞怯	尖叫、出汗	痛苦
身体接触	友爱感	毛发直立	害怕、气愤
紧握拳头	生气	耸肩	顺从
哭泣	悲伤	嘘声	藐视
皱眉	生气、挫折	发抖	害怕、担心
笑	高兴		

3. 情绪的生理变化 当情绪产生时,人们身体的各系统器官都会发生相应的生理变化(如心跳)和物理反应,其生理机制就是大脑皮质的不同神经元产生兴奋,皮下中枢,包括海马、丘脑和脑干网状结构不断传递和反馈信息,协调和支持脑的激活水平和情绪状态。随着脑和神经系统的变化,机体的其他内脏器官也随之产生不同的生理变化,如呼吸急促、心跳加快等。情绪的生理变化是既主观体验的深化,又是外在情绪表现的基础,在情绪结构中起着承上启下作用。

20 世纪 80 年代,艾克曼等研究人员让被测试者用面部肌肉来表达愉快、发怒、惊奇、恐惧、悲伤或厌恶等情绪,同时给他们一面镜子以辅助他们确定自己面部表情的模式,要求他们把每一种表情保持 10s,并对他们的生理反应情况进行测量。结果表明,各种面部表情的生理反应存在明显差异。保持发怒和恐惧的表情时,被测试者心率都会加快;保持发怒的表情时,被测试者的皮肤温度会上升;保持恐惧的表情时,被测试者的皮肤温度则会下降。另一些研究表明,许多情绪都使人的心率加快:发怒时,被测试者脖子以下发热,感觉热血沸腾；恐惧时，被测试者骨子里发冷、浑身发凉等。

情绪实验也证明了情绪对身体的影响。美国俄亥俄州立大学研究人员给已婚夫妇的手臂安装上能产生水泡的抽气装置（模拟伤口），并对他们进行测试：当他们被问及曾有不同意见并激烈争吵过的问题时，"伤口"比正常情况下的康复速度慢了40%，这一反应是由会引起感染的免疫细胞因子突然增多所致。如果该细胞因子水泡长期偏高就会导致关节炎、糖尿病、心脏病和癌症。那么究竟哪些情绪对健康有影响，影响有多大呢？有人对此进行了较深入的探索。他们指出，坠入爱河会使人一年内神经生长因子水平处于增高状态，这一类似激素的物质会刺激新的脑细胞生长，有助于神经系统的恢复并增强记忆力。不过，恋爱一年后神经生长因子水平会出现回落。笑声能使人卸去多余的压力，保护血管内壁，从而降低心脏病发作的概率。当人哈哈大笑时，需要调动身体内超过400块的肌肉，因而还能有效消耗热量。有些研究人员估计，大笑100次相当于10分钟划船和15分钟骑自行车等的有氧运动量。

（三）情绪的属性

情绪似乎与个体的切身需要和主观态度联系着。从这种联系中可以引申出情绪的两种特殊存在形式，其一为内在的情绪体验，其二是外在的情绪表现即表情。这是认识过程中所不具有的特征。因此，情绪与认识是带有因果性质和相互伴随而产生的。情绪可以发动、干涉、组织或破坏认知过程和行为；认识对事物的评价则可以发动、转移或改变情绪反应和体验。

许多学派给情绪定义时都反映了这些特点和这类关系。按此概述，情绪有如下特性：

1. 情绪是多成分的复合过程 情绪成分包括内在体验、外显表情和生理激活三种成分。

（1）认识过程是平淡而无情的，情绪则带有独特的主观体验色彩，具有某种愉快、享乐、忧愁或悲伤等多种色调。每种具体情绪的主观体验色调都不相同，给人以不同的感受。主观体验是脑的一种状态，它所负载的过程就是情绪作为心理实体的具体过程。正是情绪过程的体验感受方面给行为提供动机，对认知和行为起着组织或瓦解的作用。

（2）情绪有特殊的外显表现，而每种具体情绪的表现，特别是面部表情，却是特异化的。这些特异化的面部运动模式是各种具体情绪的客观标志。通过情绪的外显表情，情绪的通信传递作用才能成为可能。

（3）情绪发生在一定的生理激活水平上。神经系统一定部位的激活为情绪的发生和活动提供能量。从延髓到脑下部位的网状结构上行激活系统经过边缘系统通向高级中枢，直到大脑皮质传送的弥散性冲动支持着脑的一般激活水平和状态，即情绪状态。网状结构的下行神经纤维又把信息输送回来，协调着脑的激活水平和情绪状态，提示各种具体情绪之间的性质差别，并支配着行为。

2. 情绪具有多维量结构 冯特（Wundt）于1896年提出情绪的三维说。冯特认为情感过程是由三对感情元素构成的。每一对感情元素都具有处于两极之间的程度变化。它们是愉快-不愉快、兴奋-沉静、紧张-松弛这三个维量。每种情绪在其具体发生时，都分别处于这三个维量两极之间的不同位置上。冯特的感情三维理论虽然建立在主观推测的基础上，但它至今仍有理论和实际的意义。后人提出了多种情绪维量量表，应当说都没有离开冯特学说的基础。例如，伊扎德提出的体验量表包括四个维量，其中在快乐度、紧张度、冲动度以外,增加一个确信度,基本上都是冯特理论的变种。

冯特之后,施洛伯格(Schosberg)按照吴伟士(Woodworth)早期依据面部表情对情绪实验的分类研究,提出一个按愉快-不愉快、注意-拒绝和激活度的三维量表。迄今为止,最典型的多维量表应以普拉奇克(Plutchik)为代表。普拉奇克经过分类排列,把情绪分为相似性、对立性和强度三维量。他认为任何情绪的这三个维度都不相同。

维量是情绪的一种特性。虽然到目前提出的维量划分方法是各式各样的,但对认识情绪的特性是有帮助的。而且,理论的建立导致研究方法的确立,维量量表的一个大作用是用来作为具体研究中可依据的测量工具。

3. 情绪是生理和心理多水平整合的产物 从进化的观点看,情绪是在脑进化的低级阶段发生的,特别与那些同调节和维持生命的神经部位相联系。情绪作为脑的功能,首先发生在神经组织进化上古老的部位。丘脑系统、脑干结构、边缘系统、皮下神经核团等这些整合有机生命过程的部位,都是整合情绪的中枢。随着人类的进化,大脑皮质、尤其是前额叶的发展对情绪与认知的整合起着重要的作用。从猿到人的进化过程中,情绪的发生和分化与新皮质的形成和分化直接联系着。如果说,从猿到人的进化有质的飞跃是与人的进化不可分的,那么,人类情绪同动物情绪的质的区别,也是同人类大脑皮质的进化密切联系的。

情绪从种属遗传而来的中枢保持在脑的杏仁核。与由杏仁核为核心的神经环路联系的自主神经系统调节的内脏系统、内分泌系统都参与情绪的发生、维持和变化。这些部位的神经功能不但在高等动物中存在,而且在人类中仍然存在并起着作用。

大脑皮质的高度分化为情绪的分化提供了可能。由皮层运动区支配的躯体骨骼肌运动,尤其是面部肌肉运动,是人类具有多种精细分化的情绪的直接机制。面部肌肉运动之所以构成表情模式,被设想为是由于从皮层运动区发出的神经冲动与整合先天情绪模式的杏仁核神经环路之间存在联系,皮层向皮下传送的冲动及其反馈是整合表情和感情体验的完善机制。由此可见,神经系统各级水平几乎都参与情绪的发生和变化之中。每一次情绪的发生都是多级神经生理整合活动的结果。

其次,情绪还发生在心理多级水平上。从进化的角度看,任何动物都是在它所处的心理进化结题的一定高度上实现它的情绪整合的。例如,爬行类以下的动物只有感觉水平上的趋避反应;爬行类到低等哺乳动物有知觉水平上的情绪反应;类人猿则有更分化的,表明其智慧行为的复杂感情。从人类个体发展看,感情可以从感觉到意识,从情绪状态到人格特质的多级水平上并存。

从认识水平上区分,有感知觉水平上的感情反应和认知水平是的感情反应。从社会化程度上的区分,有与本能需要相联系的感情反应和与生物-社会性事件相联系的感情反应。从意识水平上区分,有语词意识水平下的感情和语词意识水平上的感情。从情绪存在形式上,可被区分为:

(1)情感反应:这是以面部、声调、躯体等表情体现的对外在影响的适应行为而存在,如快乐、悲伤、焦虑等。

(2)感情状态:如心境,兴趣专注态。它可以被主体意识到,也可以不被意识到,它似乎成为脑的加工过程的背景;心境也有各种色调,或喜悦、或忧伤、或沉闷、或紧张。

(3)情绪特质:情绪被镶嵌在个性之中,成为个体人格结构的组成部分,它们在个体的整体行为和态度中显露出来。由此可见,情绪包容在广大的认知网络和人格系统中。

(四)情绪的成分

情绪并不是单一的现象,而是由多种成分组成的,它不仅包含了行为、行动和社会相互作用的倾向性或习性,还提供给我们一种理解世界的不同方式——感受事物。一般认为,情绪是由以下四种成分组成的。

(1) 情绪涉及身体的变化,这些变化多数是情绪的表达形式。

(2) 情绪是行动的准备阶段,一些人称之为"行动潜能"。

(3) 情绪涉及有意识的体验。当我们感知事物时,就会存在情绪体验。

(4) 情绪涉及认知的成分,包括注意、知觉和记忆成绩与情绪关系;刺激的意义与情绪的关系,情绪信息在大脑中的表征;情绪的认知发展以及情绪的解释和情绪的认知评价等等。这是情绪的重要方面。

情绪的成分可用詹姆斯的例子来说明。假设你正在森林中欣赏周围的自然美景时,突然随着一声吼叫,一只熊出现在你面前,你马上停了下来,心跳加快、口干舌燥、肌肉紧张,感到非常害怕。在这个例子里,当你在树林里遇到熊时,你的情绪表现是很害怕、恐惧。害怕的同时伴随着生理上的变化,如口干舌燥、肌肉紧张、心跳加速等。此外,你的害怕还以准备行动为特征——要么打,要么逃。害怕的另一部分是感受,你感受了非常害怕。最后是认知成分,你之所以感到害怕是因为你意识到熊对你的生存构成了威胁。

由上述事例再加以分析,强烈的情绪可包括以下几种成分。

第一是身体的反应。当我们的情绪发作时,往往会伴有许多生理的变化。生理学家的研究发现,当愤怒和恐惧发作时,肾上腺的分泌特别增加、胃腺的分泌特别少、呼吸短促、血压增高、心跳加速、交感神经系统的活动亢进(表8-2)。

表8-2 情绪体验的身体反应

客观的(生理的)	主观的(情绪的)
心跳加快	心脏猛烈跳动
血液迅速流到皮肤表面	脸红的面部表情
胃蠕动	不舒服的胃动的感觉
肾上腺素的血糖增加	感到更强而有力
肌肉紧张度增加	紧张的情绪
唾液分泌减少	口干舌燥

第二是伴随情绪而来的思考。例如,体验快乐通常包含对快乐原因的思考,如我很高兴考上了大学了。

第三是面部表情。例如,当人们觉得恶心时往往皱起眉头、张大嘴巴或眯着眼睛。

第四是对体验的反应,包括特定反应。例如,愤怒会导致攻击。

二、情绪与情感

情绪和情感是对客观事物与个人需要之间关系的体验过程,是人对客观事物是否符合自身需要而产生的态度体验。情绪和情感同认识活动一样,仍然是人脑对客观现实的反映,只不过反映的内容和方式上有所不同。认识活动反映的是客观事物本身,包括事物的过去、现在和将来,以及它们的外部特征和内在联系。情绪和情感反应的是一种主客体的关系,是作为主体的人的需要和客观事物之间的关系,人对客观事物是否符合自身的需要而产生态度的内心体验。

情感与情绪的联系之处在于情绪和情感虽然不尽相同,但却是不可分割的。因此,人们时常把情绪和情感通用。一般来说,情感是在多次情绪体验的基础上形成的,并通过情绪表现出来;反过来,情绪的表现和变化又受已形成的情感的制约。当人们干一件工作的时候,总是体验到轻松、愉快,时间长了,就会爱上这一行;反过来,在他们对工作建立起深厚的感情之后,会因工作的出色完成而欣喜,也会因为工作中的疏漏而伤心。由此可以说,情绪是情感的基础和外部表现,情感是情绪的深化和本质内容。

但在心理学上,情绪和情感是两个不同的概念。西方心理学界虽未对情绪和情感做严格区分,但普遍认为,情绪包含着情绪表现(表情)和情绪体验(情感)。我国心理学界对情绪和情感做了严格区分,认为情绪分为心境、应激和激情;情感分为道德感、美感和理智感。心境是指深入持久而微弱的情绪状态;激情是指强烈爆发而短暂的情绪状态;应激是指出乎意料的紧张引起的情绪状态。

情绪与情感的区别有以下三个方面:

(1) 从所联系的心理层次看,情绪的心理层次低一些,是先天的与生理需要相联系的;情感则与人的社会性需要相联系,属于高级心理现象,多与人的社会性需要相联系。婴儿一生下来,就有哭、笑等情绪表现,而且多与食物、水、温暖、困倦等生理性需要相关;情感是在幼儿时期,随着心智的成熟和社会认知的发展而产生的,多与求知、交往、艺术陶冶、人生追求等社会性需要有关。

(2) 从所具有的品性看,情绪具有情境性和暂时性;情感则具有深刻性和稳定性。情绪常由身旁的事物所引起,又常随着场合的改变和人、事的转换而变化。所以,有的人情绪表现常会喜怒无常,很难持久。情感可以说是在多次情绪体验的基础上形成的稳定的态度体验,如对一个人的爱和尊敬,可能是一生不变的。因为如此,情感特征常被作为人的个性和道德品质评价的重要方面。

(3) 情绪具有冲动性和明显的外部表现;情感则比较内隐。人在情绪左右下常常不能自控,高兴时手舞足蹈,郁闷时垂头丧气,愤怒时又暴跳如雷,这些都是表现在外部,易于被其他人发现。情感更多的是内心的一种体验,比较深沉而且较为久远,体验人一般不会不轻易流露出来。

三、情绪的功能

在我们的生活中,情绪不是一种毫无目的、没有任何意义的伴随体验。相反,它们是在适应外界变化的过程中产生的,是具有重要作用的工具。

(一) 自我防御功能

在最简单水平上,情绪能够帮助我们做出更迅速的反应。当身体或人的其他方面受到威胁时,人产生恐惧以应对;当发生利益或权利上的冲突时,人产生愤怒以应对;当吃到不适的食物或污物时,会产生厌恶感。这些情绪反应表现出非常明显的自我保护性倾向。

(二) 社会适应功能

情绪能够使个体针对不同的刺激事件产生灵活自如的适应性反应,并调节或保持个体与环境间的关系。情绪之所以具有灵活性的特征,是因为情绪的功能不仅可以来源于个体全部的先天功能,而且还来源于学习及认知活动。许多种情绪都具有调控群体间的互动功能。譬如,羞怯感可以加强个体与社会习俗的一致性;当个体对他人造成伤害时,内疚感可激发社会公平重建。其他的情绪,诸如同情、喜欢、友爱等,也能起到构建和保持社会关系的作用。它们可以增强群体内的凝聚力,而且有提高个体的社会适应能力的作用。

(三) 动机功能

情绪具有激励作用。情绪能够以一种与生理性动机或社会性动机相同的方式激发和引导行为。有时我们会努力去做某件事,只因为这件事能够给我们带来愉快与喜悦。从情绪的动力性特征看,情绪分为积极增力的情绪和消极减力的情绪。快乐、热爱、自信等积极增力的情绪会提高人们的活动能力,而恐惧、痛苦、自卑等消极减力的情绪则会降低人们活动的积极性。有些情绪同时兼具增力和减力两种动力性质,如悲痛可以使人消沉,也可以使人化悲痛为力量。

个体的情绪表现还常被视为动机的重要指标。由于情绪可能与动机引发的行为同时出现,情绪的表达能够直接反映个体内在动机的强度与方向,因此情绪也被视为动机潜力分析的指标,即对动机的认识可以通过对情绪的辨别与分析来实现。

动机潜力是在具有挑战性的环境下所表现出的行为变化能力。当个体面对一个危险的情境时,动机潜力会发生作用,促使个体做出应激的行为。对动机潜力的分析可以由对情绪的分析获得。当面对应激场面时,个体的情绪会发生生理的、体验的及行为的三方面的变化,这些变化会告诉我们个体在应激场合动机潜力的方向和强度。当面临危险时,有的人头脑清晰,沉着冷静地离开;而有些人则惊慌失措,浑身发抖,不能有效地逃离现场。这些情绪指标可以反映出人们动机潜能的个体差异。

(四) 强化功能

大量研究表明,当出现紧急情况时,消极的情绪(如愤怒和恐惧)能够唤起大脑的警觉水平;积极的情绪(如高兴),能使一个人的感觉、知觉变得敏锐、记忆获得增强、思维更加灵活,有助于一个人内在潜能的充分展示。

(五) 信号功能

情绪的信号功能是指在人际交往中,人们除借助言语进行交流之外,还通过情绪的流露来传递自己的思想和意图。情绪的这种功能是通过表情来实现的。表情具有信号传递作用,属于一种非言语性交际。人们可以凭借一定的表情来传递情绪信息和思想愿望。在社会交往的许多场合,人们之间的思想、愿望、态度、观点,仅靠言语无法充分表达,有时甚至不能言传,只能意会,这时表情就起到了信息交流的作用。其中,面部表情和体态表情更能突破一些距离和场合的限制,发挥独特的沟通作用。

心理学家在对英语国家人们的交往状况进行研究后发现,在日常生活中,55%的信息是靠非言语表情传递的,38%的信息是靠言语表情传递的,只有7%的信息才是靠言语传递的。表情是比言语产生更早的心理现象,在婴儿不会说话之前,主要是靠表情来与他人交流的。表情比语言更具生动性、表现力、神秘性和敏感性。特别是在言语信息暧昧不清时,表情往往有补充作用,人们可以通过表情准确而微妙地表达自己的思想感情,也可以通过表情去辨认对方的态度和内心世界。所以,表情作为情感交流的一种方式,被视为人际关系的纽带。在许多影视作品中,人们用情绪的表露代替了语言的表达,具有"此时无声胜有声"的效果,更具感染力。

(六) 健康功能

人对社会的适应是通过调节情绪来进行的,情绪调控的好坏会直接影响到身心健康。作为心理因素的一个重要方面,情绪同身体健康的关系早已受到人们的关注。情绪对健康的影响作用是众所周知的。积极的情绪有助于身心健康,消极的情绪会引起人的各种疾病。我国古代医书《内经》中就有"怒伤肝,喜伤心,思伤脾,忧伤肺,恐伤肾"的记载。有许多心因性疾病与人的情绪失调有关,如溃疡、偏头痛、高血压、哮喘、月经失调等。有些人患癌症也与长期心情压抑有关。一项长达30年的关于情绪与健康关系的追踪研究发现,年轻时性情压抑、焦虑和愤怒的人患结核病、心脏病和癌症的比例是性情沉稳的人的4倍。

美国心脏病学会将易患上心脏病的人群定义为A型性格人群,认为这类人群的特征是生活压力过大,自我要求过高,性情暴躁,易发脾气。一些临床医学研究也证明,长期受不良情绪困扰,会导致各种身心疾病。因此,对不良情绪进行控制、引导,代之以积极乐观的情绪,不但能提高生活质量,也能有效地防治身体疾病。所以,积极而正常的情绪体验是保持心理平衡与身体健康的条件。曾经有人说过,一个小丑进城胜过一打医生。这句话非常形象地说明了情绪对人身体健康的影响。

四、情绪的发展

(一) 儿童的情绪发展

早在1932年,心理学家布里奇斯就通过观察婴儿从出生到2岁时的情绪发展,提出人类情绪发展的模式。他用连续分化的观点说明婴儿的情绪发展,认为婴儿情绪是由兴奋状态开始的,而后首先分化出痛苦与快乐,然后痛苦分化为愤怒、厌恶、恐惧与嫉妒,快乐分化为喜爱和高兴。到了2岁末,婴儿的情绪分化就大致完成,其情绪生活变得多样而丰富了。此时情绪发作更少了,但是引起情绪反应的情境则多样化了。

观察婴儿和幼儿可发现,他们的情绪是具有爆发性的,情绪的状态表现为平静和爆发互相交替。在2~7岁时期,其情绪与外部事物分离的意识性增加了,在情绪上和人与人的之间有更多的联合,他们通过游戏、模仿和语言来表现情绪。在7~12岁时期,儿童的情绪是由于特殊的人或情境而产生,通常更多把情绪看作是一个人的内心体验,而且表现出了比较精细的情绪(表8-3)。

表8-3 儿童情绪发展

年龄	情绪表达/调节	情绪理解
出生~6个月	所有基本情绪出现 积极情绪的表达受到鼓励并更经常地出现 通过吸吮和回避不愉快刺激等方式调节消极情绪	婴儿可以对快乐、愤怒、伤心等面部表情加以区分
7~12个月	愤怒、恐惧和悲伤等消极的基本情绪更经常地出现 婴儿通过滚动、撕咬或远离令人不安的刺激物等方式对情绪进行自我调节	能更好地识别他人的基本情绪。能够通过识别和理解别人的表情来评估一个他不熟悉的事物

续表

年龄	情绪表达/调节	情绪理解
1~3岁	出现次级(自我意识的)情绪,即与对自己的认识和评价相关的情绪 婴儿通过转移注意力或者控制刺激物的方式调节情绪	幼儿开始谈论情绪和掩饰情绪 同情反应出现
3~6岁	出现了调节情绪的认知策略并不断细化 开始能掩饰情感,并遵守一些简单的情绪表达规则	儿童开始从躯体动作中识别情绪 对情绪产生的外在原因和后果的理解能力增强 移情反应更为常见
6~12岁	遵守情感表达规则的能力进一步提高 随着对行为"对错"、"好坏"标准的接受,自我意识的情绪与自己行为的对错、好坏联系更紧密 自我调节策略(包括适当的时候对情绪的激发)更加多样和复杂	儿童能整合内外部线索(如外部的诱因事件和个人的性格特征)来理解他人的情绪 移情反应增强 儿童意识到不同的人对于同一事件会有不同的情绪反应 知道他人会有矛盾的情感体

(二)青少年的情绪发展

青少年被称为"风暴期"、"狂飙期"、"叛逆期",情绪具有突出的不成熟和不稳定的特征。首先,青少年的情绪是不稳定的,情绪反应的激动及起伏程度较高,同时对情绪刺激敏感多疑;其次,青少年的情绪具有易冲动性与爆发性;再次,青少年的情绪开始向稳定过渡性质,尽管青少年容易受暗示并且倾向从众,但随着年龄递增和适应经验的累积,他们的情绪将趋于稳定;最后,青少年的情绪反应直接、情绪力量强烈、情绪变化快速,比较容易产生情绪问题。

随着越来越多的研究积累,心理学家提出"情绪高涨"的观点来说明青少年阶段的情绪发展。所谓"情绪高涨"是一个相对的用词,是指比一个人正常状态时的情绪又多一些,也就是比较个体在平常的情绪反应与在特定时间的情绪反应。青少年时期就是这样一个情绪高涨的时期,他们的情绪,如生气、害怕、嫉妒、高兴等都会比平常更强、更持久。

1. 在情绪的内心体验上 青少年与儿童和成年人相比,青少年情绪体验的特点主要体现以下方面。

(1)情绪波动明显:青少年很容易产生某种情绪,而且情绪一旦产生,其强度就可能比儿童或成人大得多。心理学家霍尔(Hall, G. S., 1844~1924)曾把青少年时期称为"疾风骤雨"时期。孔子也曾说,"少之时,血气方刚,戒之在斗"。柏拉图(Plato,公元前427~公元前324)也说,18岁的男子饮酒犹如"火上浇油"。这些都说明青少年的情绪起伏波动比较多,具体又表现在两个方面。

一是青少年会因一时成功,欣喜若狂、激动不已,又会因一点挫折,垂头丧气、懊恼不已,表现为情绪在两极间的明显跌宕。有时面对同一对象,同时出现两种对立的情绪体验;有时对于同一种情绪,可能产生两种对立的效能;人们认为平常的是是非非,却在他们那里引发出高强度的反应,而在一些重要的事情面前,有时又显得平常冷静。有实验表明,对于同等事件,青少年可能比成人多5倍的报告感觉"非常开心",和可能多3倍的报告感觉"非常难过"。

二是青少年还常出现似乎莫明其妙的情绪波动、交替。国外曾进行过一项有趣的研究。被试分高中生和成人两组,每人身上带有一架遥控信号发生器和一本情绪记录表,该仪器从上午七时半至午夜这段时间里,随机发出信号。当被试一听到信号,便在情绪记录表上记下自己当时正在进行的活动及心境。结果发现,青少年人的情绪与成年人相比,显得变幻多端、反复无常。他们的情绪往往在不同的时间、地点,从一个极端变到另一个极端。

造成青少年情绪的这一特点的原因主要有两个。其一,个体进入青少年期后,影响情绪的各种社会因素和生物因素大量出现,如学习成绩、交往情况、与父母关系、发育带来的身体变化等。有些因素被清晰意识到,有些因素则未被自己所意识。例如,女生的月经引起的焦虑、烦恼,便是常被忽视的一个因素。其二,青少年期是充满各种矛盾的时期,生物、社会和心理上发展的不平衡所引起的矛盾冲突,常在青少年内心得以体验。而青少年的辩证思维发展水平不高,对待矛盾易产生偏激,因而引起情绪上的两极反应。

(2) 情绪心境化:心境(mood)是一种比较微弱而持续时间比较长的情绪状态。青少年,尤其是进入青年早期的高中生,会出现情绪反应时间明显延长的情况。这种延长表现在两个方面,一是延缓做出情绪反应,二是延长情绪反应过程,从而出现情绪反应心境化的趋势。例如,有的中学生在班上受到老师的批评,心里很不愉快,但当场并没有发作,老师也不在意,谁知事后他(她)竟会为此闷闷不乐好几天甚至个把星期,情绪的潜伏期延长了。这种情况在儿童时期是没有的,儿童的情绪反应快,转变也快,犹如夏天的天气,刚才还是晴空万里,一会就成了多云转阴。但高年级的青少年情绪体验的时间延长,情绪一旦产生,就会在以后的较长时间内对个体的情绪发生影响,这就是所谓的"心境化"。

同时,青少年的心境本身也呈现出独特的色彩。李冬梅(2005)研究发现,青少年的心境主基调是稍微偏向积极的状态,随年龄增长,这个主基调呈现下降趋势。在心境波动动态属性方面,初中生的心境波动幅度高于大学生,女生的心境波动频率高于男同学。青少年的心境波动周期为7~28天,在一天内的心境波动中,积极心境在中午某个时段达到最高点,然后逐渐下降,而消极心境一天内的波动趋势则是从早上到晚上呈现递增趋势。从周一到周日,心境波动呈现出类似正弦波的趋势,此外,初中生明显表现出"blue Monday"效应,而大学生没有明确显示出这种现象。

(3) 自尊感体验深刻:自尊感(self-esteem)是与人们要求他人尊重自己的需要相联系的一种情感。它在儿童生活早期就已展露,只是随着个体进入青少年期,主体我和客体我一分为二,青少年不仅能认识自己的所作所为,还能把做出这些行为的自我作为客观对象加以分析、评定,从而引发自我体验。青少年仿佛第一次发现了自己,开始认识自己并主动塑造自己。心理学家因此把青少年时期称为"第二次诞生"。青少年的自尊感主要表现出以下特点。

首先,青少年自尊感强烈,这表现在三个方面。一是青少年往往把自尊感放在其他一切情感之上,当自尊感与其他情感发生冲突时,他们常会毫不犹豫地为维护自尊感而牺牲其他情感。例如,青少年十分珍惜朋友间的友谊情感,但一旦发生彼此此间有损自尊感的行为,往往会从根本上动摇友谊感。二是青少年对自尊感的情绪体验特别强烈,当自尊感受到损害时,常表现出极大的愤怒、恼羞等情绪反应,甚至为此爆发激情,做出不顾自身安危、无视社会法纪的事来。三是男生由于社会文化的影响,他们比女生更注意自己的价值和尊严,特别在意"男人的面子",而且他们对自尊十分敏感。因此,导致自尊感的性别差异。

其次,青少年的自尊感往往过分敏感。有的青少年会为一件小事争得脸红耳赤,有的为此闷闷不乐或耿耿于怀,还有的甚至发生殴斗,不惜诉诸武力。细析原因,这些小事在那些青少年心目中都是涉及维护自尊感的"重大原则问题",绝不能等闲视之。例如,一位男学生在文艺晚会上因唱歌走调被大家哄笑,自觉当众受辱,自尊感受损,竟回到家用猎枪自杀!

第三,青少年自尊感稳定性差,极易波动。我国心理学工作者张文新(1997)的研究发现,整个初中阶段学生的自尊水平是不稳定的,存在着极其显著的年级差异。从初二(约14岁)开始,自尊出现了明显的下降趋势。另有研究者(曾芊,翟群,游旭群,2008)对 2 658 名初一至高三中学生的自我价值感(self-esteem 或 self-worth)发展特征及其影响因素进行了调查。结果表明:青少年的自我价值感存在显著的性别差异,在整个中学阶段,被试的自我价值感发展保持在一个相对平稳的水平,但在 12~14 岁期间开始出现起伏和波动,高中生已经基本成熟和稳定。

2. 情绪外在表现的发展上 青少年情绪特点如下所述。

(1)情绪文饰现象增多:情绪文饰现象是指个体内部的情绪体验被外部的情绪表现所掩饰,出现表里不一致的情绪现象。儿童的情绪表现是明显而真实的,高兴就是高兴的样子,不高兴就是不高兴的神态,甚至笑则捧腹不已,哭则当即泪流,外部的情绪表现与内部的情绪体验是一致的。但青少年则会出现内心很难过却面带微笑,明明很得意却装得若无其事,在课堂上很想发表自己对问题的看法实际上却又把课本挡在脸前,心里爱上班上的某位异性同学却又在公开场合表现得十分冷漠的种种情绪文饰现象。

情绪文饰现象是个体从儿童向成人过渡过程中,情绪由不成熟向成熟发展的表现。造成文饰现象的直接原因是青少年社会意识和自我意识发展的结果,使他们既注意到自己情绪在特定社会情境中表达的适当性,以保持自己在他人心目中良好的形象,又逐渐具有了情绪的自我控制能力,使强烈的情绪反应得到一定的调节。从这个意义上说,青少年出现情绪文饰是其情感能力增强的体现,并因适应具体情境而具有了社会意义。情绪文饰现象使得青少年的情绪生活变得复杂化,令人难以捉摸。

(2)表情更加成熟:表情(expression)是各种情绪体验的外在表露,包括面部表情、姿态表情和声调表情。作为情绪特有的外部表现形式,表情具有独特而重要的社会交往功能。近年来我国心理学工作者对表情的发展进行了大量的研究。结果发现,在 13、14 岁以前,个体表情认知发展速度较快,在这之后,明显减缓,达到基本成熟,形成一条年龄分界线(黄煜峰等,1986;武珍等,1987)。并且发现对人类六种基本表情正确认知到 75% 的年龄为:高兴和愤怒 4~5 岁,轻蔑 9~10 岁,厌恶 11~12 岁,惊讶和恐惧 13~14 岁(周秀章等,1986)。这就是说,到了青少年期个体基本表情认知初步成熟。但是某些复杂的表情,如苦笑、尴尬、谄媚等,还需在青少年期进一步发展,其中谄媚表情认知最为困难(彭聃龄等,1985)。

近年来,由于研究方法的改进,表情研究的成果愈加丰富。一项对早期青少年表情认知的研究表明(葛吉艳,郭德俊,王峥,2005),13~15 岁的少年对愤怒表情的觉察的特点与成年人对愤怒表情的觉察的特点基本一致。蒋长好(2006)通过事件相关电位(ERPS)研究发现,初中生、高中生和大学生三个年龄段在对悲伤和愉快面孔区分引发同样的效应,有着同样的时间进程和类似的脑区分布。该研究表明,随着年龄的增长,青少年的情绪调节能力逐步增强,大脑高级功能的发育日趋完善。

(三)成年人的情绪发展

成年期是一个情绪相对稳定的时期。心理学家研究发现,人的表面情绪发作的强度和次数随着年龄增长而减少;成年后人的情绪并非不存在,而是已经发生但被控制了,它还是可以因意外的痛苦而爆发的。如心理学家印迪克、西肖尔和斯莱辛格研究了由壮年期到成年期情绪状况,他们发现,成年人情绪烦乱的主要根由——与职业有关的紧张——随年龄而稳定而大大降低了,而且作为情绪克制指标的身心疾病症状亦随年龄而降低(表8-4)。

表8-4　人类基本情绪的发展

最常见的年龄	愉快——高潮	担心——恐惧	生气——愤怒
0~3	自发的微笑	惊吓	不舒服的感觉
3	愉快	—	生气、沮丧
4~5	欣喜、主动微笑	担心、忧愁	—
7	高兴	—	—
9	—	恐惧、厌恶陌生人	—
12	非常开心	焦虑、立即的恐惧	恼怒、愤怒
18	自己有正向评价	害羞	挑战
24	喜欢	—	有意伤害
36	骄傲、爱	—	内疚

在现实生活中,尤其在与情绪心理学密切相关的实际业务部门中,情绪问题是十分突出的。"情绪究竟是怎样产生的?"是应用学科和心理学理论都十分关注的事情。早在19世纪末,詹姆士于1884年就第一个提出了系统的情绪心理学的理论。自詹姆士之后,现代情绪理论有了很大进展,人们从不同角度提出了生理学理论、行为学理论、精神分析学理论、认知、动机、唤醒和生理理论以及现象学、信息控制理论等。这些理论不一而足,总之使人感到情绪理论包容广阔,情绪的产生是一个复杂的整合过程,人格特征、知觉方式、认知评估、行为、生理唤醒及反馈、意识水平都与情绪产生以及产生什么情绪有关。

第二节　情　绪　理　论

一、情绪的早期理论

(一) 情绪的外周理论——詹姆斯-兰格情绪理论

美国心理学家詹姆斯(Willian James,1842~1910)和丹麦生理学家兰格(Carl Lange),分别于1884年和1885年提出了内容相同的一种情绪理论,他们强调情绪的产生是自主神经系统活动的产物。后人称他们的理论为情绪的外周理论,即詹姆斯-兰格的情绪学说。

詹姆斯根据情绪发生时引起的植物性神经系统活动和由此产生的一系列机体变化,提出情绪就是对身体变化的知觉。他指出,"情绪,只是一种身体状态的感觉;它的原因纯粹是身体的。"又说:"人们的常识认为,先产生某种情绪,之后才有机体的变化和行为的产生,但我的主张是先有机体的生理变化,而后才有情绪。"当一个情绪刺激物作用于我们的感官时,立刻会引起身体的某种变化,激起神经冲动,传至中枢神经系统而产生情绪。在詹姆斯看来,悲伤乃由哭泣而起,愤怒乃由打斗而致,恐惧乃由战栗而来,高兴乃由发笑而生。

兰格认为,情绪是内脏活动的结果。他特别强调情绪与血管变化的关系:"情感,假如没有身体的属性,就不存在了。""血管运动的混乱、血管宽度的改变以及各个器官中血液量的变化,乃是激情真正的最初原因。"兰格以饮酒和药物为例来说明情绪变化的原因。酒和某些药物都是引起情绪变化的因素,它们之所以能够引起情绪变化,是因为饮酒、用药都能引起血管的活动,而血管的活动是受自主神经系统控制的。自主神经系统支配作用加强,血管扩张,结果就产生了愉快的情绪;自主神经系统活动减弱,血管收缩或器官痉挛,结果就产生了恐怖。因此,情绪决定于血管受神经支配的状态、血管容积的改变以及对它的意识。

兰格与詹姆斯在情绪产生的具体描述中虽有不同,但他们的基本观念是相同的,即情绪刺激引起身体的生理反应,而生理反应进一步导致情绪体验的产生。詹姆斯-兰格理论看到了情绪与机体变化的直接关系,强调了自主神经系统在情绪产生中的作用,这有其合理的一面;但是,他们片面强调自主神经系统的作用,忽视了中枢神经系统的调节、控制作用,因而引起了很多的争议。美国生理学家坎农(W. Cannon,1927)首先反对这一理论,并提出了自己的理论。

(二)坎农-巴德学说

坎农对詹姆斯-兰格理论提出了三点疑问:第一,机体上的生理变化,在各种情绪状态下并无多大的差异,因此根据生理变化很难分辨各种不同的情绪。第二,机体的生理变化受自主神经系统的支配,这种变化缓慢,不足以说明情绪瞬息变化的事实。第三,机体的某些生理变化可由药物引起,但药物(如肾上腺素)只能使生理状态激活,而不能产生情绪。坎农认为情绪的中心不在外周神经系统,而在中枢神经系统的丘脑。

由外界刺激引起感觉器官的神经冲动,通过内导神经,传至丘脑;再由丘脑同时向上向下发出神经冲动,向上传至大脑,产生情绪的主观体验,向下传至交感神经,引起机体的生理变化,如血压升高、心跳加快、瞳孔放大、内分泌增多和肌肉紧张等,使个体生理上进入应激准备状态。例如,某人遇到一只老虎,由视觉感官引起的冲动,经内导神经传至丘脑处,在此更换神经元后,同时发出两种冲动:一是经过体干神经系统和自主神经系统到达骨骼肌和内脏,引起生理应激准备状态。二是传至大脑,使某人意识到老虎的出现。这时某人的大脑中可能有两种意识活动:其一,认为老虎是驯养动物,并不可怕。因此,大脑即将神经冲动传至丘脑,并转而控制植物性神经系统的活动,使应激生理状态受到压抑,恢复平衡;其二,认为老虎是可怕的,会伤害到人,大脑对丘脑抑制解除,使自主神经系统活跃起来,加强身体的应激生理反应,并采取行动尽快逃避,于是产生了恐惧,随着逃跑时生理变化的加剧,恐惧情绪体验也加强了。因此,情绪体验和生理变化是同时发生的,它们都受丘脑的控制。

坎农的情绪学说得到巴德(Bard,1934,1950)的支持和发展,故后人称坎农的情绪学说为坎巴情绪学说。

二、情绪的认知理论

(一)阿诺德的"评定-兴奋"说

美国心理学家阿诺德(M. R. Arnold)在20世纪50年代提出了情绪的评定-兴奋学说。这种理论认为,刺激情景并不直接决定情绪的性质,从刺激出现到情绪的产生,要经过对刺激的估量和评价,情绪产生的基本过程是刺激情景——评估——情绪。同一刺激情景,由于对它的评估不同,就会产生不同的情绪反应。评估的结果可能认为对个体"有利"、"有害"或"无关"。如果是"有利",就会引起肯定的情绪体验,并企图接近刺激物;如果是"有害",就会引起否定的情绪体验,并企图躲避刺激物;如果是"无关",人们就予以忽视。

阿诺德认为,情绪的产生是大脑皮质和皮下组织协同活动的结果,大脑皮质的兴奋是情绪行为的最重要的条件。她提出情绪产生的理论模式是:作为引起情绪的外界刺激作用于感受器,产生神经冲动,通过内导神经上送至丘脑,在更换神经元后,再送到大脑皮质,在大脑皮质上刺激情景得到评估,形成一种特殊的态度(如恐惧及逃避、愤怒及攻击等)。这种态度通过外导神经将皮层的冲动传至丘脑的交感神经,将兴奋发送到血管和内脏,所产生的变化使其获得感觉。这种从外周来的反馈信息,在大脑皮质中被估价,使纯粹的认识经验转化为被感受到的情绪。这就是"评定-兴奋学说"。

(二) 沙赫特的两因素情绪理论

20世纪60年代初,美国心理学家沙赫特(S. Schachter)和辛格(J. Singer)提出,对于特定的情绪来说,有两个因素是必不可少的。第一,个体必须体验到高度的生理唤醒,如心率加快、手出汗、胃收缩、呼吸急促等;第二,个体必须对生理状态的变化进行认知性的唤醒。

为了检验情绪的两因素理论,他们进行了实验研究。把自愿当被试的若干大学生分为三组,给他们注射同一种药物,并告诉被试注射的是一种维生素,目的是研究这种维生素对视觉的可能发生的作用。但实际上注射的是肾上腺素,一种对情绪具有广泛影响的激素。因此三组被试都处于一种典型的生理激活状态。然后,主试向三组被试说明注射后可能产生的反应,并做了不同的解释:告诉第一组被试,注射后将会出现心悸、手颤抖、脸发热等现象(这是注射肾上腺素的反应);告诉第二组被试,注射后身上会发抖、手脚有些发麻,没有别的反应;对第三组被试不做任何说明。接着把注射药物以后的三组被试各分一半,让其分别进入预先设计好的两种实验环境里休息:一种令人发笑的愉快环境(让人做滑稽表演),另一种是令人发怒的情境(强迫被试回答琐碎问题,并强词横加指责)。根据主试的观察和被试的自我报告结果,第二组和第三组被试,在愉快的环境中显示愉快情绪,在愤怒情境中显示出愤怒情绪;而第一组被试则没有愉快或愤怒的表现和体验。如果情绪体验是由内部刺激引起的生理激活状态决定的,那么三组被试注射的都是肾上腺素,引起的生理状态应该相同,情绪表现和体验也应该相同;如果情绪是由环境因素决定的,那么不论哪组被试,进入愉快环境中就应该表现出愉快情绪,进入愤怒环境中就应该表现出愤怒情绪。实验证明,人对生理反应的认知和了解决定了最后的情绪体验。这个结论并不否定生理变化和环境因素对情绪产生的作用。事实上,情绪状态是由认知过程(期望)、生理状态和环境因素在大脑皮层中整合的结果。环境中的刺激因素,通过感受器向大脑皮层输入外界信息;生理因素通过内部器官、骨骼肌的活动,向大脑输入生理状态变化的信息;认知过程是对过去经验的回忆和对当前情境的评估。来自这三个方面的信息经过大脑皮层的整合作用,才产生了某种情绪体验。

将上述理论转化为一个工作系统,称为情绪唤醒模型。这个工作系统包括三个亚系统:一是对来自环境的输入信息的知觉分析;二是在长期生活经验中建立起来的对外部影响的内部模式,包括过去、现在和将来的期望;三是现实情景的知觉分析与基于过去经验的认知加工间的比较系统,称为认知比较器,它带有庞大的生化系统和神经系统的激活机构,并与效应器官联系。

这个情绪唤醒模型的核心部分是认知,通过认知比较器把当前的现实刺激与储存在记忆中的过去经验进行比较,当知觉分析与认知加工间出现不匹配时,认知比较器产生信息,动员一系列的生化和神经机制,释放化学物质,改变脑的神经激活状态,使身体适应当前情境的要求,这时情绪就被唤醒了。

(三) 拉扎勒斯的认知-评价理论

拉扎勒斯(Lazarus,1970)是情绪认知理论的另一位代表。他认为情绪是人与环境相互作用的产物,在情绪活动中,人不仅反映环境中的刺激事件对自己的影响,同时要调节自己对于刺激的反应。也就是说,情绪活动必须有认知活动的指导,只有这样,人们才可以了解环境中刺激事件的意义,才可能选择适当的、有价值的动作组合,即动作反应。按照拉扎勒斯的观点,情绪是个体对环境事件知觉到有害或有益的反应。因此,在情绪活动中,人们需要不断地评价刺激事件与自身的关系。具体来讲,有三个层次的评价:初评价、次评价和再评价。

初评价(primary appraisal)是指人确认刺激事件与自己是否有利害关系,以及这种关系的程度。只要人们处在清醒的状态下,这种评价随时随地都会发生,这是人的生存适应的一个重要方面。拉扎勒斯(1993)列出了15种情绪及其"核心相关主题",见表8-5。

表8-5 拉扎勒斯所列的15种情绪及核心相关主题

情绪	核心相关主题
发怒	对我及我的所有物贬低或攻击
焦虑	面对不确定的存在条件
害怕	一种直接的、真实的、巨大的危险存在
内疚	道德上的违反
害羞	过错归结于自己
悲伤	体验到不可挽回的损失
羡慕	想别人所有的东西
嫉妒	憎恨他人得到别人的爱,希望他失去进步
厌恶	从事或接近令人讨厌的物体、人或思想
高兴	向着一个真正的目标
骄傲	由于自己的成就得到别人的承认或认同而自我意识增强
放松	紧张或沮丧情形得到改善
希望	怕坏的结果,想要好的结果
爱	经常渴望的、不要回报的情感
同情	被他人的遭遇所感动而愿意帮助他

次评价(secondary appraisal)是指人对自己反应行为的调节和控制。它主要涉及人们能否控制刺激事件,以及控制的程度,也就是一种控制判断。当人们要对刺激事件做出行为反应时,必须根据主观条件和客观社会规范来考虑行为的后果,从而选择有效的措施和方法。如当人们受到侵犯、伤害时,是采取攻击行为还是防御行为,这取决于人们对刺激事件

的控制判断。在这种评价过程中,经验起着重要的作用。

再评价(reappraisal)是指人对自己的情绪和行为反应的有效性和适宜性的评价,实际上是一种反馈性行为。如果再评价结果表明行为是无效的或不适宜的,人们就会调整自己对刺激事件的次评价,甚至初评价,并相应地调整自己的情绪和行为反应。

三、情绪的动机-分化理论

有些心理学家主张情绪具有动机的性质。如弗洛伊德、利铂(Leeper,1970)、汤姆金斯(Tomkins,1970)和伊扎德(Izard)等,其中以汤姆金斯和伊扎德为代表,建立了情绪的动机-分化理论。伊扎德的情绪动机-分化理论是以情绪为核心,以人格结构为基础,论述情绪的性质与功能。

(一)情绪与人格系统

伊扎德(1977)认为,情绪是人格系统的组成部分,而人格是由体内平衡系统、内驱力系统、情绪系统、知觉系统、认知系统和动作系统等六个子系统组成。人格系统的发展是这些子系统的自身发展与系统差异之间联结不断形成和发展的过程。

在这些子系统中,伊扎德认为认知过程引起比较和辨别活动,是知识的学习、记忆、符号操作、思维和言语过程。情绪具有动力性,它组织并驱动认知与行为,为认知和行为提供活动线索。可见,情绪是人格系统的核心动力,这是伊扎德理论的重要观点。

(二)情绪系统及其功能

伊扎德(1991)认为,情绪包含着神经生理、神经肌肉的表情行为、情感体验等三个子系统,它们相互作用、联结,并与情绪系统以外的认知、行为等人格子系统建立联系,实现情绪与其他系统的相互作用。

伊扎德(1995)认为,情绪活动涉及广泛的神经结构,包括脑干中央灰质、丘脑、杏仁核、下丘脑、蓝斑、松果体、鼻周皮层、新皮层、前额皮层等神经结构。从感觉信息的产生到情绪的产生,有两条通道是不涉及大脑皮质的。一条是由感受器所接受的信息,它通过丘脑直接进入杏仁核产生情绪反应;另一条是杏仁核的传出信息,它进入下丘脑、经脑干中央灰质产生情绪。大脑皮质可以加工从丘脑传入的信息,产生情绪,或将信息下传到杏仁核、海马等产生情绪。另外,神经-内分泌、躯体神经系统、自主神经系统也都参与活动,使情绪得到放大和维持。

伊扎德(1991,1995)认为,表情行为包括神经肌肉的活动和感觉反馈活动两部分。表现在脸部、言语、躯体姿势、手势等活动。他认为表情活动由大脑皮质中决定种系发展的那些古老皮层调节,在生物进化过程中发挥着一定的适应意义。在个体成长过程中,表情的社会功能逐渐增强,表情表达着情感体验、社会动机、行为意向或者由这三个成分构成的混合意义。

伊扎德(1991)认为,神经化学活动通过一些内在的程序、激活脸部和躯体的活动模式,这些活动的反馈信号进入意识状态,形成情感体验。情感体验可以进入认知系统,并接受认知系统的调节。情感体验是情绪系统与人格的其他系统相互作用的主要成分,对形成系统间的稳定和特定的联结有重要作用。

总之，伊扎德认为情绪特征主要来源于个体的生理结构，遗传是某种情绪的阈限特征和强度水平的决定因素。

(三) 情绪激活与调节

关于情绪的激活与调节，伊扎德提出了四个基本过程：生物基因-神经内分泌激活过程、感觉反馈激活过程、情感激活过程和认知激活过程。伊扎德认为，生物遗传-神经内分泌系统不仅可以直接激活情感体验，而且可以影响其他三个情绪激活过程。

伊扎德在一项研究中发现，产妇的四种负情绪（羞愧、轻视、羞怯、厌恶）在产后6个月内的4次测评中，强度都逐渐下降，这是由于内分泌物质水平的改变。这在某种程度上说明，生物遗传-神经内分泌系统是情绪激活和调节过程的决定者。

伊扎德指出，体内、外的感觉输入信息作用于皮层下的有关部位，传出的运动信息使个体产生表达情绪的肌肉活动，肌肉活动所引起的感觉反馈信息进入边缘皮层区，使情绪达到意识水平，产生情感体验。这就是情绪产生的神经肌肉-感觉反馈原理。

伊扎德在论述情感体验在情绪激活和调节的过程中还认为，一种情绪可以引起另一种情绪。例如，极度悲伤会引起愤怒，极度疲劳会引起痛苦，疲劳与痛苦结合可能引起愤怒，快乐却能激活兴趣，兴趣也能带来快乐等。

伊扎德认为，认知是情绪产生的一个重要因素，但认知不等于情绪，也不是产生情绪的唯一原因，而只是参与情绪激活与调节过程。他还指出，激活情绪的认知因素包括认知评价、比较、分类、推测、判断、归因、信念、记忆、期望等。

第三节 情绪的性质和功能

先来看一个真实的故事。前些日子，有一列火车行经刘易斯安纳湾区，不幸因一艘大游艇撞毁桥梁铁轨，导致火车翻覆水中。火车中的鲁西夫妇一心只想到女儿的安危，眼见河水漫入车厢，费尽全力将女儿送出车窗，夫妇两人不及逃生，惨遭灭顶之灾。获救的女儿安德芮因脑性麻痹需以轮椅代步。试想，鲁西夫妇临终前一刻脑中想的什么？

鲁西夫妇为拯救女儿奋不顾身的作为，确实展现出非凡的勇气。这种为子女牺牲奉献的故事在历史上屡见不鲜，在人类未来的进化历程中也必然会一再重演。生物学家或许会解释说，这是人类的本能反应，但对于危机时刻的父母而言，这无非是爱的表现。

这一舍己救女的伟大行为证实了无私的爱，对人类有多重要，危急时刻的唯一指引就是我们最深沉强烈的情感，这也是人类得以代代延续的重要原因。这是多么伟大的力量。正因抱着为子女可以不顾一切的坚定意念，才能超越个人求生的本能行动。从理智的角度来看，这种牺牲似乎是非理性的，从情感的观点来说，却是唯一的选择。

情绪何以能参与进化的历程占据人类心灵的核心位置？社会生物学家认为，人类在危机时刻的反应可提供解释。人类在面临危险、痛失亲人、遭遇挫折、维系夫妻关系、建立家庭等重要情境，都不容理智独力判断而必须仰赖情绪指引。每一种情绪都是可立即付诸行为的明确指示，而且一再证明可充裕应付人生的挑战。经过进化过程的无数演练，这些情绪武器深印在神经系统中成为心灵的自发倾向。

回首百年来情绪研究实验，人们意识到，从情绪的功能和作用来认识它的基本性质，可能是一条有效的途径。科学规律的认识总是在其基本属性探讨和实际作用研究的不断交替和相互补充中获得的。纵览文献,从种族存续和个体发展的角度去探索情绪的基本性质和功能,为情绪的进一步研究找到了一个探索范围较为深远的起点,从而得以从古代到现代,从动物到人类,从婴儿到成人,在这个广泛的范围内,开创更大的思考余地。

一、情绪是适应生存的心理工具

在低等动物种系中,几乎无情绪可言。即使在低等脊椎动物中,所有的只是一些具有适应价值的行为反应模式。例如,搏斗、逃跑、哺喂和求偶等行为。这些适应行为在它们与特定的生理唤醒相对应而发生中,当动物的神经系统发展到皮质阶段时,生理唤醒在脑中产生相应的感觉(感受)状态并留下痕迹,就是最原始的爱、怒、怕等情绪。因此,情绪是进化的产物。

当特定的行为模式、生理唤醒及相应的感受状态三种成分出现后,即具备情绪的适应性,其作用在于发动机体能量使机体处于适宜的活动状态;将相应的感受通过行为(表情)表现出来,以达到共鸣或求得援助。所以,情绪自产生之日起便成为适应生存的心理工具。

人类继承和发展了动物情绪这一高级适应手段。人类个体发育几乎重复了动物种系发生的过程。人类婴儿在出生时,由于脑的发育尚未成熟,还不具有独立行动和觅食等维持生存的基本能力,他们靠情绪信息的传递,得到成人的哺育。成人正是通过婴儿的情绪反应体察他们的需要,并及时调整他们的生活条件的。

因此,情绪的适应功能从根本上说是服务于改善和完善人的生存和生活条件的。无论是儿童或成人,通过快乐表示情况良好;通过痛苦表示急需改善的不良处境;通过悲伤和忧郁表示无奈和无助;通过愤怒表示行将进行反抗的主动倾向。同时,由于人生活在高度人文化的社会里,情绪适应功能的形式有了很大的变化。例如,人用微笑向对方表示友好,通过移情和同情来维护人际联结,掩盖粗鲁的愤怒行为等,情绪起着促进社会亲和力的作用。但是人们也看到,在个人之间和社会上挑起事端引起的情绪对立,有着极大的破坏作用。总之,各种情绪的发生,时刻都在提醒着个人和社会,去了解自身或他人的处境和状态,以求得良好适应。社会有责任去洞察人们的情绪状态,从总体上做出规划去适应人类本身和社会的发展。

二、情绪是激发心理活动和行为的动机

情绪构成一个基本的动机系统(motivational system)。它能够驱策有机体发生反应、从事活动,在最广泛的领域里为人类的各种活动提供动机。情绪的这一动机功能既体现在生理活动中,也体现在人的认识活动中。

一般来说,生理内驱力(drive)是激活有机体行为的动力。但是情绪的作用则在于能够放大内驱力的信号,从而更强有力地激发行动(S. Tomkins,1973)。例如,人在缺水或缺氧的情况下,血液成分发生变化,产生补充水分或氧气的生理需要。但是这种生理驱力本身并没有足够的力量去驱策行动。而这时产生的恐慌感和急迫感起着放大和增强内驱力信号的作用,并与之合并而成为驱策人行动的强大动机。

此外,内驱力带有生物节律活动的刻板性。例如,呼吸、睡眠、进食均按生物节律而定时,情绪反应却比内驱力更为灵活,它不但能根据主客观的需要及时地发生反应,而且可以脱离内驱力而独立地起动机作用。例如,无论在任何时候和何种情况中发生,恐惧均能使

人退缩,愤怒定会发生攻击,厌恶一定引起躲避等。

情绪的动机功能还体现在对认识活动的驱策上,这一点通过兴趣情绪明显地表现出来。严格说来,认识的对象并不具有对活动的驱策性,促使人去认识事物的是兴趣和好奇心。兴趣作为认识活动的动机,导致注意的选择与集中,支配感知的方向和思维加工,从而支持着对新异事物的探索。

三、情绪是心理活动的组织者

情绪是独立的心理过程,有自己的发生机制和操作规律;作为脑内的一个监测系统,情绪对其他心理活动具有组织的作用(A. Sroufe,1976,1979)。情绪的组织作用包括对活动的瓦解或促进这个两方面,一般说来,正性情绪起协调的、组织的作用;负性情绪起破坏、瓦解或阻断的作用。

有研究证明,情绪能影响认知操作的效果,其影响效应取决于情绪的性质及强度。中等唤醒水平的愉快和兴趣情绪为认知活动提供最佳的情绪背景。愉快强度与操作效果曲线呈倒"U"型,过低或过度的愉快唤醒均不利于认知操作。这些研究结果符合关于不同唤醒水平的情绪对手工操作的不同效应的叶克斯—道森规律(A. Welford, T. 1974)。而对负情绪来说,痛苦、恐惧的强度与操作效果呈直线相关,情绪强度越大,操作效果越差。与痛苦、恐惧不同的是,由于愤怒情绪具有自信度较强的性质和指向于外的倾向,中等强度的愤怒一旦爆发出来,有可能组织个体倾向于面对的任务,导致较好的操作效果(孟昭兰,1984、1987)。这些研究结果则补充了叶克斯—道森曲线。上述结果表明,情绪执行着监测认知活动的功能,不同性质和不同强度的情绪起着不同程度的组织或瓦解认知活动的作用。

情绪的组织功能也体现在对记忆的影响方面。鲍维尔的研究表明,当人处在良好的情绪状态时,更容易回忆那些带有愉快情绪色彩的材料;如果识记材料在某种情绪状态下被记忆,那么在同样的情绪状态下,这些材料更容易被回忆出来(G. Bower,1981)。这说明情绪具有一种干预记忆效果的作用,使记忆的内容根据情绪性质进行归类。

情绪的组织功能还表现在影响人的行为上。人们的行为常被当时的情绪所支配。当人处在积极、乐观的情绪状态时,倾向于注意事物美好的一面,态度和善,乐于助人,并勇承重担。而消极情绪状态则使人产生悲观意识,失去希望与渴求,也更易产生攻击性。

四、情绪是人际通信交流的重要手段

情绪和语言一样,具有服务于人际通信(interpersonalcorn-munication)的功能。情绪通过独特的无词通信手段,即由面部肌肉运动模式、声调和身体姿态变化所构成的表情来实现信息传递和人际间互相了解,其中面部表情是最重要的情绪信息媒介。

语言是人际交流的主要工具,而情绪信息的传递则应当说是语言交际的重要补充。而且,在许多情景中,表情能使言语交流所造成的不确定性和模棱两可的情况明确起来,成为人的态度、感受的最好注解;而在另一些场合,人的思想或愿望不宜言传,也能够通过表情来传递信息。在电影业发展早期,无声电影正是通过演员的各种表情动作来向观众传递信息的。

但是,从通信交流的发生上说,表情信息的交流则出现得比语言要早得多,情绪是高等动物信息传递的主要工具,也是前言语阶段婴儿与成人互相沟通的唯一渠道和手段。情绪的适应功能正是通过其通信作用实现的。

表情信号的传递不仅服务于人际交往,而且往往成为人们认识事物的媒介。这一现象在婴幼儿中表现得最明显,在成人中也经常发生。例如,婴儿从1岁左右开始,当面临陌生的不确定情境时,往往从成人面孔上搜寻表情信息(鼓励或阻止的表情),然后才采取行动(趋近或退缩)。这一现象称作情绪的社会性参照作用(social referencing of e-motion, R. Emde,1986)。情绪的参照作用对于儿童和成人都有助于社会适应,尤其对于儿童的心理发展起着关键的作用。它有助于促进儿童探索新异环境,扩大活动范围和发展智慧能力。

情绪的通信交流作用还体现在构成人际之间的感情联结上。例如,母婴之间有着以感情为核心的特殊的依恋关系,这是最典型的感情联结模型。半岁以上婴儿在母亲离开时会表现不安和哭闹,称为"分离焦虑"(R. Spitz,1965)。婴儿在七、八个月以后,在母亲经常接近和离开的不断重复中,学会预料母亲接近和离开的后果,形成"依恋安全感"(security of attachment, R. Bowlby,1969,1973)。依恋安全感的建立是儿童情绪健康和人格完善发展的重要基础。它使婴儿经常快乐,更容易同他人接近并建立友好关系,更愿意认识和探索新鲜事物。此外,感情联结还有其他多种形式,如友谊、亲情和恋爱,都是以感情为纽带的联结模式。

情绪的功能向我们揭示,情绪既服务于人类基本的生存适应需要,又服务于人类社会群体生活的需要。人们每时每刻发生的情绪过程,都是自然环境和社会环境对人发生影响相结合的反应。情绪卷入人的整个心理过程和实际生活,成为人的活动的驱动力和组织者。

一般说压力是一个外在的东西。如果从心理学角度来看,压力一定是和某人本身的心理状况有关,即心理压力。

第四节 情绪调节

一、概 述

情绪调节是每个人管理和改变自己或他人情绪的过程。在这个过程中,通过一定的策略和机制,使情绪在生理活动、主观体验、表情行为等方面发生一定的变化。成功的情绪调节,主要是要管理情绪体验和行为,使之处在适度的水平,其中包括削弱或去除正在进行的情绪、启动需要的情绪、掩盖或伪装一种情绪等。可见,情绪调节既包括抑制、削弱和掩盖等过程,也包括维持和增强的过程。

二、情绪调节的类型

(一) 内部调节和外部调节

根据来源,可分为内、外部调节。内部调节可以通过个体自我暗示、深呼吸、体育运动等进行生理、心理、行为调节。外部调节可与朋友谈心进行人际调节,爬山、游泳等进行自然调节。

（二）修正、维持和增强调节

根据情绪的不同特点而言，可分为修正、维持和增强调节等。这种调节在临床中常常采用。

（三）原因调节和反应调节

根据调节发生的阶段，可分为原因和反应调节。原因调节是针对引起情绪的原因或起源进行加工和调整，包括对情境的选择、修改、注意的调整，认识的改变等策略。反应调节发生于情绪激活或诱发之后，是个体对已经发生的情绪在生理反应、主观体验和表情行为等三方面，通过增强、减少、延长、缩短等策略进行调整。

三、基 本 过 程

（一）生理调节

情绪的生理调节是以一定的生理过程为基础的，调节过程中存在着相应的生理反应变化模式。

生理唤醒是典型的情绪生理反应，如心率、舒张血压、瞳孔大小、神经内分泌的变化、皮下动静脉联结处的血管收缩等都是常用的生理指标。孟昭兰等人（1995）的研究发现，正情绪诱发后，心率变化不明显；负情绪诱发后，心率显著增加。格罗斯（Gross,1993）等人的研究发现，厌恶受到抑制；引起躯体活动和心率下降、眼动、皮肤电反应、手指脉搏幅度、呼吸间隔指标上升；悲伤受到抑制；躯体活动下降、心率区间没有变化、皮肤电、心血管系统的交感神经激活水平和呼吸等明显上升；快乐受到抑制，引起躯体活动、心率、皮肤电水平等明显下降、呼吸没有变化（Gross & levenson,1997）。情绪生理成分的调节是系统性的，这种调节将改变处于高唤醒水平的烦恼和痛苦。

（二）情绪体验调节

情绪体验调节是情绪调节的重要方面。当体验过于强烈时，个体会有意识地进行调整。不同情绪体验有着不同的情绪调节过程，可采用不同的策略。萨尔利（sami,1997）发现，在愤怒时人采取问题解决的策略；悲伤时采取寻求帮助策略；伤感时采取回避的策略。格罗斯等人发现，忽视可以比较有效地降低厌恶感，抑制快乐的表情可以降低快乐感受等。

（三）行为调节

行为调节是个体通过控制和改变自己的表情和行为来实现的。在日常生活中，人们主要采用两种调节方式，一是抑制和掩盖不适当的情绪表达；二是呈现适当的交流信号，如一个人在向他人表示请求时，即使感到失望或愤怒，也要管理或控制自己的情绪，不要影响信息的表达和交流。

行为调节可以对情绪体验产生影响。莱尔德（Laird,1974）发现，快乐和愤怒的脸部肌肉使个体产生相应的体验，孟昭兰等人（1993）也发现，愤怒的表情活动可以增强愤怒的情绪体验。

（四）认知调节

道奇（dodge et al,1991）等人认为，情绪系统和认知系统是信息加工过程中的两个子系统，情绪可以是信息加工过程的启动状态，也可以是信息加工的背景。道奇等人普通心理学进一步提出，良好的认知调节包含以下步骤：知觉或再认唤醒需要调节的情绪；解释情绪唤醒的原因和认识改变情绪的方式和途径；做出改变情绪的决定和设定目标；产生适当的个体力所能及的调节反应；对反应进行一定的评价，尤其是评价这些反应是否达到目标；将调节付诸实践。

（五）人际调节

人际调节属于社会调节或外部环境的调节。在人际调节中，个体的动机状态、社会信号、自然环境、记忆等因素都起重要作用。坎培斯（compas,1989）认为，个体的动机状态，主要指个体正在追求的目标。如果外部事件与个体追求的目标有关，那么这些事件就可能引起个体的情绪。在社会信号中，他人的情绪信号，尤其是与个体关系密切的人（如母亲、教师、朋友等）发出的情绪信号对情绪调节有较大的作用。在自然环境中，美丽风景令人赏心悦目；而混乱、肮脏、臭气熏天的环境则令人恶心。个人记忆也会影响人们的情绪，有些环境让人想起愉快的情境，而有些环境让人回忆起痛苦。

四、几种调节情绪的基本方法

人不可能永远处在好情绪之中，生活中既然有挫折、有烦恼，就会有消极的情绪。一个心理成熟的人，不是没有消极情绪的人，而是善于调节和控制自己情绪的人。那么，如何善于调节和控制自己情绪呢？

（一）意识控制

当愤愤不已的情绪即将爆发时，要用意识控制自己，提醒自己应当保持理性，还可进行自我暗示："别发火，发火会伤身体"。有涵养的人一般能做到控制。

（二）自我鼓励

用某些哲理、名言、他人事件、自我成长经历等鼓励自己，鼓励自己同痛苦、逆境做斗争。自娱自乐，会使你的情绪好转。

（三）语言调节

语言是影响情绪的强有力工具。如你悲伤时，朗诵滑稽的语句，可以消除悲伤。用"制怒"、"忍"、"冷静"等自我提醒、自我命令、自我暗示，也能调节自己的情绪。

（四）环境制约

环境对情绪有重要的调节和制约作用。情绪压抑的时候，到外边走一走，能起调节作用。心情不愉快时，到娱乐场做做游戏，会消愁解闷。情绪忧虑时，最好的办法是去看场滑稽电影。

(五) 安慰

当一个人追求某项目标而达不到时,为了减少内心的失望,可以找一个理由来安慰自己,就如狐狸吃不到葡萄说葡萄酸一样。这不是自欺欺人,偶尔作为缓解情绪的方法,是很有好处的。

(六) 转移

当火气上涌时,有意识地转移话题或做点别的事情来分散注意力,便可使情绪得到缓解。打打球、散散步、听听流行音乐,也有助于转移不愉快情绪。

(七) 宣泄

在受挫时,会产生很多负性情绪,这种情绪靠堵是堵不住的,比较好的方法是在合适的场合发泄出来。这种方法一般包括"出气室"宣泄,书写宣泄,向人倾诉宣泄。"出气室"宣泄法是指在专门建立的软体房间内,对橡胶制品类的物体大打出手。当然作为学生,没有这一条件,找一个僻静的角落,对树木、石头发泄一通,效果也是一样的。书写宣泄,是通过写信、日记、绘画等形式发泄自己的不满。向人倾诉宣泄,则是把自己的烦恼、愤怒、痛苦等向老师、朋友或亲人一一倾诉或大哭一场,以缓解心理压力。一般说来,受挫时由于负性情绪的干扰,个体容易变得思维狭窄、固执、偏激,缺乏对行为后果的预见性,而通过适度发泄,情绪放松,则认知恢复正常。

(八) 幽默

幽默是一种特殊的情绪表现,也是人们适应环境的工具。具有幽默感,可使人们对生活保持积极乐观的态度。许多看似烦恼的事物,用幽默的方法对付,往往可以使人们的不愉快情绪荡然无存,立即变得轻松起来。

(九) 亲近大自然

大自然的奇山秀水常能震撼人的心灵。登上高山,会顿感心胸开阔。放眼大海,会有超脱之感。走进森林,就会觉得一切都那么清新。这种美好的感觉往往都是良好情绪的诱导剂。

第五节 压力与心理健康

一、何谓"心理健康"?

按照世界卫生组织宪章中对健康的定义,健康包括了身体健康、心理健康、社会适应良好、道德健康等诸方面,然而对这诸方面的具体阐述和理解还没有一个确切的定义。比如:何为身体健康?何为心理健康?在身体健康方面,目前有"体适能理论"、"亚健康理论"等对身体健康进行具体的半定量化的和描述性的研究。对心理健康的研究则更难于量化,描述性研究也很难界定其论域范围,因此,关于心理健康的确切定义也还没有一个权威的说法。《简明不列颠百科全书》的心理健康与心理卫生(mental health and hygiene)条目中说:

"心理健康指个体心理在本身及环境条件许可范围内所能达到的最佳功能状态,不是指绝对的十全十美状态。心理卫生包括一切旨在改进及保持上述状态的措施,例如,精神疾病的康复、精神病的预防、减轻充满冲突的世界带来的精神压力,以及使人处于能按其身心潜能进行活动的健康水平等。"从这个阐述中我们可以认为,心理健康突出地强调两个方面:一是个体心理的最佳功能状态,而这种状态是在活动中体现出来的;二是强调适应,即心理活动能够很好地适应社会及自然环境,从而可保持心理健康,预防心理异常或疾病。

《心理咨询百科全书》具体地描述了能够体现心理健康的几个标志,包括:

1. 智力正常 人的智力分为超常、正常和低常三个等级。正常智力水平,是人们生活、学习、工作、劳动的最基本的心理条件。智力低下或弱智的人,不仅不能正常地生活与工作,有的甚至不具备基本的生活自理能力,因此我们不能说他们是健康人。正常的智力是维持人的基本认知能力和处理各种信息能力的基础,因此它是心理健康的首要标志。

2. 情绪稳定、积极 情绪稳定与积极是心理健康的又一个重要的标志,它表明一个人的中枢神经系统处于相对的平衡状态和意味着机体功能的协调。如果一个人喜怒无常,长期情绪低落,或者一经非正常刺激就显示出情绪反应激烈并难以控制,这就是心理不健康的表现。事实上,许多心理异常或心理疾病都与情绪有关,如焦虑症、恐惧症、抑郁症等。情绪积极能够保证个体保持愉快的心情,能够抵御不良情绪的过度反应,从而保持心理健康。在人的心理活动过程(认知、情绪与情感、个性)中,情绪是最活跃和最易受到外界刺激影响的心理因素,因此,情绪是衡量心理健康的最重要的标志。

3. 思想与行为协调统一 一个心理健康的人,其行为受意识支配,思想与行为是统一协调的,并有自我控制能力。如果一个人的行为与思想相互矛盾,注意力不集中,思想混乱,治疗支离破碎,做事杂乱无章,就是心理不健康的表现。

4. 良好的人际关系 人生活在社会中,就要善于与人友好相处,助人为乐,建立良好的人际关系。人的交往活动能反映人的心理健康状态,人与人之间正常的友好的交往不仅是维持心理健康的必备条件,也是获得心理健康的重要方法。人的一生中需要不断地从外界获取各种各样的信息,人际交往是人们获取社会信息的重要渠道,良好的人际交往可以帮助个体获取必要的社会信息,从而能够积极地形成自己的社会知觉与社会评价,进而形成自己的社会价值观。一个人的社会行为很大程度上受到他的社会价值观的影响。

5. 良好的适应能力 对生活环境(包括自然环境和社会环境)的适应能力是心理健康标志的动力性因素。人不可能生活在一成不变的环境中,人必须能够在变换了的环境中积极调整自己的情绪、认知和行为方式,才能够很好地适应环境,保持心理健康。

二、压力与压力管理

(一) 压力的概念

当今社会,各行各业的竞争都激烈,人们面临的工作压力越来越大,而这种种压力对人的影响其复杂程度超过一般人的想象。由压力引起的各种疾病也在日益严重地困扰着人们,同时它给经济发展造成很大的损失,这包括对相关疾病的治疗与维护费用以及它对劳动生产率的消极影响所带来的损失。值得庆幸的是,压力可以测量和自我管理,人们在压力面前并不是束手无策。生活中的压力的不可避免的,因此,压力管理与调节的技巧就显得非常重要的,它几乎是一个人的生活技能。

那么压力(stress)是什么？Hans Selye博士认为：压力是身体对来自于任何方面的刺激的非特异性(nonspecific)反应，所谓非特异性就是指不管导致压力的刺激的来源为何，个体皆以相同的方式做出反应。简而言之，压力就是一个人处于陌生的、受威胁、受挫折和冲突的环境时，心理上、情绪上、生理上所产生的反应。

生活中人人都会感到压力，但不同的人所面临的压力可能有所不同。同时，同样的压力作用于不同的人身上时所引起的反应也可能不同。压力对人的影响效果还取决于个体应对压力的方式与能力。我们常常遇到的压力大体可分为两类，一类是优压(eustress)，即对人的影响是积极的；另一类是劣压(distress)，即对人产生消极的影响。并不是所有的压力都是消极的，许多研究都证明，优压可以提高人的健康状况和工作效率，而劣压则会损害人的健康和影响人的工作效率，长期处于劣压的状态，人的机体内会产生很多危害健康的因素，甚至导致疾病，如心脏病、高血压、饮食失调、溃疡、糖尿病、精神沮丧、抑郁症等。

当人处于压力情境时，压力刺激会引起机体的适应性反应，这些反应被称为是"全身适应综合征(general adaptation syndrome)"，这个反应过程分为三个阶段：警觉反应期、抵抗期、衰竭期。警觉反应期是个体对压力的性质进行确认、评估的过程；抵抗期则是调动自己的资源来应对压力的过程；当压力长时间不能被减轻或消除时，人们对压力的反应会变得麻木，同时身心感到疲惫，这是一种消极的保护性反应。在压力管理过程中，抵抗期是我们积极应对压力的最佳时期。而在警觉期，对压力的确认和评估决定着下一步应对压力的方式和效果。因此，对压力本身的分析是压力管理中的重要步骤，这包括对压力的来源、个体对压力的反应和压力产生的根源等。

1. 压力的来源(sources of stress) 评估生活压力的来源有几种方式，最常用的是用生活压力量表(life experiences survey)。该问卷用来评量过去一年中生活事件的变化对一个人生理、心理上造成的影响。生活压力量表分两部分，第一部分包括47项生活事件，另外再加上三个空白表格，填写未列出的生活事件；第二部分包括专为学生设计的10个问题。

压力通常来自于自己所面对的任务或事件，这包括事先没有预料到的突发事件，如生活环境的变迁、婚姻改变、亲友去世、职业或职位的变化等。无法控制的事件，如疾病、自然灾害、战争、社会动荡等。能力无法达到的事件，如任务的难度超出了自己的能力范围等。必须完成的而自己根本没有兴趣的事情。

2. 对压力的反应 处于压力下的个体常表现为情绪低落、行为反常、丧失信心、容易生气、自我评价过低或过高。

3. 压力产生的根源 个性根源：个性上过分追求完美、过度服从、过分执著的人往往容易产生过高的压力。

社会根源：那些缺乏人际支持、想法不切实际、身体紧张、情绪压抑、忽略自己的需要、感官刺激过度的人容易产生压力。

(二) 压力管理

压力是不可避免的，我们在生活和工作中经常会遇到来自各方面的压力。压力是把双刃剑，适当的压力可以促进个体的行为，帮助个体创造佳绩。那么如何能够在压力面前从容不迫呢？如何将压力控制在"适度"水平呢？这里介绍压力管理的方法和步骤。

1. 感受和觉察压力 肌体对压力往往有一种天生的吸收—缓冲机制，一般的生活压力会被身体转化成活力与激情。有两种压力可能使肌体调节失常，一是突如其来的过大压力,二是持续不变低量的压力。前一种压力使人压力调节机制瓦解,后一种压力可能逃避正常的肌体反应,造成压力的蓄积。如果一个人生活在流动的,不停变化的压力丛中,他的肌体不仅可以是健康的,也是有饱满能量的。压力过小的生活让人消沉,昏昏欲睡,肌体懈怠,思维变慢。从对人的影响的程度上将,压力可以分为三个层次:

稍微多的压力可引发纷乱的情绪。

较大的压力带来躯体的各种不适。

过大的压力会出现意识缩窄,对环境反应迟钝,心身处在崩溃的边缘。

2. 保持躯体与精神的平衡 人体是一个身体、心理、社会等属性交互影响的统一体。当我们感到头痛、肠胃不适、疲乏的时候,我们会感到焦虑,怀疑自己是太累了?感冒了?还是工作压力太大了?身心交互影响就是指,当我们身体某一方面发生疾病时,另一方面也常常会受到影响,很少有一种病是纯粹身体方面的或心理方面的。保持躯体与精神的平衡就是要有意识地感知自己的身体和心理状态,积极调整自己的身体和心理,是两者之间的交互影响向着积极的方向发展。对身体状态的感知可以通过医学体检、体适能测试与评价等方法来实现。而对自我心理状态的感知与评价则通常是被忽略的。有许多情绪、心理状态自评量表对自我心理状态感知能有所帮助,另外可以在每天工作完成之后,或参加完一次活动之后,对自己的情绪和心理反应进行一下反思。长期这样做,对了解自我心理状态和保持心理健康很有好处。

3. 掌握必要的心理技能 掌握一些必要的心理技能可以帮助我们在特定情况下控制自己的行为和情绪。这些技能包括:心理放松的技术(自我暗示放松、渐进放松、自生训练等);生物反馈技术;冥想;系统脱敏等。具体而言有这样一些好方法。如写压力日志、生物反馈、肌肉放松训练、冥想与想象、倒数放松、自我催眠、一分钟放松技巧等。并按照各种生活场景给予恰当的提示与指导,人们可以把它当做一个压力管理的手册,遇到问题时翻开看看,快速查找,获取对策。

例如,肌肉放松训练。放松训练是指使有机体从紧张状态松弛下来的一种练习过程。放松有两层意思,一是说肌肉松弛,二是说消除紧张。放松训练的直接目的是使肌肉放松,最终目的是使整个机体活动水平降低,达到心理上的松弛,从而使机体保持内环境平衡与稳定。放松训练的基本种类有呼吸放松法、肌肉放松法、想象放松法三种,而具体放松训练的形式又多种多样,有渐进式放松训练、印度的瑜伽术、日本的禅宗,以及中国的气功。呼吸放松训练的基本方法:我们可以先锻炼我们清楚地觉察和意识到自己的呼吸状况。因为我们在躺着的时候是采用的腹式呼吸,可以躺下来去体验。要穿舒适宽松的衣服,保持舒适的躺姿,两脚向两边自然张开,一只手臂放在上腹,另一只手臂自然放在身体一侧。缓慢地通过鼻孔呼吸,感觉吸入的气体有点凉凉的,呼出的气息有点暖。吸气和呼气的同时,感觉腹部的涨落运动。保持深而慢的呼吸,吸气和呼气的中间有一个短暂的停顿。几分钟过后,坐直,把一只手放在小腹,把另一只手放在胸前,注意两手在吸气和呼气中的运动,判断哪一只手活动更明显。如果放在胸部的手的运动比另一只手更明显,这意味着我们采用的更多的是胸式呼吸而非腹式的呼吸。我们要提高腹式呼吸。可以就用呼吸,同时提示自己身上哪些部位还紧张,想象气体从那些部位流过,带走了紧张。达到放松的状态。

4. 时间管理 把自己一天中的活动按时间顺序进行排列,在固定的时间做既定的事,这样可以提高工作效率,避免由于工作完不成或任务压力始终作用于自己的精神而产生压力。

那么何谓时间管理？我们应怎样进行时间管理？

时间管理（Time Management）就是用技巧、技术和工具帮助人们完成工作，实现目标。时间管理并不是要把所有事情做完，而是更有效的运用时间。

时间管理的目的除了要决定你该做些什么事情之外，另一个很重要的目的也是决定什么事情不应该做；时间管理不是完全的掌控，而是降低变动性。时间管理最重要的功能是透过事先的规划，作为一种提醒与指引。

有关时间管理的研究已有相当历史。犹如人类社会从农业革命演进到工业革命，再到资讯革命，时间管理理论也可分为四代。

（1）第一代的理论着重利用便条与备忘录，在忙碌中调配时间与精力。

（2）第二代强调行事历与日程表，反映出时间管理已注意到规划未来的重要。

（3）第三代是目前正流行、讲求优先顺序的观念。也就是依据轻重缓急设定短、中、长期目标，再逐日订定实现目标的计划，将有限的时间、精力加以分配，争取最高的效率。这种做法有它可取的地方。但也有人发现，过分强调效率，把时间绷得死死的，反而会产生反效果，使人失去增进感情、满足个人需要以及享受意外之喜的机会。于是许多人放弃这种过于死板拘束的时间管理法，回复到前两代的做法，以维护生活的品质。

（4）现在，又有第四代的理论出现。与以往截然不同之处在于，它根本否定"时间管理"这个名词，主张关键不在于时间管理，而在于个人管理。与其着重于时间与事务的安排，不如把重心放在维持产出与产能的平衡上。

下面介绍一些具体的时间管理方法：

1）有计划地使用时间。不会计划时间的人，等于计划失败。

2）目标明确。目标要具体、具有可实现性。

3）将要做的事情根据优先程度分先后顺序。80%的事情只需要20%的努力。而20%的事情是值得做的，应当享有优先权。因此要善于区分这20%的有价值的事情，然后根据价值大小，分配时间。

4）将一天从早到晚要做的事情进行罗列。

5）要具有灵活性。一般来说，只将时间的50%计划好，其余的50%应当属于灵活时间，用来应对各种打扰和无法预期的事情。

6）遵循你的生物钟。你办事效率最佳的时间是什么时候？将优先办的事情放在最佳时间里。

7）做好的事情要比把事情做好更重要。做好的事情，是有效果；把事情做好仅仅是有效率。首先考虑效果，然后才考虑效率。

8）区分紧急事务与重要事务。紧急事往往是短期性的，重要事往往是长期性的。给所有罗列出来的事情定一个完成期限。

9）对所有没有意义的事情采用有意忽略的技巧。将罗列的事情中没有任何意义的事情删除掉。

10）不要想成为完美主义者。不要追求完美，而要追求办事效果。

11）巧妙地拖延。如果一件事情，你不想做，可以将这件事情细分为很小的部分，只做其中一个小的部分就可以了，或者对其中最主要的部分最多花费15min时间去做。

12）学会说"不"。一旦确定了哪些事情是重要的，对那些不重要的事情就应当说"不"。

13）奖赏自己。即使一个小小的成功,也应该庆祝一下。可以事先给自己许下一个奖赏诺言,事情成功之后一定要履行诺言。

5. 行为形态调整 行为形态(behavior patterns),日常生活中所发生的事件不是压力的唯一来源,个人不同的行为形态也会引起不同程度的压力。最主要的行为形态可分为两种:A型和B型,每一种行为形态都有其明显的特征。A型行为形态的特征包括情绪上容易激动、野心过大、具有攻击性、有时对其竞争者怀有敌意。A型性格的人常设定自己的目标,然后全力以赴,在同一时间内想要同时完成许多事情,希望在最短的时间内取得最大的成就,经常感到时间紧迫。相反,B型行为形态的特征包括:很少发怒或生气、很随和、心情放松愉快、与世无争。B型性格的人喜欢在同一时间内只完成一件事,很少有压迫感和仓促感,很少设定完成某件事情的最后期限。研究发现,A型性格的人经常处于高压力状态下,其患心脏病的几率远高于B型性格的人。因此,在压力管理的过程中,应劝道和调整A型行为型态向B型行为形态转化。

A型行为形态也是学习的来的,因此可以通过分析压力来源和行为调整来改变某些A型行为形态,但是,并不是所用的A型行为形态特征都是消极的。有些人在面对压力时表现得更理想,压力不会对他们产生负面的影响,Robert博士将这种性格称为C型性格。该种行为形态成功表现的关键在于他们看起来充满执著、信心和对事情的掌控能力。

改变A型性格:

（1）自定契约书,自我承诺愿意放慢脚步和从容不迫的做事情,将内容记下来,将契约书放在明显的地方以时时提醒自己。最重要的是不要太专注自己的工作(太神经质)。

（2）不要同时做两件事,只做一件事。

（3）吃东西的速度放慢,吃东西时坐下,放松心情。

（4）减少咖啡因的摄取,因为它会使你易于恼怒和激动。

（5）妥善纠正急躁的情绪。

（6）妥善控制敌意的性格。

（7）安排一些休闲活动,经常与朋友外出野餐、郊游等。

（8）生活简单化。给自己更多的闲暇时间,推掉不必要的应酬。

（9）生活节奏要明快,又规律,即使在最紧张的时候也要拿出时间放松自己,因为你以前不习惯于这样做。

（10）珍惜一些意外的惊喜。

第九章 人格概述

第一节 人格概念

一、人格的含义

(一) 人格的定义

人格的含义是多重的,有法律意义上的、有道德角度的、有文学层面的、还有社会学的理解。在心理学中,人格的含义相当复杂。

人格"personality"一词,最初源于古希腊的 persona,此词原意指希腊戏剧中戴的面具,面具随人物角色的不同而变换,体现了角色的特点和人物性格。就如同我国戏剧中的脸谱一样,红脸代表忠义、白脸代表奸诈、黑脸代表刚强。心理学沿用面具所蕴涵的实质,转意为人格。此人格即人的面具,包含两层意义:一是指一个人在人生舞台上按社会文化习俗的要求所做出的种种行为反应,即人格的外在特征;二是指一个人由于某种原因不愿意展现的人格成分,即面具后的真实自我,即人格的内在特征。

在心理学中,人格是探讨完整个体与个体差异的领域。到目前为止,由于心理学家各自的研究取向不同,因而对人格的看法有很大差异。综合各家的看法,可以将人格的概念界定为:人格是构成一个人的思想、情感及行为的特有统合模式,这个独特模式包含了一个人区别于他人的稳定而统一的心理品质。

(二) 人格的基本特征

人格是一个具有丰富内涵的概念,其中反映了人格的多种基本特征。

1. 独特性与共同性 正如世界上没有两片完全相同的树叶,世界上也没有完全相同的两个人。一个人的人格是在遗传、成熟、环境、教育等先天后天因素的交互作用下形成的。不同的先天后天条件,形成了各自独特的心理特点。如:有人外向、有人内向。独特性还体现在人格各种特征组合的不同风格。例如,同是"勤劳"这一人格特征,不同气质类型者表现出不同风格,胆汁质的"快而高效",多血质的"灵活多变"、黏液质的"稳而持久"、抑郁质的"细致周全"。所谓"人心不同,各如其面",正说明人格是千差万别、千姿百态的。这就是人格的独特性。但从某些方面来看,我们又可以肯定地说,人们在认知、情感和行为活动中又有一些共同的特点和规律。例如,同是中华儿女,大多数人是"勤劳的"、"善良的"、"合群的",这又是人格的共同性。

2. 稳定性和可塑性 人格的稳定性是指那些在多种情境下经常表现出来的特点。偶尔的行为特征不能称之为人格。另外,一个人的某种人格特点一旦形成后,就相对稳定下来了,要想改变它,是较为困难的事情。俗话说:"江山易改,禀性难移。"这种稳定性还表现在,人格特征在不同时空下表现出一致的特点。例如,一位性格内向的大学生,不仅在陌生人面前缄然不语,在老师面前少言寡语,在参与学生活动时常常也沉默寡言。另一方面,人格又不是一成不变的,具有可塑性。由于生活环境的变化,重大生活事件的经历,以及自我认识、自我控制的加强,人格会产生一定程度的改变,这反映了人格结构的动力性和可塑性。正因为这样,教育和辅导才能够在人格发展中发挥作用。

3. 功能性 "播种行为,收获习惯;播种习惯,收获性格;播种性格,收获命运"。人格是一个人生活成败、喜怒哀乐的根源。有一位先哲说过:"一个人的性格就是他的命运。"人格决定一个人的生活方式,甚至有时会决定一个人的命运。人们经常会使用人格特征来解释某人的言行及事件的原因。当人格正确发挥其功能时,表现为健康而有力,自己主宰自己的生命;而当人格功能失调时,就会表现出软弱、无力、失控,甚至变态。

4. 统合性 人是极其复杂的,人的行为表现出多层面、多元化的特征。每个人的人格世界并非是由各种人格特征简单堆积起来的,而是如同宇宙世界一样,依照一定的内容、秩序、规则有机结合起来的一个动力系统。人格是由多种成分构成的一个有机整体,具有内在的一致性,受自我意识的调控。当一个人的人格结构的各方面彼此和谐一致时,就会呈现出健康人格特征;否则,就会使人发生心理冲突,产生各种生活适应困难,甚至出现"分裂人格"。

二、人格的结构

人格是一个复杂的结构系统,它包括许多心理成分,其中主要包括气质、性格、自我调控、认知风格等方面。

1. 气质 最早发现并提出"气质"这一说法的是古希腊医生希波克拉底和古罗马医生盖伦。他们认为人体内有四种体液,即血液、黏液、黄胆汁和黑胆汁,不同的人体内占优势的体液不同,并以此来解释人与人之间的差异。他们把气质分为四种类型:胆汁质、多血质、黏液质、抑郁质。用现代科学的眼光看,这是缺乏科学依据的。后人在他们的基础上,逐渐形成了气质类型学说,且一直沿用他们的最早使用的用语。

现代心理学认为,气质是指那些与生俱来的,表现在心理活动的强度、速度、灵活性与指向性等方面的稳定的心理特征,即我们平时所说的脾气、秉性。气质是人格结构的最稳定的、在早年就表现出来的、受遗传和生理影响较大而受文化和教养影响较小的那些层面,具体指人的如下特点:①感受性:即对刺激的敏感程度;②耐受性:即在时间和强度上承受刺激的能力;③反应敏捷性;④可行性:即适应新环境的难易程度;⑤情绪兴奋性;⑥指向性:即内外向性。大量研究证明,人的基本气质特点早在一岁左右就表现出来并保持终生,这些气质特征的差异主要是由先天的高级神经活动类型来决定的。

现代气质学说将人的气质划分为四种典型的气质类型:胆汁质、多血质、黏液质、抑郁质。划分的理论依据是以巴甫洛夫的高级神经活动类型学说为依据的。①胆汁质:情绪体验强烈、爆发迅猛、平息快速、思维灵活但粗枝大叶、精力旺盛、争强好胜、勇敢果断、为人热情直率、表里如一、行动敏捷、生气勃勃、刚毅顽强;但遇事常欠思量、莽撞冒失、易感情用事、刚愎自用。②多血质:情绪丰富外露但不稳定、思维敏捷但不求甚解、热情大方善于交往但交情浅薄、行动敏捷、适应力强;他们的弱点是缺乏耐心和毅力,稳定性差、见异思迁。③黏液质:情绪平稳、表情平淡、思维灵活性略差但考虑问题细致而周到、安静稳重、踏踏实实、沉默寡言、喜欢沉思、自制力强、耐受力高、内刚外柔、交往适度、交情深厚;但行为主动性差、缺乏生气、行动迟缓。④抑郁质:情绪体验深刻细腻、消极抑郁、多愁善感、想象力丰富、自制力强、不善交际、优柔寡断。文学作品和生活中会遇到每一种气质类型的典型代表人物,但多数人是几种类型的混合型。

现代又有心理学家将婴儿气质类型划分为:易养型、不可遏制型和中间型。

总之,气质是人的天性,无好坏之分。它只给人们的言行涂上某种色彩,但不能决定人的社会价值,也不能直接具有社会道德评价含义。而且气质也不能决定一个人的成就,任何气质的人只要经过努力都能在不同实践领域取得成就,当然,也可能个成为平庸无为的人。

2. 性格 是指个体在后天生活实践中形成的,表现出来的对现实稳定的态度和习惯化了的行为方式方面的个性心理特征,如勤奋、懒惰;大方、吝啬;谨慎、骄傲等。性格是一种与社会相关最密切的人格特征,在性格中包含有许多社会道德含义。性格表现了人们对现实和周围世界的态度,并表现在他们的行为举止中。正如恩格斯所言:任务的性格不仅表现在他做什么,而且表现在他怎么做。"做什么"反映了个体对待现实的心理倾向,表明个体追求什么、拒绝什么,即人对现实的态度;"怎么做"反映了个体行为特点,表明个体采取什么样的手段;如果追求既定目标,即人的习惯化行为方式。

性格在个体的整个人格特征中处于核心地位,是人与人相互区别的主要方面之一。因为性格表现了一个人的品德,受人的价值观、人生观、世界观的影响,如有的人大公无私、有的人自私自利。这些具有道德评价含义的人格特征有好坏之分。

性格结构相当复杂。人们常常根据所表现出来各种类型特征将不同的人划分为不同的性格类型。瑞士心理学家莱格将人的心理活动能量(力比多)倾向于指向外部或内部而划分为:①外向型:容易适应环境的变化,兴趣广泛,开朗活泼,情感外露,不拘小节,善于交际;②内向型:较少开放自己,沉静、多思、谨慎、顾虑、适应环境困难、交往面窄;③中间型:二者之间,均衡发展。多数人是中间型。根据个体独立性来分,一般划分为:①独立型:有主观、不易受环境暗示;②顺从型:易受环境暗示,行动有依赖性,缺乏主见,缺乏果断性;③反抗型:易受环境暗示,但行动与环境相对抗。另外,德国教育家斯普兰格根据人们不同社会生活方式把性格划分为:理论型、经济型、权力型、社会型、审美型、宗教型。

3. 认知风格 是指个人所偏爱使用的信息加工方式,也叫认知方式。它是人与人之间人格差距的主要特征之一。例如:同是思考问题,有些人喜欢独立思考,而有些人则喜欢与别人讨论问题,从别人那里得到启发。注意每个人有不同的认知风格。认知风格不同于认知能力,能力是指人们能够达到的最高行为,有高低之分;而认知风格则是人们在认知过程中表现出来的某种典型行为,而是一贯的,没有好坏之分。

人们的认知方式有许多种,主要有:场独立性和场依存性、冲动性和沉思性等等。场独立性和场依存性这一人格差异,表现在心理活动的许多方面,在知觉、思维、学习和人际交往等方面都可以看到这种差异。场独立性的人认知重构的能力强,在认知中具有优势;而场依存性的人社会技能高,在人际交往中具有优势。在解决需要灵活思维的问题方面,场独立性的人有优势,而在解决那些熟悉的、具体的问题时,场依存性的人具有优势。总体说来,两种认知风格没有好坏之分。冲动性与沉思性两种认知风格的人格差异主要表现在对问题的思考速度上。趋向于冲动性的人的特点是:反应快,但精确性差。具有这种认知风格的人面对问题总是急于求成,不能全面细致的分析问题的各种可能性,不管正确与否就急于表达出来,有时甚至没弄清楚问题的要求,就开始解答问题。他们使用的信息加工策略多为整体性策略。当学习任务要求作为整体性解释时,成绩较好。而倾向于沉思性的人的特点是:反应慢,但精确性高。具有这种认知风格的人,总是深思熟虑,把问题考虑周全后再做反应,他们看中解决问题的质量,而不是速度。这类人在加工信息时多采用细节性策略,在需要对细节进行分析时,他们的学习成绩较好。在学习能力方面,沉思型的人比冲动型的人在阅读、记忆、推理、创造力方面要强一些。

4. 自我调控 自我调控系统是人格中的内控系统或自控系统,具有自我认知、自我体检、自我控制三个子系统,其作用是对人格的各种成分进行调控,保证人格的完整、统一与和谐。

(1) 自我认知:自我认知是对自己的洞察和理解,包括自我观察和自我评价。自我观察是指对自己的感知、思想和意向等方面的觉察;自我评价是指对自己的想法、期望、行为及人格特征的判断与评估,这是自我调节的重要条件。如果一个人不能正确地认识自我,只看到自己的不足,觉得处处不如别人,就会产生自卑,丧失信心,做事畏缩不前……相反,如果一个人过高地估计自己,也会骄傲自大、盲目乐观,导致工作的失误。因此,恰当地认识自我,实事求是地评价自己,是自我调节和人格完善的重要前提。

(2) 自我体验:自我体验是伴随自我认识而产生的内心体验,是自我意识在情感上的表现。如一个人对自己作积极的评价时,就会产生自尊感;作消极的评价时,会产生自卑感。自我体验可以使自我认识转化为信念,进而指导一个人的言行;自我体验还能伴随自我评价,激励适当的行为,抑制不适当的行为。如一个人在认识到自己不适当的行为后果时,会产生内疚、羞愧的情绪,进而制止这种行为的再次发生。

(3) 自我控制:自我控制是自我意识在行为上的表现,是实现自我意识调节的最后环节。自我控制包括自我监控、自我激励、自我教育等成分。

第二节 人格理论

人格是个异常复杂的研究领域。许多心理学家在这个领域投入了毕生的精力,为人格的研究做出了伟大的贡献。下面对一些影响较大的人格理论作一简介。

一、弗洛伊德的精神分析人格理论

弗洛伊德(Sigmund freud,1856~1939)的人格理论认为,人格是由本我、自我和超我三个部分组成的机构。

(一) 本我

本我(id)是人格结构的基础。本我包括许多原始的、与生俱来的本能或欲望(如饥、渴、性等)其中以性和攻击本能为主。本我受"享乐原则"的支配。本我是人格结构中能量的供应源,一切以寻求原始动机的满足为原则,它追求最大限度的快乐,追求欲望的满足,而不管其欲望在现实中有无可能实现,也不受社会道德规范的约束。刚出生的婴儿处在本我状态,长大后,本我大部分处在无意识状态下,人们较难觉察。本我的作用在于寻求兴奋、紧张与能量的释放,追求快乐,逃避痛苦,它具有冲动性、非理性、盲目性和混乱无序的特点。

(二) 自我

自我(ego)是从本我中逐渐分化出来的,位于人格结构的中间层。自我受"现实原则"支配,一方面它满足本我的原始冲动,追求快乐;另一方面它还要符合良心、道德的评价,以社会能够接受的方式满足个体的需要。自我的基本任务是协调本我的非理性需要与现实之间的关系。为了使本我的需要在适当的时候得到更大的满足,它往往推迟满足某些需要,表现出对本我的控制和压抑。

(三) 超我

超我(sSuperego)位于人格结构的最高层次,是道德化了的自我。个体在一定的社会文化背景下,获得了一定的知识经验和行为规范,这些知识经验和行为规范就内化为个体的超我。超我由社会规范、伦理道德、价值观念内化而来,其形成是社会教化的结果。超我代表了人格结构中良知、理性的一面。它随时监视着本我,当发现不符合理性或不符合社会行为规范的需要时,就警告自我,迅速地加以抑制。超我"完美原则"原则,它具有三个作用:一是以抑制自我的冲动;二是对自我进行监控;三是追求完善的境界。

在弗洛依德的人格结构里,本我、自我、超我三者相互交织在一起,构成人格的整体。自我和超我是由本我逐渐分化而来的。自我是本我、超我、现实世界三者的"仆人"经常在三者的包围中,极力地协调三者的关系。他们各自代表了人格的某一层面,本我是生物我,自我是心理社会我,超我是道德理想我。他们各自追求不同的目标:本我是追求快乐,自我是追求现实,超我追求完美。当三者处于协调状态时,人格表现出一种健康状况;当三者互不相让,产生矛盾时,人就会产生焦虑甚至心理障碍。

二、卡特尔的人格因素特质理论

卡特尔(Raymond B. cattell,1905~1998)是一位重要的人格心理学家,他认为人格是由许多人格特质构成的。卡特尔用因素分析的方法对人格特质进行了分析,并将人格特质区分为表面特质和根源特质。

表面特质是指从外部行为能直接观察到的特质。表面特质可能会随着环境的改变而改变。如"勤劳",是一表面特质,同样是勤劳,可能背后有着不同的原因,"为了得到奖励"或"发自内心地喜欢这种活动,乐此不疲"。而根源特质是内在的,决定表面特质的最基本的人格特质,是那些人格结构的基本因素的特质。如"焦虑"是害怕考试和体育比赛时双腿发抖的同一原因。在这里,"焦虑"就是一种根源的特质。

卡特尔的研究目的就是要确定究竟有哪些根源特质。它采用因素分析的方法,一共找到16种根源特质,并编制出《卡特尔16种人格因素问卷》。卡特尔认为每个人的人格都可以用这16种特质来描述,只是不同的人在每种特质上所得的分数有高低差异而已(表9-1)。

表9-1 卡特尔16种人格特质

人格因素	低分者特征	高分者特征
A 乐群性	沉默孤独	乐群外向
B 聪慧性	愚钝、抽象思维能力差	聪慧、抽象思维能力强

续表

人格因素	低分者特征	高分者特征
C 稳定性	情绪不稳定、无耐心	情绪稳定、有耐心
E 恃强性	谦逊顺从	支配、攻击
F 兴奋性	严肃审慎	轻松兴奋
G 有恒性	权宜敷衍	有恒负责
H 敢为性	畏怯退缩	冒险敢为
I 敏感性	粗心、迟钝	细心、敏感
L 怀疑性	依赖随和	怀疑刚愎
M 幻想性	现实、合乎常规	幻想、狂放不羁
N 世故性	坦白直率、天真	精明能干、世故
O 忧虑性	安祥沉着、有自信心	忧虑抑郁、烦恼多端
Q_1 求新性	保守、传统	自由、批评、求新
Q_2 独立性	依赖群体	自立、当机立断
Q_3 自律性	矛盾冲突、不拘小节	知己知彼、自律严谨
Q_4 紧张性	心平气和	紧张困扰

三、"大五"人格理论

近几年来,一些研究者在人格的理论建模上形成了比较一致的共识,提出了几种有代表性的现代人格理论。如"大三"、"大五"、"大七"人格理论,被称之为人格的心理学中的"一场静悄悄的革命"。其中,以"大五"人格理论最为典型。

塔佩斯等心理学家运用词汇学的方法对卡特尔的特质变量进行了再分析,发现了5个相对稳定的因素,取得了突破性的进展,在这之后,一些不同的研究者先后进一步验证了"五种特质"的人格模型,形成了著名的"大五因素人格模型"。这五个因素是:

开放性(openness):具有想象、审美、情感丰富、求异、创造、智能等特征;

责任心(conscientiousness):显示了胜任、公正、条理、尽职、成就、自律、谨慎、克制等特质;

外倾性(extraversion):表现出热情、社交、果断、活跃、冒险、乐观等特质;

宜人性(agreeableness):具有信任、直率、利他、依从、谦虚、移情等特质;

神经质或情绪稳定性(neuroticism):具有焦虑、敌对、压抑、自我意识、冲动、脆弱等特质。

这五个特质的头一个字母构成"OCEAN"一词,代表了"人格的海洋"。几位学者根据"大五人格理论"编制了"大五人格因素的测定量表"(表9-2)。

表9-2 大五人格因素

高分者人格特征	维度(因素)	低分者人格特征
烦恼、紧张、情绪化、不安全、不准确、忧郁	神经质(N)	平静、放松、少情绪化、安全、果敢、自我陶醉
好社交、活跃、健谈、乐观、好玩乐、重感情	外向性(E)	谨慎、冷静、无精打采、冷淡、乐于做事、退让、寡言

续表

高分者人格特征	维度(因素)	低分者人格特征
好奇、兴趣广泛、有创造力、富于想像、非传统	开放性(O)	习俗化、讲实际、兴趣少、无艺术性、非分析性
心肠软、脾气好、信任人、助人、宽宏大量、轻信、直率	宜人性(A)	愤世嫉俗、粗鲁、多疑、不合作、报复心重、残忍、易怒、好操纵人
有条理、可靠、勤奋、自律、准时、细心、整洁、有抱负、有毅力	责任心(C)	无目标、不可靠、懒惰、粗心、松懈、不检点、意志弱、享乐

四、个性类型理论

当你阅读《红楼梦》、《水浒传》、《三国演义》和《西游记》四大古典名著时,你会被小说中个性各异,各具风采的人物形象所吸引,这正是个性差异表现的魅力。

心理学家们试图用各种方法把人们的个性差异作不同类别的区分,不同的心理学家根据不同的标准和原则,将个性分为不同的类型。

(一) A-B 型人格

福利曼和罗斯曼(Frideman&Roseman,1974)描述了 A-B 人格类型,这种分类在医学临床和工作压力研究中,使用比较普遍。

A 型人格的主要特点是:情绪急躁、缺乏耐性。他们的成就欲望高,上进心强,有苦干精神,工作投入,做事认真负责,时间紧迫感强,富有竞争意识,外向,动作敏捷,说话快,生活常处于紧张状态,但办事匆忙,社会适应性差,属于不安定型人格,具有这种人格特征的人易患冠心病。据研究调查表明,A 型人格患冠心病的人数比例是 B 型人格人数的两倍多。B 型人格的主要特点是:性情不温不火、举止稳当、对工作和生活的满足感强、喜欢慢步调的生活节奏、在需要审慎思考和耐心的工作中,B 型人格往往比 A 型好。这种分类常用于冠心病易感人群的鉴别。现代心身疾病的研究发现 A 型性格更易患如心脏病、高血压、胃溃疡等心身疾病,患病比例大约是 B 型性格的 2~3 倍。

(二) 内-外向型人格

瑞士著名心理学家荣格(C·G·Jung,1875~1961)依据心理倾向来划分人格类型,最先提出内-外向人格类型学说。荣格认为,当一个人的兴趣和关注点指向于外部客体时,就是外向人格;外向人格的特点是:注重外部世界,情感表露明显,热情奔放,当机立断,独立自主,善于交往,行动敏捷,有时轻率。内向人格的特点是:自我剖析,做事谨慎,深思熟虑,疑虑困惑,交往面窄,有时适应困难。

在荣格看来,任何人都具有外向和内向这两种特性,但其中一种可能占优势。因而可以确定一个人是内向还是外向。生活中极端的内向型或外向型的人很少,多数人是中间型。

(三) 社会文化生活类型

德国心里学家斯普兰格(Spranger,1928)依据人类社会文化生活的 6 种形态,将人划分为 6 种性格类型。这 6 种性格类型是:①经济型:这种人注重实效,其生活目的是为了追求利润和获得财富,如实业家等。②理论型:这种人表现出探究世界的兴趣,能客观冷静地观察事物,力图把握事物的本质,尊重事物的合理性,重视科学探索,以追求真理为人生的目的,如思想家、科学家等。③审美型:这类型的人,对现实生活不太关注,富于想象力,追求美感,以感受事物的美作为人生的价值,如艺术家等。④权力型:这种人倾向于权力意识和权力享受,支配性强,其全部的生活价值和最高的人生目标就在于满足自己的权力欲望,得到某种权力和地位。⑤社会型:这种人关心他人,献身社会,助人为乐,以奉献社会为人生追求的最高目标。⑥宗教型:这种人信奉宗教,相信神的存在,把信仰视为人生最高价值。

五、特质与类型结合的理论

艾森克于1967年提出了个性结构的四层次理论,这种理论将个性类型理论与个性特质理论有机地结合起来,使两种理论的优点互为补充,更全面、更富有层次地描述了一个人的人格特征。

艾森克用两个维度来描述人格,一个是内向和外向,一个是神经质倾向。后者表现为情绪稳定和不稳定。各种人格特质都可以用这两个维度组成的人格维度图来表示(图9-1)。

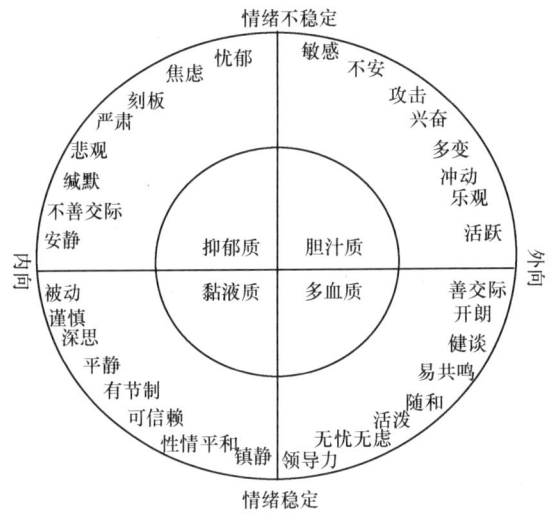

图9-1 艾森克人格二维模型

根据两个维度的分析,可以把人分为稳定的内倾型、稳定的外倾型、不稳定的内倾型和不稳定的外倾型四种类型。稳定的内倾型表现为平静、性情平和、可信赖、克制的、有思想、谨慎、被动的,相当于黏液质;稳定的外倾型表现为领导性、关心自由、活跃、随便、敏感、健谈、开朗、社交性,相当于多血质;不稳定的内倾型表现为喜怒无常、刻板、有理想、悲观主义、有节时、不善社交、安静,相当于抑郁质;不稳定的外倾型表现为爱生气、不宁静、敢做敢为、易兴奋、易变动、爱冲动、乐观主义、有活力,相当于胆汁质。

六、人本主义的人格理论

人本主义心理学主要研究人的主观经验、人的潜能、人生中的问题和人类的理想。人本主义者认为,特质理论是静止的,精神分析是悲观的,学习理论是机械的,于是他们提出一套积极的自我形象不断完善的人格理论。其中,最著名的马斯洛(Abraham Harold Maslow,1908~1970)的自我实现学说和罗杰斯(Carl Rogers,1902~1987)的自我理论。

(一) 马斯洛的"自我实现"人格理论

在马斯洛的早期研究中,他对取得特殊成就者的生活经历具有浓厚的兴趣,他想知道这些人与普通人之间究竟有什么差别。为了找到答案,马斯洛开始研究一些名人,如伟大的科学家爱因斯坦、威廉·詹姆士和约翰·米尔,美国的总统亚当斯、林肯和罗斯福,诗人惠特曼等。此后,他又研究了一批艺术家、作家和富有创造性的人。然而,就在马斯洛对那些名人、伟人的研究过程中,他的思想发生了彻底的变化。马斯洛发现,成功并不是名人的专利,不论你是木工、职员、学生还是家庭妇女,都能够使自己的生活美满、充实并有创造性。马斯洛把这种充分发挥个人潜能的过程称为"自我实现"(self-actualization)。自我实现是一个过程,而不是人格发展的一个终点。每个人自我实现的进程都取决于自己的不断努力、自我要求和耐心。

(二) 罗杰斯的"自我"理论

罗杰斯在他的临床工作经验的基础上提出了自己的人格理论。他认为正常的人格是较大程度上达到"内部和谐"而形成的。按照罗杰斯的观点,一个具有完善功能的人能够与自己的内部情感和冲动保持和谐,根据自己的生活经验,这样的人形成了一种对外部开放态度,并相信自己的内部感觉和直觉。罗杰斯相信,一个人从外部得到关爱和肯定的机会越多,形成这种积极的开放态度的可能性就越大。

罗杰斯人格理论中的核心概念是自我。自我指人对"我是个什么样的人"的知觉。根据罗杰斯的理论,人类许多行为目的都是为了保持一个人的自我形象与其行动之间的一致性。自我形象指一个人对本人体貌和人格的总体主观知觉。例如,如果你的自我形象是一个和蔼可亲的人,那么你在大多数场合都会表现得和蔼可亲。

自我是由三部分组成的,其中包括理想自我、自我形象和真实自我。理想自我是指你希望自己成为什么样的人,自我形象指你认为自己是个什么样的人,真实自我指你实际是个什么样的人。如果自我的这三种成分不相匹配,就会出现不相符的状态。例如,你认为自己是一个和蔼可亲的人,却总听到别人议论说,你实际是一个粗暴无礼的人,你可能产生焦虑。同样,假如你心里讨厌某人,但外表还要对他装出亲热的样子,就会有挫折感和某种防御行为。行为经验和自我形象之间的严重不相符的情况是很危险的,因为意识往往会拒绝理解(或曲解)与自我形象不一致的经验,最终会阻碍自我的发展变化。当自我形象与现实之间出现断裂之后,人的自我形象便可能越来越脱离现实,人也会变得越来越脆弱、不满、混乱,出现严重的心理障碍。研究证实,那些非常了解自己的人,不但能够善待自己,而且能够从中感到愉快,而那些不了解自己的人则往往会丧失自尊。当一个人的现实思维、感觉、行为与自我形象一致时,将最有可能发挥自己的潜能。

当自我三个成分(理想自我、自我形象、真实自我)之间不一致时,就会出现不相符状态。当一个人的自我形象与理想自我不相符时,自尊就会下降。当真实自我与自我形象不相符时,人就会产生焦虑。它们的关系见图9-2。

人本主义的人格理论最大的优点是,突出了人格中那些积极的方面。马斯洛说:"人在本质上绝不像有人认为的那样坏。弗洛伊德所告诉我们的只是心理的一半,即病态的一

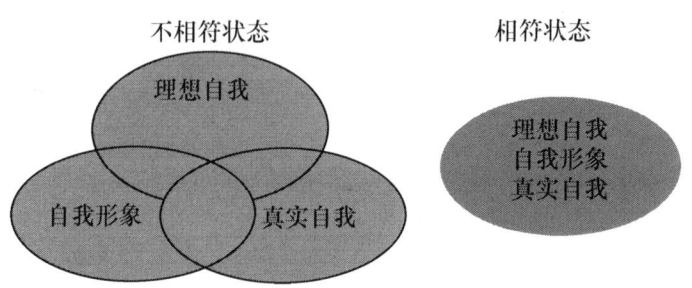

图 9-2 罗杰斯三个"自我"关系状态图解

面,而我们现在必须补充说明心理的另一半,即健康的一面。"

第三节 认知风格

认知风格(cognitive style)是指个人所偏爱使用的信息加工方式,也叫认知方式。例如:有人喜欢与别人讨论问题,从别人那里得到启发;有人则喜欢自己独立思考。认知风格与认知能力是两个截然不同的概念,其差别主要表现在三个方面:其一,能力是指成就水平,而风格是指认知方式;其二,能力是指人们能够达到的最高行为,而风格是指人们的典型行为;其三,能力是一种单极变量,有高低或好坏之分,而风格是指一种双极或多极变量,无高、低与好、坏之分。个体在认知风格上的差异具有一定的稳定性,儿童时期所表现出来的某种认知风格可能会保持到成年。认知方式有许多种,主要有:场独立性和场依存性、冲动和沉思、同时性和继时性等。

一、场独立性与场依存性

威特金等(Witkin,1940)在垂直视知觉的一系列研究中,发现了认知方式的个体差异,即场独立性和场依存性的差异。这种差异主要表现在人对外部环境("场")的不同依赖程度上。场独立性(field-independent,简称 FI)的人在信息加工中对内在参照有较大的依赖倾向,他们的心理分化水平较高,在加工信息时,主要依据内在标准或内在参照,与人交往时也很少能体察入微。而场依存性(field-dependent,简称 FD)的人在加工信息时,对外在参照有较大的依赖倾向,他们的心理分化水平较低,处理问题时往往依赖于"场",与别人交往时较能考虑对方的感受。

用隐蔽图形或镶嵌图形测验(embedded figures test)可以有效地测量场独立性和场依存性的人格差异(图 9-3)。测验图形是由一种比较复杂的图形构成的,其中隐藏着一个简单的图形。测验时,要求被试迅速地从复杂图形中找出简单的图形。

简单图形

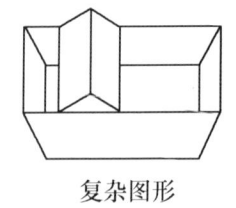
复杂图形

图 9-3 隐蔽图形测验示例

在这个测验中,复杂图形就是一个"场",对简单图形具有掩蔽的作用。场独立性的人能迅速找出简单的图形,说明他的心理分化水平较高,不受或较少受到"场"的影响;而场依存性的人较难找出简单图形,说明他的心理分化水平较低,不容易把简单图形从复杂图形中分离出来。

场独立性与场依存性这一人格差异,表现在心理活动的许多方面,在知觉、思维、学习和人际交往等方面都可以看到这种差异。整体说来,场独立性与场依存性没有好、坏之分。场独立性的人认知重构(cognitive restructuring)的能力强,在认知中具有优势;而场依存性的人社会技能高,在人际交往中具有优势。从学习来看,两种认知方式也显示了不同的特点。在解决需要灵活思维的问题上,场独立性的人有优势,他们善于抓住问题的关键性成分,能灵活地运用已有的知识来解决问题。而场依存性的人在解决熟悉的问题时,不会发生困难,但让他们运用已有的知识去解决没有遇到过的问题时,则难于应付,缺乏灵活性。一些研究还表明,场独立性的学生喜欢学习一般原理,而不喜欢学习一些具体的知识,他们达到概括化的程度比场依存性的学生高,但两者在获得的知识量上没有差异。在学习兴趣和职业兴趣上,两者也表现出明显的差异。张厚粲(1982)的研究表明,场独立性与数学能力之间存在正相关。理科学生更偏向于场独立性,而文科学生偏向于场依存性。场独立性的学生在未来职业的选择上喜欢从事理论研究、工程建筑、航空及艺术等工作;而场依存性的学生则喜欢社会定向的学科与职业。

认知方式可以通过训练而得到改变。威特金的研究结果说明,对儿童进行艺术、音乐和体育训练,能有效地提高儿童的场独立性水平。格劳伯森(Gioberson,1985)采取两种不同的训练方式,分别对场独立性和场依存性的8岁儿童进行有针对性的训练,结果他们在解决问题的能力上得到了同样的提高。许燕(1982)的研究表明,当教学方式与场依存性学生的认知方式相匹配时,能减轻这种学生在数学学习中的相对"劣势"。

二、冲动—沉思

卡根等人(Gagan et al.,1964)区分了两种不同的认知风格:冲动与沉思,它们的差异主要表现在对问题的思考速度上。

冲动(impulsivity)的特点是,反应快,但精确性差。具有这种认知风格的人面对问题时总是急于求成,不能全面细致地分析问题的各种可能性,不管正确与否就急于表达出来,有时甚至没有弄清楚问题的要求,就开始解答问题。他们使用的信息加工策略多为整体性策略。当学习任务要求作整体性解释时,成绩较好。

沉思(reflection)的特点是,反应慢,但精确性高。具有这种认知风格的人,总是把问题考虑周全以后再做反应,他们看重解决问题的质量,而不是速度。但是当他们回答熟悉的、比较简单的问题时,反应也比较快。这种人在加工信息时多采用细节性策略,在需要对细节进行分析时,他们的学习成绩较好。

在元认知知识和认知策略方面,两种认知风格也存在差异。斯托伯(Stober,1985)的研究发现,8岁儿童中"沉思"与元认知水平有显著相关。沉思型的学生能认清认知任务的目标和使用策略的有效性。其他研究者(Bowkowski,1987)也发现,一至三年级具有"沉思"认知风格的学生,具有更多的元认知知识,能使用较多的策略,记忆成绩也较好。

在学习能力上,两种认知风格也有差异。沉思型的学生阅读能力、记忆能力、推理能力、创造力都比较好。而冲动型的学生则往往有阅读困难,学习成绩也不太好。通过训练可以提高冲动型儿童的思考能力。也有人认为,沉思型与冲动型学生在不同任务中的表现不一样。当认知任务强调整体性的信息加工时,沉思型学生所犯的错误较多;而当认知任

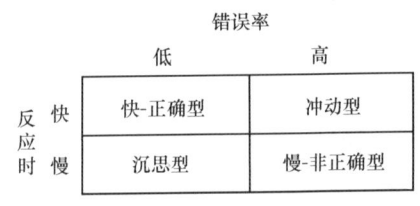

图9-4 四种认知类型
（资料来源：陈和英，1996）

务强调细节性的信息加工时，冲动型学生所犯的错误较多(Zelneker & Jef-frey,1976)。

由于在反应速度与正确率间存在复杂的关系，奥尔特等人(Ault, et al,1972;Block & Harrington,1974)认为，除了上面提到的两种认知风格外，还应该有另外两种，即快-正确型和慢-非正确型。前者的反应既快又准，而后者的反应慢，准确性也差（图9-4）。

卡根等(1964)设计了鉴别这一认知类型的工具《匹配熟悉图形测验》(Matching Familiar Figures Test)。这种测验是给被试显示一个标准图形，让他们从六个可供选择的图形中，选择一个与标准图形一样的图形。主试根据被试的反应时和错误率就能划分不同的认知类型。

三、同时性与继时性

达斯等人(Das et al.,1975)根据脑功能的研究，区分了同时性与继时性两种认知风格。他们认为，左脑优势的个体表现出继时性的加工风格；而右脑优势的个体表现出同时性的加工风格。

继时性认知风格(successive cognitive style)的特点是，在解决问题时，能一步一步地分析问题，每一个步骤只考虑一种假设或一种属性，提出的假设在时间上有明显的前后顺序，第一个假设成立后再检验第二个假设，解决问题的过程像链条一样，一环扣一环，直到找到问题的答案（图9-5）。言语操作和记忆都属于继时性加工。一般来说，女性擅长于继时性加工，这可能是女孩的记忆和语言能力比男孩好的原因之一。

同时性认知风格(simultaneous cognitive style)的特点是，在解决问题时，采取宽视野的方式，同时考虑多种假设，并兼顾到解决问题的各种可能性。其解决问题的方式是发散式的（图9-6）。许多数学操作、空间问题的操作都要依赖于这种同时性的加工方式；这也可能是男孩子在数学能力与空间能力方面优于女孩子的原因之一。

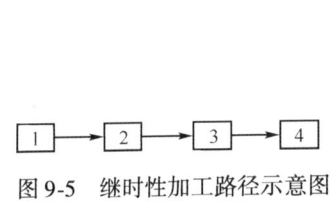

图9-5 继时性加工路径示意图

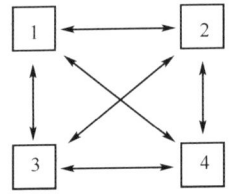

图9-6 同时性加工路径示意图

同时性和继时性是认知方式的差异，而不是加工水平的差异。但是，当学习方式与认知方式互相匹配时，不同认知方式的优势就能显示出来。帕斯克(Gordon Pask,1974)研究了教师的教学方式与学生的认知方式的关系。结果显示，当学习材料与学生的认知方式匹配时，学习效果，反之，当学习材料与学生的认知方式不匹配的时候，学习成绩一般都不及格。研究者还通过同时性与继时性加工策略的训练，来帮助学习有困难的学生(Brailsford,1981,1984)。结果表明，训练对学习困难的学生是有帮助的，特别是有利于阅读水平的进步。

第四节 人格测评

目前，较为成熟的人格测验分为两种：自陈量表法和投射测验。人格测验的研究既有理论价值，也具有应用价值：精神科医生可以通过人格测验了解病患的心理状态；心理辅导时可以通过人格测验了解受辅导者的心理需求；公司的人力资源部门可以通过人格测验选拔最合适某个岗位的人才等。

一、自陈量表法

人格自陈量表（self-report inventory）是一种常用的对人格做客观测量的工具，量表中列有很多陈述性的题目，要求被试用是非法或选择法的方式选择答案，从而显现自己的人格特点。自陈量表所测量的是人格特质，因此遵从人格特质理论。目前，最常使用的工具是明尼苏达多相人格量表、艾森克人格问卷、卡特尔16种人格因素测验和NEO-PI。以下将详细介绍明尼苏达多相人格量表和NEO-PI。

（一）明尼苏达多相人格量表

明尼苏达多相人格量表（Minnesota multiphasic personality inventory，MMPI）是当今国外最流行的人格测验之一。它是美国明尼苏达大学教授哈瑟韦（S. R. Hathaway）和麦金力（J. C. Mckinley）于20世纪40年代制定的。试问卷的制定方法是分别对正常人和精神病人进行预测，以确定在哪些条目上精神病人与正常人相比有显著不同的反应方式，因此该测验最常用于鉴别精神疾病。20世纪80年代，MMPI进行了一次主要的修订，这就是MMPI-2——目前应用最广泛的量表之一。其好处在于施测经济和轻松，可以用于心理疾病的诊断。MMPI-2由567个题目组成，表述方式如下：

每种食物的味道都一样。
我的脑子有点问题。
我喜欢动物。
只要有可能，我总是避免去人多的地方。
有人想毒死我。
我经常做白日梦。

对每个句子可以有三种反应："对"、"不对"或"无法回答"，被试可以选择作答。MMPI-2通过10个分量表对人格中的10个方面进行测量（表9-3）。除了测量人格障碍，通过使用这些量表还可以发现饮食失调、愤怒、低自尊及家庭问题等因素造成的问题，为临床治疗和人员选拔提供依据。

表9-3 明尼苏达多相人格量表-2（MMPI-2）的10个临床分量表及其基本症状

1. 疑病量表	患者对自己的身体状况过度担忧
2. 抑郁症量表	患者极度悲观，感觉自己没有价值，没有希望
3. 癔症量表	患者出现身体不适，但找不到任何生理原因
4. 心理病态量表	严重者情感淡漠，无视社会规范和道德准则

续表

5. 男性化-女性化量表	传统意义上的高"男性化"为攻击性强,高"女性化"为敏感性强
6. 妄想症量表	患者疑心极强,有被害妄想
7. 精神衰弱量表	患者有无法摆脱的忧虑、恐惧症及强迫行为
8. 精神分裂症量表	患者情绪失控,想法及行为怪异,不正常
9. 躁狂症量表	患者情绪亢奋,处于躁狂心境中,行为异常,活动过量
10. 社会性内向量表	患者有严重的社会性退缩倾向

(二) 爱德华个人兴趣量表

爱德华个人兴趣量表(Edwards Personal Preference Schedule,EPPS)是由美国心理学家爱德华(Edwards,1953)编制的,并以美国心理学家莫瑞(Murray,1938)所列举的人类15种需要为基础的。由此构成了15个分量表:成就需要(ach)、顺从需要(def)、秩序需要(ord)、表现需要(exh)、自主需要(aut)、亲和需要(aff)、自省需要(int)、求助需要(suc)、支配需要(dom)、谦虚需要(aba)、助人需要(nur)、变通需要(cha)、坚毅需要(end)、性爱需要(het)、攻击需要(agg)。整个量表共有225个题目,每个题目通常包括两个以"我"为开头的陈述句,用"强迫选择法",要求被试从两者中按照自己的喜好选出其中的一个。例如:

1. A. 我喜欢结交新朋友。
   B. 当我有难时,我希望朋友能帮助我。
2. A. 在长辈和上级面前,我会感到胆怯。
   B. 我喜欢用别人不太懂其意义的字词。

EPPS的主要功能是通过被试对题目的反应,评定他在15种需要上相对于一般人的强弱程度,然后绘出人格剖面图。这样一个人15项人格的定位状况,便一目了然了。

自陈量表式人格测验的优点是题目数固定,题目内容具体而清楚,因此施测简单,记分方便。其缺点是因编制时缺乏客观效标,效度不易建立;而且测验内容多属于情绪、态度等方面的问题,每个人对同一问题常常会因时空的改变而选择不同的答案;另外,使用这种方法时,还难免出现反应的偏向。例如,有些被试对问卷中提出的各种问题总是抱赞同的态度,这种反应偏向影响到对人格做出客观的评定。因此,其信度和效度都不如智力测验。

二、投 射 测 验

投射测验(projective test)是以弗洛伊德的精神分析人格理论为依据的。精神分析人格理论强调,人的行为是由潜意识的内驱力驱动的,因此通过客观测验并不能完全了解一个人的人格。在投射测验中,研究者给被试呈现一系列模棱两可的刺激,让被试解释图画或按照图片编故事,个人的欲望可能会通过对这些问题的回答投射出来。总而言之,投射测验就是用间接的方式揭示人们潜意识的或是内隐的愿望、想法及需要。下面将介绍两个最常用的投射测验:罗夏墨迹测验和主题统觉测验。

(一) 罗夏墨迹测验

罗夏墨迹测验(Rorschach Inkblot Test)由瑞士精神病学家罗夏(Hermann Rorschach,

1884~1922)于1921年设计编制,该测验对鉴别精神疾病极为有效。该测验共包括十张墨迹卡片(图9-7),其中五张是彩色的,五张是黑白的。卡片之间在颜色、阴影和复杂程度方向均有不同。测验时,向被试者呈现墨迹图,让被试者对这些图片进行自由联想(告诉其答案没有对错之分),请他们回答在图上看到了什么?然后施测者会逐字记录被试所说的内容、反应花了多长时间甚至被试拿墨迹图片的方式。

图9-7 罗夏墨迹测验图片之一

(资料来源:Smith,1998)

(二) 主题统觉测验

罗夏墨迹测验问世后,哈佛大学心理学家默瑞(H. A. Murray)和他的助手摩根(C. D. Morgan)于1938年在哈佛心理诊所编制了另一种完全不同的投射测验,称为主题统觉测验(Thematic Apperception Test,缩写为TAT)。该测验由一套黑白照片组成,图片中的人物所处的情景没有特定含义,要求被试看图讲故事。研究者通过计分的方式(如记录被试描述故事中主人公生气、被忽视、冷漠和嫉妒的次数)对故事内容进行分析,从而了解被试隐藏在潜意识中的冲突。

主题统觉测验的主要假设是,被试在面对图片时,为了解释图片,被试的自我意识会有所下降,也不太会意识到研究者正在观察他们,这将减少个人的自我防御,揭示出被试内心的愿望、恐惧以及被压抑的过去经历。图9-8就是TAT测验的一个样图,面对这张图片你会说出什么样的故事呢?

投射测验没有对错之分,被试无需通过"伪装"来掩饰什么。另外,相对于自陈量表做选择的答题方式,投射测验可以为心理学家提供更丰富的信息。但是投射测验的缺点在于,不同的心理学家对测验结果进行计分时的客观性和信度很低,在某种程度上讲,心理学家解释一个投射测验就像是自己在进行一次投射测验。

总之,不同的人格测验方式为我们理解人格

图9-8 主题统觉测验的一张卡片

(资料来源:Smith,1998)

提供了不同的视角。临床工作者在进行人格评估时,更多是结合不同的测验,比如罗夏墨迹测验和 MMPI-2 可以作为相互补充的测验。

三、情景测试

社会学习论者强调,如果能将情境中某种刺激与个体行为反应之间的关系确定下来,那么就可以创造某种情境来预测或监视个体的行为,这就是人格测验中情境测验的设计原则。顾名思义,情境测验就是主试在某种情境下观察被试的行为反应,进而了解其人格特点。情境测验可用于教育评价、人事甄选上,前者如"性格教育测验",后者如"情境压力测验",具体介绍如下。

(一) 性格教育测验

虽然学校教育总是教育孩子们要有诚实、合作、友爱、负责等品格,但却很少能使用客观的测量工具来鉴定这些品格教育的效果,性格教育测验(character education in—quiry)就弥补了这方面的缺憾。举例来说,一次考试结束后,可以将每个试卷复印一份,再发给学生并附上标准答案,要他们自己评卷,打上分数,最后收回试卷,两份对照,就可以测量出学生"诚实"的程度,进而了解过去教育的绩效与有待改进的方向。

(二) 情境压力测验

情境压力测验(situational stress test)是特别设计一种情境,使被试产生并面临情绪上的压力,然后由主试观察、记录被试是如何应付的,从而了解他的人格特质。我们用无领袖团体情境(leaderless group situation)测验来加以说明。具体做法是,在情境中安置几个互相不认识的人,给他们一项任务,这项任务必须由他们合力来完成,如果在规定的时间内没有顺利完成任务,那么每个人都会受到惩罚。被试在这种压力情境下,可能会使其中的某个人主动站出来带领大家完成任务,并得到其他人的支持与合作。由此可以知道,某人可能具有领袖的特质。此外,企业界有所谓压力面谈(stress interview),也是一种较为熟悉的情境测验。

这种测验重视分析、实验和控制等程序,具有科学性,得到的结果也比较精确,且令人信服。但由于研究只重视现实因素,忽略了个体行为经验与遗传因素,因此也受到批评。

第五节 人格的形成

人格是客观环境与主观心理共同作用的产物,是现实生活中个人心理倾向的总和。那么,人格究竟是怎么形成的?何以有种种的不同?什么是健康的人格?人格是否可以自由塑造?这些都是现代心理学研究关注的主要问题。

一、有关人格发展的理论

(一) 弗洛伊德的心理性欲发展阶段理论

弗洛伊德认为人的精神活动的能量来源于本能,本能是推动个体行为的内在动力。人类最基本的本能有两类:一类是生的本能,另一类是死亡本能或者攻击本能,生的本能包括性欲本能与个体生存本能,其目的是保持种族的繁衍与个体生存。弗洛伊德是泛性论者,在他的眼里,性欲有着广义的含意,是指人们一切追求快乐的欲望,性本能冲动是人一切心理活动的内在动力,当这种能量(弗洛伊德称之为力必多)积聚到一定程度就会造成机体的紧张,机体就要寻求途径释放能量。弗洛伊德将人的性心理发展划分为5个阶段:口欲期;肛门期;性器期;潜伏期;生殖器期。

1. 口腔期(oral stage,0~1岁) 原始欲力的满足,主要靠口腔部位的吸吮、咀嚼、吞咽等活动获得满足。婴儿的快乐也多得自口腔活动。此时期的口腔活动若受到限制,可能会留下后遗性的不良影响。成年中有所谓的口腔性格,可能就是口腔期的发展不顺利所致。在行为上表现为贪吃、酗酒、吸烟、咬指甲等,甚至在性格上悲观、依赖、洁癖者,都被认为是口腔性格的特征。

2. 肛门期(anal stage,1~3岁) 原始欲力的满足,主要靠大小便排泄时所产生的刺激快感获得满足。此时期卫生习惯的训练,对幼儿而言尤为关键。如管制过严,可能会留下后遗性的不良影响。成人中有所谓的肛门性格者,在行为上表现冷酷、顽固、刚愎、吝啬等,可能就是肛门性格的特征。

3. 性器期(phallic stage,3~6岁) 原始欲力的需求,主要靠性器官部位获得满足。此时幼儿喜欢触摸自己的性器官,在性质上已算是"手淫"的开始。幼儿在此时期已经能辨识男女性别,并以父母之中的异性者为"性爱"的对象。于是出现了男童以父亲为竞争对手而爱母亲的现象,这现象称之为恋母情结(Oedipus complex);同理女童以母亲为竞争对手而爱恋父亲,则称之为恋父情结(Electra complex)

4. 潜伏期(latent stage,7岁至青春期) 7岁以后的儿童,兴趣扩大,由对自己的身体和父母感情,转变到周围的事物,故而从原始的欲力来看,呈现出潜伏状态。此一时期的男女儿童之间,在情感上较前疏远,团体性活动多呈男女分离趋势。

5. 生殖器期(genital stage,青春期以后) 此时期开始时间,男生约在13岁,女生约在12岁,此时期个体性器官成熟生理上与心理上所显示的特征,两性差异开始显著。自此以后,性的需求转向相似年龄的异性,开始有了两性生活的理想,有了婚姻家庭的意识,至此,性心理的发展已臻成熟。

弗洛伊德认为成人人格的基本组成部分在前三个发展阶段已基本形成,所以儿童的早年环境、早期经历对其成年后的人格形成起着重要的作用,许多成人的变态心理、心理冲突都可追溯到早年期创伤性经历和压抑的情结。

儿童在这些阶段中的经验决定了他长大后形成哪一种人格。如果某一阶段的发展受阻,就会形成相应的人格障碍。同时,在个人早期生活中形成的各种精神宣泄基本上在整个一生中都保持不变。

(二) 埃里克森的心理发展阶段理论

埃里克森(E. H. Erikson,1902)是美国著名精神病医师,新精神分析派的代表人物。他认为,人的自我意识发展持续一生,他把自我意识的形成和发展过程划分为八个阶段,这八个阶段的顺序是由遗传决定的,但是每一阶段能否顺利度过确是由环境决定的,所以这个理论可称为"心理社会"阶段理论。每一个阶段都是不可忽视的。

1. 婴儿期(0~1.5岁) 基本信任和不信任的心理冲突。因为这期间孩子开始认识人了,当孩子哭或饿时,父母是否出现则是建立信任感的重要问题。信任在人格中形成了"希望"这一品质,它起着增强自我的力量的作用。具有信任感的儿童敢于希望,富于理想,具有强烈的未来定向。反之则不敢希望,时时担忧自己的需要得不到满足。埃里克森把希望定义为:"对自己愿望的可实现性的持久信念,反抗黑暗势力、标志生命诞生的怒吼"。

2. 儿童期(1.5～3岁)　自主与害羞和怀疑的冲突。这一时期,儿童掌握了大量的技能,如,爬、走、说话等。更重要的是他们学会了怎么坚持或放弃,也就是说儿童开始"有意志"地决定做什么或不做什么。这时候父母与子女的冲突很激烈,也就是第一个反抗期的出现,一方面父母必须承担起控制儿童行为使之符合社会规范的任务,即养成良好的习惯,如训练儿童大小便,使他们对肮脏的随地大小便感到羞耻,训练他们按时吃饭,节约粮食等;另一方面儿童开始了自主感,他们坚持自己的进食、排泄方式,所以训练良好的习惯不是一件的事。这时孩子会反复应用"我"、"我们"、"不"来反抗外界控制,而父母决不能听之任之、放任自流,这将不利于儿童的社会化。反之,若过分严厉,又会伤害儿童自主感和自我控制能力。如果父母对儿童的保护或惩罚不当,儿童就会产生怀疑,并感到害羞。因此,把握住"度"的问题,才有利于在儿童人格内部形成意志品质。埃里克森把意志定义为:"不顾不可避免的害羞和怀疑心理而坚定地自由选择或自我抑制的决心"。

3. 学龄初期(3～5岁)　主动对内疚的冲突。在这一时期如果幼儿表现出的主动探究行为受到鼓励,幼儿就会形成主动性,这为他将来成为一个有责任感、有创造力的人奠定了基础。如果成人讥笑幼儿的独创行为和想象力,那么幼儿就会逐渐失去自信心,这使他们更倾向于生活在别人为他们安排好的狭窄圈子里,缺乏自己开创幸福生活的主动性。当儿童的主动感超过了内疚感,他们就有了"目的"的品质。埃里克森把目的定义为:"一种正式和追求有价值目标的勇气,这种勇气不为幼儿想象的失利、罪疚感和惩罚的恐惧所限制"。

4. 学龄期(6～12岁)　勤奋对自卑的冲突。这一阶段的儿童都应在学校接受教育。学校是训练儿童适应社会、掌握今后生活所必需的知识和技能的地方。如果他们能顺利地完成学习课程,他们就会获得勤奋感,这使他们在今后的独立生活和承担工作任务中充满信心。反之,就会产生自备感。另外,如果儿童养成了过分看重自己的工作态度,而对其他方面木然处之,这种人的生活是可悲的。埃里克森说:"如果他把工作当成他唯一的任务,把做什么工作看成是唯一的价值标准,那他就可能成为自己工作技能和老板们最驯服和最无思想的奴隶。当儿童的勤奋感大于自备感时,他们就会获得有'能力'的品质"。埃里克森说:"能力是不受儿童自备感削弱的,完成任务所需要的是自由操作的熟练技能和智慧。"

5. 青春期(12～18岁)　自我同一性和角色混乱的冲突。一方面青少年本能冲动的高涨会带来问题,另一方面更重要的是青少年面临新的社会要求和社会的冲突而感到困扰和混乱。所以,青少年期的主要任务是建立一个新的同一感或自己在别人眼中的形象,以及他在社会集体中所占的情感位置。这一阶段的危机是角色混乱。

这种统一的感觉也是一种不断增强的自信心,一种在过去的经历中形成的内在持续性和同一感(一个人心理上的自我)。如果这种自我感觉与一个人在他人心目中的感觉相称,很明显这将为一个人的生涯增添绚丽的色彩。

6. 成年早期(18～25岁)　亲密对孤独的冲突。只有具有牢固的自我同一性的青年人,才敢于冒与他人发生亲密关系的风险。因为与他人发生爱的关系,就是把自己的同一性与他人的同一性融合一体。这里有自我牺牲或损失,只有这样才能在恋爱中建立真正亲密无间的关系,从而获得亲密感,否则将产生孤独感。埃里克森把爱定义为"异性间遗传的对立性而永远相互奉献"。

7. 成年期(25~65岁)　生育对自我专注的冲突。当一个人顺利地度过了自我同一性时期,以后的岁月中将过上幸福充实的生活,他将生儿育女,关心后代的繁殖和养殖。他认为,生育感有生和育两层含义,一个人即使没生孩子,只要能关心孩子、教育指导孩子也可以具有生育感。反之没有生育感的人,其人格贫乏和停滞,是一个自我关注的人,他们只考虑自己的需要和利益,不关心他人(包括儿童)的需要和利益。在这一时期,人们不仅要生育孩子,同时要承担社会工作,这是一个人对下一代的关心和创造力最旺盛的时期,人们将获得关系和创造力的品质。

8. 成熟期(65岁以上)　自我调整与绝望期的冲突。由于衰老的过程,老人的体力、心身和健康每况愈下,对此他们必须做出相应的调整和适应,所以被称为自我调整对绝望感的心理冲突。

当老人们回顾过去时,可能怀着充实的感情与世告别,也可能怀着绝望走向死亡。自我调整是一种接受自我、承认现实的感受;一种超脱的智慧之感。如果一个人的自我调整大于绝望,他将获得智慧品质,埃里克森把它定义为:"超然的态度对待生活和死亡。"

老年人对死亡的态度直接影响下一代儿童时期信任感的形成。因此,第一阶段和第八阶段首尾相连,构成一个循环或生命的周期。

埃里克森认为,在每一个心理社会发展阶段中,解决了核心问题之后所产生的人格特质,都包括了积极与消极两方面的品质,如果各个阶段都保持向积极品质发展,就算完成了这阶段的任务,逐渐实现了健全的人格,否则就会产生心理社会危机,出现情绪障碍,形成不健全人格。

二、影响人格形成和发展的因素

人格是怎么形成的?人格的形成会受到哪些因素的影响?心理学的研究认为,人格是在遗传与环境的交互作用下逐渐形成的。影响人格形成的因素是多方面的,一般包括遗传、环境、成熟和教育等因素。其中,环境和教育起着更重要的作用。

(一) 生物遗传因素

许多心理学家认为,双生子研究是研究人格遗传因素的最好办法。有学者对瑞典的12000名双生进行了人格问卷的施测。结果表明,同卵双生子在双向和神经质上的相关系数是+0.50,而异卵双生子的相关系数只有+0.21和+0.23。同卵双生子在外向和神经质上的相似性要明显高于异卵双生子,这说明遗传在两种人格特质中显示了较大的作用。

20世纪80年代,明尼苏达大学对成年双生子的人格进行了比较研究,有些双生子是一起长大的,有些双生子则是分开抚养的,平均分开的时间是30年。结果是,同卵双生子的相关比异卵双生子高很多,分开抚养与未分开抚养的同卵双生子具有同样高的相关。

遗传对人格的作用是一个非常复杂的问题。根据现有的研究,我们对遗传的作用有如下一些看法:

(1) 遗传是人格不可缺少的影响因素。

(2) 遗传对人格的影响程度随人格特质的不同而异。通常在智力、气质这些与生物因素相关较大的特质上,遗传因素的作用较重要;而在价值观、信念、性格等与社会因素关系密切的特质上,后天环境的作用可能更重要。

(二) 儿童早期经验

多拉德和米勒认为,儿童期有四个关键情境会对人格产生持续性的"印刻"效应。这四个关键情境是:喂养方式、大小便训练、性别训练、愤怒及攻击的表达。

1. 喂养方式(feeding) 如果婴儿一哭父母马上就喂奶,婴儿即会获得强化,并学会主动地操纵他们的父母。如果父母由着婴儿哭,一直不给奶吃,婴儿即会学会被动地等待。因此,喂养方式使婴儿形成了对外部世界的基本反应倾向,一些婴儿较主动,而另一些婴儿较被动。早期的喂养方式也可能影响后来的社会关系。因为,在一些儿童经验中,主动与人交往会带来满足和愉快,而在另一些儿童经验中,避免主动与人交往则可能免受挫折和痛苦。

2. 大小便训练(toilet training) 对父母和孩子来说,大小便训练的方式对情感关系的建立有着特别重要的意义。当父母第一次看到孩子满地乱拉大小便时,都会禁不住大喊大叫,还会对孩子进行某种惩罚。对于无知的孩子来说,他们对父母的反应迷惑不解,感到害怕。儿童对许多事情的态度倾向都是在此阶段形成的,其中不但包括对清洁和各种身体功能的态度,也包括对"顺从"的态度。研究表明,过于严厉和惩罚性的大小便训练可能对人格发展产生不良影响。因此,父母对儿童进行大小便训练时,最好多一点耐心和幽默。

3. 性别训练(sex training) 不但对儿童学习成为"男人"或"女人"有着重要作用,也对基本人格的形成有着重要作用。从出生开始,父母就确定了一个孩子是男孩还是女孩,并鼓励孩子学习与其性别相适应的行为。每一个孩子都在有意识或无意识地认同和模仿与其同性别一方父母的行为,有些是直接模仿,有些是观察学习。当他们看到男性的攻击行为得到奖赏,而很少看到女性的攻击行为得到奖赏时,女孩便很少像男孩那样去模仿攻击行为。人的许多"男性行为"或"女性行为"的特点都是在这种性别认同和模仿过程中形成的。

4. 愤怒(anger)**及攻击**(aggression)**的表达** 儿童学会表达自己的愤怒情绪或攻击行为的时间、地点和方式对其人格的形成和发展是非常重要的。早期的愤怒和攻击行为的表达会在他们人格中打下深刻的烙印。

在一项对学前班儿童的研究中,塞宾(Lisa Serbin)和奥利力(Daniel O'Leary)发现,教师更关注那些正在实施攻击行为的男生,对他们大声呵斥的次数是对有同样行为的女生的3倍。对那些有攻击或破坏行为的女生,老师一般是轻声责备一两句,这样,那些捣乱的男生便成为整个班级注意的中心。对于儿童来说,"被注意"有着很大的强化作用,所以教师和同学的注意使男生的攻击行为得到了更多的强化。

(三) 家庭环境因素

家庭是儿童最早接受的环境,父母是儿童最早的老师,其中尤其是母亲对儿童人格的发展有重要影响。

研究人格的家庭成因,重点是探讨不同的教养方式对人格发展和人格差异的影响。一般研究者把家庭教养方式分成三类:第一类是权威型教养方式,即父母过于支配,孩子的一切都由父母来控制。在这种研究中长大的孩子容易形成消极、被动、依赖、服从、懦弱,做事缺乏主动性,甚至会形成不诚实的人格特征。第二类是放纵型教养方式,即对孩子过于溺爱,让孩子随心所欲,父母对孩子的教育有时达到失控的状态。在这种家庭中成长的孩子多表现为任性、幼稚、自私、野蛮、无礼、独立性差、唯我独尊、蛮横、胡闹等。第三类是民主型教养方式,即父母与孩子处于一种平等和谐的氛围中,父母尊重孩子,给孩子一定的自主权和积极正确的指导,这种教养方式中成长的孩子能形成一些积极的人格品质,如活泼、快乐、直爽、自主、彬彬有礼、善于交往、富于合作、思想活跃等。

除了父母的教养方式以外,家庭成员的相互关系,特别是父母的关系对儿童的人格形成也有重要作用。和睦、相互尊重、相互理解和支持的家庭氛围,对孩子的人格有积极的影响,反之,父母间的争吵、隔阂、猜疑乃至关系破裂与离异会对儿童造成消极的影响。

孩子在兄弟姐妹间的排行,对儿童的人格也有一定的影响。一般认为,家庭中的长子人格多偏于保守,进取心较弱,缺乏自信心,易受人暗示,不善于表达情感,同时有较强的责任感,主动,善交际,喜欢照顾他人;而家庭中排行最小的孩子往往得到的关心比较多,容易形成娇惯任性,依从他人等人格特征。实际上,出生顺序对儿童人格的影响并不是由出生早晚决定的,而是由父母家人对孩子不同的态度以及孩子在家中的地位引起的。

由此可见,家庭确实是"人类性格的加工厂",它塑造了人们不同的人格特质。

（四）学校教育

学校是系统传授知识的场所,也是学生形成人格的世界观的重要场所。学校是与家庭截然不同的集体。在这里,青少年儿童通过与同学、老师的互动培养自己在责任心、义务感、人际协调性等方面的人格特征。

1. 教师的教育态度 教师是学生学习的榜样,其言传身教对学生人格的形成与发展起着潜移默化的影响。研究表明,教师的不同教育态度（专制型、放任型与民主型）,对学生人格的影响作用是完全不同的。美国著名的教育心理学家吉诺特博士（Hain. G. Ginott）关于教师的作用和力量有一段精彩的论述,他说:"在经历了若干年的教师工作之后,我得到了一个令人惶恐的结论,教学的成功和失败,'我'是决定的因素。我个人采用的方法和每天的情绪,是造成学习气氛和情绪的主因。身为教师,我具有极大的力量,能够让孩子活得愉快或悲惨,我可以是制造痛苦的工具,也可能是启发灵感的媒介。我能让学生丢脸,也能使他们开心;能伤人也能救人。无论在什么情况下,一场危机之恶化或化解,学生是否受到感化,全部决定于我。"这说明教师的一言一行对学生人格发展的潜移默化的影响是多么巨大。

2. 集体的平行教育作用 学校是师生共同组成的集体,集体的风气,主要是班风、校风,会不断感染其中的学生,班风、校风作为无形的压力和规范,制约着学生的行为方式,这对学生培养的责任心、义务感、合群性等方面有重要作用。

3. 同伴群体 同龄人之间的交往常因年龄相仿,社会评价标准相似,更容易心心相印,彼此理解。青少年学生对同伴群体有强烈的归属感。因此,同伴群体的作用在关键的时候是很明显的。

（五）社会文化因素

每个人都处在特定的社会文化环境中,文化对人格的影响是极为重要的。社会文化塑造了社会成员的人格特征,使其成员的人格结构朝着相似性的方向发展,这种相似性具有维系社会稳定的功能。又使得每个人能稳固地"嵌入"在整个文化形态里。

社会文化对人格的影响力因文化而异,这要看社会对顺应的要求是否严格。越严格,其影响力越大。影响力的强弱也要看行为的社会意义,对于社会意义不大的行为,社会允许较大的变异;而对社会意义十分重要的行为,就不允许有太大的变异。如果一个人极端偏离其社会文化所要求的人格特质,不能融入社会文化环境中,就可能被视为行为偏差或患有心理疾病。

社会文化对人格具有塑造功能,这表现在不同文化的民族有其固有的民族性格。例如,米德等人(Mead et al.)研究了新几内亚的三个民族的人格特征,这三个民族居住在不同自然环境中,有着不同的社会文化背景。他们在民族性格上的差异,显示了社会文化环境和自然环境对人格的影响。研究显示,居住在山丘地带的阿拉比修族,崇尚男女平等的生活原则,成员之间互助友爱、团结协作,没有恃强凌弱和争强好胜,人与人之间一派亲和景象。居住在河川地带的孟都古姆族,生活以狩猎为主,男女间有权力与地位之争,对孩子处罚严厉。这个民族的成员表现出攻击性强、冷酷无情、嫉妒心强、妄自尊大、争强好胜等人格特征。居住在湖泊地带的张布里族,男女角色差异明显,女性是这个社会的主体,她们每天劳动,掌握着经济实权。而男性则处于从属地位,其主要活动是艺术、工艺与祭祀活动,并承担孩子的养育责任。这种社会分工使女人表现出刚毅、支配、自主与快活的性格,而男人则有明显的自卑感。

思 考 题

1. 简述人格的基本特征。
2. 什么是投射测验?
3. 简述人格的五因素模型。
4. 结合自己性格的形成,谈谈你对"性格决定命运"这句话的理解。
5. 你是怎样理解影响人格发展的主要因素的?
6. 人格结构和类型是什么?

第十章 人际交往

在人际交往的过程中,我们给他人的印象是怎样的,以及他人怎样评价我们?认真思考这个问题,比较一下他人对自己的评价和自己对自己的评价的异同,将有助于我们更好的认识自己。人际交往是思想、情感、态度、信息和学习的交往。交流思想,一个头脑就有了多种思想;分享快乐,快乐就会加倍;分担忧愁,忧愁就会减半。每个人都是一个独特的生命个体,必然知道一些别的个体所不知不会的东西。而善于从每一个人身上学习自己所不知不会的东西,我们才能不断地进步。

人际交往是和谐相处的一部分、是人际关系的具体表现形式、是人与人之间的互动与影响,是人与人之间通过一定方式进行接触,在心理或行为上产生相互影响的过程。人际交往是人与人的相互作用与相互影响。

第一节 人际交往需要与人际吸引

一、人际交往

人际交往,包含两个方面的含义。从动态的角度说,它是指人与人之间的信息沟通和物质交换。人与人之间一切直接或间接的相互作用,都超不出信息沟通和物质交换的范围。信息沟通是人与人之间交往的重要形式,是一个人与他人建立联系,并通过这种联系丰富和扩展自身的主要途径。从静态的角度说,人际交往是指人与人之间通过动态的相互作用形成起来的情感联系。它是人与人之间相对稳定的情感纽带。

(一)人际交往的概念和基本条件

总的来说,人际交往也称人际沟通。指个体通过一定的语言、文字或肢体动作、表情等表达手段将某种信息传递给其他个体的过程。

通常人际交往有赖于以下条件:①传送者和接受者双方对交往信息的一致理解;②交往过程中有及时的信息回馈;③适当的传播信道或传播网络;④一定的交往技能和交往愿望。

(二)人际交往的基本原则

人际交往总是以双方的成本价值为基础,实现等价交换。

(1)人际交往的主体是广义的,包括个人、集体与国家,因此人际交往包括个人与个人,个人与集体、集体与集体,国家与国家之间的交往等具体形式。

(2)人际交往的内容也是广义的,包括商品交换、思想交流、劳动服务、互助合作、劳动与娱乐等。

(3)人际交往的主体关系也是广义的,包括夫妻关系、父母子女关系、朋友关系、亲戚关系等。

(4) 人际交往的领域也是广义的,包括经济领域、政治领域和文化领域等。

(5) 人际交往的等价方式是广义的,包括正值等价与负值等价,即对方如果使自己遭受了价值损失,自己将会设法使对方遭受同样程度的价值损失。

(三) 人际交往活动的一般特点

1. 交往对象的广泛性与多样性　人际交往的具体对象可以是任何事物,即一方可以"出售"所有形式的事物,另一方可以用所有形式的事物进行"支付",只要这些事物含有对方所需要的使用价值。特殊情况下,如果人"出售"的是含有负使用价值的事物,那么他将得到"回报"的也是含有负使用价值的事物。

2. 交往内容的模糊性和多变性　人际交往的内容一般比较模糊而且复杂多变。例如,人与人在生活上的相互关心与体贴,在精神上的相互鼓励与安慰,在工作上的相互支持与帮助等。

3. 交往程序的灵活性和多样性　人际交往活动一般没有严格的规定程序,都是根据双方的具体需要来灵活确定,主要以便利、快捷、高效为原则。军事战争、外交活动、政治渗透、文化交流、思想沟通等都是人际交往的具体形式,有着复杂多样的运行程序。

4. 交往时间的异步性和持久性　人际交往可以跨越较大的时间距离,即一方在做出"贡献"后,往往需要经过相当长的时间才能得到"回报"。

5. 交往约束力的宽泛性　规范人际交往行为的约束力有政治、经济和文化等多方面的力量,既有强度大、启动快、作用时间短的军事暴力,也有强度小、启动慢、作用时间长的文化感染力和道德规范约束力。

6. 交往主体的宽泛性　人际交往可以发生在亲戚、邻居、同事、朋友(或敌人)、家庭成员甚至陌生人之间,其交往规模往往取决于两者关系的亲疏远近、信任程度,以及两者利益互补性的强弱。人类最基本、最显著、最深刻、最广泛、最重要的人际交往是夫妻交往,其次就是父母子女交往。

二、交往需要与独处需要

人生在世,既要善于与人交往,重视从人际交往中获取乐趣,更要重视内心世界的建设,懂得与自己的心灵交谈,从优雅、宁静的独处中感悟人生。人必须腾出时间与自己的心灵交谈,与自己独处,因为它给我们闲适、轻松和自我反省的机会,它也给我们提供陪伴自己的机会,让自己享有自在感。

生活中有两种状态最容易造成心理迷失:一是太忙,二是太闲。很多人都会面临这两种极端的状态,因而使自己无法把握自己的命运。许多人都感叹自己负担沉重,生活、工作事务繁重,结果一忙就乱,而乱中最易出错。有时候,面对着各种应酬,就以为这是表现自己才干或拓展事业的大好机会。殊不知,这是一种人生的错觉。有了这个错觉之后,人就会忙许多自己不该忙的事情,反而将自己最该做的事情忽略了。这其实是对生命的白白浪费。与忙来忙去、无事也要瞎忙的人相反,有的人可能走向另一个极端,那就是整天无所事事,倍感闲极无聊,常常不知道如何打发自己的时间。这是对自己生命和才华的另一种浪费,同样需要警惕。太累了,你会迷失自己;太闲了,你同样会迷失自己。所以你要时刻保持警惕,不断提醒自己,别迷失了自己。

其实,人需要群居与他人交往,也需要独处。因为人不仅需要彼此交流、相互沟通;独处静思、盘点生活,与自己的交流也同样必不可缺。

(一) 交往需要

人需要别人、需要交往并建立和保持良好人际关系的具体动机很多。但从心理学的角度来看,所有这些复杂的具体动机,都可以归结为人们对于确立自我价值和安全感的需要。人类的交往需要在马斯洛需要层次论的归属、自尊、自我实现的各个层次都有表现,或者说,人类的交往需要是在不同的基本需要的支配下进行的。按照马斯洛的说法,人类具有生理、安全、归属、自尊、自我实现等基本需要。

我们可以从马斯洛的需要层次理论来看"交往需要"。马斯洛的需要层次理论表明基本需要的满足是层层递进的,其优势地位依次轮换。在所有需要都没有满足的情况下,生理需要是优势需要。在生理需要的满足达到一定程度,生理需要的优势就退让给安全需要。在生理需要、安全需要达到一定满足后,归属和爱的需要开始支配人的行为,成为优势需要。

马斯洛指出:"如果生理需要和安全需要都很好地得到了满足,爱、感情和归属的需要就会产生,并且以此为中心重复着已描述过的整个环节。对爱的需要包括感情的付出和接受。如果这不能得到满足,个人会空前强烈地感到缺乏朋友、心爱的人、配偶或孩子。这样的一个人会渴望同人们建立一种关系,渴望在他的团体和家庭中有一个位置,他将为达到这个目标而做出努力。他将希望获得一个位置,胜过希望获得世界上的任何其他东西,他甚至可以忘记:当他感到饥饿的时候,他把爱看得不现实、不必需和不重要了。此时,他强烈地感到孤独,感到在遭受抛弃、遭受拒绝、举目无亲、浪迹人间的痛苦。"

归属和爱的需要在更现实的层面上就是交往的需要,它必须通过人与人之间的交往行为来完成。当一个人"空前强烈地感到缺乏朋友、心爱的人、配偶或孩子"的时候,或者"渴望同人们建立一种关系,渴望在他的团体和家庭中有一个位置"的时候,他不可能通过独处的行为,而只能够通过交往的行为来满足这种渴望。也就是说,他的行为必须与其他人发生一定的实际的关系。例如,他有可能会采取以下行动:对朋友发出会面的邀请,给团体的某个人打电话,为心爱的人买一束鲜花等。

人类只要能够生存,而且感觉安全,就开始把主要的注意力放在交往之上。正是在归属和爱的需要的基础上,人类的交往行为不断地得到发展。许多动物也有归属和爱的需要以及交往的需要。但人类对于这种需要满足的追求,随着人类社会的发展,与其他动物的差异越来越大。正是在这一需要上的满足上,人越来越超越于其他动物。

人类在满足归属需要、自尊需要活动的基础上,又发展出了满足自尊需要、自我实现需要的活动。这些更高级的需要不仅没有脱离交往活动,而且都是更加紧扣交往活动,发展了交往活动。它们的满足各有特点。

归属需要满足的特征是个人要归属、依附于某一种社会关系。自尊需要满足的特征是要求他人、社会群体、社会机构肯定自己,给自己一个高评价。它们的满足最终都要落实在与人的交往上,落实在一定的人际关系上。

从归属需要来看,归属需要也可以说是"被爱"的需要。当归属需要占优势的时候,如果人是在独处,他就会有强烈的孤独感,迫切地需要有另外的人来安慰、支持、包容、肯定、接纳、抚慰自己。如果是已经进入交往状态,他就会表现出缺爱和索求爱的状态。例如,作为未成年的子女,他们在满足归属需要的时候,就是要父母给他关爱和照顾。他的行为会体现出"依赖"的特征。在这个时候,如果父母不能够做通心者,满足他们的这种需求,就会发生纠缠的情况。不少父母在小的时候爱的需要就没有得到满足,他们甚至在结婚生子以后仍然没有摆脱爱的匮乏状态,因此常常也不能够给予子女足够的爱。

从自尊需要来看,当一个人的自尊需要占优势的时候,如果人是在独处,那么他就是在自恋,或者他能够发奋做一些事情,如看书、学习。如果他是在交往,他会处处在意别人对他的态度和评价。如果没有人能够与他通心,满足他这种需要,如鼓励、支持他,而是对他冷淡,甚至对他的态度不好,或者评价低,他就会由此产生委屈、愤怒、自卑等负面情绪。他常常把这些情绪表达出来,这些情况都是属于纠缠。当一个人的自尊需要占优势的时候,他会容易对别人进行评价和挑剔,甚至对别人发脾气。使别人产生委屈、愤怒、自卑等负面情绪。这些情况也是纠缠。

在交往中,当一个人是归属需要、自尊需要占优势的时候,只有对方是自我实现需要占优势的时候,或者说愿意并且能够与他通心的时候,才有可能避免纠缠,使他避免产生委屈、愤怒、自卑等负面情绪,甚至超越维持状态。

从自我实现需要来看,当一个人自我实现需要占优势的时候,如果他是在独处,他常常是在进行创造性的活动,或者成长。如果他是在交往,他就能够与对方通心。而如果对方也是自我实现需要占优势,就会出现交往中的最大的收益与双赢。

(二) 独处需要

除人际交往需要之外,人身上存在着与人际交往需要有关而又截然不同需要,称为独处需要。一方面,人需要获得明确的自我价值感和安全感,需要进行社会比较,因而需要与别人共处,需要与别人交往并建立和维持稳定的关系。另一方面,人也需要有内省的经验,有无拘无束,自由表现的机会,因此需要有独处的时间,需要暂时地远离和逃避他人。周国平说过:"人之所以需要独处,是为了进行内在的整合。所谓整合,就是把新的经验放到内在记忆中的某个恰当位置上。唯有经过这个过程,外来的印象才能被自我所消化,自我也才能成为一个既独立又生长着的系统。所以,有无独处的能力,关系到一个人能否形成一个相对自足的内心世界,而这又会影响到他与外部世界的关系。"

(三) 交往需要与独处需要平衡

心理学研究证明,就像缺乏与人交往的经验会使人焦虑不安一样,过多的社会接触所造成的独处经验的缺乏,也同样会使人产生焦虑情绪。科学证明,人的肌体作为一个信息加工和综合性的需要系统,不仅需要使自己接受的刺激总量保持最佳水平,也需要保持各种刺激量的匹配和平衡。刺激总量、或者是某种刺激的过多或过少,都会引起肌体的调整反应。如果刺激总量超出了肌体的承受能力,那么肌体就会以疾病方式强迫人去进行调整。同样道理,对于交往性的刺激,人们也需要通过调整保持一个最佳水平。虽然,不同的人交往需要和独处需要的强度不同的,人际交往是重要的,但同时人们对它的需要也是有限的。

三、心理效应影响人际交往

人际交往中的认知包括对自我的认知和对他人的认知。自我认知包括对自己身体状态的认知(如健康、长相等)、对自己心理状况的认知(如性格、爱好、情感、意向等)、对自己社会关系的认知(如是否被人接受等)。正确的自我认知对人际交往,协调人际关系有很大的作用。人际交往中除了自我认知外,对他人的认知也是十分重要的。但是人们在认知他人、形成有关他人的印象过程中常受一些心理效应的影响而发生这样或那样的偏差,都会对人际交往造成影响。

(一) 首因效应

首因效应是指第一次形成的印象对人际认知的强烈影响。第一印象不管正确与否,总是最鲜明最牢固的,往往左右着对对方的评价、影响着以后的交往。所以要审慎对待对他人的第一印象,不能因为第一印象好而忽略对其进行全面的认识,也不能因为第一印象坏而拒绝交往。

(二) 近因效应

客观上是由于最近获得的信息刺激强,给人留下的印象清晰,往往会冲淡过去所获得的有关印象。在人际认知活动中,最近的印象对人的评价起着重要作用。所以在对他人认知时,不能只看一时一事,而要历史的、全面的看,这样才能消除由于近因效应产生的认知偏差。近因效应与首因效应是一个问题的两个方面。一般说来,在与陌生人交往时,首因效应比较明显,而在与熟悉的人进行交往时,近因效应更为明显。

(三) 晕轮效应

对人的看法,人们常有一种以点盖面、以偏概全的认识倾向,犹如大风前的月晕逐步扩散,形成一个更大的光环,这种现象称为晕轮效应,也称光环效应。如果认识到一个人具有某种突出的优点,就认为他其他方面也都好,这个人就被一种积极肯定的光环笼罩并被赋予更多好的品质;相反,如果认识到一个人具有某种突出的缺点,这个人就被一种消极否定的光环笼罩,认为他其他方面都不好。这种对人的看法,在日常生活中时有发生。这也是一种人际认知偏差,必须加以预防和纠正。

(四) 刻板效应

刻板效应是指对某人或某一类人产生的一种比较固定的、类化的看法。如人们一般认为工人豪爽、农民质朴、教师文质彬彬、商人较为精明。诸如此类看法都是类化的看法,都是人脑中形成的刻板、固定的印象。刻板效应的产生,一是来自直接交往印象,二是通过别人介绍或媒介的宣传。由于刻板效应的作用,人们在认知某人时,会先将他的一些特别的特征归属为某类成员,再把属于这类成员所具有的典型特征归属到他的身上,以此为根据去认知他。由于刻板印象建立在对某类成员个性质量抽象概括认识的基础上,反映了这类成员的共性,有一定的合理性和可信度,所以它可以简化人们的认知过程,有助于对人迅速做出判断,帮助人们迅速有效地适应环境。但它也容易使人认识僵化保守,人们一旦形成不正确的刻板印象,再用这种定型去衡量一切,就会造成认知上的偏差,如同戴上有色眼镜去看人。因此人际交往中要正确看待刻板效应的积极作用,还要努力纠正刻板效应的消极作用。

（五）投射效应

投射效应指以己度人，把自己的感情、意志、特征投射到他人身上并强加于人的一种认知障碍。如心地善良的人会以为别人都是善良的；经常算计别人的人就会觉得别人也在算计他；对自己喜欢的人或事越看越喜欢，越看优点越多；对自己不喜欢的人或事越看越讨厌，越看缺点越多。因而表现出过分赞扬和吹捧自己所喜爱的人或事，过分指责甚至中伤自己所厌恶的人和事。这种把自己的感情投射到交往对象身上，进行美化或丑化的心理倾向，失去了交往中认知的客观性。

在人际交往中，心理凝聚是人际关系亲疏的关键。要获得良好的人际关系，就要克服以上几种心理效应导致的认识偏差。

四、人际吸引的条件

人际吸引是人与人之间相互接纳和喜欢。怎么样才能被人接纳和喜爱，是一个古老而有生命力的问题。心理学家通过调查发现，人际吸引的主要条件在于熟悉、吸引人的个人特征、相似与互补、喜欢与爱情等方面。

1. 熟悉与邻近 熟悉能增加吸引的程度。此外，如果其他条件大体相当，人们会喜欢与自己邻近的人。熟悉性和邻近性两者均与人们之间的交往频率有关。处于物理空间距离较近的人们，见面机会较多，容易熟悉，产生吸引力，彼此的心理空间就容易接近。常常见面也利于彼此了解，使得相互喜欢。

但交往频率与喜欢程度的关系呈倒"U"型曲线，过低与过高的交往频率都不会使彼此喜欢的程度提高，中等交往频率时，彼此喜欢程度较高。

2. 相似性 人们往往喜欢那些和自己相似的人。相似性主要包括信念、价值观及人格特征的相似；兴趣、爱好等方面的相似；社会背景、地位的相似；年龄、经验的相似。实际的相似性很重要，但更重要的是双方感知到的相似性。

3. 互补 当双方在某些方面看起来互补时，彼此的喜欢也会增加。互补可视为相似性的特殊形式。以下三种互补关系会增加吸引和喜欢：需要的互补、社会角色的互补、人格某些特征的互补，如内向与外向。

当双方的需要、角色及人格特征都呈互补关系时，所产生的吸引力是非常强大的。

4. 外貌 容貌、体态、服饰、举止、风度等个人外在因素在人际情感中的作用也是很大的。尤其是在交往的初期，好的外貌容易给人一种良好的第一印象，人们往往会以貌取人。外貌美能产生光环效应，即人们倾向于认为外貌美的人也具有其他的优秀质量，虽然实际上未必如此。

5. 才能 才能一般会增加个体的吸引力。但如果这种才能对别人构成社会比较的压力，让人感受到自己的无能和失败，那么才能不会对吸引力有帮助。研究表明，有才能的人如果犯一些"小错误"，会增加他们的吸引力。

6. 人格品质 人格质量是影响吸引力的最稳定因素，也是个体吸引力最重要的因素之一。美国学者安德森（N. Anderson,1968）研究了影响人际关系的人格质量。主要研究结果表明，排在序列最前面、喜爱程度最高的六个人格质量是：真诚、诚实、理解、忠诚、真实、可信，它们或多或少、直接或间接同真诚有关；排在系列最后受喜爱水平最低的几个质量，如说谎、假装、不老实等也都与真诚有关。安德森认为,真诚受人欢迎,不真诚则令人厌恶。

第二节 人际沟通

沟通一般是指人与人之间的信息交流过程,是人与人之间发生相互联系的最主要形式。人醒着的大约70%的时间,都用于这样或那样的沟通过程。与他人交谈、读书、看报、上课、听广播、看电视,都是在进行沟通。沟通的广度和方便程度,对生活质量有极大影响。根据 F. 但斯和 C. 拉森(1979)的观点,人际沟通有三种功能:①连接功能,在一个人和他所处的环境之间起一种连接作用;②精神功能,通过人际沟通,人们能参照他人的想法而更好地做决策,更有效地思考;③调节功能,人际沟通可以协调人们之间的行为。

由于沟通就是信息交流的过程,所以在社会心理学中,人们常用信息论的术语来解释人际沟通的全过程。早期的研究者往往将人际沟通过程与 C.E. 申农和 W. 维弗 1949 年提出的通信过程模型进行简单的模拟(见图10-1)。

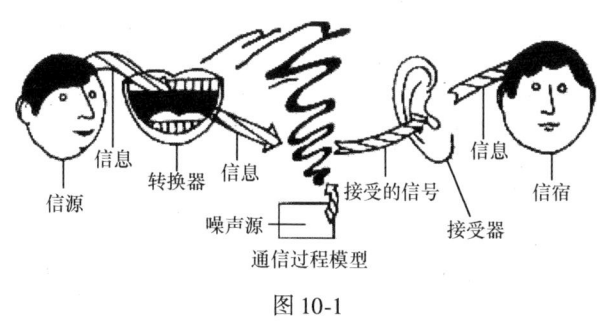

图 10-1

他们把信源比作发信者的脑,转换器比作发信者的口齿,通道比作传播声波的空气,噪声源比作干扰人际沟通中信息传递的各种因素,接受器比作耳朵,信宿比作听者的脑。通信模式的引入对研究人际沟通影响很大,但是人们后来逐渐发现了一些问题,其中最主要的是单向传递的假设。人与机器不同,在人际信息交流中,发信者和收信者都是积极活动的主体,他们处于经常的相互作用中。收信者对发信者发出的信息会给予反应,这种反应作为一种信息又反过来作用于发信者,发信者根据它来调节自己的行为。因此,人们引进了控制论中的回馈概念,补充了传统的信息沟通模型,但即使这样,仍不能概括人际沟通的全部特点。苏联心理学家认为,人们在交往过程中,信息不仅仅被传递,而且还不断形成、明确、补充和发展。

由于信息论观点在解释和描述人际沟通时有某些不可克服的缺点,一些社会心理学家,特别是偏重于沟通的社会性的学者后来利用相互作用论和关系论等新观点来研究人际沟通现象。

一、人际沟通的概念和特点

(一) 人际沟通的概念

人际沟通(interpersonal communication)是信息的双向流动。
(1) 人际沟通是一种历程(process),在一段时间之内,是采取目的式的进行一系列的行为。与您的亲人饭后闲聊,或和您的好友千里一线牵的电话聊天,甚至您使用网络在 chat room 里与网友们对谈都是一种人际沟通的例子。而在每一个沟通的历程里,都会产生意义,此行为,都算是在实行人际沟通。

(2) 其重点在于它是一种有意义(meaning)的沟通历程。沟通过程中,其内容表现出的是什么?其意图所传达的理由是什么?以及其重要性的价值对应出此沟通到底有多重要?

(3) 双方在沟通历程中表现的是一种互动,在沟通的过程当时以及沟通之后所产生的意义都要负有责任存在。在尚未沟通之前,不能先预测沟通互动后的结果,例如,孩子跟父母开口要钱,说了:"我没有钱了,能不能给我一千元当作零用钱?"此时在还未造成互动前,不能知晓结果为何。可能是 yes,也可能是 no,而且 yes 或 no 的结果又存在着许许多多的语气态度等差别。

(二) 人际沟通的特点

人际沟通具有以下特点。

(1) 在人际沟通中,沟通双方都有各自的动机、目的和立场,都设想和判定自己发出的信息会得到什么样的回答。因此,沟通的双方都处于积极主动的状态,在沟通过程中发生的不是简单的信息运动,而是信息的积极交流和理解。

(2) 人际沟通借助言语和非言语两类符号,这两类符号往往被同时使用。二者可能一致,也可能矛盾。

(3) 人际沟通是一种动态系统,沟通的双方都处于不断的相互作用中,刺激与反应互为因果,如乙的言语是对甲的言语的反应,同时也是对甲的刺激。

(4) 在人际沟通中,沟通的双方应有统一的或近似的编码系统和译码系统。这不仅指双方应有相同的词汇和语法体系,而且要对语义有相同的理解。语义在很大程度上依赖于沟通情境和社会背景。沟通场合以及沟通者的社会、政治、宗教、职业和地位等的差异都会对语义的理解产生影响。

二、人际沟通的基本原则

(一) 目的性

人与人做沟通时,有其目的性存在。例如,你在一个城镇中迷路了,想开口问路希望能够因此而获得帮助,不论你问的是什么对象,一名警察或是小孩,不论你的语气是和缓或着急,均有一个你所要设法求得的目的性存在,就是你想知道你身处何方,如何找到你要走的路。或者与人借东西,沟通中的许多文字也许是多余的,也许不好意思开口,而拐弯抹角地说,但其目的仍是要跟人借东西而做的沟通。所以沟通时具有目的性。

(二) 象征性

沟通可能是语言性也可能是非语言性,如面部表情能够表现出你的非语言沟通,或者用文字沟通,如书信,或文章、文摘等,能够传达出其表达的含义,均有一种象征性的作用。所以如吵架,有破口大骂这种非理性沟通方式,也有冷战不说话,但彼此双方也能够明白对方所表达出的意思。

（三）关系性

其意指在任何的沟通中，人们不只是分享内容意义，也显示彼此间的关系。在互动的行为中涉及关系中的两个层面，一种是呈现于关系中的情感，另一种是人际沟通中的关系本质在于界定谁是主控者。而关系的控制层面有互补的也有对称的。在互补关系中，一人让另一人决定谁的权力较大，所以一人的沟通讯息可能是支配性的，而另一人的讯息则是在接受这个支配性。在对称关系中，人们不同意有谁能居于控制的地位，当一人表示要控制时，另一人将挑战他的控制权以确保自己的权力。或者是一人放弃权力而另一人也不承担责任。互补关系比对称关系较少发生公然的冲突，但是在对称关系中，权力较可能均等。

（四）学习而来的

因为人际关系好像是自然的，与生俱来的能力，所以很少人注意沟通形态与技巧。有时把一些沟通上或态度上的错误都想成"这是天生的，无法改变的"，就不试着去改变自己的错误沟通态度。但其实沟通是需要学习的，我们要试着去观察周遭环境的人，谁的沟通技巧好，谁的态度顽固不堪，都是要我们值得去学习与警惕自己别犯了同样的错话，所以我们都必须学习人际沟通，而且要不断地在学习和练习中获益。

三、沟通在生活中的重要作用

作为信息加工和能量转化系统的人类有机体，必须与外部环境保持相互作用，接受外界的各种刺激，并做适当反应，才能维持正常的生命活动。更为重要的是，人与人沟通所提供的信息，不仅具有物理属性，而且具有社会属性。这种信息比一般的物理刺激更为重要。对于因战争独居深山数十年的特殊个案进行过研究，发现沟通的缺失，使人的语言能力及其他的能力都受到损害。

（一）沟通有助于建立联系，丰富心理内容

任何人，无论多么精力充沛，他的直接经验都是有限的。人要想适应无穷无尽不断变化的外部世界，就必须凭借沟通，吸取别人的经验成果。沟通可以使人无论在思想还是情感上都变得无限。

在情感上，人们同样是通过沟通来丰富自己的。人们欣赏绘画、摄影作品，看电影、电视、阅读，实际上都是在体验作者创作的情感历程。不仅如此，受到作品的激发，人们在欣赏过程中还会产生出许多作品中没有或超越作品的情感体验和思想。

（二）沟通促进自我概念形成

自我概念包括对自己的观察、评价，对自己的身份和角色的意识，对自己应该怎样行为及别人对自己如何评价等方面的观念。如果一个人的自我概念是积极的，相信自己在某种挑战面前能够取得胜利，那么他就会采取行动去迎接挑战，相反，如果一个人的自我概念是消极的，相信自己不能取胜，那么他就只能采取退缩的行动，回避这个情景。如果一个人没有自信，觉得自己本来就不能与别人相比，是社会渣滓，那么他也会破罐子破摔，丧失自我完善的要求，做出各种破坏性行为。

人的自我概念是在与他人的沟通过程中逐步发展起来的。儿童最初并不知道如何评价自己,他们的自我概念直接来自于与成人的沟通。他们将成人对于自己的表情、态度和反应当成镜子,并从中看到自己是否可爱、漂亮、聪明,是不是好孩子。通过这种途径形成起来的自我概念成为镜像自我。许多个性成熟水平较低,尚未形成独立的价值判断能力的人,自我概念也同样停留在镜像自我的水平。他们自己不能判断一件事情的好坏,不能解决冲突,而必须接受别人的指导。

人的自我意识的保持,离不开社会比较过程。社会比较也是通过沟通实现的,没有信息的交流,彼此对于双方的存在和状态没有意识,也就无所谓比较,人只有通过沟通,体验到他人的存在,并将自己与他人进行比较,人才可能形成对自己的概念。没有沟通,没有对他人的体验,就没有参照,没有背景,就没有自我。

四、沟通的途径

(一) 言语沟通

言语是人际沟通的主要手段。利用言语交流信息时,只要参与交流的各方对情境的理解高度一致,所交流的意义就损失得最少。特别是言语沟通伴随着合适的副言语和其他非言语手段时更能完美地传达信息。社会心理学家研究言语沟通的重点放在说者和听者是怎样合作以及对信息的理解是怎样依赖于沟通情境和社会背景的。

谈话的规则:言语沟通要遵循一定的规则。这些规则通常是不成文的共同的默契。谈话规则在不同社会、不同文化、不同团体和不同职业之间有所差别。但也有一些普遍性的规则。例如,一方讲话时对方应注意倾听,不要轻易打断对方的谈话,一个时间只能有一个人讲话,一个人想讲话,必须等别人把话讲完,要注意用词文雅等。

在实际的言语沟通中,根据内容和情境的需要,谈话的双方还必须有一些特殊的交谈规则。例如,一个计算机专家给一个外行人介绍计算机知识时,要少用专业术语,而多用通俗性的语言,多打些比喻。至于谁先讲,什么时间讲,讲多长时间,怎么讲等,都要参与沟通的各方进行协调。交谈中还有一种更重要的协调,即说者的意思和听者所理解的意思之间的协调。如果说者所使用的某个词有好几种意义,而在这里指某一个意义,那么听者只能在这个特定的意义上去理解,否则沟通就会遇到困难。

语义:社会心理学家在研究人际沟通时尤其看重语言所表达的意义的分析。语义依赖于文化背景和人的知识结构,不同文化背景的人所使用的词句的意义可能有所不同。即使在同一文化背景下,词句的意义也可能有差别。哲学家对"人"的理解和生理学家对"人"的理解往往有差异。

为了区分词义上的差别,心理学家把词义划分为基本意义和隐含意义两种。例如,"戏子"和"演员",这两个词都是指从事表演活动的人(基本意义),但两者的隐含意义不同,戏子含有贬义,而演员则含有褒义。词的隐含意义,主要是情绪性含义,在人际言语沟通中起着重要的作用,使用不当会破坏沟通的正常进行。

语义的理解还依赖于言语中的前后关系和交谈情境。研究表明,要理解脱离前后文孤立的词是很困难的。人们容易听清一个成语却不太能听清一个孤立的词。语义和情境的关系更为密切,"戏子"这个词如果在朋友间打趣时用,可能含有褒义。

（二）身体语言

身体语言是指非语词性的身体信号,包括目光与面部表情、身体运动与触摸、身体姿势与外表、身体之间的空间距离等。通过身体语言实现的沟通,称作身体语言沟通。心理学家经过严格的观察研究发现,"此时无声胜有声"绝不是简单的主观感受,而是科学事实。在两个人之间的面对面的沟通中,55%以上的信息交流,是通过无声的身体语言实现的。身体语言在人际沟通中,有着口头语言所不能够替代的作用。

1. 身体语言沟通的特点

（1）广泛性:身体语言沟通,是人人具有的能力。几个月的婴儿,就具有了发现表情线索,并对其做出恰当反应的能力。而当成人对他表示气愤,显示拒绝的表情时,他会显示出不愉快、拒绝或恐惧的表情。

（2）连续性:身体语言使人保持不间断的沟通。科学研究揭示,人们每天运用语言进行沟通的时间很少,并且是间断的,而身体语言的沟通则是一个不停息、不间断的过程。只要人们彼此在双方的感受范围内,就总存在身体语言的沟通。

（3）不受环境的限制:日常的口语沟通有着许多物理的、社会的限制。例如,距离超过一定限度,口语沟通就很难实现。如果沟通的内容不希望别人知道,而偏偏又不能躲开别人,也不能应用口语来交流信息,然而,身体语言沟通却可以不受这些情景限制。

除此之外,身体语言沟通的速度完全可以由沟通者自己掌握,可快可慢,并且还可以根据特定需要,随意重复一个动作或姿势。而口语沟通则不同。由于人们对口语沟通已经形成了固定的习惯,因而口语沟通过程不能随便变化速度和重复,速度的变化和会导致意义的变化,使信息接受者产生误解,引起沟通困难。由于身体语言沟通具有以上这些帮助人们超越限制的特点,所以在很多特定情景中,人们都是通过身体言语来实现微妙沟通的。默契的情人之间、特工人员之间,常常都是以身体语言进行交流,而不是通过口语来实现沟通的。

（4）跨文化沟通:语词声音信号的意义,是通过长期的学习逐步建立起来的,在没有共同语言经验的人之间,进行语言沟通是不可能的,但是,身体语言沟通几乎可以在任何文化背景的人之间发生。许多身体语言信号都具有跨文化的功能,它们在不同文化背景中的基本意义,是同等或高度接近的。借助身体语言符号,人们仍然可以实现相当有效沟通,有时甚至是惊人准确的沟通。

（5）简约性:身体语言的最后一个特点,是它具有简约沟通的特殊功能。试想,你要了解一个人的样子,是看一大段文字介绍或听别人长时间介绍,还是自花几秒钟看一眼这个人更好呢？毫无疑问,哪怕只看一眼,所获得的信息也远比一个小时的文字或口头介绍更充分也更生动。满腔爱意、一片痴情、相思之苦、离别之愁,诉诸文字或口语,洋洋洒洒成篇文章,也难以将情感完全表达出来,而仅仅相视一笑,匆匆吻别或一个眼神、一个举动,就可将千头万绪复杂的情感表达得淋漓尽致。谁都不会怀疑,语言对情感的表达是极其有限的,也正因为如此,语言永远不能代替身体语言。

2. 身体语言沟通的途径

（1）目光与表情:个人与外界联系的最主要部位是面孔,脸上集中了接受各种外界刺激的感觉器官,还通过表情和语言向外做出反应。因此,儿童最早分辨事物就是从识别面孔开始的。目光和表情在身体语言中起着最重要的作用。

眼睛不仅是心灵的窗户,更中重要的是"眼睛会说话"。目光接触是作为重要的身体语言沟通方式。许多其他身体语言沟通,也常常与目光接触有关。人们可能都有经验,人际沟通中若缺乏目光接触的支持,沟通会变成一个令人不快,并且高度困难的过程。

表情一般指面部表情,是另一个可以实现精细信息沟通的身体语言途径。同目光一样,表情可以有效地表现肯定与否定、接纳与拒绝、积极与消极、强烈与轻微等各种唯独的情感,准确地传达出各种不同的内心情感状态。面部表情可以随意控制,且表情的线索容易觉察,因而它是十分有效的身体语言途径。但由于表情肌的运动可以随意控制,因而也出现了虚假表情的问题。

(2) 身体运动与接触:身体运动是最容易被觉察的一种身体语言,因为身体的运动更容易引起人们的注意。聋哑人借助手势语言,实现了与别人的沟通,摆脱了孤独。触摸被认为是人际交往最有力的方式。每个人都会有机会,人在触摸或身体接触时对情感融洽的体会最为深刻。在日常生活中,身体接触是表达某些强烈情感的最为有效的方式。人与人之间的相互理解、隔阂的笑容、深厚的情谊,也常需要通过身体接触,才能得到充分表达。

(3) 姿势与装饰:姿势与装饰是另一种容易觉察的沟通途径。再迟钝的人,也能从一个人的姿势中,感受到他的高傲与浅薄;最不注意评价别人的人,也能从一个人的服饰或其他装饰,看出一个人的风格。通过姿势实现的沟通,有着广泛的适应范围。一些姿势是世界性的沟通语言。事实上,也正应为不同文化中存在着如此众多的共同沟通方式,跨文化、跨国度的人际沟通才成了可能。

人们也试图通过各种装饰来透露自己的信息,很少有人对自己的服饰、仪表全无知觉。装饰主要有服装、化妆和携带品等几个方面。服装是装饰的主题方面。从世界范围内时装行业的兴盛,就可以知道服饰在人们生活中有多么重要的位置。服装不仅反映着一个人的性别、年龄、职业、地位,也反映着一个人的社会角色、性格乃至情绪倾向。

服装不仅在人际沟通的意义上有自我显示的作用,而且在个人内沟通的意义上有改变个人自我概念的功能。不同的服装会向个人自己发出信息,改变个人的自我感觉。心理学家曾经做过实验,考察同一群人穿着不同服装时的自我感觉。结果发现,如果人们穿着较为高级,明显比周围其他人优越,则人们的自尊感会上升,更相信自己的能力,相信自己能够给别人以良好印象,并取得成功。

五、人际空间与人际距离

(一) 人际空间需要

人类学家爱德华在其经典型著作《无声的语言》一书中,将日常生活中人与人之间的空间距离分为四类,分别为亲密距离、个人距离、社交距离和公共距离。每一种距离又有近范围与远范围之分。一位心理学家做过这样一个实验。在一个刚刚开门的大阅览室里,当里面只有一位读者时,心理学家就进去拿椅子坐在他或她的旁边。试验进行了整整80个人次。结果证明,在一个只有两位读者的空旷的阅览室里,没有一个被试者能够忍受一个陌生人紧挨自己坐下。在心理学家坐在他们身边后,被试验者不知道这是在做实验,更多的人很快就默默地远离到别处坐下,有人则干脆明确表示:"你想干什么?"这个实验说明了人与人之间需要保持一定的空间距离。任何一个人,都需要在自己的周围有一个自己把握的自我空间,它就像一个无形的"气泡"一样为自己"割据"了一定的"领域"。而当这个自我空间被人触犯就会感到不舒服、不安全,甚至恼怒起来。

就一般而言,交往双方的人际关系以及所处情境决定着相互间自我空间的范围。美国人类学家爱德华·霍尔博士划分了四种区域或距离,各种距离都与对方的关系相称。

1. 亲密距离 这是人际交往中的最小间隔或几无间隔,即我们常说的"亲密无间",其近范围在6英寸(约15cm)之内,彼此间可能肌肤相触,耳鬓厮磨,以至相互能感受到对方的体温、气味和气息。其远范围是6~18英寸(15~44cm),身体上的接触可能表现为挽臂执手,或促膝谈心,仍体现出亲密友好的人际关系。

就交往情境而言,亲密距离属于私下情境,只限于在情感上联系高度密切的人之间使用。在社交场合、大庭广众之前,两个人(尤其是异性)如此贴近,就不太雅观。在同性别的人之间,往往只限于贴心朋友,彼此十分熟识而随和,可以不拘小节,无话不谈。在异性之间,只限于夫妻和恋人之间。因此,在人际交往中,一个不属于这个亲密距离圈子内的人随意闯入这一空间,不管他的用心如何,都是不礼貌的,会引起对方的反感,也会自讨没趣。

2. 个人距离 这是人际间隔上稍有分寸感的距离,已较少直接身体接触。个人距离的近范围为1.5~2.5英尺(46~76cm),正好能相互亲切握手,友好交谈。这是与熟人交往的空间。陌生人进入这个距离会构成对别人的侵犯。个人距离的远范围是2.5~4英尺(76~122cm)。任何朋友和熟人都可以自由地进入这个空间,不过,在通常情况下,较为融洽的熟人之间交往时保持的距离更靠近远范围的近距离(2.5英尺)一端,而陌生人之间谈话则更靠近远范围的远距离(4英尺)端。

人际交往中,亲密距离与个人距离通常都是在非正式社交情境中使用,在正式社交场合则使用社交距离。

3. 社交距离 这已超出了亲密或熟人的人际关系,而是体现出一种社交性或礼节上的较正式关系。其近范围为4~7英尺(1.2~2.1m)。一般在工作环境和社交聚会上,人们都保持这种程度的距离。一次,一个外交会谈座位的安排出现了疏忽,在两个并列的单人沙发中间没有茶几。结果,客人自始至终都靠到沙发外侧扶手上,且身体也不得不常常后仰。可见,不同的情境、不同的关系需要有不同的人际距离。距离与情境和关系不相对应,会明显导致人出现心理不适感。

社交距离的远范围为7~12英尺(2.1~3.7m),表现为一种更加正式的交往关系。公司的经理们常用一个大而宽阔的办公桌,并将来访者的座位放在离桌子一段距离的地方,这样与来访者谈话时就能保持一定的距离。如企业或国家领导人之间的谈判,工作招聘时的面谈,教授和大学生的论文答辩等,往往都要隔一张桌子或保持一定距离,这样就增加了一种庄重的气氛。

在社交距离范围内,已经没有直接的身体接触,说话时,也要适当提高声音,需要更充分的目光接触。如果谈话者得不到对方目光的支持,他(或她)会有强烈的被忽视、被拒绝的感受。这时,相互间的目光接触已是交谈中不可缺少的感情交流形式了。

4. 公众距离 这是公开演说时演说者与听众所保持的距离。其近范围为12~25英尺(3.7~7.6m),远范围在25英尺之外。这是一个几乎能容纳一切人的"门户开放"的空间,人们完全可以对处于空间的其他人,"视而不见",不予交往,因为相互之间未必发生一定联系。因此,这个空间的交往,大多是当众演讲之类,当演讲者试图与一个特定的听众谈话时,他必须走下讲台,使两个人的距离缩短为个人距离或社交距离,才能够实现有效沟通。

显然,相互交往时空间距离的远近,是交往双方之间是否亲近、是否喜欢、是否友好的重要标志。因此,人们在交往时,选择正确的距离是至关重要的。有这样一个小伙子,他爱上了一个姑娘,向姑娘求婚遭到了当众拒绝。姑娘后来恼怒地说:"他竟在离我8英尺(约2.5m)的地方谈这种事。"自然,这种社交距离不是谈婚论嫁的场合。

人际交往的空间距离不是固定不变的,它具有一定的伸缩性,这依赖于具体情境、交谈双方的关系、社会地位、文化背景、性格特征、心境等。

不同国家、不同民族,文化背景不同,交往的距离也不同。这种差距是由于人们对"自我"的理解不同造成的。例如,北美人理解"自我"包括皮肤、衣服以及体外几十厘米的空间,而阿拉伯人的"自我"则仅限于心灵,他们甚至把皮肤当成身外之物,因此,交往时,往往出现阿拉伯人步步逼近,总嫌对方过于冷淡;而北美人却连连后退,接受不了对方的过度亲热。同是欧洲人,交往时,法国人喜欢保持近距离,乃至呼吸也能喷到对方脸上,而英国人会感到很不习惯,步步退让,维持适合于自己的空间范围。

社会地位不同,交往的自我空间距离也有差异。一般说来,有权力有地位的人对于个人空间的需求相应会大一些。我国古代的皇帝,坐在高高的龙椅上,与大臣们拉开了较大的距离,独占较大的空间,大臣们在皇帝面前均要弯腰低头,眼睛不能直视皇帝,退朝时还要背朝外出。所有这些,都表现了皇帝至高无上的权力与地位。当人们接触到有权力有地位的人时,不敢贸然挨着他坐,而是尽量坐到远一点儿的地方,这都是为了避免因侵犯他的自我空间而惹他生气。

人们确定相互空间距离的远近不仅取决于文化背景和社会地位,还有性格和具体情境等因素。例如,性格开朗,喜欢交往的人更乐意接近别人,也较容易容忍别人的靠近,他们的自我空间较小。而性格内向、孤僻自守的人不愿主动接近别人,宁愿把自己封闭起来,对靠近他的人十分敏感,他们的自我空间受到侵占,最易产生不舒服感和焦虑感。此外,人们对自我空间需要也会随着具体情境的变化而变化。例如,在拥挤的公共汽车上,人们无法考虑自我空间,因而也就容忍别人靠得很近,这时已没有亲密距离还是公众距离的界限,自我空间很小,彼此间不得不通过躲避别人的视线和呼吸来表示与别人的距离。然而,若在较为空旷的公共场合,人们的空间距离就会扩大,如公园休息亭和较空的餐馆,别人毫无理由挨着自己坐下,就会引起怀疑和不自然的感觉。所以,人们有时会试图通过选择适当的位置来独占一块公共领地。如在公园休息亭,如果你想阻止别人和你同坐一条长凳,那么从一开始你就要坐在长凳的中间,这就会给人一种印象,似乎凳子比较短,这样你就能成功地在一段时间里独占这条凳子。

我们了解了交往中人们所需的自我空间及适当的交往距离,就能有意识地选择与人交往的最佳距离。而且,通过空间距离的信息,还可以很好地了解一个人的实际的社会地位、性格以及人们之间的相互关系,更好地进行人际交往。人与人之间的空间位置关系,会直接影响个人之间的沟通过程。研究发现,随着沟通过程中所保持的距离不同,沟通也会有不同的气氛背景。在较近距离内进行沟通,容易造成融洽、合作的气氛。而当沟通的距离较大时,则很容易造成敌对、相互攻击的气氛。可以设想,如果讨论会会场用另一种方式布置,使人们可以近距离恳切地、充分的沟通,那么讨论会的气氛可能完全是另外一种样子。沟通中空间位置的不同,还直接导致沟通者具有不同的沟通管理。有些位置对沟通的影响力较大,有些位置较小,而占据有利的空间位置的人,会取得对其他人的特殊影响力。

第三节 人际关系的改善及技术

一、人际关系综合诊断

我们可以通过下面这个人际关系综合诊断量表来对自身处理人际关系的能力做一个了解。

人际关系综合诊断量表

本量表共 28 个问题,每个问题做"是"(打"√")或"否"(打"×")回答。请你认真完成。然后参看后面的记分方法,对测验结果做出解释。

1. 关于自己的烦恼有苦难言
2. 和陌生人见面时感觉不自然
3. 过分羡慕和妒忌别人
4. 与异性交往太少
5. 对连续不断的会谈感到困难
6. 在社交场合感到紧张
7. 时常伤害别人
8. 与异性来往感觉不自然
9. 与一大群朋友在一起,常感到孤寂或失落
10. 极易受窘
11. 与别人不能和睦相处
12. 不知道与异性相处如何适可而止
13. 当不熟悉的人对自己倾诉他的生平遭遇以求同情时,自己常感到不自在
14. 担心别人对自己有什么坏印象
15. 总是尽力使别人欣赏自己
16. 暗自思慕异性
17. 时常避免表达自己的感受
18. 对自己的仪表(容貌)缺乏信心
19. 讨厌某人或被某人所讨厌
20. 瞧不起异性
21. 不能专注地倾听
22. 自己的烦恼无人可申诉
23. 受别人排斥与冷漠
24. 被异性瞧不起
25. 不能广泛地听取各种意见、看法
26. 自己常因受伤害而暗自伤心
27. 常被别人谈论、愚弄
28. 与异性交往不知如何更好地相处

结果解释:

打"√"的给 1 分,打"×"的给 0 分,如果总分为 0~8 分,说明受测者善于交谈,性格开

朗,主动,关心别人,对周围朋友很好,愿意与他们在一起,彼此相处得不错。如果总分在 9~14 分,说明受测者与朋友相处有一定的困扰,人缘一般,与朋友的关系时好时坏,经常处于起伏变动之中。如果总分在 15~28 分,说明受测者在与朋友相处时存在严重困扰。分数超过 20 分,则表明人际关系行为困扰程度很严重,而且在心理上出现较为明显的障碍;受测者可能不善于交谈,也可能是个性格孤僻的人,不开朗,或者有明显的自高自大、讨人嫌的行为。

I	题目	1	5	9	13	17	21	25	小计:
II	题目	2	6	10	14	18	22	26	小计:
III	题目	3	7	11	15	19	23	27	小计:
IV	题目	4	8	12	16	20	24	28	小计:

下面根据各个小栏上的得分,具体说明受测者与朋友相处的困扰行为及其纠正方法。

记分表 I 栏上的小计分数,显示出受测者在交谈方面的行为困扰程度。如果得分在 6 分以上,说明受测者不善于交谈,只有在极需要的情况下才同别人交谈,总难于表达自己的感受,无论是愉快还是烦恼;受测者不是个很好的倾听者,往往无法专心听别人说话或只对单独的话题感兴趣。如果得分在 3~5 分,说明受测者的交谈能力一般,能够诉说自己的感受,但不能讲得条理清晰。如果受测者与对方不太熟悉,开始时往往表现得比较拘谨与沉默,不太愿意与对方交谈。但这种状况一般不会持续太久。经过一段时间的接触,受测者可能会主动与人搭话,这方面的困扰也就会随之减轻或消除。如果得分在 0~2 分,说明受测者有较高的交谈能力和技巧,善于利用恰当的说话方式来交流思想感情,因而在与别人建立友情方面,往往更容易获得成功。

记分表 II 栏上的小计分数显示出受测者在交际与交友方面的行为困扰程度。如果得分在 6 分以上,说明受测者在社交活动与交友方面存在严重的行为困扰。例如,在正常集体活动与社交场合,比大多数同伴更为拘谨;在有陌生人或老师在场时,往往感到更加紧张;往往过多考虑自己的形象而使自己处于越来越多被动和孤立的境地。如果得分在 3~5 分,说明受测者在社交与交友方面存在一定的困扰。受测者不喜欢一个人待着,需要和朋友在一起,但却不善于创造条件并积极主动地寻找知心朋友。如果得分在 0~2 分,说明受测者对人较为真诚和热情,不存在人际交往困扰。

记分表 III 栏上的小计分数,显示出受测者在待人接物方面的困扰程度。如果得分在 6 分以上,说明受测者缺乏待人接物的机智与技巧。在实际的人际交往中,受测者也许有意无意地伤害别人,或者过分羡慕别人以致在内心嫉妒别人。因此,可能受到被人的冷漠、排斥,甚至愚弄。如果得分在 3~5 分,说明受测者是个多侧面的人,也许是一个较圆滑的人。对待不同的人,受测者有不同的态度,而不同的人对受测者也有不同的评价。受测者讨厌某人或者被某人讨厌,但却非常喜欢一个人或者被另一个人喜欢。受测者的朋友关系某些方面是和谐的、良好的,某些方面确实紧张的、恶劣的。因此,受测者的情绪很不稳定,内心极不平衡,常常处于矛盾状态中。如果得分在 0~2 分,说明受测者较尊重别人,敢于承担责任,对环境的适应性强。受测者常常以自己的真诚、宽容、责任心强等个性特点,获得众人的好感与赞同。

记分表 IV 栏上的小计分数,显示出受测者同异性朋友交往的困扰程度。如果得分在 5

分以上,说明受测者在与异性交往的过程中存在较为严重的困扰。也许受测者对异性存有过分的思慕,或者对异性持有偏见。这两种态度都有片面之处。也许是不知如何把握好与异性同学交往的分寸而陷入困扰之中。如果得分在 3~4 分,说明受测者与异性同学交往的行为困扰程度一般。有时受测者可能觉得与异性同学交往是一件愉快的事,有时又可能觉得这种交往似乎是一种负担,不知道如何与异性交往最适宜。如果得分在 0~2 分,说明受测者知道如何正确处理与异性朋友之间的关系。受测者对异性同学持公正的态度,能大方自然地与他们交往,并且在与异性朋友交往中,得到了许多从同性朋友那里得不到的东西。受测者可能是一个比较受欢迎的人。无论是同性朋友还是异性朋友,多数人都比较喜欢和赞赏受测者。

二、沟通交往能力的自我提高

一个人与他人沟通、关系的状况,是人在生活中涉及质量的主要方面。生活的丰富,事业的成功,与别人稳定情感关系的建立和维持,都离不开沟通。心理学家经过反复研究,确认以下程序是提高个人沟通能力,使沟通状况得以改善的最有效的步骤和途径。

(一) 评价自己的沟通状况

每一个人可以根据自己独特的生活范围和交往对象来评价自己的沟通状况。这种自我评价一般可分为三步。

第一步,开列一个自己沟通情境和沟通对象的清单。一般沟通情境包括家庭、学校、工作单位、朋友聚会、开会及日常的公共沟通(包括乘车、购物、看戏、看电影、跳舞、看病等)。通常的沟通对象则一方面包括同事、同学、领导、父母同胞、配偶、孩子、朋友、亲戚、邻居等经常性的沟通对象。另一方面也有乘车买票、购物付款、看病、问路过程中的偶然沟通对象。不同的人有不同的沟通情境和沟通对象,可根据自己的情况来开列清单。开列清单的目的,是对自己的沟通范围和对象建立一个明确的概念。

第二步,评价自己沟通的状况。在这一步骤里,通常对自己所问的问题项目有:对哪些情境的沟通感到愉快;对哪些情境的沟通感到有心理压力;最愿意保持沟通的对象;最不喜欢与哪些人沟通;能否经常与多数人保持愉快的沟通;是否常感到自己的意思没有说清楚;是否常误解别人,事后才发觉自己错了;是否与朋友保持经常性联系;是否经常懒得给别人写信或打电话等。很好地回答这些问题,可以对自己的沟通状况有比较全面的了解,还可以诊断自己的社交状况。

第三步,评价自己的沟通方式。沟通状况直接决定了沟通的方式。一般情况下,沟通主动性和沟通注意水平,是评价沟通方式的最有效的两个维度。沟通主动性是评价我们在与别人进行沟通时,究竟是主动始发沟通还是被动接受沟通。主动沟通者与被动沟通者的沟通状况往往有明显差异。主动沟通者沟通对象广泛,沟通内容不拘一格,容易经沟通与别人建立并维持广泛的人际关系,与他人的沟通也较为充分、及时和有效。而被动沟通者的倾向则正好与主动沟通者相反。沟通注意水平所评价的是沟通者投入沟通,对沟通过程起相互支持作用,使其自然持续的注意水平。沟通注意水平高的沟通者,不仅注意自己所发出的信息的指向性、准确性和对方的可接受性,而且对于对方的回馈过程保持高度注意。因而,他们能够较好地根据回馈调节自己的沟通过程,对对方的沟通形成良好支持,使沟通始终保持较好的彼此对应性,而得以顺利延续。相反,沟通注意水平低的沟通者,注意会经常分散,发出的信息往往不能很好地与自己的沟通意图相对应,尤其是不能很好地注意对方的回馈和给予对方的沟通以充分的回馈支持。因此,他们与别人的沟通常缺乏应有的对应性,沟通过程很难顺利、自然地得以继续。

(二) 提高沟通的准确性

准确是沟通成功的前提。在某种意义上,如果沟通的结果是误解,那沟通比不发生沟通更糟糕。提高沟通的准确性,首先需要提高自己准确表述事物的能力。心理学家研究发现,相当比例的人都不能很好地将自己的意思用通畅的语言表达出来,使别人准确地理解他们。练习复述故事是提高表述能力的很好方式。能够将一件自己详细知道的事情描述出来,是准确表达的一个重要标志。许多著名作家在进行基本功训练时,都是练习准确描述某一个特定情境或特定的人。在沟通的准确性方面,沟通者需要遵循一个原则,即站在信息接受者的角度来提供信息,提供信息的目的是为了被理解。而我们已经知道,由于人们的经验背景不同,对于同一种符号甚至语词,不同的人在理解上可能存在差异。只有当我们站在别人的角度,体会到别人理解所依赖的情绪与经验的背景时,才可能选择出最能够使别人准确理解我们的语词或其他符号。此外,保持对别人的各种回馈信息(包括直接的语词回馈在内)足够的敏感,并及时调整自己的信息和符号选择,也是提高沟通准确性的不可或缺的途径。及时接收和准确理解回馈,是准确沟通的一个重要环节。

三、正确使用身体语言

(一) 增加对自己身体语言的自觉性

恰当使用身体语言与准确解释身体语言同样重要。要想提高自己有效使用身体语言的能力,首先要增加自己对身体语言的自觉性。

身体语言自觉性的增加需要经过三个步骤。

第一个步骤是自我检查自己的各种身体语言信号与整体的身体语言状况。如自己在各种不同的情绪状态和沟通需要下都有哪些身体语言行为,各种身体语言行为之间又有怎样的伴随关系。我们每个人都可以对自己的身体语言进行记录,自己来定义和解释自身的各种身体语言信号,并根据不同心态下各种身体语言信号相伴随的规律,建立起各种整体身体语言模型。通过这一过程,我们对自己在高兴、欣喜、激动、悲伤、失落、愤怒等各种情绪状态下,身体各部位的身体语言状况如何及其相伴随的规律,会获得一个十分明确的概念。

第二个步骤是对自己的各种身体语言行为和整体模型进行自我体验。自我体验的过程,不仅可以使人们将各种身体语言经历与自己的真实情绪状态和沟通过程更自然、更充分地联系到一起,而且可以使人们有机会对在第一步骤中建立起来的各种身体语言定义和整体模型进行自我检验,并进行必要的修正。

第三个步骤是在实际的人际沟通过程中自然地运用各种身体语言行为和整体模型,并检验其有效性,考察别人理解与自我定义的一致性。由于不同的人有不同的经验,因此完全有可能沟通者之间对某种身体语言行为与整体模型的解释存在着一定差异。当差异超出一定限度时(差异总是存在的,因为世界上不存在经验背景完全相同的人),就会导致误解。

在日常生活中,要想避免因身体语言的使用而引起的误解,就需要检验自己的身体语言行为的有效性。如果更多的人对我们身体语言行为的理解与我们的自我解释都存在着高度的不一致,那就意味着我们需要修正自己的自我定义。

(二) 情境同一性概念

20世纪70年代后期,小亚历山大等人(C. N. Jr. Alexander & P. Lauderdale,1977)提出了一个将日常社会心理现象概念化的新观念——情境同一性(situated identity)。按照这一观念,对应于每一种社会情境,人们都有与自己社会身份相符合的行为模式。这种行为模式即人们对应于特定情境,并与自己特定的社会角色相符合的情境同一性。一个人在特定情境中的行为,如果与自己的社会身份或社会角色规范相符合,则有恰当的情境同一性;反之,则被认为是情境同一性混乱。

情境同一性问题所涉及的,实质是社会角色与情境对行为的限制问题。对于身体语言的运用而言,这两个方面的限制同样存在。外部社会对于一个人身体语言的理解与接受,也要受到其社会角色的影响,同一种身体语言,不同社会角色的人运用,其意义也会明显不同。长辈或领导者舒服地靠在沙发上听晚辈或下属谈话,仍然可以被理解成对谈话感兴趣;而晚辈或下属对长辈或领导者采取同样姿势,则会被理解成不耐烦或故意轻视。

情境对身体语言的规范作用同样明显。一个人在家里高度放松时可以随便地一边收拾东西,一边与家人谈话。而在正式的社交场合,你必须用更明显的身体语言行为告诉别人你正注意他的谈话。很显然,如果身体语言不能与社会角色和情境相对应,是不可能有效地实现沟通目的的。

在日常生活中,可以运用前面的提高身体语言自觉性的类似程序,来提高身体语言与自己社会角色及行为情境的对应性。可以列表评价自己日常的身体语言行为是否符合自己的社会角色,是否与特定情境要求和社会期望相对应。保留那些对应的身体语言行为,而放弃那些不适当的行为。社会在不断变化,个人的年龄、社会身份也在不断变化。要想很好地保持自己身体语言行为与社会期望,自身社会角色及行为情境的良好对应,需要经常地评价、检查自己身体语言行为的适当性。

四、人际关系改善的综合性心理学技术

改善人际关系的心理学技术,是针对人际关系不良的相对易变的一类原因发展起来的,即这些技术都是试图改变人们的自我意识水平、移情能力或社交技能,并通过这种途径使人们的人际关系状况得到改善。

总括起来,改善人际关系的心理学技术有两大类。第一类是综合性的方法,可以同时改善人们的自我意识、移情能力和社交技能。这类方法主要有敏感性训练和角色扮演等。第二类方法主要有意识训练法、移情练习和社交能力训练等。这类方法的通常作用,是专门改善人们某一方面的能力或技能。下面我们主要谈谈综合性方法。

(一) 敏感性训练

敏感性训练(sensitivity training)是一种从团体心理疗法发展起来的团体训练技术,即对

正常人在群体中的人际技能及其有效性获得回馈的方法。敏感性训练团体有各种形式。开展最普遍的是训练团体或称 T-小组（T-group，training group 的简称）。它的活动方式主要是语言交流。这类团体通常由 5~15 人组成，包括一名心理学家。训练期限为 1~4 周。

训练团体主要以非指导性的方式为参与者提供真实体验"此时此地"的情境。在活动的开初，团体成员之间往往先谈论参加这种活动的意图，试图解决的问题和对什么样的目标感兴趣。随着沟通的深入，人们会逐渐了解别人对自己的问题或当时的表现怎样反应。团体成员之间的信任感和真诚的气氛建立起来之后，团体作为一个整体会不容忍任何成员拒绝暴露自己的真正自我。此时参与者通常的角色伪装会被撕去，使他们更好地看到自我的本来面目，并在其他成员的支持下理解并接纳自己真正的自我。与此同时，参与者也会在没有社会角色限制的条件下，通过各个成员所提供的多角度的见解，学会准确掌握、理解和评价别人的情绪状态和行为的意义，并在别人真实的回馈调节中，做出正确而为别人所接纳，同时又对人际关系起积极作用的反应。

在上述过程中，人们既可以了解自己的真实面目和别人对自己言行的真实反应如何，提高自我意识水平；也可以学会对别人所表现出来的真实的情绪状态和行为做准确的理解和评价，提高移情能力；还能够学会如何对别人做恰当而又为社会所接受的反应，提高社交技能。

（二）角色扮演

角色扮演（role play）可以作为一种直接摆脱既定角色关系束缚的个体训练技术，来达到改善人的人际交往能力的目的。它通过让别人充当或扮演某种角色，站在一个新的立场去体验、了解和领会别人的内心世界，理解自己反应的适当性，由此来增加扮演者的自我意识水平、移情能力，并改变其过去的行为方式，使之更适合于自己的社会角色，从而获得新的社交技能。在人际关系方面，角色扮演方法可以直接帮助人们改善双方相互作用的状况，最终有效地改善彼此之间的关系。下面是一个运用角色改变方法改善人际关系的实例。

一位妻子感到很难同丈夫交流思想，因而求助于心理学家。通过咨询，心理学家发现这位妇女之所以很难同丈夫沟通，实质原因是她自己对丈夫的接纳性越来越差。夫妻之间的相互作用由此出现了恶性循环。她丈夫的许多生活习惯使她越来越难以忍受，为此，她经常唠叨。结果是丈夫情绪恶劣，对她产生讨厌情绪，不愿与她交谈。

针对这一个案，心理学家提出了一个运用角色扮演方法来矫正夫妻关系的方案。他要求这位妇女从第二天起，就像是一个完全不了解丈夫的人，对丈夫的生活习惯熟视无睹。并且，每天至少要从丈夫身上找到一个优点，并像对一般人那样给予夸奖。

实际矫正方案的第一天，这位妇女感到要想找到丈夫的优点真是难上加难，看到的事都难以忍受。但她还是忍住未做评论，并终于找到了一个夸奖丈夫的机会。在以后的几天里，情况仍大致如此。但是，三个星期之后，奇迹发生了。这位妇女发现要找到丈夫的优点并加以由衷地夸奖不是一件困难的事了。"看，他对工作总是那么负责；他对孩子总是那么友好，他很能干……"丈夫在她心目中的形象变了。她对丈夫的态度发生了实质性转变，她开始由衷地接纳丈夫了，并感到对这样一个好丈夫唠叨没完其实是个坏毛病。做丈夫的当然也会感到妻子如此明显的变化，他已长期听不到曾使他厌烦的唠叨。结果，双方之间的关系出现了一次实质性的改善。丈夫面对妻子的诚意，做了自我批评，表示自己的确有坏毛病,决心改掉。夫妻之间的情感重新融洽了,并有说不完的话。夫妻之间的相互作用出现了良性循环。

角色扮演方法还能用来培养儿童的移情能力和助人技巧,并被用于系统改造人的个性。这里我们不再详细讨论。

五、人际交往的一般技巧与禁忌

（一）一般技巧

在了解、遵循和掌握人际交往的内容后,可以学习和掌握以下维护人际关系的十大技巧,相信它会让你受益匪浅的。

（1）要敢于开口说话。

（2）待人热情,要微笑,要友善。

（3）善于倾听,善于提问,善于引导,不打断别人,绝不争论。

（4）随时能够叫出别人的名字。

我们每一个人的名字是伴随着我们成长的,是从小时候,我们记事的开始就伴随着我们一生的,想一想对名字的这种体现的渴望,今天班主任老师或者校长,在宣布这个学期优秀的三好学生名单的时候,你的成绩可能有一点的差距,你也知道获得这个三好学生是比较困难的,获得这个称号有点不太可能,但是当老师,当校长在念这个名单的时候,你心里面是不是像小兔子在撞,他们的名单里面去念出你的名字,他是给你带来的一种荣耀和光荣,是不是？

（5）建立人际关系的第五大技巧,需要"三不",让推崇成为一种习惯。

对别人都要是鼓励和表扬的。要推崇你的老师,推崇你的朋友,推崇你的上级,推崇你所从事的事业,在这个方面永远都要表现对他们的表扬和鼓励,带着一种积极的声音才能够引起别人的关注和关心。"三不"是不抱怨不批评不指责。看看在我们的人生的过程当中,哪些人他们是抱怨的,一场体育比赛结束了,媒体记者来采访这些冠军、亚军和第三名。当问到冠军的时候,说今天你获得了第一名跟我们的观众来谈谈你的感觉吧,这个冠军是怎么样去说的呢,感谢我的国家给我今天这么一个机会,让我能够报效祖国,我感谢我的教练他们付出辛勤的汗水,我感谢我的父母从小就给我的培养,他说的话都是感激的一些话语,没有抱怨。问到第二名的时候说,今天您获得了亚军,给大家谈谈感想吧,这个亚军是这样说的,今天天气不怎么样,我今天的状态不太好,哎,我的跑鞋第一次穿,我的球拍第一次用,他说的都是什么话,都是找原因去抱怨的话了。问到中国男足为什么在世界杯表现那么差的时候,有人回答,中国人的这个体能他就不能够应战这么高强度的比赛,亚洲人就不适合去踢足球,他们都怀疑到人种上了,他就忘了中国女足同样也是亚洲人和中国人,韩国队和日本队他们也是亚洲人,和我一衣带水、一脉相传的人种,他们为什么会表现的那么好。在这个世界上抱怨的人永不成功,而成功的人永不抱怨。

（6）建立人际关系的第六个部分,关心别人胜过关心自己。

（7）建立良好人际关系的第七个技巧,是顾及别人的感觉。

（8）建立良好人际关系的第八大秘诀:我们要去做一个服务者。

要去做一个服务者先把自己定位于一个服务者,我们是给别人做服务工作的,今天如果我们每一个人都把自己作为圆心,把个人的利益为半径,去画一个圆的话,这个圆能画的大吗?因为你个人的利益是有限的,对不对,你这个圆就画不大,这个圆就是你成就事业成功的那一个圆,如果我们今天是把一个团队为中心,把团队的利益为半径我们去画一个事业成功的圆的话就会画到一个无限大。

(9)建立良好人际关系的第九秘诀是我们对待别人要真诚,要诚信。

有的朋友说,在这个世界上很难做到我说一百句话,都是真实的,我偶尔去跟别人撒一句谎无所谓,这样行不行?但是我问大家这样的一句话,当你一百句话里面出现了一个失误,你的一个承诺没有实现的时候,你撒了一句谎的时候,在以后和别人交往的过程当中,他的想法是怎么样的,他会去辨别哪一句话真哪一句话假,他会对你的另外的九十九句话都产生一个疑问,这句话到底是真呢还是假呢,那我请问你的这一百句话里面哪一句话对他来讲是真实的了,就都变成一种疑问,你对他之间就没有这种真诚可言了。所以在你与别人交往的过程当中,你永远要保持诚信,而且是百分之百的诚信,你说的话就要去算数。成功是需要什么啊?正直和智慧,正直就让你百分之百的去保持诚信。实现你的承诺哪怕去付出惨重的代价,而智能呢是让你少说出你一些你没有实现的诺言,这就是智慧。你做不到的你就不要先说出来,我们在与人际交往的过程当中,你就需要去保持你百分之百的诚信。

(10)建立人际关系的第十大技巧,是你完成了以上九项之后,加上你的热情、温情、耐心、幽默你就建造了一个良好人际关系。

(二)禁忌

沟通顺畅,办事也会非常顺利;可若出言不当,则可能埋下心结。下面总结了交往中容易犯的10个错误,指导我们躲开沟通"雷区"。

1. 不做自我介绍 无论何种场合,相互认识是进一步交流的前提。遇到别人,主动自我介绍是避免尴尬的关键点之一。

2. 接电话时不回避 在公共场合,大声打电话会特别显眼,甚至招人厌,最好先道歉并把音量放小声点,这是避免他人反感的不二法宝。

3. 夸夸其谈、自吹自擂 聊天过程中有意无意地把话题往自己身上引,往往给人以自恋、爱显摆的印象,给人留下不好的印象。

4. 对待服务员态度粗暴 态度是良好沟通的前提,无论他人是什么身份,粗暴的态度、自以为是的神情,只会让人觉得你这个人不可理喻。

5. 总是迟到 每个人都希望被尊重,迟到虽然能找借口蒙混过关,但会让对方觉得你不重视这段关系。次数一多,感情也会打折扣。

6. 不让座 让座给更需要的人,是最基本的人性表现。如果光想着让自己舒服一点,会在不知不觉中,给人留下自私、冷漠的印象。

7. 争账单 出手大方会让人觉得你很热情。有人建议AA制时,不要你争我抢、争得面红耳赤,否则下一次大家可能不敢在一起娱乐了。

8. 占用公共设施 如果"没事占茅坑",比如在公园占着健身器械当椅子座、随处放东西、擦抹汗渍等,这些小小的动作,只会惹人反感。

9. 双手抱胸前 说话时双手抱于胸前,会让人感觉你对他是有防备的、想拒绝他,让人觉得不被信任。

10. 小动作太多　在说话的时候,总是一边说或者听,而一边做一些如敲手指头、挖耳朵、玩指甲等小动作,会让人感觉你心不在焉,觉得不被尊重。

新的世纪要求新型人才,特别需要具有团结协作能力的人才。为了适应社会的这一要求,我们要自觉地、有意识地培养自己、塑造自己,学会与周围的人建立良好的关系,成为受欢迎的人。这样就能在集体活动中发挥自己更大的能力,起到更重要的作用。

第十一章 心理冲突与挫折

生下来就一贫如洗的林肯,终其一生都在面对挫败,八次竞选八次落败,两次经商失败,甚至还精神崩溃过一次。好多次,他本可以放弃,但他并没有如此,也正因为他没有放弃,才成为美国历史上最伟大的总统之一。以下是林肯进驻白宫前的简历:

1816 年,家人被赶出了居住的地方,他必须工作以抚养他们。
1818 年,母亲去世。
1831 年,经商失败。
1832 年,竞选州议员,但落选了!
1832 年,工作也丢了,想就读法学院,但进不去。
1833 年,向朋友借钱经商,但年底就破产了,接下来他花了 16 年,才把债还清。
1834 年,再次竞选州议员,赢了!
1835 年,订婚后即将结婚时,未婚妻却死了,因此他的心也碎了!
1836 年,精神完全崩溃,卧病在床 6 个月。
1838 年,争取成为州议员的发言人,没有成功。
1840 年,争取成为选举人了,失败了!
1843 年,参加国会大选,落选了!
1846 年,再次参加国会大选,这次当选了! 前往华盛顿特区,表现可圈可点。
1848 年,寻求国会议员连任,失败了!
1849 年,想在自己的州内担任土地局长的工作,被拒绝了!
1854 年,竞选美国参议员,落选了!
1856 年,在共和党的全国代表大会上争取副总统的提名,得票不到一百张。
1858 年,再度竞选美国参议员,再度落败。
1860 年,当选美国总统。

本章将介绍挫折的有关理论,分析心理冲突的类型,讨论如何有效提高应对挫折的承受力。

第一节 心理冲突及其类型

一、心理冲突的定义

生活是纷繁复杂的,人们在生活中有时会遇到这样一种情况:同时有多种排斥的需要、希望的目标,而实际上又只能选择其中的一种,这样就产生了心理冲突。

心理冲突(mental conflict)是指两种或两种以上不同方向的动机、欲望、态度、情绪、目标和反应同时出现,在人们内心进行争斗,既无法抛弃任何一方,也无法把两者协调统一起来而引起的紧张状态。心理冲突是出现心理失衡的重要原因,也是产生挫折感的重要来源。

二、心理冲突的类型

常用的心理冲突分类,目前主要采用勒温(K. Lewin,1931)和米勒(Miller,1944)根据冲突的形式不同而进行的分类,主要包括以下四类。

1. 双趋冲突——鱼与熊掌不可兼得 是指两种或两种以上目标同时吸引个体,而个体只能选择其中一种时所产生的内心冲突。所谓"鱼,我所欲也;熊掌,亦我所欲也。两者不可兼得"就是一种双趋冲突。两门选修课都是自己喜欢的,却因时间等因素只能择其一;两个工作单位都比较理想,却只能选择其中一个。要解决这种冲突,必须放弃一者,或者同时放弃两者而追求另一折衷的目标。

2. 双避冲突——左右两难 是指两种或两种以上的目标都是个体想要回避的,而只能回避其中一种时所产生的内心冲突。这是一种左右为难、进退维谷式的冲突。比如不喜欢温习功课,可又怕考试不及格,复习和不及格都是想要回避的,但只能回避其一。

3. 趋避冲突——进退两难 个体遇到单一目标同时怀有两个动机(嗜酒者不得不戒酒)时,一方面好而趋之,另一方面又恶而避之;使个人的情感与理性矛盾而形成的精神痛苦,即起于趋避的心理冲突。如假期旅游很有吸引力,但因经济紧张又不想去;明明不爱某专业,却因其录取分数低而选择该专业;不喜欢某人,却不得不同其打交道。

4. 双重趋避冲突 这是双避冲突与双趋冲突的复合形式,也可能是两种趋避冲突的复合形式。即两个目标或情境对个体同时有有利和有弊,面对这种情况,当事人往往陷入左右为难的痛苦取舍中,即双重趋避冲突。

例如,单身汉有自由之乐,但也有寂寞之苦;结婚有家庭之乐,但也有家务之累。又例如,在挑选工作时,一个机会物质待遇优厚而社会地位却不高,另一机会是社会地位高而物质待遇菲薄。这些都是生活中双重趋避冲突的例子。

人的生活是多层面的,有家庭的层面,有事业的层面,也有社会的层面。在不同层面中遇到的问题,都需要个人选择判断。在选择判断时,有的重在感情,有的重在理性,更有的因患得患失而不得不考虑利害关系。如此看来,日常生活中心理冲突的困扰在所难免。能力愈高条件愈好的人,在精神上愈可能感受到更多的心理冲突困扰。因为,他们比一般人有更多的选择机会,同时,他们比一般人也有较多的动机和追求目标。动机与目标愈多,在选择上就会更多的感受到冲突的存在和困扰!

第二节 挫折与心理防御

一、挫 折

(一) 挫折含义

挫折是指一种情绪状态,指挫败、阻挠、失意之意。心理学上称之为挫折或挫折心理,是指人们在有目的的活动中,遇到了无法克服或自以为是无法克服的障碍和干扰,使其需要或动机不能获得满足时所产生的消极情绪反应。

挫折发生后,个体在心理上、生理上会有反应。遭受严重挫折后,个人会在情绪上表现抑郁、消极、愤懑;在生理上,会表现血压升高、心跳加快,导致心血管疾病。同时还会出现胃酸分泌减少,从而导致溃疡、胃穿孔等。总之,个人的挫折会产生反常行为和异常的生理指标。

(二) 挫折产生的原因

挫折产生的原因从不同角度来分析,有不同的原因,但是综合起来分析,包括两方面的原因。

1. 外部原因 构成心理挫折的外在客观因素主要来自自然和社会两个方面。

(1) 自然因素:是指由于自然或物理环境的限制,使个体的动机不能获得满足。如任何人都不能实现长生不老、返老还童的愿望,大都难免遭到生离死别的境况和无法预料的天灾人祸的袭击。这些由自然发展规律和时空的限制而形成的心理挫折,对人类来说还不是主要的。由于社会因素制约形成的心理挫折,才是具有重大影响的。

(2) 社会因素:是指人在社会生活中所受到的人为因素的限制,其中包括一切政治、经济、民族习惯、宗教信仰、社会风尚、道德法律、文化教育的种种约束等。如学非所用,在工作岗位上不能充分发挥作用;学习的课程与兴趣间的矛盾;家长和老师教育方法的不当等。凡此种种社会因素,不但对个人的动机构成挫折,而且挫折后对个体行为所发生的影响,也远比上述自然因素所产生的心理挫折要大。

2. 内部原因 挫折的内部原因又称内因或叫主观原因。分为生理和心理两个方面。个人的生理原因指的是人的身材高低、胖瘦、五官长相及其所从事的职业、所追求的目标带来的限制。如一青年想成为篮球国手,但他身材高度不够,不能实现目标。一名女青年想当一名电视节目主持人,由于五官长得有缺陷,不能实现,由此产生挫折反应。心理原因,主要指个人的能力、智力、知识、经验的多少和高低。有人想当一名宇航员,但是他的智力、反应能力不符要求,而产生挫折心理反应。个人心理上形成的挫折更为复杂,是多种原因造成的,而不是单一的原因。例如,一青年学生毕业后,分配到区团委工作,一年过去了,工作业绩平平,而与她同时进来的大学生,工作成绩突出。这种挫折,主要是个人的心理原因造成的,原来该人在人际关系上,相容性差,常常因为一些小事,与同事争得伤和气,性格又内向,不能很好地与人进行沟通、交流,取得同事的支持、谅解。

(三) 影响挫折心理体验程度的因素

1. 事件本身的性质与社会支持状况 有些事情本身是很严重的,任何常人都会受到严重影响,构成心理上强烈的挫折感。亲身经历非常惊险、可怕、危险的事情,遇到严重的灾难,如地震、洪水、火灾、车祸、家庭意外变故等,对一般人来说都是严重的困难,对个体心理创伤就很大。

另外,社会支持状况也在挫折心理体验中扮演了非常重要的角色,社会支持既涉及家庭内外的供养与维系,也涉及各种正式与非正式的支援与帮助。包括物质帮助、行为支持、情感互动、信息反馈等。在大多数情况下,一个人的社会支持网络的规模越大,密度越高,则社会支持力量越强,社会支持的心理保健功效越明显,挫折体验程度就轻微一些。

2. 挫折反应程度的个别差异性 在同样的条件下,不同的人,对挫折反应不一样,有的人反应强烈、痛苦万状,有的虽然失败,但百折不挠,顽强拼搏,有的人反应微弱,若无其事。在时间上也表现不同,有的当时如果暴风骤雨、雷鸣电闪,但是时过境迁,转瞬风平浪静,有的人矢志不忘。此外,不同个性修养亦有不同的反应。

为什么不同的人对挫折有不同的反应呢？而且差距如此之大？这就是个人对挫折的体验存在差异。

3. 挫折的容忍力　社会中的人对挫折的反应是各式各样的,有的轻微,有的强烈,有的短暂,有的长远,有的容易克服、有的难以克服。人们对挫折的态度也不一样,心胸开阔,意志坚定、充满必胜信念的人能够向挫折挑战,百折不挠,直至胜利。心胸狭窄、性格内向、缺乏勇气的人,往往怕挫折,甚至精神崩溃,走上绝路。什么是挫折的容忍力？心理学认为,遇到挫折时免于行为的失常能力,称为挫折的容忍能力,又称对挫折的适应能力。

影响挫折的容忍力的因素有如下三项。

（1）生理条件：身体强壮比体弱多病的人强,青壮年比老年人强,处事豁达大度的人比斤斤计较的人强。

（2）政治思想条件：政治觉悟比较高,政治上比较成熟,思想比较成熟的人,政治斗争经验比较丰富的人对挫折的容忍力强。

（3）对挫折的知觉判断条件：由于每个人对世界与事物的认识不尽相同,评价不可能一样,即使挫折的客观情境相同,对挫折的判断和感受也是不一样的,对每个人的影响力度也不一样。

二、心理防御机制

心理防御机制（psychological defense mechanism）是指个体面临挫折或冲突的紧张情境时,在其内部心理活动中具有的自觉或不自觉地解脱烦恼,减轻内心不安,以恢复心理平衡与稳定的一种适应性倾向。

我们可以把防卫机制的类型分为十六种,属五大类。

（一）逃避性防卫机制

这是一种消极性的防卫,以逃避性和消极性的方法去减轻自己在挫折或冲突时感受的痛苦。这就像鸵鸟把头埋在沙堆里,当做看不见一样。这类防卫机制有以下四种形式。

1. 压抑（repression）　是各种防卫机制中最基本的方法。此机制是指个体将一些自我所不能接受或具有威胁性、痛苦的经验及冲动,在不知不觉中从个体的意识中排除,抑制到潜意识里去作用。是一种："动机性的遗忘",即个体在面对不愉快情境堵时,不知不觉有目的地遗忘,与因时间久而自然忘却的情形不一样。例如,我们常说："我真希望没这回事"；"我不要再想它了",或者日常生活中,有时我们做梦、不小心说溜了嘴或偶然有失态的行为表现,都是这种压抑的结果。

2. 否定（denial）　是一种比较原始而简单的防卫机制,其方法是借着扭曲个体在创伤情境下的想法、情感及感觉来逃避心理上的痛苦,或将不愉快的事件"否定",当做它根本没有发生,来获取心理上暂时的安慰。"否定"与"压抑"极为相似。唯"否定"不是有目的的忘却,而是把不愉快的事情加以"否定"。

这种现象在日常生活中处处可见,例如,小孩子闯了祸,用双手把眼睛蒙起来,就像沙漠中的鸵鸟,无法面对,把头埋于沙堆中,当做没这回事一样,这些都是一种否定的表现。

3. 退回（regression）　是指个体在遭遇到挫折时,表现出其年龄所不应有之幼稚行为反应。是一种的倒退现象。例如,已养成良好生活习惯的儿童,因母亲生了弟妹或家中突遭变故,而表现出尿床、吸吮拇指、好哭、极端依赖等婴幼儿时期的行为。

4. 潜抑(repression)　是指个体把意识中对立的或不能接受的冲动、欲望、想法、情感或痛苦经历,不知不觉地压制到潜意识中去,以致于当事人不能察觉或回忆,以避免痛苦。

例如,丁校长是个汽车爱好者,惜车如命,太太常常取笑他简直将自己的汽车当做了儿子。一天早上,当他在赶往教育局参加会议时,不幸发生了交通意外,他的车子被尾随的客货车碰撞了一下。当时丁校长只是下车随便望望被撞毁的车尾部分,然后便冷静地匆忙与对方交换通讯电话,在抄下对方的车牌后,就马上开车驶往教育局,同时,再集中精神构思在会上个人要做的重要陈词。在这事件中,由于撞车时是8时32分,28min后会议就要开始,而重要的事情亦急待决定,丁校长一反常态的表现,只是因为他采用了潜抑防卫机制。

(二) 自欺性防卫机制

此类防卫机制含有自欺欺人的成分,也是一种消极性的行为反应。它含有反向作用,走向另一极端,邪派的人会扮成为极正派的,去瞒过自己和别人。合理化作用的,总会为自己找出些理由来自辩。抵消作用的,同合理化作用相似,但不单独用理论来自卫,而是加上具体的运用。隔离、理想化及分裂等作用也是运用技巧的方法来欺骗自己或别人。

1. 反向(reaction formation)　当个体的欲望和动机,不为自己的意识或社会所接受时,唯恐自己会表现出来,于是将其压抑至潜意识,并再以相反的行为表现在外显行为上称为反向。换言之,使用反向者,其所表现的外在行为,与其内在的动机是成反比的。在性质上,反向行为也是一种压抑过程。例如,一位继母根本不喜欢丈夫前妻所生之子,但恐遭人非议,乃以过分溺爱、放纵方式来表示自己很爱他。又如一位好吃糖,但被告诫吃糖会蛀牙,且不为妈妈所喜欢的女孩,每每与母亲逛超市,总指着糖果对母亲说:"不可以吃糖,吃糖会蛀牙,且妈妈不喜欢。"

反向行为,如使用适当,可帮助人在生活上加快适应;但如过度使用,不断压抑自己心中的欲望或动机,且以相反的行为表现出来,轻者不敢面对自己,而活得很辛苦、很孤独,过度使用将形成严重心理困扰。在很多精神病患者身上,常可见此种防卫机制被过度使用。

2. 合理化(rationalization)　当个体的动机未能实现或行为不能符合社会规范时,尽量搜集一些合乎自己内心需要的理由,给自己的行为一个合理的解释,以掩饰自己的过失,减免焦虑的痛苦和维护自尊免受伤害,此种方法称为"合理化",换句话说,"合理化"就是制造"合理"的理由来解释并遮掩自我的伤害。事实上,在人生的不同遭遇中,除了面对错误外,当我们遇到无法接受的挫折时,短暂的采用这种方法以减除内心的痛苦,避免心灵的崩溃,并无可厚非,不过,个人如常使用此机制,借各种托词以维护自尊,则不免有文过饰非,欺骗别人也欺骗自己之嫌,终非解决问题之道。很多强迫型精神官能症和幻想型精神病患者就常使用此种方法来处理其心理问题。一般,"合理化"可分为三种方式。

(1) 酸葡萄(sour grapes):当自己所追求的东西因自己能力不够而无法取得时,就加以贬抑和打击,称为酸葡萄。此机制是引自伊索寓言里的一段故事,从前有一只狐狸走进葡萄园中,看到架上长满了成熟葡萄,它想吃,但因架子太高,跳了数次都摘不到,而无法吃到葡萄,它就说那些葡萄是酸的,它不想吃了,其实葡萄是甜的,它因吃不到,而说葡萄是酸的。在日常生活中像这样的例子很多,例如,一个体育能力差的学生,说只有四肢发达的人,才会喜欢体育。

(2) 甜柠檬(sweet lemon):与酸葡萄相反的,另一种自卫机制是甜柠檬,此方法是指企图说服自己和别人,自己所做成或拥有的已是最佳的抉择。上述伊索寓言里所说的那只狐狸,后来走到柠檬树旁,因肚子饿了,就摘柠檬充饥,而且边吃边说柠檬是甜的,其实柠檬味道是酸涩的。引申到我们面对生活中所发生的一些不如意的事,有时我们也会像这只狐狸一样,努力去强调事情美好的一面,以减少内心的失望和病苦。如,娶了姿色平平的妻子,说她有内在美;嫁给木讷寡言的丈夫,说他忠厚老实;孩子资质平庸,说他"傻人有傻福"。这种"塞翁失马焉知非福"、"知足常乐"的心态,有时适当地运用,能协助我们接受现实,但这种方法,如过分使用,会妨碍我们去追求生活的进步。

(3) **推诿**(projection):此种自卫机制是指将个人的缺点或失败,推诿于其他理由,找人担待其过错,从而到达个人心灵倾向平静。例如,学生考试失败,不愿承认是自己准备不足,而说老师教得不好、老师评卷不公或说考题超出范围;战败的将军不愿承认战败是因自己策略运用错误,而说是"天亡我也,非战之过";打人说是自卫;喜欢应酬、饮酒作乐,说是为了生意或工作在联络感情;球赛输了,说场地不好,裁判不公;老师体罚学生,说"爱之深,责之切"。这些都是一种推诿运用。

3. 仪式与抵消(ritual and undoing) 无论人有意或无意犯错,都会感到不安,尤其是当事情牵连他人,令他人无辜受伤害和损失时,的确会很内疚和自责,倘若我们用象征式的事情和行动来尝试抵消已经发生的不愉快事件,以减轻心理上的罪恶感,这种方式,称为仪式与抵消。例如,一位有了外遇的丈夫,买轿车、送钻戒给妻子来消除心中的罪恶感,并且以这个行动来证明他是个尽责的丈夫;又如,一位工作繁忙无暇陪孩子的父亲,提供孩子最好的物质来消除心中愧疚感,并以这个行动来证明他是照顾孩子的。另外新年时节,打破东西说"岁岁平安"也是一样,都是采用"仪式与抵消"的防卫机制。

有些心理疾病,是由此机制的过度使用而造成。有一因自卫不慎杀死人的中年妇人,患有强迫洗手症(每天洗手20多次,且每次洗手时间长达20min,其手部皮肤近乎溃烂)。后经心理治疗,发现其强迫洗手症是来自于她的不慎杀人所引发的罪恶感。她认为她的双手沾满血腥,是污秽肮脏的,因此,她无法控制自己想洗手的念头与行为(事实上她想洗去的是自己的内疚),她以洗手来减轻内心的罪恶感。

4. 隔离(isolation) 所谓"隔离"是把部分的事实从意识境界中加以隔离,不让自己意识到,以免引起精神上的不愉快。最常被隔离的是与事实相关的个人感觉部分,因为此种感觉易引起焦虑与不安。例如,人死了,不说死掉而用"仙逝"、"长眠"、"归天",或"去苏州卖鸭蛋",个体在感觉上就不会因"死"的感觉而悲伤或有不祥的感觉。又如,谈恋爱的男女,为减少肉麻的感觉,不说"我爱你",而改用"I love you"代替。另外有人把"厕所"说成"上一号"或"去唱歌",也是一种隔离。隔离是把观念与感觉分开,很多精神病患者常有此现象;因此,在心理治疗过程当中,心理治疗者常注意观察患者使用"隔离"的情形,以发现、发掘问题症结之所在,而进行治疗工作。

5. 理想化(idealization) 在理想化过程中,当事人往往对某些人或某些事与物做了过高的评价。这种高估的态度,很容易将事实的真相扭曲和美化,以致脱离了现实。例如,方老师常常在朋友面前称赞自己的女朋友盈盈如何貌若天仙,以致大家都渴望早日可以见见他口中的美人。在上周日大伙儿一同去旅行时,方老师手拖着一位又矮又瘦,相貌极为平凡的女士出现了。当他热烈地向众人介绍那女士就是盈盈时,每个人都失望了。在这事件中,方老师是将自己的女朋友理想化了。

6. 分裂(dissociation) 有些人在生活中的行为表现,时常出现矛盾与不协调的情况。

且有时在同一时期,在不同的环境或生活范畴,会有十分相反的行为出现。在心理分析中,我们可以说他们是将意识割裂为二,在采用分裂防卫机制。例如,富甲一方的田先生不但是一位社会知名的慈善家,他的妻子和三位早已成才的儿女,都常常在朋友面前称赞他是一位难得的慈父,品德情操,都令他们景仰。但是,在他的工作中,他对自己的下属却十分苛刻,冷酷无情,为此人人都批评他是刻薄成家的。至于在商场上,他更加是投机取巧,唯利是图,也绝无道义可言。田先生并非虚伪,只是他在生活中,采取了分裂保卫机制。

(三) 攻击性防卫机制

人心里产生不愉快时,但又不能向其对象直接发泄,便会利用转移作用,向其他对象以直接或间接的攻击方式发泄,或把自己的不是转嫁到别人身上,并判断他人的对错。这类防卫机制有两种方式——转移和投射。

1. 转移(displacement) 是指原先对某些对象的情感、欲望或态度,因某种原因(如不合社会规范或具有危险性或不为自我意识所允许等)无法向其对象直接表现,而把它转移到一个较安全、较为大家所接受的对象身上,以减轻自己心理上的焦虑。例如:有位被上司责备的先生回家后因情绪不佳,就借题发挥骂了太太一顿,而做太太的莫名其妙挨了丈夫骂,心里不愉快,刚好小孩在旁边吵,就顺手给了他一巴掌,儿子平白无故挨了巴掌,满腔怒火地走开,正好遇上家中小黑狗向他走来,就顺势踢了小黑狗一脚,这些都是转移的例子。

2. 投射(projection) 精神分析学者认为投射是个体自我对抗超我时,为减除内心罪恶感所使用的一种防卫方式。所谓"投射"是指把自己的性格、态度、动机或欲望,"投射"到别人身上。例如,一个学生平素学习不努力,考试作弊,则认为别的同学学习也不努力,考试善于作弊,而且与自己比较有过之而无不及。"以小人之心度君子之腹"也属于这种情况。强奸犯认为受害者穿着暴露,才引发他犯罪。

(四) 代替性防卫机制

代替性防卫机制是用另一样事物去代替自己的缺陷,以减轻缺陷的痛苦。这种代替物有时是一种幻想,因为现实上得不到实体的满足,他便以幻想在想象世界中得到满足,有时用另一种物件去补偿他因缺陷而受到的挫折。这类防卫机制分幻想型和补偿型两种。

1. 幻想(fantasy) 当人无法处理现实生活中的困难,或是无法忍受一些情绪的困扰时,将自己暂时离开现实,在幻想的世界中得到内心的平静和达到在现实生活中无法经历的满足,称为"幻想"。幻想是一种想象作用,是幼儿必经的生活过程。很多心理学家认为个体所幻想的内容与学习经验有关(随着学习经验的增加而有不同的内容),例如,儿童时期的幻想偏向于玩具的获得与游戏的满足,而青春期少年则偏向英雄式的崇拜。一般而言,凡性情孤僻有退却倾向者,平常又少有自我表达机会,易以幻想解除其焦虑与痛苦。

幻想使人暂时脱离现实,使个人情绪获得缓和,但幻想并不能解决现实问题,人必须鼓起勇气面对现实,并克服困难,才能解决问题。否则经常沉迷于幻想中,而使"现实"与"幻想"混淆不清时,会显现出歇斯底里与夸大妄想般的症状。

2. 补偿(compensation) "补偿"一词,首先出现于阿德勒的心理学中。阿德勒认为每个人天生都有一些自卑感(这些自卑感来自小时候,自觉别人永远比自己高大强壮,所产生的自卑),而此种自卑感觉使个体产生"追求卓越"的需要,而为满足个人"追求卓越"的需求,个体借"补偿"方式来力求克服个人的缺陷。我们使用何种补偿方式来克服我们独有的

"自卑感",便构成我们独特的人格类型。例如,某女子因身体发育有缺陷而努力学习,以卓越成绩赢得别人的尊崇。

(五)建设性防卫机制

这类防御机制是防卫机制中较好的一类,是向好的方面去做补偿,是属于建设性的,它可分为认同和升华两种类型。

1. 认同(identification) 在人生中,每个人都有一些重要的事情需要去完成,而其中主要的一项就是完成"认同"的历程。"认同"始于儿童,至青少年期成为主要发展任务。儿童用来学习态度与习惯,青少年用来找寻自我、肯定自我。因此,心理学家们一致认为"认同"是协助人格发展的重要方法。但精神分析学派的说法,"认同"虽是儿童学习性别角色所必需,如使用不当也可能成为一种防卫反应。

"认同"意指个体向比自己地位或成就高的人的认同,以消除个体在现实生活中因无法获得成功或满足时,而产生的挫折所带来的焦虑。就定义来说,认同可借由心理上分享他人的成功,以为个人带来不易得到的满足或增强个人的自信。例如,一位物理系学生留了胡子,是因为他十分仰慕系中一位名教授,而该教授的"注册商标"就是他很有性格的胡子,此学生以留胡子的方式向教授认同。其他如"狐假虎威""东施笑颦"都是认同的例子。认同有时也可能认同一个组织。例如,一个自幼失学的人,加入某学术研究团体成为该团体的荣誉会员,并且不断向人夸耀他在该团体的重要性。

2. 升华(sublimation) "升华"一词是弗洛伊德最早使用的,他认为将一些本能的行动如饥饿、性欲或攻击的内驱力转移到一些自己或社会所接纳的范围时,就是"升华"。例如:有打人冲动的人,借锻炼拳击或摔跤等方式来满足;喜欢骂人,以成为评论家来满足自己;想杀人,以"外科医师"或"屠夫"(杀猪、杀牛)工作为职业来满足自我本能的冲动。上述例子都是一种升华作用。一生命运多舛的西汉文史学家司马迁,因仗义执言,得罪当朝皇帝,被判处宫刑,在狱里,他撰写了《史记》。《少年维特的烦恼》作者歌德,失恋时创作了此一书,他们都是悲恼中的坚强者,将自己的"忧情"升华,为后世开创一个壮观伟丽的文史境界。弗洛伊德之女,安娜·弗洛伊德于1936年发表《自我与心理防卫机制》一书,并于书中将防卫分成十种类型。她认为其中九种防卫常见于神经质的成人与正常的儿童,唯"升华"不管在成人或儿童,都是正常健康的。

升华是一种很有建设性的心理作用,也是维护心理健康的必需品,如果没有它将一些本能冲动或生活挫折中的不满怨愤转化为有益世人的行动,这世界将增加许多不幸的人。

三、怎样运用积极心理防御机制,提高挫折调节力

心理防御机制作用具有两重性。积极的心理防御机制有助于适应挫折,化解困境,消极的心理防御机制只能祈祷暂时平衡心理作用,并不能解决问题,甚至还会埋下心理变态的种子。心理健康的人能在积极意义上使用心理防御机制。而心理不健康的人总是依赖于心理防御机制,其结果使适应能力日趋削弱,人格和心理发展收到严重影响。可以说,某些心理不健康的人是消极的心理防御机制使用过度的结果。心理防御机制需要我们准确地认识和把握,适时适度地运用,以发挥它的积极作用,学会更有效地应对挫折。

巴尔扎克说:"世界上的事情永远不是绝对的,结果完全因人而异。苦难对于人才是一

块垫脚石,对于能干的人是一笔财富,对于弱者是一个万丈深渊。"英国哲学家培根说过:"超越自然的奇迹多是在对逆境的征服中出现的。"可见,挫折不可怕,关键的问题是应该如何面对挫折。

生活中挫折情景出现难以避免。而对同样的挫折,人们的反应却有明显差异。有人反应轻微,持续时间短暂,有人反应强烈,持续时间长,这种差异与每个人的挫折与承受力有关。挫折阈是指遭受挫折时免于心理失常的能力。挫折承受力强的人其挫折阈必然高,表现挫折反应小,消极影响少,不气馁不动摇,百折不挠;挫折承受能力差的人,其挫折阈必然低,表现挫折反应大,情绪低落。

挫折调节力是心理健康、人格健全的重要标志。对挫折情境积极主动地适应,对心理矛盾自觉有效地调节,不断协调内外部环境,使其有利于个体的发展和提高。

心理学家研究认为,一个人的挫折承受力受多种因素影响,主要有以下几种。

生理因素:身体强壮的人比体弱多病的人更能经受挫折。

思想境界:有崇高理想和明确生活目标的人比缺乏理想信念、对人生持消极态度的人更能适应挫折。

性格特征:乐观开朗、意志坚强的人比消沉抑郁、意志薄弱、心胸狭隘的人更能应对挫折。

生活阅历:生活阅历丰富,饱经风霜的人比生活一帆风顺、涉世未深的人更能承受挫折。

资源条件:家庭和睦、人际关系协调的人遭受挫折后可利用的援助力量多,比孤独无缘的人更易做出挫折情景。

目标理解:行为所指向的目标对人越重要,收到挫折后的反应越强烈。

目标距离:对挫折的承受与接近目标的远近有关。如果越接近目标时发生挫折,则对挫折的承受能力越大。

挫折力标志着一个人适应环境的能力。这种能力不是先天就有的,是后天学习、实践、锻炼的结果。提高挫折承受力,对于正处在学习、成长中的青年尤为重要,不仅可以使意志更加坚强,人格更趋成熟,而且有能力应付充满挑战和机遇的社会。

(一) 正确认识挫折

心理学的研究表明,挫折的后果严重与否,在很大程度上取决于人们对挫折的认识。也就是说,面对同样的挫折,不同的人对挫折的认知是不一样。所以正确认识挫折,建立一个正确的挫折观非常重要。在现实生活中,考试不理想、人际关系困难、生活不适应等挫折几乎每个人都曾遇到过。有的人总认为生活中的挫折、困境、失败都是消极、可怕的,受挫后往往悲观抑郁,甚至丧失了生活的勇气。事实上,挫折并不都是坏事,处理得好的话,它也可以成为自强不息、奋起拼搏、争取成功的动力和精神催化剂。生活中许多优秀人物就是在挫折磨炼中成熟,在困境中崛起。相反,过于一帆风顺的生活反而会使人耽于安逸、丧失斗志,在挑战到来时措手不及。因此可以说,挫折也是一种机会。只要能坦然面对挫折,树立战胜挫折的勇气和信心,就可以适应任何变化中的环境。

(二) 改变不合理观念

心理学研究表明,引起强烈挫折感的与其说是挫折、冲突,不如说是受挫折者对所受挫折的看法,以及所采取的态度。常见的不合理观念有以下几种。

1. 此事不该发生 有些人把生活中的不顺利,学习、交往中的挫折、失败看做是不应该发生的。他们认为,生活应该是愉快的、丰富的,人际关系应该是和谐的、互助的,一旦生活中出现诸如人际之间的冲突、成绩滑坡、好友负心、评不上优秀等事件,就认为它不应该发生,从而变得烦躁易怒、束手无策、痛苦不堪、失去信心。

2. 以偏概全 有些人常常以片面的思维方式看待事物,简单地以个别事件来断言全部生活,一叶障目。例如,有人对自己不友好,就得出结论说自己人缘不好或缺乏交往能力;一次考试不如人意,就认为自己彻底失败,不是读书的材料;一次失恋就认为自己对异性没有吸引力等,从而导致自责自怨、自卑自弃的心理而焦虑、抑郁。以偏概全不仅表现在对自己的认识上,也表现在对他人、对社会的认识中。例如,因一事有错而对他人全盘否定;因社会有缺陷,存在阴暗面,就看不到光明,而彻底丧失信心。

3. 无限夸大后果 有些人遇到的是一些小挫折,却把后果想得非常糟糕、可怕。夸大后果的结果是使人越想越消沉,情绪越陷越恶劣,最后难以自拔。如一门功课考试不及格,就认为自己能力不行,学不下去,毕不了业,找不到工作,人生没前途,生命没价值,这实际上是一种自己吓唬自己,给自己施加压力的做法。

只有改变不良的认知方式、纠正错误的观念,才能实事求是地评价挫折带来的后果,从困难中看到希望。

(三) 加强修养,勇于实践

为了提高挫折承受力,就应该主动地、自觉地将自己置身于充满矛盾的、复杂的社会环境中去磨炼,向生活学习,而不是逃避社会。同时,必须提高自身的思想修养、道德修养、知识素养、培养"慎独"精神,养成冷静思考的习惯,经常自我分析,自我反省,自我激励。从心理发展的角度看,积极主动的适应,勇敢顽强的拼搏,反复不懈的磨炼,会使心理更趋成熟,增强承受挫折、化解冲突的能力,促进心理朝着健康、向上的方向发展。

(四) 优化自身人格品质

为了提高挫折承受能力,每个人都应主动地培养自己良好的人格品质,改变那些不适应发展的不良的人格品质。重点应培养自信乐观、自强不息、宽容豁达、开拓创新等品质。自信才能乐观,乐观才能自信,两者相辅相成。当遇到挫折、困境时,如果相信自己一定能取胜,那就会积极去改变现实,克服困难,战胜挫折,这是自信的作用。乐观者在面临挫折、困境时,不会被眼前的困难吓倒,而是能够透过表面的不利看到蕴藏在背后的希望,相信明天是美好的,从而信心十足地去战胜困难。

自强不息是良好的意志品质,是一切成功者的共同特征,生命不息,奋斗不止。通向成功的道路不是平坦的,挫折、逆境常常会出现,只有坚强不屈、顽强拼搏,才能到达光辉的顶点。而那些一遇挫折就偃旗息鼓者,只能半途而废,永远不可能成功。

宽容豁达和开拓创新的人胸怀宽阔,对挫折不是被动的适应,一味的忍耐,而是面向未来,积极进取,勇于创造新生活。

因此,提高承受挫折的能力应从培养良好的人格品质入手,从细微小事中严格要求自己,努力在实践中锻炼,使自己的心理得到充分、有效的发展,心理健康达到高水平的状态。

挫折教育

经典案例之一:"失之东隅,收之桑榆"的可口可乐总裁

1984年,可口可乐公司遭到百事可乐公司强有力的挑战,为了扭转不利的竞争局面,可口可乐公司把重任交给了塞吉诺·扎曼。扎曼采取更换可口可乐的旧模式,标之以"新可口可乐",并对其大肆宣传。在新的营销策略中,扎曼犯了一个严重错误,他自以为是,根本就没有考虑到顾客口味的不可变性,他将老可口可乐的酸味变成甜味,这就违背了顾客长久以来形成的习惯。结果,新可口可乐成为继美国著名的艾德塞汽车失利以来最具灾难性的新产品,以至79天后,"老可口可乐"就不得不重返柜台支撑局面——改为"古典可乐"。扎曼的失败对他在公司的地位造成了巨大的负面影响,不久,饱受攻击的他黯然离职。当扎曼离开可口可乐公司以后,有14个月他没有同公司中的任何人交谈过。对于那段不愉快的日子,他回忆到:"那时候我真是孤独啊!"但是他没有关闭任何门路。他和另一个合伙人开办了一家咨询公司,在亚特兰大一间被他戏称之为"扎曼市场"的地下室里,他操纵着一台电脑、一部电话和一部传真机,为微软公司和酿酒机械集团这样的著名公司提供咨询。他的信条是:"打破常规,敢于冒险"。在这个信条的指引下,扎曼为微软公司、米勒·布鲁因公司为代表的一大批客户成功地策划了一个又一个发展战略。最后,甚至连可口可乐也来向他咨询,请他回来整顿公司工作,可口可乐公司总裁罗伯特也承认:"我们因为不能容忍错误而丧失了竞争力,其实,一个人只要运动就难免有摔跟头的时候。"

经典案例之二:童年遭遇不幸的居里夫人

居里夫人玛丽的童年是很不幸的,妈妈和大姐在她不满10岁时就相继病逝了,她家的生活非常困难。但就是这样的环境,不仅培养了她独立的生活能力,也使她从小就磨炼出非同寻常的意志。她是波兰人,高中毕业时,因波兰不收女性入大学,对她打击很大。但她读大学的信念并未因此而改变,于是决定通过家教攒钱去法国留学。在家教时,她与主人的长子热恋,但因贫富悬殊而被拆散。然而,她仍没有消沉,在调整好情绪后,又坚定地面对人生。几年后,她只身来到巴黎,1895年与比埃尔·居里结婚。他俩共同就柏克勒尔在当时首先发现的放射性现象进行研究,在战胜了一个又一个的挫折后,先后发现了钋和镭两种天然放射性元素,在1903年,她和比埃尔·居里、柏克勒尔共同获得诺贝尔物理学奖。1906年她丈夫不幸死于车祸,她强忍悲痛,继续研究放射性现象,获得了新的成就,并著有《放射性通论》、《放射性物质的研究》等论著,对原子核科学的发展起了很大的推动作用,在1911年又获得诺贝尔化学奖。这样,在世界科学史上,玛丽不仅是第一位获得诺贝尔奖的女性,而且成为在两个不同科学领域、两次获得诺贝尔奖的著名科学家。

经典案例之三:辍学、自学的数学家华罗庚

华罗庚少年时期家境贫寒,因缴不起学费,中学只读了一年半就被迫退学了,毕业证都没有拿到。换上我们大多数同志,恐怕早就认输不干了。可华罗庚不但没有放弃学习,反而促使他更加刻苦。他四处借书,向这些不会说话的"老师"请教,每天都花10多个小时钻研数学。有时睡到半夜,忽然想到解难题的方法,他就一骨碌爬起来,点亮小油灯把它记下来。父亲看到他就像着魔一样,气得把书给烧了,这也丝毫没有动摇他的信心。还有一次,他不幸染上了风寒,卧床半年,险些丧命。几个月时间他被折磨得骨瘦如柴,由于左腿胯关节粘连,大腿骨弯曲变形,从此留下跛足的终生残疾。就是这样,通过战胜不知多少困难和挫折,他终于成为一个数学奇才。人们之所以崇敬华罗庚,不但是因为他的才华横溢,更是因为他在困难的挫折面前不低头,有一颗勇于战胜挫折的心。

参 考 文 献

陈仲庚.1987.人格心理学[M].沈阳:辽宁人民出版社.
樊富珉.1997.大学生心理健康与教育[M].北京:清华大学出版社.
冯江平.1991.挫折心理学[M].太原:山西教育出版社,11.
傅涛,王成德.2011.心理学[M].兰州:兰州大学出版社,04.
耿俊生,张存库.2001.大学生心理健康[M].西安:陕西人民出版社.
龚少英.2006.普通心理学辅导与习题修订版[M].北京:中国传媒大学出版社.
胡佩诚.2000.医学心理学[M].北京:北京医科大学出版社.
华夏心理网 http://www.psychcn.com
黄希庭.2002.人格心理学[M].杭州:浙江教育出版社.
黄希庭.2007.心理学导论[M].北京:人民教育出版社.
姜乾金.2007.心身医学[M].北京:人民卫生出版社.
姜乾金.2006.医学心理学[M].北京:人民卫生出版社
李平.2012.超越挫折心理学[M].北京:中国华侨出版社.
李晓文,张玲,屠荣生.2003.现代心理学[M].上海:华东师范大学出版社.
理查德·格里格,菲利普·津巴多著.2004.心理学与生活[M].北京:人民邮电出版社.
琳达·汤普森[美].2012.汤普森心理童话药书[M].广州:广东教育出版社.
卢家楣,魏庆安,李其维.2001.心理学[M].上海:上海人民出版社.
孟昭兰.2007.普通心理学[M].北京:北京大学出版社.
孟昭兰.2012.情绪心理学[M].北京:北京大学出版社.
孟昭兰.1989.人类情绪[M].上海:上海人民出版社.
米尔顿·赖特[美].2009.倾听和让人倾听:人际交往中的有效沟通心理学[M].北京:新世界出版社
彭聃岭.2001.普通心理学[M].北京:北京师范大学出版社.
钱明.2007.健康心理学[M].北京:人民卫生出版社.
孙时进,王金丽.2012.心理学概论[M].上海:复旦大学出版社.
孙时进著.2011.社会心理学导论[M].上海:复旦大学出版社.
肖旭.2013.社会心理学[M].成都:电子科技大学出版社.
心理学空间 http://www.psychspace.com/psych/
壹心理 http://www.xinli001.com
原田玲仁[日].2012.每天懂一点人际关系心理学[M].长沙:湖南文艺出版社.
张厚粲.2004.大学心理学[M].北京:北京师范大学出版社.
张旭东,车文博.2005.挫折应对与大学生心理健康[M].北京:科学出版社.
章志光.2002.心理学[M].北京:人民教育出版社.
郑日昌.2001.大学生心理卫生[M].济南:山东教育出版社.
中国科学院心理研究所 http://www.psych.ac.cn/
中国心理网 http://www.psy.com.cn/
(美)布莱克曼著,2011.心灵的面具:101种心理防御[M].郭道寰等译.上海:华东师范大学出版社.
(日)田代信维,路英智译.2008.焦虑与心理冲突[M].北京:人民卫生出版社.